信息检索与信息素养

主　编：乔好勤　潘小明　冯建福　夏　旭

副主编：康思本　叶　盛　蔡卫平　梁荣贤

编　委：（以姓氏笔画为序）

　　　　李金秀　邹荫生　辛海霞　宋　岩

　　　　陈国祥　罗木华　俞传正　贺　霞

　　　　蒋荷娟　蔡洪齐　潘妙辉

华中科技大学出版社
http://www.hustp.com
中国·武汉

图书在版编目（CIP）数据

信息检索与信息素养/乔好勤等主编．—武汉：华中科技大学出版社，2022.6（2025.2重印）
ISBN 978-7-5680-8177-1

Ⅰ.①信… Ⅱ.①乔… Ⅲ.①信息检索-高等学校-教材　②信息学-高等学校-教材
Ⅳ.①G252.7　②G201

中国版本图书馆 CIP 数据核字（2022）第 077333 号

信息检索与信息素养
Xinxi Jiansuo yu Xinxi Suyang

乔好勤　潘小明　冯建福　夏　旭　主编

策划编辑：刘　平　杜　雄	
责任编辑：林珍珍　江旭玉	
封面设计：刘　卉	
责任校对：张汇娟	
责任监印：周治超	
出版发行：华中科技大学出版社（中国·武汉）	电话：（027）81321913
武汉市东湖新技术开发区华工科技园	邮编：430223

录　　排：华中科技大学出版社美编室
印　　刷：武汉开心印印刷有限公司
开　　本：787mm×1092mm　1/16
印　　张：21　插页：1
字　　数：497 千字
版　　次：2025 年 2 月第 1 版第 3 次印刷
定　　价：59.90 元

本书若有印装质量问题，请向出版社营销中心调换
全国免费服务热线：400-6679-118　竭诚为您服务
版权所有　侵权必究

前言

　　21世纪初，我国高等教育事业得到快速发展。为了适应经济建设对人才的迫切需求，中等和高等职业教育越来越受到重视，全国各地公立和民办高等职业院校数量及其招生人数迅速增长。为了培养学生的科研能力和查找文献信息的动手能力，教育部再三发文，要求中专以上学校普遍开设文献信息检索课，全面提高学生的信息素质。

　　为适应各高等职业院校文献信息检索课教学的需要，2006年我们组织编写了《文献信息检索与利用》一书，由华中科技大学出版社于2008年出版。该书层次结构清晰，内容简明实用，受到一些院校的欢迎。2014—2015年，根据一些授课教师的建议，我们对教材内容做了部分调整和修改，出了第二版。近几年来，国内教育界对提高学生信息素养的呼声甚高，如何将信息素养教育与信息检索教育相结合，成为人们讨论的重要课题之一。本教材这次修订的重点就是突出信息素养教育，将近年讨论的素养教育的理论、方法和典型案例与信息检索相结合，融入教学内容。相信本教材会有助于当代大学生提高信息观念、信息技能、信息道德，有助于培养适合我国各行业需要的高素养人才！各校可以针对不同专业、不同教学对象，选用有关章节。

　　本次修订由广东拓迪智能科技有限公司潘小明总经理首先提出，由乔好勤、潘小明、冯建福、夏旭任主编，康思本、叶盛、蔡卫平、梁荣贤任副主编，经一年多修订改编完成。由于增删内容超过50%，为更好地体现编者意图，书名改为《信息检索与信息素养》。本书第一章由南方医科大学图书馆夏旭撰写；第二、十章由广州铁路职业技术学院图书馆冯建福撰写；第三章由广州城市职业学院图书馆潘妙辉撰写；第四、九章由肇庆医学高等专科学校图书馆叶盛撰写；第五章由东莞职业技术学院图书馆辛海霞撰写；第六章由广东行政职业学院图书馆李金秀撰写；第七章由广州城建职业学院图书馆梁荣贤撰写；第八章由广州铁路职业技术学院图书馆蔡洪齐撰写；第十一章由广州城市职业学院图书馆蔡卫平撰写；第十二章由广东轻工职业技术学院图书馆罗木华撰写；第十三章由华南师范大学经济管理学院乔好勤撰写。夏旭、冯建福、乔好勤统阅了全稿，陈国祥、

· Ⅰ ·

邹荫生、胡颖玲、宋岩、贺霞、俞传正、蒋荷娟、邱进友等多次参加讨论，提出宝贵建议，做了不少工作。

《信息检索与信息素养》作为潘小明主编的"拓迪图书馆学新视野丛书"系列作品之一出版，相信会为更多学校教师和业界同仁所留意、所使用。本书在修改、编写过程中参考了图书情报界专家学者的许多著作，也得到了华中科技大学出版社刘平老师和杜雄老师的支持，在此一并表示衷心感谢！

编 者

2021 年 10 月

第二版前言 《文献信息检索与利用》

《文献信息检索与利用》于2008年9月由华中科技大学出版社出版后，受到了许多学校的青睐，这些学校选用了本教材。通过几年的教学实践，一些教师反馈说要学生学好本课程，除学校领导重视外，还需要更加完善的课程体系，教材要更通俗、实用，也要努力提升师资队伍素质。由于第一版的编撰者有很多人调离转行，或调往其他类型的学校，我们几位主要编撰者决定重新组织人员修订编写，组成以广东商学院华商学院、广州铁路职业技术学院和广东科贸职业学院等院校的图书馆骨干人员和部分任课老师为主的修订小组，分工协作，完成本教材的修订工作。参加修订的人员有卫丽君、王月娥、叶洁娴、孙莉群、宋秀梅、李珊、杨璐、吴春玲、吴小清、陈雨杏、赵祥擎、罗隆、梁荣贤、董三川、蔡洪齐等。

修订后的教材适应信息技术和信息检索发展的需要，相关内容或数据更新到2012年底，适用范围更广，普通高校本科学生、高等职业院校学生文献信息教学都可以使用。修订人员完成修订后，乔好勤、吴小清审核修订了第一至三章和第十章，冯建福审核修订了第四至五章和第九章，陈爱军审核修订了第六至八章，最后由冯建福统编审校。本次修订工作得到了广东省文化厅、广东图书馆学会2010年广东省图书馆科研课题立项（批准号GDTK1146）支持，华中科技大学出版社梅欣君老师一直跟踪指导本次教材的修订工作，特在此表示感谢！

本书由多人撰写修订，时间紧迫，编撰者水平有限，难免存在差错，望读者和专家批评指正。

作　者

2013年3月于广州

《文献信息检索与利用》第一版前言

文献信息检索是为了工作和研究的需要，广泛搜集文献信息的一种基本技能。这种技能在人类文明形成的早期就出现了，并且与整个人类文明同步发展着。

在公元前11世纪前的殷商时代，那些甲骨刻辞就有了可供检索的文字表述。《周礼》中有关于西周外史"掌达书名于四方"的记载。到了两汉，有检索群书的《别录》《七略》《汉书·艺文志》，检索字形词义的《乐雅》《方言》《说文解字》等比较成熟的字典、词典。魏晋南北朝时期，出现了我国第一部类书《皇览》、第一部韵书《声类》、中国最早的地图集《禹贡地域图》。唐宋时期编撰了一系列大型类书，如《艺文类聚》《初学记》《太平御览》《册府元龟》等，并且出现了我国第一部政书——唐朝杜佑的《通典》，以及表谱《古今年号录》（唐朝封演）、姓氏谱《元和姓纂》（唐朝林宝）、地图《海内华夷图》（唐朝贾耽）和《天下郡县图》（宋朝沈括）等。明清之际编纂出了我国古代最大的类书、书目和字典，如《永乐大典》《四库全书总目》《康熙字典》等。近现代以来，随着科学文化的发展，不但各种综合性工具书部帙越来越大，内容越来越广泛，各专门学科的工具书也越来越多，新的检索方法不断出现，检索知识不断丰富，检索内容不断扩大。

20世纪30年代，中山大学何多源教授曾向当时的教育部提交"论'目录学'和'参考书使用法'应列为大学一年级必修课程"的议案，这使"高级中学以上学校，多列为必修课，学子重视，几埒国学"（汪国垣《目录学研究》）。但是，真正把文献检索作为一门学科分支来研究，并在大学普遍开设文献检索课程是在20世纪80年代初。

陈光祚先生是文献检索课建设的开创者和奠基人。1974年，他编出了我国第一部《科技文献检索》教材，并且很快在全国各大学图书情报系开设文献信息检索课，而后又在各个学科专业开设文献信息检索课。1984年，国家教委（教育部前身）发出正式文件，将"文献检索与利用"列为全国理工农医文等各专业本科生的必修或选修课程。目前，全国有数百万大学生、研究生和中专生学习这门课。全国有三分之二以上的大学图书馆设立了文献检索教研组，为提高学生的信息意识和检索能力做出了巨大贡献。

21世纪初,我国高职高专教育快速发展,民办高校异军突起,这在适应我国经济发展需要、培养高技能劳动者、全面提高国民文化素质方面起了重要的作用。高职高专教育的教学管理日趋成熟,课程体系逐步完善,但是文献信息检索课的教学尚未走上正轨。据悉,各高职高专学校文献信息检索课的开设很不整齐,有的学校将其作为选修课,有的学校将其作为必修课,而还有不少学校,特别是民办院校尚未开设文献信息检索课。开设文献信息检索课的学校,其授课时间也很不一致。有的每周一节,有的每周两节,有的采取集中时间上课,学完仅需半学期。这些现象反映出诸多问题。其一,许多学校的领导对文献信息检索课的重视不够,教育行政管理部门也没有意识到加强高职高专和民办院校文献信息检索课管理的重要性,或者说还没有对此形成一个成熟的意见。其二,缺乏文献信息检索课教师。按照教育部的通知和当前学校教学水平评估指标体系的要求,文献信息检索课应由各校图书馆中有检索实践经验的人员任教。但目前,一方面,由于个别高职院校图书馆人员力量较弱,另一方面,由于教学单位对该课教学的重要性认识不够,有的学校随便安排一些既无检索理论研究,又不具备系统检索知识,但工作量不满的人员上课,其教学质量就可想而知了。其三,缺乏合适的教材。目前各校选用的教材大多是本科生教材,理论讲得多,也有一定的研究性,有的甚至是为图书馆学、信息管理学系的学生编写的教材,有一定深度和难度。但真正为高职高专学生编写的、专业对口的教材并不多。其四,教学内容枯燥、形式单一、缺乏创新,使本来内容丰富、生动有趣的文献信息检索课变得乏味,同时没有实训配套教材,学生学习的积极性不高。

根据几年来文献信息检索课的教学经验,我们认为高职高专文献信息检索课的建设应注意以下几个问题。

第一,加强文献信息检索课教学管理。要充分认识文献信息检索课对高职高专学生的重要性。高职高专学生虽然不强调科研能力的培养,但也不能完全忽视。他们不仅需要在毕业前写毕业论文,做毕业设计,而且走进社会参加工作后,也是要进行市场调查,写预测报告,为上级领导提供产品生产和销售信息,分析市场竞争情况和发展趋势等。他们自己需要不断学习新知识,掌握新技能,必要时也要写论文、出专著。所以,文献信息检索课的学习,对于学生来说,不仅对其在校学习非常重要,而且会使其一生受用无穷。因此,教学管理部门应重视文献信息检索课的建设和教学管理,没有开设文献信息检索课的高职院校应尽快安排开设,将文献信息检索课的开课学期、学时稳定下来,定期检查,经常督导。

第二,加强文献信息检索课教师队伍建设。文献信息检索既是一种技能,也是一个知识体系。如何将有关知识和技能条理清晰、深入浅出地传授给学生,需要一定的教学技巧。这就要求对授课教师认真甄别、着意培养,决不可随意派一名教师去上课。图书馆应注意引进一两个有文献信息检索教学经验和较强检索能力的人才,在图书馆设立文献信息检索课教研室(组),负责全校文献信息检索课的教学组织工作。

第三,编著对口教材。要对高职高专文献信息检索课的教学内容和教学方法进行认真研究,编写出适合高职高专学生教学需要的教材和教学参考书。高职高专学生不需要学习过多文献检索的理论知识,只需要掌握基本概念和原理,更重要的是文献信息的检索方法、

《文献信息检索与利用》第一版前言

技能和如何利用。在信息技术普及的今天,对传统的手工检索知识的介绍应该减少,对于计算机检索知识和网络资源、电子数据库的介绍应该成为重点。应增加实用部分的内容,使学生更直接地学以致用,更快捷地检索本专业的知识和信息。教材编写应该简洁,杜绝冗长的叙述和模棱两可的讨论,突出核心内容。

本教材的编写就是基于上述想法完成的。全书以"理念—方法—应用"为框架。第一部分介绍术语、概念和基本原理。第二部分为方法,分别介绍工具书刊、网络资源和中外文数据库的检索方法。第三部分是将理论和方法应用于社会科学中几个主要学科的文献信息检索。这里是一个开放性的专业群,只选择了部分专业学科的文献信息检索做重点介绍,给了任课教师调整内容的自由空间。也就是说,授课教师可以根据不同授课对象,增减有关专业文献信息检索内容。

本书的编写作为广东岭南职业技术学院教学改革研究课题,得到了学院的支持。2006年10月,乔好勤提出编写大纲,广东培正学院图书馆原馆长刘和平同志、广州铁路职业技术学院图书馆副馆长冯建福同志及其他撰稿人参加了讨论。初稿撰写分工是:乔好勤负责前言及第10章;冯建福、孙莉群负责第9章;黄春负责第1章;卫丽君负责第2章;张材鸿负责第6章;姚雪梅负责第4章;叶洁娴、何建新负责第8章;赵振南负责第5章;陈雨杏负责第3章;何洁英负责第7章。2007年10月,初稿完成后,乔好勤、冯建福、陈文澜、周莉等对初稿进行了认真的讨论,提出了修改意见。2007年12月至2008年1月,在原作者修改的基础上,几位主编、副主编对二稿进行了补充修改。这次修改的分工是:陈文澜负责第1—3章;冯建福负责第4—6章;张材鸿负责第7—9章。2008年2月,乔好勤通读了全稿,对部分章节提出了修改意见。同年8月,乔好勤、冯建福、张材鸿再次分头审阅了全部书稿,并做了较大篇幅的调整。这次修改的分工是:乔好勤负责第1、2、3、10章,冯建福负责第4、5、6章,张材鸿负责第7、8、9章。华中科技大学出版社为本书的出版付出了大量劳动,岭南学院郧建国院长助理给予了很大的支持和指导。在撰写本书的过程中,撰稿人参考了许多专家学者的研究成果,特在此一并表示感谢!

由于本书多人撰写,文字风格各异,虽经统稿,仍难统一,差错在所难免,望读者和专家们批评指正。

目录 Contents

第一章　学习信息检索，提升信息素养　/1
　第一节　信息素养及其要求　/1
　第二节　培养信息素养的意义　/9
　第三节　信息、信息资源与图书馆　/11
　第四节　信息检索与信息素养　/16

第二章　文献信息检索基本原理　/21
　第一节　文献信息检索的原理和意义　/21
　第二节　检索语言　/24
　第三节　检索系统　/31
　第四节　检索工具　/34
　第五节　检索策略　/39
　第六节　手工检索　/41
　第七节　计算机检索　/46

第三章　工具书与文献信息检索　/51
　第一节　工具书的功能与类型　/51
　第二节　工具书检索方法　/54
　第三节　常用中文工具书　/59
　第四节　常用外文工具书　/70

第四章　网络信息检索　/73
　第一节　网络信息资源与检索工具　/73
　第二节　网络信息目录　/77
　第三节　搜索引擎　/78
　第四节　多元搜索引擎　/86
　第五节　专题网络信息检索　/88

第五章　常用中文数据库及其检索　/95
第一节　CNKI 数据库及其检索　/95
第二节　维普数据库及其检索　/99
第三节　万方数据库及其检索　/101
第四节　CALIS 联合目录数据库及其检索　/106
第五节　超星"读秀"数据库及其检索　/108
第六节　人大复印报刊资料数据库及其检索　/111
第七节　全国报刊索引数据库及其检索　/112
第八节　中国科学引文数据库及其检索　/114
第九节　中文社会科学引文索引数据库及其检索　/116

第六章　常用外文数据库及其检索　/119
第一节　Dialog 联机检索系统　/119
第二节　OCLCFirstSearch 系统　/124
第三节　EBSCO 数据库系统　/131
第四节　SCI 科学引文索引　/142
第五节　SSCI 社会科学引文索引　/151
第六节　EI、EV、CA 及其他　/158

第七章　开放存取资源及其利用　/166
第一节　开放存取资源与按需印刷　/166
第二节　开放存取期刊检索　/168
第三节　中文开放存取资源检索　/174
第四节　中文科技论文开放存取系统　/179
第五节　国外主要开放存取资源系统　/183

第八章　智慧图书馆与信息利用　/191
第一节　智慧图书馆的功能与特色　/192
第二节　智慧图书馆与信息检索　/194
第三节　智慧图书馆情境下的信息利用　/198
第四节　智慧图书馆未来的愿景　/215

第九章　新媒体与信息素养教育　/219
第一节　新媒体及其发展应用　/219
第二节　微信检索及使用技巧　/222
第三节　百度检索及使用技巧　/225
第四节　淘宝网检索及使用技巧　/228

第五节　百度翻译　　/229
　　第六节　新媒体信息素养教育　　/231

第十章　特种文献信息资源检索　/238
　　第一节　会议文献信息及其检索　　/238
　　第二节　标准文献信息及其检索　　/241
　　第三节　专利文献及其检索　　/248
　　第四节　科技报告及其检索　　/256
　　第五节　学位论文的检索　　/262

第十一章　人文社科文献信息检索　/265
　　第一节　政治文献信息检索　　/265
　　第二节　经管文献信息检索　　/268
　　第三节　语言艺术文献信息检索　　/271
　　第四节　史地文献信息检索　　/276

第十二章　科学技术文献信息检索　/280
　　第一节　生物医药文献信息检索　　/280
　　第二节　环境科学文献信息检索　　/286
　　第三节　机械制造文献信息检索　　/292
　　第四节　信息工程文献信息检索　　/296

第十三章　学术论文写作　/302
　　第一节　定向与选题　　/302
　　第二节　研究与思考　　/307
　　第三节　论文写作　　/312

参考文献　/322

第一章

学习信息检索，提升信息素养

第一节 信息素养及其要求

一、信息素养的概念

"素养"一词，最早出现在《汉书·眭两夏侯京翼李传》中："马不伏历，不可以趋道；士不素养，不可以重国。"现在，"素养"多用于指人们通过努力学习、刻苦锻炼和自我修养所取得的某种收获、成果或所达到的水平和境界，强调素养形成的过程是一个不断进行修养积累的过程。信息素养（information literacy），又称信息素质、信息教养、信息鉴别能力、信息文化。我国台湾地区称之为资讯素养。信息素养可以广义地理解为在信息化社会中个体成员所具有的各种信息品质，包括信息智慧（涉及信息知识与技能）、信息道德、信息意识、信息觉悟、信息观念、信息潜能、信息心理等。信息素养与信息知识、信息能力既有联系又有区别，后者强调的是个体具备的、带有客观性的、发掘与利用社会信息源的基本技能，前者所强调的则是个体最基本的、更具有主观性的、认识和判断信息的基本品质。信息素养实际上是信息知识、信息能力的基础，信息知识、信息能力是信息素养的重要组成内容。现代社会个体成员的主观品质往往与客观能力复杂地交织在一起，共同塑造着个体的基本品质。如果做最广义的理解，则可以认为信息素养包含信息知识、信息能力，这一点也可以从信息素养的定义中得到答案。

信息素养概念的酝酿始于美国图书检索技能的演变。1974年，美国信息产业协会主席保罗·泽考斯基率先提出了信息素养这一全新概念，将其概括为利用大量的信息工具及主要信息源使问题得到解答的技术和技能；1979年，美国信息产业协会把它解释为人们知道在解决问题时利用信息的技术和技能。到了20世纪80年代，信息素养的内涵进一步扩展和明确，其不仅包括各种信息技术和技能，而且涉及个体对待信息的态度，如信息需求意识、确定与利用信息的愿望、对信息价值的评价与判断、对信息合理与准确的利用、信息的接受与评估等。1989年，美国图书馆协会（American Library Association，ALA）在《信息素养委员会主席总报告》中明确信息素养的概念为个体能够认识到何时需要信息，能够检索、评估和有效地利用信息的综合能力。2003年，《布拉格宣言》指出信息素养是确定、查找、评估、组织和有效生产、使用和交流信息来解决问题的能力。2011年，美国信息素养教育专家雅各布森与麦基发表了《将信息素养重构为一种元素养》一文，首次提出元素养的概念，指出元素养是所有信息相关素养的基础，是可以催生其他素养的素养，信息素养的内涵，如获取、查找、评估和理解能力等，是元素养的基本要素，元素养同时包括在社会媒体、移动化、在线化和开放教育资源的大环境下，信息的共享、使用、合作和生产的能力。尽管学者对于信息素养的译法不同，但总的来看，在有关信息素养的定义、内容上已经基本达成共识，即信息素养是个体在先天所赋予的生理素质基础上，通过后天学习实践形成的信息品质，它是社会成员的信息获取、信息判断、信息利用、信息伦理与道德、信息开发与创造等多项基本素养的有机组合。信息素养的核心是信息能力，特别是信息加工能力，主要反映在以下几个方面：怎样迅速、充分、有效地筛选、存储和获取所需的信息；怎样利用这些信息来解决问题；怎样打破常规、重新组合、创造新点子。

联合国教科文组织在2003年和2005年分别召开了以信息素养为主题的世界性大会，发布了《布拉格宣言》和《亚历山大宣言》，指出信息素养是人们在信息社会和信息时代生存的前提条件，是终身学习的重要因素，能够帮助个体和组织实现其生存和发展的各类目标。我国在《国家中长期教育改革和发展规划纲要（2010—2020年）》中明确提出，要强化信息技术应用，鼓励学生利用信息手段主动学习、自主学习，增强运用信息技术分析解决问题的能力。当前，加强我国大学生信息素养教育显得至关重要。

二、信息素养的内涵

信息素养的内涵主要包括信息意识、信息知识、信息能力和信息伦理四个方面。

1. 信息意识

信息意识是信息素养的前提，是人对信息的洞察力和敏感程度，以及对信息的捕捉、分析、判断和吸收的自觉程度。信息意识支配着信息主体的信息行为。信息意识的强弱直接影响到信息主体的信息行为效果。看一个人有没有信息素养、有多高的信息素养，首先要看他有没有信息意识，信息意识有多强。面对浩繁无序的信息，要能够去粗取精，去伪存真，进行识别，做出正确的判断和选择。信息意识包括信息主体意识、信息获取意识、信息传播意识、信息更新意识和信息安全意识等。

2. 信息知识

信息知识是指与信息获取、评价、利用等活动有关的知识、原理和方法，包括文化素养、信息理论知识、现代信息技术知识及外语能力，是指人们对信息的基本常识、信息的使用工具、信息的获取储存、信息的传递控制、信息的创新升值等的掌握和了解。不管是信息理论知识还是现代信息技术，都是以传统文化知识为基础的，如果没有扎实的文化知识基础，没有丰富的文化素养，就不可能具备丰富的信息知识。

（1）文化素养。

文化素养包括读、写、算的能力。阅读是获取信息的基本能力，快速阅读、精确阅读的能力是一个人获取信息的必要手段。只有能快速阅读，才能在信息时代，在成千上万的信息中迅速获得有价值的信息。只有精确阅读、分析，才能够将隐含在信息中的重点抓住，从而获取更多有用的信息。

（2）信息理论知识。

信息理论知识包括信息的基础知识和基本理论知识，只有对信息、信息源、信息检索方法、检索途径都能了解，熟悉信息组织的理论和基本方法、信息搜索和管理的基础知识、信息分析方法和原则、信息交流的形式类型或模式等知识，才能更快、更准地获取信息。

（3）现代信息技术知识。

现代信息技术知识包括各种现代信息技术及其特点和作用，信息技术的发展、应用及趋势，信息系统结构及工作原理，以及信息技术的作用与应用等知识。

（4）外语能力。

外语能力主要包括外语单词、词汇、读音、句法、语法等基本知识和听、说、读、写、译等能力。这是获取信息知识的前提和基础，也是构成信息素养的重要内容。

3. 信息能力

信息能力是指人们利用信息工具识别获取、评价判断、加工处理以及生成创造新信息的能力，它包括硬能力和软能力，前者是指使用工具的能力，后者是指独立学习、协作学习、终身学习的能力，以及思维能力特别是批判性思维能力。信息能力是信息素养的核心能力。

4. 信息伦理

信息伦理也称信息道德，是美国圣·克劳德大学图书馆工作人员罗伯特·豪普特曼在20世纪80年代提出的，他认为可将所有与信息生产、信息储存、信息访问和信息发布伦理问题相关的研究统称为信息伦理。信息伦理要求信息的组织与利用、信息交流与传递的目标同社会整体目标相一致，遵循信息法律法规，抵制信息污染，尊重知识产权和个人隐私。在当今社会，网络带来了前所未有的海量信息，对人们的生活、学习、观念、行为带来了巨大的影响，对原有的习俗、规范、法律、道德等发出了无声的挑战，对人们的信息伦理道德修养提出了更高的要求。由于网络固有的开放性，加之目前对网络上的信息发布缺乏有力的质量监控和规范管理措施，网络上的信息良莠不齐、鱼龙混杂，垃圾信息、不健康的信息、错误的信息乘虚而入，不文明、不健康的信息正影响着广大网民的认知习惯，有些网民甚至因缺乏自律和伦理道德，擅自发布不良信息，出现不尊重他人知识产权等现象。正如在不同的环境下，人们需要不同的社会行为规范来维持社会秩序稳定一样，在信息化社会，需要靠信息伦理来约束和规范人们的行为。

三、信息素养要求

信息素养要求是指人们对于信息素养培养的一整套标准和培养、提升信息素养所需要的信息意识、情感和信息技能。

1. 信息素养标准

信息素养标准是一套完整、规范的体系，由行业内权威机构或学会组织专家团队共同制定，用来评估个人的信息素养水平是否达到既定要求，衡量国家、区域或行业信息素养教育是否达到既定目标。主要包括国外标准和国内标准。

国外信息素养标准主要有如下几种。

（1）《学生学习的信息素养标准》。该标准于 1998 年由美国学校图书馆员协会（AASL）和教育技术协会（AECT）发布，根据中小学学生学习的特性，从信息素养、独立学习和社会责任三个大类进行描述，包含三个大类、九项标准、29 个指标，是美国最早的信息素养标准。其概括了信息素养的具体内容。

标准一：具有信息素养的学生能够有效地和高效地获取信息。

标准二：具有信息素养的学生能够熟练地和批判地评价信息。

标准三：具有信息素养的学生能够精确地、创造性地使用信息。

标准四：作为一个独立学习者的学生，具有信息素养，并能探求与个人兴趣有关的信息。

标准五：作为一个独立学习者的学生，具有信息素养，并能欣赏作品和其他对信息进行创造性表达的内容。

标准六：作为一个独立学习者的学生，具有信息素养，并能力争在信息查询和知识创新中做得最好。

标准七：对学习社区和社会有积极贡献的学生具有信息素养，并能认识信息对社会民主的重要性。

标准八：对学习社区和社会有积极贡献的学生具有信息素养，并能实行与信息和信息技术相关的符合伦理道德的行为。

标准九：对学习社区和社会有积极贡献的学生具有信息素养，并能积极参与小组的活动探求和创建信息。

（2）《高等教育信息素养能力标准》。该标准于 2000 年由美国大学与研究图书馆协会（ACRL）发布，包含 5 项能力标准、22 项表现指标、87 项成果指标（见表 1-1）。该标准侧重于不同水平层次的高等院校学生的需要，侧重于信息获取、信息评价利用、信息交流、规范使用等方面的能力，比较全面地反映了信息素养的内在要求，是最有影响力的信息素养标准。

表 1-1 美国大学与研究图书馆协会发布的《高等教育信息素养能力标准》

序号	标准维度	表现指标
标准一	能确定所需信息的本质和范围	1. 能清晰详细地表达信息需求 2. 能确定多种类型和格式的可能的信息源 3. 能考虑到获取信息的成本和效益 4. 能重新评估所需信息的性质和范围
标准二	能有效和高效地获取信息	1. 能选择最适当的研究方法和信息检索手段获取信息 2. 能构建和实施基于有效性的信息检索策略 3. 能联机检索信息和使用各种方法 4. 能调整信息检索策略 5. 能将有关的信息资源存档
标准三	能批判地评估信息和信息源，将新的信息综合到现有的知识体系和价值观中	1. 能综合所收集信息的主要思想和观点 2. 能准确、清晰地运用标准对信息和信息源进行评价 3. 能综合主要思想和观点，构建新观念 4. 能比较新旧知识差异和联系，确定新信息新增含义 5. 能判断新知识是否对个人价值观产生影响，并采取措施使二者融合 6. 能通过与其他人、学科领域专家或一线工作者的交流讨论，以理解和解释信息 7. 能确定是否修正初始的观念
标准四	能独立或作为团队的一员，高效地利用信息达到特定的目的	1. 应用新的和原有的信息来规划和创造特别的作品或成果 2. 修正原先制定的工作程序 3. 有效地向他人传达作品或成果
标准五	能了解信息利用过程中的经济、法律和社会问题，并在信息存取和利用时符合伦理和法律规范的要求	1. 理解与信息和信息技术相关的伦理、法律和社会经济问题 2. 能依照相关的法律法规制度和礼仪使用信息 3. 能在传达作品或表现形式时声明所引用文献的出处

（3）《英国高等教育信息素养标准》。该标准于 1999 年由英国国家与大学图书馆协会（SCONUL）发布，包含 7 个一级指标、17 个二级指标。

标准一：识别信息需求。

标准二：辨别信息缺口。

标准三：撰写检索策略。

标准四：定位并存取信息。

标准五：比较并评估信息。

标准六：组织、应用并交流信息。

标准七：整合并创新信息。

（4）《澳大利亚与新西兰信息素养框架：原则、标准及实践》。该标准于 2001 年由澳大利亚与新西兰的高校信息素养联合工作组（ANZIIL）发布，包含 6 个一级指标、19 个二级指标和 67 个三级指标。

标准一：有信息素养的人能够认识到信息需求，能够确定信息需求的特点和内容。

标准二：有信息素养的人能够有效率和有效果地找到信息。

标准三：有信息素养的人能够批判性地评价信息和信息搜索过程。

标准四：有信息素养的人能够管理其所收集或生产的信息。

标准五：有信息素养的人能够应用新旧信息建构新概念或创造新的理解。

标准六：有信息素养的人根据自己的理解使用信息，并且知道围绕信息使用产生的文化、伦理、经济、法律和社会问题。

国内信息素养标准主要有如下几种。

（1）《北京地区高校信息素质能力指标体系》。它是清华大学在 2005 年发布的一个地区性评价体系，该体系包括 7 个一级指标、19 个二级指标、61 个指标描述。它强调信息意识的培养和对信息素养内涵的认识，切合我国目前大学生信息意识不够强的现状，具有一定的指导意义。

指标一：能够了解信息以及信息素质能力在现代社会中的作用、价值与力量。

指标二：能够确定所需信息的性质与范围。

指标三：能够有效地获取所需要的信息。

指标四：能够正确地评价信息及其信息源，并且把选择的信息融入自身的知识体系中，重构新的知识体系。

指标五：能够有效地管理、组织与交流信息。

指标六：作为个人或群体的一员，能够有效地利用信息来完成一项具体的任务。

指标七：了解与信息检索、利用相关的法律、伦理和社会经济问题，能够合理、合法地检索和利用信息。

（2）《高校学生信息素养评价指标》。该指标由中国科学技术信息研究所于 2005 年建立，包括 3 项一级指标、15 项二级指标。

指标一：掌握信息素养基础知识、信息获取和利用的基本技能。

指标二：掌握信息获取、评价、分析、利用的高级技巧和综合技能。

指标三：具备进行综合地、深入地分析、加工和利用信息以创造性地解决问题的能力。

（3）教育部高等学校图书情报工作指导委员会的"中国高校大学生信息素质指标体系"。该指标体系由教育部高等学校图书情报工作指导委员会组织北京地区高校专家于 2008 年研讨提出，其以《北京地区高校信息素质能力指标体系》为基础进行了修改，除了部分表达上的差异，内容基本与《北京地区高校信息素质能力指标体系》一致，共包含 7 项一级指标、17 项二级指标。

指标一：具备信息素质的学生能够了解信息以及信息素质能力在现代社会中的作用、价值与力量。

指标二：具备信息素质的学生能够确定所需信息的性质与范围。

指标三：具备信息素质的学生能够有效地获取所需要的信息。

标准四：具备信息素质的学生能够正确地评价信息及其信息源，并且把选择的信息融入自身的知识体系中，重构新的知识体系。

指标五：具备信息素质的学生能够有效地管理、组织与交流信息。

指标六：具备信息素质的学生作为个人或群体的一员能够有效地利用信息来完成一项具体的任务。

指标七：具备信息素质的学生了解与信息检索、利用相关的法律、伦理和社会经济问题，能够合理、合法地检索和利用信息。

2. 信息素养要求

随着知识经济时代的到来和现代信息技术的迅猛发展，特别是在数字化和终身学习、学习型社会时代，信息素养已经成为继读、写、算之后的第四种基本能力，是数字化社会的基本学习能力。信息素养是终身学习的核心。它能使人们在一生中有效地寻求、评价、利用和创造信息，以实现个人的、社会的、职业的和教育的目标。美国《学生学习的信息素养标准》（ISSL）认为，信息素养不仅包括诸如信息检索、信息获取、信息表达、信息交流等信息技能，而且包括独立学习的态度和方法，在信息社会中合理生活、学习和工作的责任感，以及运用信息技能进行问题求解和创新的信息能力。信息素养作为终身学习的基础和促进因素，它是所有学科的学习都需要的。拥有信息素养不仅能使学习者更好地掌握学习内容，拓展研究范围，而且能使学习者对自己的学习进行自我指导和自我控制，也就是终身学习所强调的"自我导向学习"。

面对不断丰富的资源，谁能够有敏锐的信息意识和获取信息的能力，能够从瞬息万变的世界中得到有效信息，谁就能把握成功的关键。信息素养的提升将大大提高信息处理能力，知识结构也将得到优化，检索效果和决策能力也将得到提高，为完成相关科研创造更加有利的条件。

信息素养有助于用户创新能力的提高，培养信息素养是创新活动的助推器和催化剂。信息素养的培养过程同时也是创新思维的培养过程，两者共存互动、相得益彰。从国外的许多实践经验看，科学研究中出现的各种问题，包括基础研究、应用研究和发展研究，95%～99%的问题可以通过科技文献检索获得启发、帮助和解决。而完全靠自己的创造性劳动来解决的问题，仅占 1%～5%。有效的检索能起的作用，由此可见一斑。要进行有效的创新活动，就需要具有信息分辨、协调和获取相关信息的能力，这些活动的基础则是充足有效的信息。信息素养的培养，可以拓宽大学生获取信息的途径，提高他们信息采集、传输、加工、应用及创新的能力，进而丰富其知识与技能。

（1）信息意识与情感。要具备信息素养，无疑要学会运用信息技术。随着高科技的发展，信息技术正朝着成为"大众的伙伴"发展，操作也越来越简单，为人们提供各种及时可靠的信息便利。因此，现代人的信息素养高低，首先取决定于其信息意识和情感。信息意识与情感主要包括：积极面对信息技术的挑战，不畏惧信息技术；以积极的态度学习操作各种信息工具；了解信息源并经常使用信息工具；能迅速而敏锐地捕捉各种信息，并乐于把信息技术作为基本的工作手段；相信信息技术的价值与作用，了解信息技术的局限及负面效应，从而正确对待各种信息；认同与遵守信息交往中的各种道德规范和约定。

（2）信息技能。根据教育信息专家的建议，现代社会中的师生应该具备以下六大信息技能。

确定信息任务：确切地判断问题所在，并确定与问题相关的具体信息。

决定信息策略：在可能需要的信息范围内决定哪些是有用的信息资源。

检索信息策略：开始实施查询策略。这一部分技能包括使用信息获取工具，组织安排信息材料和课本内容的各个部分，以及决定搜索网上资源的策略。

选择利用信息：在查获信息后，能够通过听、看、读等行为与信息发生相互作用，以决定哪些信息有助于问题解决，并能够摘录所需要的记录，能够拷贝和引用信息。

整合信息：把信息重新组合并打包成不同形式以满足不同的任务需求。整合可以很简单，也可以很复杂。

评价信息：通过回答问题确定实施信息问题解决过程的效果和效率。在评价效率方面，还需要考虑花费在价值活动上的时间，以及对完成任务所需时间的估计是否正确等。

在 20 世纪 80 年代，我国大部分人还不知电脑为何物。到 90 年代，大部分人不知互联网有何用处，当政府斥巨资建设信息高速公路时，遭到包括许多院士在内的国内各阶层人士的强烈反对。也难怪，中国刚刚从农业文明向工业文明过渡不久，又一下跃步到信息社会，人们如何能突然接受呢？因此，在 20 世纪末，提高国民的信息素养尤其是信息能力素养成为最为紧迫的任务。在国家的大力提倡和社会各界的广泛努力下，国民信息能力素养有了大幅提升。截至 2007 年 3 月，我国互联网上网人数达到 1.44 亿，我国已成为全球信息通信业发展最快的国家之一。时间才过去十多年，但今日中国的信息化程度却是当初的人们无法想象的。信息化不仅带来了各种便利，也带来了不良信息泛滥成灾、网络侵权犯罪频频发生等一系列消极后果。据信息产业部统计，我国电脑病毒的感染率高达 55% 以上，垃圾电子邮件数量仅次于美国，居世界第二位。这时人们才充分意识到加强信息道德素养尤其重要。加强信息素养，是在当前"以本为本""四个回归"培养目标基础上全面提升大学生综合素养的重要举措，也是进一步提升"双创"时代背景下大学生科研能力、创新能力、创业能力的重要基础。

3. 信息素养的培养

今天，提高青少年特别是大学生的信息素养已经成为素质教育的核心要素。这就对信息素养培养提出了新的要求，要积极努力地探索信息技术与信息素养培养整合的思路与方法，通过学校教育渠道培养学生的信息素养。

（1）努力将信息素养的培养融入有机联系着的教材、认知工具、网络以及各种学习与教学资源的开发之中。通过信息的多样化呈现形式，形成学生对信息的需求，培养学生查找、评估、有效利用、传达和创造具有各种表征形式信息的能力，并由此扩展学生对信息本质的认识。

（2）坚持以学生为本。不要过分注重学科知识的学习，而应关心如何引导学生应用信息技术工具来解决问题，特别是通过把信息技术的学习与学科教学相结合，让学生把技术作为获取知识和加工信息、为解决问题而服务的工具。同时，教师还要关心学生的情感发展，不能因为信息技术的介入而忽略了与学生的直接对话和沟通。

（3）加强综合素养的培养。在培养学生信息素养的同时，还要注意发展学生与信息素养密切相关的新媒体素养、计算机素养、视觉素养、艺术素养以及数字素养，全面提高学生适应信息时代需要的综合素质。

信息素养教育要以培养学生的创新精神和实践能力为核心，因此，在信息技术课程中特别是大学生文献检索与利用课程中，教师仅仅是课程的设计者和学生学习的指导者，必须让学生真正成为学习的主体，让学生在自主学习和协作学习的环境中，自主探究、主动学习。教师可以利用网络和多媒体技术，构建信息丰富的，反思性的，有利于学生自主学习、协作学习和研究性学习的学习环境与工具，开发学生自主学习的策略，允许学生进行自由探索，极大地促进他们的批判性、创造性思维的养成和发展。在我国，针对国内教育的实际情况，学生的信息素养培养要求做到：热爱生活，有获取新信息的意愿，能够主动地从生活实践中不断地查找、探究新信息；具有基本的科学和文化常识，能够较为自如地对获得的信息进行辨别和分析，正确地加以评估；可灵活地支配信息，较好地掌握选择信息、拒绝信息的技能；能够有效地利用信息、表达个人的思想和观念，并乐意与他人分享不同的见解或信息；无论面对何种情境，能够充满自信地运用各类信息解决问题，有较强的创新意识和进取精神。

第二节 培养信息素养的意义

当今世界，人类社会正处在一个信息爆炸的时代，充满好奇和求知欲的青年大学生更是每天与海量的信息进行接触。因此，非常有必要在学生当中进行信息素养教育，培养学生了解信息知识、识别信息需求、检索信息资源、分析评价信息、有效利用信息、遵守信息道德规范的信息素养教育活动。这既是信息社会对教育特别是高等教育提出的新要求，又是现代信息社会人的精神诉求。

一、高等教育的新内容

重视信息主体的信息素养教育是信息社会的坚实基础。而当代大学生是社会主义现代化建设的栋梁之材，是未来的各类专业人才，担负着科学研究、科技发展的重任，应将大力培养他们的信息素养视为一项战略性举措。当前，信息社会需要的不是信息的简单传递者或使用者，而是具有较强信息意识和能够熟练运用现代信息技术手段，将大量支离破碎的信息与数据进行归纳与综合，使之条理化的有较高信息素养的人才。可见，不仅应将信息素养视为现代人文化素养、整体素质的一部分，而且应把它作为素质教育的灵魂来培养，是信息社会高等教育的新内容，培育大学生的信息素养已成为当代高等教育面临的一个重要课题。

二、创新创业的助推器和催化剂

信息素养的培育过程同时是创新思维的培养过程，两者共存互动、相得益彰，对培养学生的科研能力、创新能力具有重要作用。创新创业是基于技术创新、产品创新、品牌创新、服务创新、商业模式创新、管理创新、组织创新、市场创新、渠道创新等方面的某一点或几点创新而进行的创业活动，具有高风险、高回报、促进上升的特点。所谓高风险，是指创新创业是建立在创新基础上的创业，但是创新受到人们现有认知、行为习惯等方面的影响，会面临被接受的阻碍，因而创新创业会面临比传统创业更高的风险。正如彼得·德鲁克所言：真正重大的创新，每成功一个，就有99个失败，有99个闻所未闻。所谓高回报，即创新创业是通过对已有技术、产品和服务的更优化组合，对现有资源的更优化配置。这样能够给客户带来更大、更多的新价值，从而开创所在创业领域的"蓝海"，获取更多的竞争优势，也获取更大的回报。促进上升，即创新创业是在创新基础上的创业活动，创新是创业的基础和前提，同时创业又是创新成果的载体和呈现，并在创业活动过程中，不断优化资源配置、总结提炼，创新带动创业，创业促进创新，以实现创新的更新与升级。对大学生进行信息检索与信息素养能力的培养，既提高了大学生的信息素养与综合素质，也培养了大学生的创新意识与创新能力，帮助大学生形成创新思维，提升创新智慧，起到了助推器和催化剂的作用。

三、大学生自我发展的需要

信息是人类发展的基础，是人类的智慧之源。在社会实践中，人们在不断获取、吸收和利用信息后，积累了丰富的经验，增强了知识和才干，再创造出新的信息，再吸收，再创造，如此循环往复，不断发展进步，才创造出辉煌的人类文明。随着科技高速发展，各学科相互交叉渗透，新兴学科、边缘学科不断涌现。为适应这种既高度分化又高度综合的发展趋势，当代大学生必须具备一专多能的复合型知识结构，具有广博的多学科知识，而且要不断接受继续教育，对自身的知识系统进行更新和补充。因此有人提出终身学习是21世纪的生存概念，而不断学习的过程也就是信息的不断获取与利用的过程，如何把握学习方向，涉猎、鉴别、选取、索取、利用知识实质上是个信息能力问题。而信息能力的主要内容是信息技术，信息技术是扩展人的信息器官功能，增强人的信息能力的技术。信息获取技术可扩展人的感觉器官功能，使人们能有效地探索世界的深层奥秘；信息处理与再生技术可以扩展人们的思维器官功能，为人们认识世界和科学决策提供强大的智能；信息利用技术可以扩展人的效应功能，为人们改造世界提供强有力的工具，同时给予人们科学的求知方法，有效地提高人们的学习技能。总之，信息技术可以促进人的全面发展。所以说，培养信息素养是当代大学生自我发展的需要。

四、社会可持续发展的需要

网络化的市场经济,是将传统产业置于网络平台上的一种运作模式。推动经济文化发展的核心功力是网络与教育,掌握网络与教育的是人才,人力资源已经成为可持续发展的根本。目前,信息化的发展凸显出人才尤其是信息素养人才的短缺。因为只有这种人才,才能不断获取新信息,学习更新的知识,不断创新,不断发展,显现出无限的发展潜力。由此可见,经济社会的可持续发展需要大力培养当代大学生的信息素养。

第三节 信息、信息资源与图书馆

一、信息的含义、属性和功能

1. 信息的含义

信息,指音讯、消息、通信系统传输和处理的对象,泛指人类社会传播的一切内容。人通过获得、识别自然界和社会的不同信息来区别不同事物,得以认识和改造世界。在一切通信和控制系统中,信息是一种普遍联系的形式。1948 年,数学家香农在题为"通信的数学理论"的论文中指出:"信息是用来消除随机不定性的东西。"创建一切宇宙万物的最基本单位是信息。20 世纪中叶以后,信息的本质才不断被揭示,并被引入哲学、信息论、系统论、控制论、传播学、情报学、管理学、通信、计算机科学等领域。信息作为日常用语时,是指音信、消息。每个人每天都在不断地通过感觉器官从外界接收信息;我们通过阅读,从书刊、报纸上获得信息;我们通过交谈,从别人的谈话中获得信息;我们通过看电视、听广播获得信息……近年来,人们一般认为,信息是世界上一切事物的运动状态、特征及其反应。它与事物同在,与事物共存,存在于整个自然界与人类社会。数据、资料、图形、语言、声音等,可以反映、表现、承载或传递信息。

2. 信息的属性

信息的属性是指信息本身所固有的性质。维纳在《控制论》一书中提出:信息就是信息,不是物质,也不是能量。作为特殊形态的客观事物,信息主要有以下性质。

(1) 可识别性。信息可以通过听觉、嗅觉、视觉等感觉器官直接识别,或通过各种测试手段间接识别,如使用温度计来识别温度、使用 pH 试纸来识别酸碱度等。不同的信息源有不同的识别方法。

(2) 传递性。信息本身是一些抽象符号,需要借助于媒介载体,才能被识别。一方面,信息的传递必须借助于语言、文字、图像、胶片、磁盘、声波、电波、光波等物质形式的承载媒介才能表现出来,被人所接受,并按照既定目标进行处理和存储;另一方面,信息借助媒介的传递不受时间和空间限制,这意味着人们能够突破时间和空间的界限,对不同地域、不同时间的信息加以选择,增加利用信息的可能性。

(3) 不灭性。不灭性是信息最特殊的一点，即信息并不会因为被使用而消失。信息是可以被广泛使用、多重使用的，这也导致其传播的广泛性。当然信息的载体可能在使用中被磨损而逐渐失效，但信息本身并不因此而消失，它可以被大量复制、长期保存、重复使用。

(4) 共享性。信息作为一种资源，不同个体或群体在同一时间或不同时间可以共同享用，这是信息与物质的显著区别。信息交流与实物交流有本质的区别。实物交流，一方有所得，必使另一方有所失。而信息交流不会因一方拥有而使另一方失去，也不会因使用次数的累加而损耗信息的内容。信息可共享的特点，使信息资源能够发挥最大的效用。

(5) 时效性。信息是对事物存在方式和运动状态的反映，如果不能反映事物的最新变化状态，它的效用就会降低，即信息一经生成，它反映的内容越新，其价值越大；随着时间延长，价值减少，一旦信息的内容被人们了解，价值就消失了。信息使用价值还取决于使用者的需求及其对信息的理解、认识和利用的能力。

(6) 能动性。信息的产生、存储和流通，依赖于物质和能量，如果没有物质和能量，就没有信息。但信息在与物质、能量的关系中并非消极、被动的，它具有巨大的能动作用，可以控制或支配物质和能量的流动，并对改变其价值产生影响。

3. 信息的功能

信息无处不在，无时不有，它充满了整个宇宙。信息提供知识、智慧和情报，其主要功能是用来消除人们在认识上的某种不确定性，消除不确定性的程度与信息接收者的思想意识、知识结构有关，人类认识就是不断地从外界获取信息和加工信息的过程。在人类步入信息社会的时候，信息、物质与能量构成了人类社会的三大资源，物质提供材料，能量提供动力，信息提供知识和智慧。因而，信息已成为促进科技、经济和社会发展的新型资源，不仅有助于人们不断地揭示客观世界，深化人们对客观世界的科学认识，消除人们在认识上的某种不确定性，而且源源不断地向人类提供生产知识的原料。

二、信息资源

信息资源是可以被人类利用的信息，是人类依据当前生产力水平和研究水平开发和组织的信息，人类的参与是信息资源形成的必要条件。狭义的信息资源仅限于信息本身，不包括其他因素。广义的信息资源是指人类经过筛选、组织、加工、整理等信息活动后积累起来的，能够满足人类需求的各类信息要素（信息技术、设施、设备、信息生产者等）的集合。

1. 信息资源的特性

信息资源指的是作为资源的信息。与物质资源、能源资源和非资源化的信息相比，信息资源具有以下几个特性。

(1) 人工性。信息资源是人类所开发与组织的信息，是人类脑力劳动和认知过程的产物。信息资源生产、组织、建设、开发、传播和利用的过程，信息技术和信息设施的发明创造，都被深深地打上人类加工的烙印。信息资源的人工性特点是我们建设、开发和利用信息资源的理论依据。

（2）有序性。信息浩如烟海且杂乱无章，处于各种混沌无序状态。信息资源是人类按照一定次序，从浩瀚无边、纷杂无序的信息海洋中选取和组织起来、方便利用的序列性信息。

（3）有限性。信息作为事物的运动状态及其变化方式，伴随着事物的存在而存在，是普遍存在的、无限的、用之不竭的。信息资源仅是信息中的一部分，是经过人类选择的有用的部分信息，其数量是有限的。因此，人类开发的信息资源数量虽然庞大，但对于特定的个人、组织或者任务来说，真正有价值且可以获得的信息资源往往有限的。

（4）积累性。信息资源是有用信息的集合，一条信息不能构成信息资源，只有经过一定时间积累，使信息达到一定的丰度和凝聚度，才能成为信息资源。正是这种积累性，才使分散在空间和时间中的信息，能够汇集到信息机构，跨越时空限制，满足人们多样化的信息需求。

（5）效用性。任何信息资源对人类都具有一定的效用，且易于扩散、传播和共享。信息资源随着开发深度和广度的不断拓展，其数量和利用价值亦不断增多和增强，对信息资源的需求和利用程度越高，信息资源的价值和效用也就越大。许多信息资源具有高度的时间敏感性和时效性，随着时间推移逐步过时老化，直至失去其利用价值而成为无用的信息。

2. 信息资源的类型

信息资源的类型划分是识别、开发、利用信息资源的基础。信息资源的类型多种多样，划分标准不同，分类结果也不一致。对信息资源的类型，可从广义和狭义两个角度进行归纳和总结。

1）按信息资源的加工层次划分

按信息资源的加工层次，可将信息资源分为以下几种。

（1）零次文献。零次文献是最原始或者非正式的记录，大多数是没有公开传播的文献。它包括进行日常交谈、参观展览、参加报告会、听取经验、举办交流演讲、开展实验等的原始记录或工程草图等。

零次文献不仅在内容上有一定的价值，而且它没有一般公开文献从信息的客观形成到公开传播之间费时甚多的弊病，其新颖程度颇为诸多学者所关注。

（2）一次文献。在科学研究、生产实践中，根据科研成果、发明创造撰写的文献，被称为一次文献（又称为原始文献）。一次文献是文献的主体，是最基本的信息资源，是文献检索的主要对象。诸如专著、报刊论文、会议文献、学位论文、专利说明书、科技档案、技术标准、科技报告等，多属一次文献。

（3）二次文献。将分散的、无序的一次文献，按照一定的原则进行加工、整理、提炼、组织，使之成为便于存储、检索的系统文献，称为二次文献。二次文献主要有目录、题录、文摘、索引等。

（4）三次文献。三次文献是在二次文献的基础上，选用一次文献的内容，进行分析、概括、综合研究和评价而编写出来的文献。它又可分为综述研究类和参考工具类两种类型。前者如动态综述、学科总结、专题述评、进展报告等；后者如年鉴、手册等。三次文献源于一次文献，又高于一次文献，属于一种再创性文献。一般来说，三次文献具有系统性好、综合性强的特点，其内容比较成熟，常常附有大量的参考文献，有时可作为查阅文献的起点。三次文献主要有综述、述评、书评等。

2）按信息出版的出版形式划分

按信息资源的出版形式，可将信息资源分为以下几种。

（1）图书。图书主要指以印刷方式单本刊行的非连续性出版物，它和连续性出版物一起构成图书馆实体馆藏的主体。图书往往是著作者在长期研究和学识积累的基础上，对某一知识领域进行较为系统和深入研究而形成的成果，编著和出版周期较长。因此，图书的内容比较完整、系统、成熟，但新颖性不足，是了解和掌握各学科的系统知识的重要信息源。

图书按照出版方式，可划分为单本书、多卷书、丛书等类型；按照内容性质和使用对象，可划分为学术专著、教材、论文集、资料汇编、科普与通俗读物、文学艺术作品、少年儿童读物、参考与检索工具书等类型。

（2）连续出版物。连续出版物是具有统一的题名，汇集多位著作者的多篇著述，定期或不定期以连续分册形式出版，有卷、期或年、月标识，并计划无限期地连续出版的出版物。它包括期刊（杂志）、报纸、年度出版物（年评、年表、年历、年鉴等）、丛刊等无限期连续出版的文献。其中，期刊（杂志）和报纸是连续出版物的主要类型。

（3）特种文献。特种文献是指出版形式比较特殊的科技文献资料。它介于图书与期刊之间，似书非书，似刊非刊。这类文献的特点是内容广泛新颖，类型复杂多样，涉及科学技术、生产生活各个领域；现实性强，情报价值高，从不同领域及时反映当前科学技术的创造发明、进展动态、研究水平和发展趋势；出版发行无规律，有的有一定保密性，收集比较困难。特种文献主要包括科技报告、政府出版物、会议文献、专利文献、标准文献、学位论文和产品资料等。

（4）缩微型文献。缩微型文献是利用光学记录技术，将文献的影像缩小复制在感光材料上而制成的感光复制品。它包括缩微胶卷、缩微胶片、缩微卡片等。

（5）视听型文献。视听型文献是以电磁材料为载体，以电磁波为信息符号，将声音、图像和文字记录下来的一种动态型文献。它可分为视觉资料、听觉资料和音像资料等，如唱片、录音带、录像带、电影胶片（卷）、幻灯片等。

（6）机读型文献。机读型文献是将文字、声音、图像、图形等信息以数字代码方式存储在磁、光、电等介质上，通过计算机或类似功能的设备阅读使用的文献。机读型文献按其存储载体可分为光盘、磁盘、磁带等类型，其中磁盘和光盘是主要的机读文献载体类型。

（7）网络信息资源。网络信息资源是指以数字化的形式，将文字、图像、声音、动画等多种形式的信息存储在光、磁等非纸质载体中，并通过网络和计算机等方式再现出来的信息资源。网络信息资源具有信息量大、类型多样、动态更新快、传输效率高、传播范围广泛、获取方便快捷、共享性强、质量不一等特点，是现代图书馆馆藏非常重要的组成部分，也是信息资源建设的重要对象和发展方向。通常情况下，我们将网络信息资源和机读型文献合称为数字化信息资源。

三、图书馆

1. 图书馆的定义

《辞海》对图书馆的定义为："收集、整理、保管、传递和交流人类知识和信息，以供读者参考、利用的文化机构或服务体系。"德国数学家和哲学家莱布尼茨认为，图书馆应当是用文字表述的人类全部思想的宝库。美国图书馆学家、芝加哥大学图书馆学院教授巴特勒对图书和图书馆则给出如下定义：图书是保存人类记忆的社会机制，而图书馆则是将人类记忆移植于现代人们的意识中去的社会装置。随着社会的进步，人们渐渐把现代图书馆重新定义为：图书馆是指能够无限制地获取多种格式信息的文化机构。图书馆除了提供资源，还有专家和图书馆员来提供服务，他们善于寻找和组织信息，并解释信息需求。近年来，人们对图书馆的理解已经超越了建筑的围墙，读者可以用电子工具获得资源，图书馆员用各种数字工具来引导读者分享海量信息。

2. 图书馆的职能

图书馆是一个专门收集、整理、保存、传播文献并提供利用的学术性、服务性机构。文献是图书馆开展一切工作的物质基础。高校图书馆作为高校文献信息资源中心，以丰富的馆藏纸质资源和电子文献数据库始终践行着教育职能和情报职能，成为大学的中心、广大师生读者眼中的天堂。图书馆的职能主要体现在以下几个方面。

（1）保存人类文化遗产。图书馆的产生，是保存人类文化遗产的需要。因为有了图书馆这一机构，人类在社会实践中所获得的经验、文化、知识都得以系统地保存并流传下来，成为今天人类宝贵的文化遗产和精神财富。

（2）开展社会教育。近代，资本主义大工业的产生，要求工人有较多的劳动知识和劳动技能，图书馆从而真正走入平民百姓之中，担负起对工人进行科学文化知识教育的任务。在现代社会，图书馆成为继续教育、终身教育的基地，担负了更多的教育职能。

（3）传递科学情报。传递科学情报，是现代图书馆的一个重要职能。图书馆丰富、系统、全面的图书信息资料，成为图书馆从事科学情报传递工作的物质条件。在信息社会，图书馆传递科学情报的功能将得到加强。

（4）开发智力资源。图书馆收藏的图书资料，是人类长期积累的一种智力资源，图书馆对这些资源进行加工、处理，是对这种智力资源的开发。同时，图书馆将这些图书资料提供给人们使用，是对图书馆用户脑力资源的开发。换言之，图书馆承担着人才培养的职能。

（5）提供文化娱乐。图书馆提供的服务，满足了社会对文化娱乐的需要，丰富和活跃了人民群众的文化生活，在精神文明建设当中，起到了不可替代的作用。

第四节 信息检索与信息素养

一、信息检索的含义

"检索"一词源于英文"retrieval",其含义是"查找"。"信息检索"一词由莫尔斯于1949年首次提出。信息检索(information retrieval),是指将信息按一定的方式组织和存储起来,并根据信息用户的需要找出相关信息的过程。广义的信息检索包括存储和检索两个部分,是将信息按一定的方式组织与存储起来,并根据用户的需要查寻到相关的信息。狭义的信息检索仅指广义中的检索部分。

信息检索至少包括三层含义:一是按某一主题或某一特征从信息源或数据中查找到相关的信息并获取线索,如 OPAC 检索;二是为解决某一问题从信息源或数据库中获取隐含于文献中的事实、数据、图像或理论等未知的知识,如全文检索;三是将查寻的信息及其知识进行分析加工,提供给用户使用,如定题服务、科技查新。

二、信息检索的类型

1. 按检索方式分类

(1)手工检索。手工检索简称手检,是指人们通过手工的方式检索信息的信息检索。其使用的检索工具主要是书本型、卡片式的信息系统,即目录、索引、文摘和各类工具书。检索过程是由人手工完成的。

(2)计算机检索。计算机检索简称机检,是指人们利用数据库、计算机软件技术、计算机网络及通信进行的信息检索,其检索过程是在人、机的协同作用下完成的。

(3)综合检索。综合检索是指在文献信息检索的过程中,既使用手工检索方式,又使用计算机检索,即同时使用两种检索方式的检索。

2. 按检索内容分类

(1)文献型信息检索。文献型信息检索是指利用检索工具或检索系统查找文献的过程,包括文献线索检索和文献全文检索。文献线索检索是指利用检索工具或检索系统查找文献的出处,检索结果、文献线索。文献线索包括书名或论文题目、著者、出版者、出版地、出版时间等文献外部特征。用于检索文献线索的检索工具有书目、索引、文摘及书目型数据库和索引、题录型数据库。文献全文检索是以文献所含的全部信息作为检索内容,即检索系统存储的是整篇文献或整部图书的内容。检索时可以查到原文及有关的句、段、节、章等文字,并可进行各种频率的统计和内容分析。

(2)事实型信息检索。事实型信息检索是以特定的客观事实为检索对象,借助于提供事实检索的检索工具与数据库进行检索,其检索结果为基本事实。如某个字、词的查找,某一诗、词、文、句的查找,某一年、月、日的查找,某一地名的查找,某一人物的查找，某一机构的查找，某一事件的查找，某一法规制度的查找，某一图像的查找，某一数据、参数、公式或化学分子式的查找等。一般来说，事实型信息检索多利用词语性和资料性工具书，包括字典、词典、百科全书、政书、年鉴、手册、名录、表谱、图录等；也可利用某些线索性工具书（如索引、文摘、书目等）及学科史著作、科普读物等。

（3）数据型信息检索。数据型信息检索是一种确定性检索，是以数值或图表形式表示的以数据为检索对象的信息检索，又称数值检索。检索系统中存储的是大量的数据，这些数据既包括物质的各种参数、电话号码、银行账号、观测数据、统计数据等数字数据，又包括图表、图谱、市场行情、化学分子式、物质的各种特性等非数字数据。

三、信息检索的意义和作用

1. 提高学习和工作能力

现代高等教育的职能已经不再是单纯的知识传授，而是培养学生的自学能力和独立研究能力。大学生如果掌握了信息检索的基本技能，具备信息查询、鉴别和获取能力，就可以找到一条获取和利用大量新知识的捷径，依靠自己去发现问题，并利用信息独立解决问题。总之，具备基本的信息检索和利用能力，就能用最少的时间和精力，有效地获取信息，充分地利用信息。新的信息可以扩宽学生的学术视野，启迪其研究思路，使科研在更高的起点上拓展，有效地提高人们学习、工作和科研的效率，能使人们终身受用无穷。

2. 学习借鉴前人经验，促进社会创新发展

牛顿曾说过："如果我比别人看得更远的话，那是因为我站在巨人的肩膀上。"这句话精辟地阐述了继承在科学事业中的重要地位。国内外科学家都要花1/3左右的时间去搜集、阅读、研究文献信息，就是因为科技文献发挥着"巨人的肩膀"的作用。信息检索的基本目的就是借鉴前人经验，避免重复劳动，提高研究效率。科研人员只有掌握了最充分和最新的信息及相关的文献资料，知道哪些工作前人已经做了，哪些工作目前还在做，什么人在做，进展情况如何，有何成果经验和教训等，才能避免重复劳动，少走弯路，保证研究工作在尽可能高的层次上起步。相反，如果科研人员掌握信息不充分、不及时，"闭门造车"，往往容易造成重复研究和巨大浪费。如上海手术器械厂埋头攻关20年，试制成功一种硬质合金镶片持针钳，但在申请发明权的调查中发现，国外早在1952年就已取得了相关发明专利。

只有在掌握前人所积累的知识的基础上，利用这些理论知识做指导，不断地实践创新，才能创造出更多的新知识，推动社会向前发展。同时，社会的进步和经济的发展又反过来推动信息的生产、流通和使用。信息检索是人们开启知识宝库的金钥匙，是开发智力资源的有力工具，它能帮助人们传播知识和利用知识，使知识转化为社会物质财富和精神财富，在人类社会的科学技术和生产生活过程中发挥着重大作用。

3. 培养大学生综合素质的基本要求

要对即将毕业的大学生进行评价，或者考查这些大学生是否已经达到大学的培养要求，就需要对大学生的知识和能力进行较全面的评估。2001年，国际医学教育专门委员会制定了"全球医学教育最低基本要求"，包括7个领域、60项指标。主要包括职业价值态度、医学科学基础知识、沟通技能、临床技能、群体保健、信息管理和批判性思维（见图1-1）。

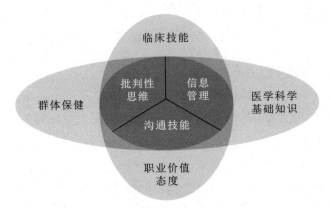

图1-1 全球医学教育最低基本要求领域示意图

参考"全球医学教育最低基本要求"，高职院校对于学生的培养要尽可能达到以下要求：① 从不同的数据库和数据源中检索、收集、组织和分析课题相关的信息；② 从不同的数据库和数据源中检索特定概念、数据和事实信息，实现数据挖掘和信息分析；③ 运用信息技术、计算机技术和通信技术，提升数字素养与技能；④ 懂得信息技术的运用及其局限性；⑤ 保存信息检索记录，包括检索词、检索式和检索结果，以便进行分析和改进。

4. 充分传递、交流、利用文献资源，避免重复劳动

历史上，有不少因为没有进行信息检索而导致科研低水平重复的案例。如美国某钢厂欲改良一种炼钢工艺，花10万美元，用了1年时间，终于研究成功。而该厂图书室工作人员说，本来只需5美元就可复制一份现成的关于该工艺的文献。研究人员事先没有对文献进行检索，不知道别人已经做过什么研究。

再如，上海某保温瓶厂花10年时间试验成功镁代银镀膜工艺。但后来经上海科技情报所检索发现，英国有家公司早在1929年就申请了该项专利。倘若研究人员具有较好的专利情报意识，一开始就检索有关工艺的专利文献，就可避免损失。

当然，也有不少因为及时进行信息检索而取得成功的案例。例如，20世纪60年代，日本人通过从《人民日报》《中国画报》等处获得的信息，判断大庆油田的位置、规模和加工能力，最终促成了两国间的炼油设备交易，这就是知名的"日本人摸大庆"。

5. 有效利用时间，加速科研进程

一项科研的具体时间包括思考、查资料、科学试验和编制报告。据美国科学基金会

统计，一个科研人员花费在查找和消化科技资料上的时间（查资料）占全部科研时间的51%，思考占8%，科学试验占32%，编制报告占9%（见图1-2）。如果能够有效减少信息检索的时间，就能够节省大量时间，这就是在给科研提速，能够加速科研进程。

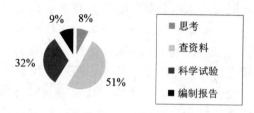

图1-2　美国科学基金会统计的科研时间分布

6. 科学研究的重要环节，贯穿科学研究的全过程

一项科研，从选题开始，通过系统的文献调研、查找文献、确定选题后，到开展科学研究，再到科研项目完成后进行论文撰写、项目结题，都离不开信息检索这一重要的工具。信息检索贯穿科学研究的全过程，能有效避免科研低水平重复，能提升课题质量和水平，是确保课题新颖性、实用性和创造性的重要手段。

科学研究的主要环节和过程可概括如下。① 科研选题：通过文献调研，启迪思维，避免不必要的重复；② 提出假设：寻找理论依据或间接经验；③ 设计实验：考虑技术的可行性、科学性；④ 分析结果：与他人的结果对比分析；⑤ 形成结论：论文的撰写、专利的申报（见图1-3）。

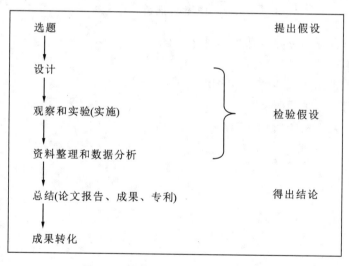

图1-3　科学研究的主要环节和过程

四、信息检索与信息素养的关系

信息检索能力是当代大学生应该具备的一种重要的信息素养，具备了这种能力，就可以说具备了终身学习的能力基础。信息检索可以帮助人们解决在学习和工作中可能遇到的各种疑难问题，掌握获取知识的门径，使自己在接受新教育和获取新知识的过程中更加顺利。信息检索课在信息素养教育中发挥着重要作用，是对大学生进行信息素质教育的重要途径。通过对信息检索知识的系统学习，学生对自身的信息需求将具有良好的自我意识素质，能意识到自身潜在的信息需求，并将其转化为显性的信息需求，进而能充分、正确地表达出来；同时，学生会对特定信息具有敏感的心理反应，具有查询、获取、分析和应用信息的能力，对信息进行去伪存真、去粗取精，提炼、吸取符合自身需要的信息。可见，信息检索是当代大学生必须具备的能力，是信息素养教育的重要内容。

吉林大学于双成教授指出，所谓的信息素养，是一种统领和驾驭海量知识信息的综合能力，包括以敏锐的感受力、持久的注意力和高超的判断力为标志的信息意识，以充分认识信息需求和熟悉信息环境为基础的、快速而准确获取所需信息的检索技能，以正确辨析与评价为前提的、对相关信息进行充分挖掘与创造性应用的综合能力，以及蕴含在上述信息获取与利用活动中的道德规范与行为准则。这是对信息素养的深刻而生动的阐述，是闪烁着信息智慧的真知灼见。我们从中可以清楚地洞悉信息检索和信息素养相辅相成，相得益彰。把信息检索能力作为大学生的一种重要信息素养来培养，不仅是我国高等教育的基本要求，而且是提升大学生科研素养，让大学生在"双创"活动和今后的职业生涯中立于不败之地的科研基本功。正所谓"君子生非异也，善假于物也"，相信经过系统的信息检索基本理论、基本原理、基本方法、检索方法和检索技巧的学习，经过边讲边练、讲习结合的科学训练，大学生必能形成娴熟的信息检索技能，必将有力促进自身信息思维的形成和信息智慧的提升，进而促进自身信息素养乃至综合素质的提高。

思考与训练

1. 试述信息资源的主要类型及其划分标准。
2. 什么是信息素养？
3. 信息素养有哪些重要意义和作用？
4. 图书馆有哪些主要职能？
5. 如何培养大学生的信息素养？

文献信息检索基本原理

人类关于自然界、社会以及人类自身的认识大都蕴藏在出版物之中。由于信息时代科学技术的发展突飞猛进，知识的生产量急剧增加，记录文献知识的载体与日俱增。图书馆作为人类知识的宝藏，对于每一个读书治学和读书成才的人来说，至关重要。图书馆被称为"大学的心脏"，了解图书馆和利用图书馆丰富的藏书，是每个大学生必须掌握的基本技能。无论是传统的图书、期刊、音像等文献资料，还是数字图书馆中不同信息格式（如磁盘、光盘等）和信息类型（如书目信息、全文信息、图像、音频、视频等）的文献，或者其他电子数据库，都是由专业人员科学地组织起来，存储在服务器空间和图书馆的系统空间，可以让读者在浩瀚的信息资源中找到自己需要的内容。但是很多学生对于如何正确、快捷、充分、有效地利用这些知识有些茫然。本章的介绍，就是要使学生能够了解文献信息检索的基本原理，熟悉如何利用各种文献信息资源。

第一节 文献信息检索的原理和意义

一、文献信息检索的概念

文献信息检索是指将信息按一定的方式组织和存储起来，并根据信息用户的需要找出有关信息的过程，即从众多的文献信息源中，迅速而准确地查找出符合特定需要的文献信息或文献线索的过程。文献信息检索，广义上讲包括文献信息的存储和检索两个方面。存储是指对一定数量的揭示文献特征的信息或从文献中摘出的知识信息进行组织、加工、整序并将其存储在某种载体上，编制成检索工具或组织成检索系统。检索就是根据需要，利用一定的检索工具和检索手段，把所需的文献线索或知识信息从检索系统中查找出来的过程。通常所说的文献信息查询或检索只是名称的后一半，是狭义的信息检索。存储和检索是完全不同的含义，存储是为了检索，而检索又必须先进行存储，它们是相互依存的关系，如果检索标识与文献的存储标识相比，能够取得一致，就叫"匹配"，就可得到"命中文献"。

一般来说，文献信息检索是文献检索和信息检索两个概念的统一。

文献检索是信息检索的一种类型，是指依据一定的方法，按照一定的方式将文献组织、存储在某种载体上，并利用相应的方法或手段从检索系统中查找出符合用户特定需要的文献信息的相关过程。查找出来的文献只是关于文献的信息或文献的线索，如果要真正获取文献中所记录的信息，还要依据检索所取得的文献线索或关于特定文献的信息，去索取和查阅文献的原文。文献检索是文献信息工作的重要组成部分，是科学研究的前期工作。

信息检索是指依据一定的方法，从已经组织好的大量信息集合中查找特定的相关信息的过程。因此，在检索时，必须按照存储的统一思路和方法，才能得到良好的检索效果。

二、文献信息检索的类型

1. 按内容划分

按照文献信息检索的内容，可将其划分为以下几种。

（1）数据信息检索。数据信息检索是以文献中的数据为对象的一种检索，如查找某种材料的电阻、某种金属的熔点。

（2）事实信息检索。事实信息检索是以文献中的事实为对象，检索某一事件发生的时间、地点或过程，如查找鲁迅生于哪一年。

（3）文献信息检索。文献信息检索是以文献原文或关于文献的信息为检索对象的一种检索。

数据信息检索和事实信息检索是要检索出包含在文献中的具体情报；文献信息检索则是要检索出包含所需情报的文献。文献信息检索的结果是与某一课题有关的若干篇论文、书刊的出处以及收藏地点等。文献信息检索是最典型和最重要的，也是最常使用的情报检索方法。掌握了文献信息检索的方法就能以最快的速度、在最短的时间内、以最少的精力了解前人取得的经验成果。

2. 按组织方式划分

按组织方式，可将其划分为以下几种。

（1）全文检索。全文检索是指对存储于数据库中整本书、整篇文章中任意内容信息的检索，用户可以根据自己的需要从中获取有关章节、段落等信息，还可以进行各种频率统计和内容分析。随着计算机容量的扩大和检索速度的提高，全文检索的范围也在不断扩大。

（2）超文本检索。超文本检索是对每个节点中所存信息以及信息链构成的网络信息的检索。从组织结构看，超文本的基本组成元素是节点和节点之间的逻辑连接链，每个节点存在的信息及信息链被连接在一起，构成相互交叉的信息网，超文本检索强调的是中心节点之间的语义连接结构，要靠系统提供工具做图示穿行和节点展示，提供浏览式查询。

(3) 超媒体检索。超媒体检索是对文本、图像、声音等多种媒体信息的检索，是对超文本检索的补充。其存储对象超出了文本范畴，融入了静态、动态及声音等多种媒体的信息，信息存储结构也从单维发展成多维，存储空间也在不断扩大。

三、文献信息检索的原理

文献信息检索包括存储和检索两个过程。存储过程就是按照检索语言（主题词表或分类表）及其使用原则对原始文献信息进行处理，形成文献信息特征标识，为检索提供经过整序（即形成检索途径）的文献信息集合的过程。具体来说，文献信息的存储包括对文献信息的著录、标引以及编排正文和所附索引等。所谓文献信息的著录，是按照一定的规则对文献信息的外表特征和内容特征加以简单明确的表述。文献信息的外表特征包括文献信息的著者、来源、卷期、页次、年月、号码、文种等。文献信息的内容特征包括题名、主题词和文摘。文献信息的标引是就文献信息的内容，按一定的分类表或主题词表给出分类号或主题词。检索过程则是按照同样的主题词表或分类表及组配原则分析课题，形成检索提问标识，根据存储所提供的检索途径，从文献信息集合中查获与检索提问标识相符的信息特征标识的过程。因此，只有了解文献信息处理人员如何把文献信息存入检索工具，才能懂得如何从检索工具中检索所需的信息，如图 2-1 所示。

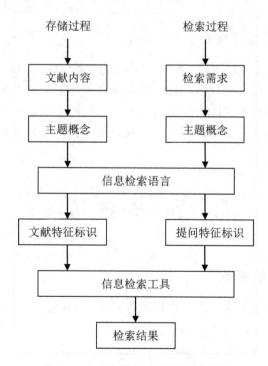

图 2-1　文献存储与检索过程原理图

四、文献信息检索的意义

文献信息检索的意义主要体现在以下几个方面。

1. 掌握有效信息，避免重复研究

文献信息检索能够让科研人员充分掌握和利用有效的文献信息资源，避免重复劳动。科学研究具有继承性和创造性，要继承，就需要掌握已有的研究成果，要创造，就需要了解最新信息，因此在科研工作中，每一个环节都离不开信息，这就要求科研人员在探索未知或从事研究工作之前，尽可能地掌握与之相关的资料、情报。科研人员在开始研究某一课题前，必须利用科学的文献信息检索方法来了解课题的进展情况，在前人的研究基础上进行研究。科研人员只有系统查找文献信息，才能做到心中有数，防止重复研究，将有限的时间和精力用于创造性的研究中。

2. 节省查找文献信息的时间，提高科研效率

目前文献信息的数量和类型增加得十分迅速，科研人员不可能将世界上所有的文献都阅读完。据美国科学基金会统计，一个科研人员花费在查找和消化科技资料上的时间占全部科研时间的51%，思考占8%，科学试验占32%，编制报告占9%。由上述统计数字可以看出，科研人员花费在科技资料上的时间非常多。如果科研人员掌握科学的文献信息检索方法，就可以缩短查阅文献的时间，在一定的时间内获取更多的文献信息，提高科研效率。

3. 文献信息检索是获取新知识的捷径

科学的文献信息检索方法可以把学生引导到超越教学大纲的更广阔的知识领域中去，促进学生的专业学习。在当代社会，人们需要终身学习，只有不断更新知识，才能适应社会发展的需要。如果学生掌握了科学的文献信息检索方法，在研究实践和生产实践中就可以无师自通，根据需要独自查找文献信息，快速找到一条获取和利用大量新知识的捷径。

第二节 检索语言

一、检索语言的概念和作用

检索语言是一种人工语言，是用来描述信息的内容特征、外部特征和表达信息检索提问的一种专门语言。无论是传统的手工检索，还是现代的各种新型检索系统，都是通过一定的检索语言组织起来的，并为检索系统提供一种统一的、作为基准的、用于信息交流的符号化或语词化的专用语言。信息资源在存储过程中，其内容特征（分类、主题）和外部特征（如书名、刊名、题名、著者等）按照一定的语言来加以表达，检索文献信息的提问也按照一定的语言来表达。为了使检索过程快速、准确，检索用户与检索系统需要统一的标识系统，这种在文献信息的存储与检索过程中，共同使用、共同理解的统一的标识就是检索语言。因其使用的场合不同，检索语言也有不同的名称，例如，在存

储文献的过程中用来标引文献,称为标引语言;用来索引文献,则称为索引语言;在检索文献过程中用来检索文献,则称为文献检索语言。

检索语言的作用是标引文献内容、数据和其他信息形式,把信息的内容特征及其外表特征简明而有效地揭示出来;是连接标引人员和检索人员的思想桥梁,是标引人员和检索人员共同遵循的标准语言,它保证了文献存储的集中化和系统化,并使众多的文献信息高度标准化,避免漏检和误检,使有规律的检索成为可能。

二、检索语言的种类

检索语言的种类很多。按描述文献特征的不同,检索语言可分为描述文献外表特征的检索语言和描述文献内容特征的检索语言。描述文献外表特征的检索语言包括题名(书名、篇名)、著者姓名、号码(专利号、报告号、标准号等)和引文语言(被引用著者姓名和被引用文献的出处)等。描述文献内容特征的检索语言包括分类检索语言、主题检索语言和代码检索语言三种。如图2-2所示。

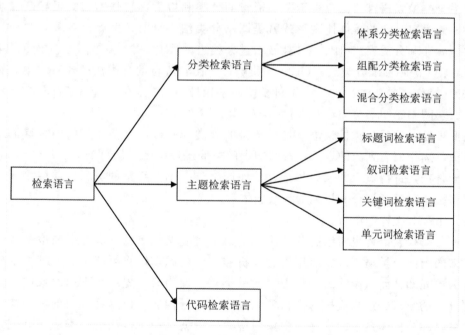

图 2-2 描述文献内容特征的检索语言示意图

1. 分类检索语言

分类检索语言也叫分类语言,是一种按科学范畴和体系来划分事物的检索语言,按事物所属的学科性质进行分类和排列,以阿拉伯数字或拉丁字母和数字混合作为类目标识符号,以类目的从属关系表达复杂概念及其在系统中的位置,揭示概念与概念之间的关系。分类检索语言的具体表现形式就是分类法。

分类检索语言又分为体系分类检索语言、组配分类检索语言和混合分类检索语言。目前使用最广泛的是体系分类检索语言。

(1) 体系分类检索语言。

体系分类检索语言是一种直接体现学科知识分类等级制概念的标识系统，是通过对概括性文献信息内容特征进行分类的检索语言。具体地说，它是以科学知识分类为基础，结合文献信息的内容及特征，运用概念划分和归属的方法，采取从总到分，从一般到个别，从抽象到具体，从低级到高级，从简单到复杂这样层层划分，每划分一次，就形成一批并列的概念——下位概念（下位类），它们同属于一个被划分的概念——上位概念（上位类），几个下位概念之间体现的是平行关系，而上下位类之间则是隶属关系。体系分类法通常将类目体系组织成树状结构，按照划分的层次，逐级列出详细的子目，以缩进的格式标示类目的等级关系，一般标记符号采用字母和阿拉伯数字相结合的混合号码，用以表达文献学科内容的标记。体系分类语言可以直接体现知识分类的要求，把众多的文献强制性地按照特定的分类体系予以组织，从而提供依据学科分类检索文献的途径，因而具有较强的系统性，便于检索某一学科、某一专业的文献。

体系分类检索语言广泛应用于图书资料的分类和检索，它是图书情报界最普遍使用的一种检索语言，它的具体体现形式就是图书分类法。目前，世界比较著名的分类法著作有《国际专利分类表》（IPC）、《杜威十进分类法》（DDC）、《美国国会图书馆图书分类法》（LC）、《国际标准分类法》（ICS）。我国目前比较流行的分类法著作有《中国图书馆分类法》（简称《中图法》）、《中国科学院图书馆图书分类法》（简称《科图法》）、《中国人民大学图书馆图书分类法》（简称《人大法》）等。

由此可见，体系分类检索语言是以学科的分类为基础，概括文献的内容特征及某些外表特征，运用概念划分的方法，按照知识门类的逻辑次序，从总到分、从一般到具体、从简单到复杂，进行概念的层层划分，从而产生许多不同级别的类目，层层隶属，形成一个严格按学科门类划分和排列的等级制体系。

(2) 组配分类检索语言。

组配分类检索语言也叫组配分类法，是为了适应现代信息资源标引和检索的需要而发展起来的组配分类语言。它运用概念分析和综合的原理，将可能构成文献主题的概念分析成为单元和分面，设置若干标准单元的类表。使用时，先分析标引对象的主题，根据主题分析的结果通过相应概念类目的组配表达主题内容，以这些类目的标识组合，表示该项主题在分析体系中的次序。中华网搜索引擎就是一个以组配分类法建立起来的检索系统，它将网页信息或网站内容按照不同的标准划分若干元素，即分面；划分出来若干个特征概念，即类目。每一个分面的类目与其他分面的类目组配，形成许多组配类目，达到细分的目的。它设计了两个分面：一是地域面，分省级行政区、城市两级类目；二是主题面，一级类目为工商经济、社会文化、教育就业、旅游交通、新闻媒体、生活服务等，每个一级类目下分出若干个二级类目，查询信息时，用户可以从地域面入手，也可以从主题面入手。组配分类检索语言的优点是类目专指度高，具有较高的查准率，但缺点是编制类目体系比较困难。

(3) 混合分类检索语言。

混合分类检索语言也叫混合式分类法，它是介于上述两种分类语言之间，既应用概念划分和概念原理，又应用概念分析和综合原理而编制的分类法。根据侧重面不同，混合分类检索语言有体系分类法和组配分类法之分，体系分类法和组配分类法的特点是在等级分类体系的基础上采用分面组配的方法，以达到细分主题的目的，满足信息查询和检索的需要。混合分类检索语言是体系分类检索语言和组配分类检索语言相互融合的结果，因此拥有二者的优点，现在一些比较大的网站如新浪、网易等都采用这种分类体系。

2. 主题检索语言

主题检索语言也叫主题词语言，是选择表达文献信息内容的语词作为概念标识，并将概念标识按字顺排列组织起来的一种检索语言。经过选择的词语是主题词，主题词表是主题词语言的体现，主题词表中的词语作为文献内容的标识和查找文献的依据。根据词语的选词原则、组配方式、规范方法，主题检索语言又可分为标题词检索语言、叙词检索语言、关键词检索语言、单元词检索语言等。

（1）标题词检索语言。

标题词检索语言也称标题词语言，又称标题法，它是主题检索语言最早的一种类型，也是一种很规范的自然语言，即经过标准化处理的表达文献所论述或涉及的事物概念的词、词组或短句作为标识的一种检索语言。例如，一篇关于计算机设计和另一篇关于计算机维修的文章，都可以直接用"计算机"来做标题词。它们在标题词系统中都是按"计"字排列集中在一起的。又如，一篇关于路桥设计和另一篇关于路桥维护的文章，都可以直接用"路桥"来做标题词。它们在标题词系统中都是按"路"字排列集中在一起的。

标题词是从文章的中心思想出发，以文章的主题概念作为标目，它的划分标记是规范化的词，将这些词按字母顺序排列，构成标题词表。检索时通过字母顺序直接提供按主题检索文献的途径，如《工程主题词表》《美国国会图书馆标题表》等。

（2）叙词检索语言。

叙词检索语言又称叙词语言，是从文献中优选出经严格规范化处理的名词或名词词组，通过组配来标示文献内容或主题的一种标识系统方法。叙词检索语言就是以叙词作为文献检索标识和查找依据的一种检索语言。它可以表达文献的内容特征，词与词之间又有严密的语义关系。

叙词检索语言最主要的特性是组配性，叙词的组配属概念组配，按组配规则，检索人员在检索时，只要根据检索的需要，临时从词表中选出相应的叙词，任意扩大或缩小检索范围，这极大地体现了叙词检索语言的灵活性。叙词检索语言吸收了分类检索语言和主题检索语言的优点，综合了多种检索语言的原理和方法，因此具有较优越的检索功能，是应用最广的检索语言。它比较适合计算机检索，目前已占据了主题检索语言的主导地位。美国《医学索引》的主题部分就采用了叙词检索语言。

① 叙词检索语言的组配原理。

叙词检索语言是以概念为基础，以概念组配为原则，经过规范化处理的名词和名词词组通过组配来标示文献内容或主题的一种检索语言。它不同于字面组配，概念组配与字面组配在形式上有时相同，有时不同；而从性质上来看，两者区别很大。字面组配是词的分析与组合（拆词），概念组配是概念的分析与综合（拆义）。例如：

字面组配	概念组配
模拟＋控制→模拟控制	模拟＋控制→模拟控制
香蕉＋苹果→香蕉苹果	香蕉味食品＋苹果→香蕉苹果

在以上例子第一行中，无论是字面组配还是概念组配，其结果都是"模拟控制"。在第二行中，根据字面组配原理，"香蕉"和"苹果"组配是"香蕉苹果"，而概念组配的结果应是指"一种香蕉和苹果杂交的品种"，而这样的品种目前是不存在的，所谓"香蕉苹果"，只能是一种有香蕉味的苹果，因此，根据概念组配原理，这个概念应当用"香蕉味食品"和"苹果"两个词组配，才符合概念逻辑。

② 叙词检索语言的组成。

叙词检索语言作为标引人员和检索人员之间的共同语言，是通过叙词表来实现的。叙词表的结构比较复杂，一般由一个主表和若干辅表构成。主表是叙词表的主体，可以独立存在，辅表是为便于使用主表而编制的各种辅助索引。常用的叙词表有 INSPEC 叙词表、MeSH 医学主题词表、《汉语主题词表》等。现以《汉语主题词表》为例进行说明。

《汉语主题词表》是由中国科学技术信息研究所、国家图书馆主编的我国第一部全面反映自然科学和社会科学领域名词术语的大型综合性汉语叙词表，它是将自然语言转换为检索语言的叙词控制工具，是叙词检索语言的具体表现。具体结构体系如下。

《汉语主题词表》按自然科学和社会科学两个系统编排。1980 年出版的《汉语主题词表》共有三卷十个分册，收录主题词 11 万条，其中自然科学部分收录了 7 万多条主题词。1991 年自然科学部分出增订本，共收录了主题词 8 万多条，增补新词 8221 条，删除不适用词 5434 条，使其更实用，词条与词条之间关系更加准确，提高了该表与国内大多数专业词表的兼容性。

《汉语主题词表》由主表、索引和附表构成。

叙词的主表也叫叙词字顺表，是《汉语主题词表》的主题部分，将叙词完全按字顺排列，并有标注事项和参照系统。

《汉语主题词表》的辅助索引是针对主表中的主题词采用不同的组织方式，从不同的角度编制而成的辅助工具，它从不同的角度满足读者的查询目的。《汉语主题词表》共有四种索引，即叙词分类索引、叙词等级索引、叙词轮排表索引和叙词双语种对照索引。叙词分类索引也称分类表或范畴索引，是一种重要的辅助索引。这种索引便于从学科或专业的角度来选用叙词。叙词等级索引也称族系表或词族索引。这种索引利用概念等级关系将叙词汇集在一起成为一族，构成一个从泛指叙词到专指叙词的等级系统。叙词轮排表索引也称轮排表，它是利用字母成族的原理，将有相同单词的词组叙词集中在一起，排列在该单词之下，从而可以从该单词出发，查出某一个或全部含有该单词的词组叙词。叙词双语种对照索引如英汉对照索引等。

附表也称专有叙词索引。它包括世界各国政区名称表、自然地理区划名称表、组织机构划分表、人物名称表及英汉对照表。附表是各学科领域中共同使用的一些具有单独概念性质的、具有加强检索意义和组配功能的主题词，其目的在于缩小主表的篇幅。

(3) 关键词检索语言。

① 关键词检索语言的概念和基本原理。

关键词检索语言也称为关键词语言，是指将出现在文献标题、文摘、正文中，对表达和揭示文献内容具有实质意义的词语或关键词作为一种检索语言。这些词作为文献内容的标识和查找目录索引的依据。关键词不需要规范化，也不需要关键词表作为标引和查找图书资料的工具。

关键词检索语言的基本原理是直接以自然语言的单词作为表达文献和提问的标识，因此，关键词检索语言不必编制专门的词表，不进行词汇控制，也不显示词间关系，可利用计算机进行自动抽词标引，极大地提高了标引的速度，缩短检索系统的报道时滞，符合在文献数量激增的背景下快速检索文献的需要。由于关键词能直观、深入地揭示信息中所包含的知识，而且符合人们的思维方式，关键词检索语言在信息组织中得到了广泛的应用。网上各种各样的搜索引擎和数据库大多采用了关键词检索语言组织信息资源，如网易、搜狐等，中国科技期刊数据库等也使用了关键词检索语言来组织信息。但由于关键词检索语言的词语不规范，也会影响文献信息的查全率和查准率。

② 关键词检索语言的类型。

在关键词检索语言发展的进程中，出现了多种关键词索引形式，大体可分为两类：一类是带上下文的关键词索引，包括题内关键词索引和题外关键词索引等；另一类是不带上下文的关键词索引，包括单纯关键词索引、简单关键词索引。下面分别进行简要介绍。

一是题内关键词索引（KWIC）。这种索引也称上下文关键词索引，它将文献标题中的关键词和非关键词都保留，并保持标题原文的词序，使每一个关键词都有一次机会轮流排到检索词的固定位置，将处于固定检索位置的关键词按字顺排列起来，每条款目附文献地址。这样形成的关键词索引便成为一种检索工具。如美国出版的《化学题录》（*Chemical Title*）。此处以《计算机在道路勘测与道路设计中的应用》一文为例，其常见的题内关键词索引款目格式如下。

左栏	中栏	右栏
中的应用/计算机在	道路勘测与道路设计	067294
/计算机在道路勘测与	道路设计中的应用	067294
与道路设计中的应用	/计算机在道路勘测	067294

KWIC 就是把关键词包含在文献的题名中，关键词的上下文和词序都不变动，在编制索引款目时，题名中的每一个关键词都有机会轮排在中栏首位，索引款目中的"/"符号为起读符号，在阅读索引时先读"/"符号的右边，再读"/"符号的左边，这样才能阅读完整的款目。还把能代表检索依据的关键词放在索引的中栏，但它的直观性和易读性比较差。

二是题外关键词索引（KWOC）。这种索引也称上下文关键词索引，是将文献标题中具有实质意义的词都抽出来，轮流列于首位，将"抽出"每个关键词（实际上在标题原文位置仍保留或用"＊"号代替），置于标题左方（或左上方）的检索词位置，并将处于检索词位置的关键词按字顺排列。题外关键词索引是为了克服 KWIC 的易读性差，单纯关键词索引没有关键词语法显示、容易造成误检而产生的一种关键词索引，它实际上是上述两种索引编制方法和原理的结合。还是以《计算机在道路勘测与道路设计中的应用》一文为例，其常见的题外关键词索引款目格式如下。

计算机	《计算机在道路勘测与道路设计中的应用》	067294
道路勘测	《计算机在道路勘测与道路设计中的应用》	067294
道路设计	《计算机在道路勘测与道路设计中的应用》	067294

在以上三个索引款目中，不仅著录了关键词，而且著录了文献题名，一清二楚，检索者能更好地理解文献的内容，但编制 KWOC 需要很大的篇幅，比较费力费时。

三是单纯关键词索引（KWI）。这种索引是不带上下文的关键词索引。它将表征主题内容的关键词抽出，组成索引款目，然后将索引款目中的关键词轮流移到左端（或左上方）作为检索词，并按字顺排列，每条款目后附文献地址（文摘号）。

还是以《计算机在道路勘测与道路设计中的应用》一文为例。在单纯关键词索引中，每一个关键词领头轮排，构成单纯关键词的款目，检索者无论从哪一个关键词入手，都可以检索到检索号为 067294 的文献。

计算机	道路勘测	道路设计	067294
道路勘测	道路设计	计算机	067294
道路设计	计算机	道路勘测	067294

四是简单关键词索引。这种索引是不带上下文的关键词索引，索引款目只有一个关键词。后面附全部相关文摘号，非常简单。

（4）单元词检索语言。

单元词是规范的自然语言，它是指从文献中抽取出来最基本的、不能再分割的单元词语的一种检索语言，又称元词。它从文献内容中抽出，经过规范，能表达一个独立的概念，单元词之间具有灵活的组配功能，用来标引文献的主题概念，所以又被称为后组式检索语言。例如，"计算机"和"软件"表达两个独立的概念，可是"计算机软件"，又可以组合成一个复合概念。因此单元词的组配仅限于字面上的组配。单元词表比较简单，只有一个字顺表，较完备的单元词表是由一个字顺表和一个分类词表组成的。常用的单元词语言检索工具有《化学专利单元词表》等。

3. 代码检索语言

代码检索语言是针对文献所论述事物的某一方面的特征，用某种代码系统加以描述和标引的语言，如化学物质的分子式、化学物质登记号、基因符号等。

三、分类检索语言与主题检索语言的比较

分类检索语言的具体表现形式是分类法。主题检索语言的具体表现形式是主题词作为检索依据。分类检索语言与主题检索语言是从不同角度揭示文献内容的方式。分类检索语言主要揭示文献中所论述的问题，它从文献的内容出发，将研究对象置于一定的学科体系之下。各个类目相互关联，层层展开。下位类的意义必须借助于上位类才能明确，上位类的意义必须通过下位类才能体现。这种类目之间的隶属、平行、派生的关系，有严格的秩序。因此分类法具有很好的系统检索、浏览检索功能，但分类检索语言的体系庞大复杂，不容易掌握，对细小专深的主题也难于揭示和检索。

主题检索语言直接用名词术语作为检索词，表达概念较为准确和灵活，直接性、专指性、易用性是主题检索语言的主要特征。但是主题检索语言只注重揭示文献中所论述与研究的对象，各个主题词之间相对独立，主题词只是按字顺排列在一起，因此系统检索某一知识领域的文献信息比较困难。

客观上看，分类检索语言与主题检索语言功能互为补充。把分类号和检索词（主题词或关键词）按一定的规则排列起来，便形成了相应的分类索引或主题索引（关键词索引）。在检索时，最好把二者结合起来，这样更有利于查全、查准相关的文献信息。

检索语言是进行情报存贮和检索的基础。人们通过检索语言，把能够表示文献特征的全部标识按一定的规则组成一个有序的检索系统，使每种文献在检索系统中都有其固定的位置，从而为文献检索提供可能，使检索语言更好地为情报检索服务，提高人们的检索效率。

第三节 检索系统

一、检索系统的概念

检索系统就是为了满足各种各样的信息需求而建立的一整套信息收集、整理、加工、存储和检索的完整系统。它由一定的检索设施和加工整理好并存储在相应载体上的文献集合及其他必要设备共同构成。它与检索工具一道，共同服务于信息检索。

二、检索系统的分类

检索系统按文献信息的存储和检索设备划分，可分为手工检索系统和计算机检索系统。

1. 手工检索系统

手工检索系统是用手工方式来处理和查找文献的工具或系统，是传统的检索系统，其内容千差万别，种类繁多，结构各异，但基本组成大体相同。它主要是指印刷型、缩

微型检索工具。手工检索系统由手工检索设备（如书本式目录、文摘、索引、卡片柜等）、检索语言、文献库等构成，以人工方式查找和提供情报。

手工检索系统包括以下六个子系统：① 文献筛选子系统，即根据一定的标准，选择摘储的文献；② 词表子系统，即编制、维护、修订分类表和主题词表；③ 标引子系统，即根据词表，将文献的主题内容经概念分析后转换成检索语言；④ 查寻子系统，即把情报用户的需求转换成检索策略；⑤ 用户与系统之间交互子系统，即通过与情报用户的商谈，收集反馈，具体确定检索目标；⑥ 匹配子系统，即检索策略同文献索引中有关标引记录相比较，实施检索作业。

手工检索系统具有操作简单、费用低廉、查准率高等优点，但耗时较多，效率较低。

在中国，手工检索系统将与自动化检索系统长期共存，互相补充，在情报交流中发挥其应有的作用。

2. 计算机检索系统

计算机检索系统又称现代化检索系统，是利用计算机技术、电子技术、网络技术等存储和检索在计算机或计算机网络内信息资源的检索系统。存储时，将大量的信息资源按照一定的格式输入系统中，加工处理成可供检索的数据库。

（1）计算机检索系统的构成。

计算机检索系统主要由四个部分构成，即硬件部分、软件部分、信息数据库和通信网络。

① 计算机检索系统的硬件部分主要包括服务器、交换机、存储设备、检索终端、数据输出设备等。

② 计算机检索系统的软件部分是检索系统的管理系统，其功能是进行信息的存储、处理、检索以及整个系统的运行和管理，检索软件的质量对检索功能和检索速度有重大影响。

③ 信息数据库是在计算机存储设备上按一定方式存储的相互关联的数据集合，是检索系统的信息源，也是用户检索的对象。信息数据库可以随时按不同的目的提供各种组合信息，以满足检索者的需求。一个检索系统可以有一个数据库，也可以有多个数据库。

④ 通信网络是信息传递的设施，起着远距离、高速度、无差错传递信息的作用。通信网络分成资源子网和通信子网两部分，资源子网包含网络中所有的计算机、输入输出设备、各种软件资源和数据资源，负责全网的数据处理业务；通信子网是由用作信息交换的节点计算机和通信线路组成的独立数据通信系统，承担全网数据传输、转接、加工和交换等通信处理工作。现在常用的是光缆通信网络。

因此，计算机检索系统也可以说是由信息数据库及所有支持检索实施所需的硬件、软件构成，通过一定的检索软件进行信息的存储、处理、检索以及整个系统的运行和管理。也就是说，硬件部分决定了系统的检索速度和存储容量，软件部分则充分发挥硬件的功能，确定检索方法。其中，信息数据库是检索系统的核心部分。

(2) 计算机检索系统的类型。

计算机检索系统的类型有以下三种：联机信息检索系统、光盘信息检索系统和网络信息检索系统。

① 联机信息检索系统。

联机信息检索系统是指信息用户利用终端设备，通过国际通信网络与世界上的信息检索系统直接进行人机对话，从检索系统的数据库中找出人们所需信息的全过程。

一个联机信息检索系统通常由检索服务机构、国际通信网络和终端组成。它有如下特点。其一，信息资源丰富且质量较高，因各大联机检索系统不仅是数据库经销商，而且是数据库生产者，其所提供的大多是各领域的核心、权威数据库，并且信息经过严格的加工、处理和组织。其二，数据库的更新速度较快，检索速度快，但检索费用较高。联机检索费用主要由联机机时费（通信费）、数据库检索使用费和信息提供费（如文献打印、传递等费用）等几部分组成。

世界上最早的联机信息检索系统是美国系统发展公司（SDC）于1965年研制成功的ORBIT（on-line retrieval of Bibliographic Information-time Shared）联机情报检索系统。几乎与此同时，美国洛克希德公司也研制成功了Dialog国际联机情报检索系统，如今该系统已成为世界上最著名的信息检索系统。随着卫星通信技术、微型计算机以及数据库生产的同步发展，联机信息检索跨越了国界，实现了国际联机信息检索。

② 光盘信息检索系统。

光盘信息检索系统是利用光盘数据库作为信息源建立起来的计算机信息检索系统。它分单机版和网络版两种。光盘信息检索系统由微机、驱动器及连接设备、CD-ROM数据库（光盘）及其检索软件构成。其特点是操作方便，储存能力强，介质成本低，数据可靠性高，便于携带。

③ 网络信息检索系统。

网络信息检索系统是目前发展最为迅速、最受人们欢迎的信息检索系统。在互联网上，人们能够很容易地访问到文字、图像和音频等数字化资源，可检索到科技信息、商贸信息、经济信息、时事新闻等信息，互联网几乎能满足全球范围内人们对任何信息的需求。其特点是信息资源极为丰富，检索方便，实现了超文本检索，不但可检索文字、图片等信息，而且可以检索声音、动画、影视等形式的信息内容。

(3) 计算机检索系统的特点。

① 存储信息量大，尤其是应用高密度激光缩微贮存技术，信息存储量比书本式检索工具大几千倍至几万倍。

② 检索手段先进，运算速度快，可短时间内检索大量有关文献，节省人力和时间，大大提高了检索效率。在这方面，它比手工检索优越得多。

③ 可以采用灵活的方式，进行多元化的检索。

④ 能够提供远程检索。

第四节 检 索 工 具

一、检索工具的概念和特征

检索工具是通过对文献信息一系列的判断、选择、组织、加工等处理后,形成的可供检索用的工具与设备。文献信息检索工具是以各种原始文献为素材,在广泛收集并进行筛选后,分析和揭示其外形特征和内容特性,给予书目性的描述和来源线索的指引,形成一定数量的文献信息单元,再根据一定的框架和顺序加以排列,或形成可供查验的卡片或工具,或以图书的形式出版,或以期刊的形式连续出版。它是二次文献,能够使科研人员从中了解本专业学科或领域的进展情况及科学技术发展的全貌,同时,还可以方便人们了解图书、期刊等各类文献的出版情况及其在一些图书信息部门的收藏情况,易于人们使用。任何检索工具都有存储和检索两个方面的职能,存储的广泛、全面和检索的迅速、准确是对文献检索工具的基本要求。

检索工具应具备如下特征。

（1）详细而完整地记录所著录文献线索和所收录文献的各种特征,读者可根据这些线索查找所需文献。

（2）每条描述记录要标明可供检索用的标识,如分类号、主题词、文献序号、代号代码等,用于寻找所需文献。

（3）提供多种必要的检索手段和检索途径,如分类索引、主题索引、作者索引、代码索引等,便于读者从各种途径方便地进行检索。

（4）出版形式多样,可以是图书、期刊、卡片、缩微品、磁带、磁盘、光盘等,兼备对文献信息的揭示报道、存储累积和检索利用的功能。

（5）在体例编排结构上,从实用易检出发,可以结合文字特点和学科特点对所选的款目按分类排组或按主题、叙词、关键词等的字序排组。此外,辅以适宜的辅助工具,以便同主体的排列相辅相成。

二、检索工具的种类

由于检索工具的著录特征、报道范围、载体形式和检索手段等均有所不同,检索工具有多种划分方法。

1. 按检索手段划分

按检索手段,检索工具可分为手工检索工具、机械检索工具、缩微文献检索工具与计算机检索工具。

（1）手工检索工具。

手工检索工具又可分为检索型检索工具和参考型检索工具两大类。

① 检索型检索工具。

这类检索工具主要向用户提供经过加工、整理并按一定方式排列的文献资料线索、出处等,用户通过这类检索工具所提供的线索,能够方便、快捷地找到自己所需要的信息,如目录、题录、文摘、索引、搜索引擎等。

a. 目录

目录是对图书、期刊或其他单独出版资料的系统化记载及内容的揭示和报道,并按一定次序编排而成的一种检索工具。目录一般只记录外部特征,如题名、著者、出版事项、载体形态等。目录的种类很多,按收录文献种类划分,有馆藏目录、报刊目录、专利目录、国家书目、联合目录、出版发行目录等;按物质载体形式,可分为卡片目录、书本式目录、磁带式目录(机读目录)、网络上的目录型搜索引擎等。

b. 题录

题录是对单篇文献外表特征的揭示和报道。外部特征著录项目一般有篇名、著者、著者单位、原文出处、语种等。由于题录著录项目比较简单,收录范围广,报道速度快,是用来查找最新文献资料的重要工具。

报道题录的检索工具名称不统一,有的定名为目录,有的定名为索引,这是因为题录在形式上与功能上分别与目录、索引相似,但就其性质而言,题录与目录、索引有根本性的不同。

国外有许多大型的题录刊物。我国出版的《全国报刊索引》《中文科技资料目录》就属于这种类型。

c. 文摘

文摘是以提供文献内容梗概为目的,不加评论和补充解释,简明、确切记述文献重要内容的短文。汇集大量文献的文摘,并配上相应的文献题录,按一定的方法编排而成的检索工具,称为文摘型检索工具,简称文摘。文摘是在索引的基础上发展起来的,除了描述文献外表特征之外(即文摘的标头部分,其著录项目与题录相同),还对文献的内容特征做较深入的报道,即著录文献的内容摘要。在我国通常被称为文摘、摘要、内容提要、语录等。文摘是二次文献的核心。这个类型的代表有《中国医学文摘》、荷兰《医学文摘》等。

中文文摘著录格式如下:

F752.62 01659

扩大中国企业对日出口的营销策略/李一峰(上海对外贸易学院)//国际商务研究.2001,(3).-67~70(中文),ISSN 1006-1894

关键词:日本市场 竞争优势 出口商品 中国 企业 营销策略

扩大中国企业对日出口是我国各类出口企业必须重视和认真探讨的一个课题。本文从加强对日本市场的调研、健全销售渠道、商品统一规划等方面,阐述了如何从多方面实现扩大出口的营销目标。

d. 索引

索引是查找图书、期刊或者其他文献中的词语、概念、篇名等,按一定排检方法组织起来,标明出处,为读者提供文献线索的一种检索工具。索引不同于目录,它是对出版物（书、报、刊等）内的文献单元、知识单元、内容事项等进行揭示，由一系列按字顺或其他逻辑次序排列的检索标识和文献条目指引符号两部分组成。

索引不仅广泛应用于各种类型的文献中，而且广泛应用于各种检索工具或数据库中。一般文摘性检索工具主要由文摘（或题录）和索引两部分组成。文摘（或题录）主要起报道作用，索引主要起检索作用。索引的类型多种多样，在检索工具中，常用的索引类型有分类索引、主题索引、关键词索引、著者索引等。还有一种引文索引，就是利用文献计量学方法，对科学期刊、论文、著者等各种分析对象的引用或被引用现象进行分析编制而成，可以揭示论文及作者的数量特征及内在规律。

e. 搜索引擎

搜索引擎是 WWW 网络环境中的信息检索系统。它是一种利用网络自动搜索技术，对各种网络信息资源进行标引，并为网上检索者提供检索的工具。它通常有两种不同的工作方式：一种是分类目录型的检索，把网络中的资源收集起来，根据其提供的不同的资源类型分成不同的目录，再一层层地进行分类，人们要找自己想要的信息时，可按分类层层进入；另一种是基于关键词的检索，用户可以用逻辑组合方式输入各种关键词，搜索引擎根据这些关键词寻找用户所需资源的地址，然后根据一定的规则反馈包含此关键字词信息的所有网址和指向这些网址的链接，为人们提供信息检索服务。

② 参考型检索工具。

它能直接向用户提供所需资料，如词典（字典）、百科全书、年鉴、手册等。

a. 百科全书

百科全书是参考工具书之王。它是概述人类一切门类或某一门类知识的完备工具书，是知识的总汇。它是对人类已有知识进行汇集、浓缩并使其条理化的产物。百科全书一般按条目（词条）字顺编排，另附有相应的索引，可供迅速查检。

b. 年鉴

年鉴包括年刊、年报等，是按年度系统汇总一定范围内的重大事件、新进展、新知识和统计资料，供读者查阅的工具书。它按年度连续出版，所收录内容一般以当年为限。它可用来查阅特定领域在当年发生的事件、进展、成果、活动、会议、人物、机构、统计资料、重要文件或文献等方面的信息。

c. 手册、名录

手册是汇集经常需要查考的文献、资料、信息及有关专业知识的工具书。名录是提供有关专名（人名、地名、机构名等）简明信息的工具书。

d. 词典（字典）

词典（字典）是最常用的一类工具书，分为语言性词典（字典）和知识性词典。

e. 表谱、图录

表谱是采用图表、谱系形式编写的工具书，大多按时间顺序编排，主要用于查检时间、历史事件、人物信息等。图录包括地图和图录两类。

f. 类书

类书是辑录古书中的史实典故、名物制度、诗赋文章、丽词骈语等，按类或按韵编排，以便查检和征引的工具书。类书是我国古代百科全书式的资料汇编，其内容广泛，材料丰富，位列古代各类工具书之首。

(2) 机械检索工具。

机械检索工具指运用一定的机器设备来辅助检索文献信息的检索工具，主要有机器穿孔卡片检索工具和缩微文献检索工具。以穿孔卡片为载体的检索工具，是手工检索到机械检索的过渡。最早的手检穿孔卡片检索工具出现于1904年，后来发展到边缘穿孔卡片、比孔卡片到机械穿孔卡片等。随着计算机检索的出现，穿孔卡片检索工具已逐渐不再单独使用。

(3) 缩微文献检索工具。

缩微文献检索工具又称光电检索工具，它是以文献缩微品作为文献库，用一定的光电设备从中进行文献信息检索。一张缩微平片可以缩摄存储几十页至几千页的文献，且存储时间较长，已普遍运用于一些珍贵文献的复制和保存。

(4) 计算机检索工具。

计算机检索工具是以磁性介质为载体，以计算机来处理和查找文献的一种电子化自动化系统，它由计算机、检索软件、文献数据库、检索终端及其他外用设备组成。用户可以通过终端设备和通信线路与相关检索系统联系，查找所需文献。电子计算机检索的速度和效果都明显优于其他检索方式，目前其在世界各国都已得到迅速发展。它由电子计算机检索系统构成，具有密度高、容量大、查找速度快、不受时空限制等优点。

2. 按物质载体形式和种类划分

按物质载体形式和种类，可将检索工具分为以下几类。

(1) 书本式检索工具。

书本式检索工具又可细分为期刊式检索工具、单卷式检索工具和附录式检索工具三种。

① 期刊式检索工具。

它是在一个名称之下，定期连续刊行的一种检索工具，具有期刊的特点，是目前查找科技文献的主要检索工具。其优越性在于收录文献新，报道文献快，且能够比较完整系统地收录一个学科领域的有关文献信息，便于回溯检索和全面了解该学科领域的发展状况；同时便于装订、保存、借阅和管理。

② 单卷式检索工具。

这种检索工具大多以一定的专题为内容而编印、单独出版。它收集的文献比较集中，往往积累了相当长一段时间的文献，并以特定范围的读者为对象。单卷式检索工具对于专题文献检索比较方便，有较高的使用价值。

③ 附录式检索工具。

这种检索工具不独立出版，而是附于有关书刊之后，但具有一定的参考价值。尤其是作为情报信息研究成果的综述、述评所附的参考文献目录，往往是通过全面搜集大量文献进行精选而成，所以具有较大的价值，也越来越受到人们的重视。

(2) 卡片式检索工具。

它是文献收藏单位揭示馆藏文献信息的常用检索工具，如图书馆目录，它把每条款目写在或印在一张卡片上，然后按一定的方式将卡片一张张排列起来，使其成为成套的卡片。它一般包含主题目录、分类目录、篇名目录、著者目录等。其优点是可以随时抽排，不断充实、更新，及时灵活地反映现有文献信息。其缺点是占有较大的馆藏空间，体积庞大，成本费用也比较高，制作费时费力等。

(3) 缩微型检索工具。

它是指计算机输出的缩微品，有平片与胶卷两种形式。由计算机将存储在计算机存储器里的书目著录，按照人们指定的格式和排列系统进行输出，一张普通的缩微平片可包含 3000 多条书目著录，即能代替 3000 多张卡片。

其特点是存储量大，体积小，成本低廉，易于保存。但它不像卡片式检索工具那样可随时增减款目，需由计算机进行全套更新，所需费用较高。

(4) 机读式检索工具。

这是将书目著录按照一定的代码和一定的格式记录在特定载体上，专供计算机"阅读"的检索工具。只有借助于计算机，才能对它进行检索。例如，一盘规格为 2400 英尺的机读磁带，可记录 4000 万个字符，相当于每页 6000 字的文献 6600 页，而记录时间仅需 20～30 分钟，并可实现多种形式的输出，如在计算机上显示出来，或用打印机打印，还可以存储在个人磁盘中等。其特点是查找文献迅速准确，检索效果好。

3. 按收录的学科范围划分

按收录的学科范围，检索工具可分为以下几类。

(1) 综合性检索工具。

综合性检索工具收录范围是多学科，适用于检索不同学科的专业文献。

(2) 专业性检索工具。

专业性检索工具收录范围仅限于某一学科或专业，专业性强，内容更集中、系统。

(3) 单一性检索工具。

单一性检索工具收录文献只限于某一特定类型的范围，以新技术发明作为检索对象，如专利文献等。

三、检索工具的结构

检索工具一般由编辑使用说明、目录、正文、索引和附录五个部分组成。

(1) 编辑使用说明。

编辑使用说明为使用者提供必要的指导，介绍书的编排体例。包括编制目的、使用范围、收录年限、著录格式、查找方法及注意事项，常以编辑说明方式进行介绍。

(2) 目录。

目录也称目次、检词表或词目表等，有的工具书在目录中列出正文的全部条目，有的只列出正文的类目。目录提供检索内容的途径，是利用检索工具的"钥匙"。

（3）正文。

检索工具记录的不是文献的全文，仅著录文献的外部特征和内容特征，包括文献篇名、著者和文献来源正文部分。正文部分是检索工具的主体，如为文摘式检索工具，除上述项目外，还有文摘供读者进行文献筛选。

（4）索引。

检索工具正文部分多按分类编排，检索时为提高检索效率，可利用各种索引，如主题索引、著者索引、专利索引等。索引种类越多，检索途径越多，检索效率就越高。

（5）附录。

附录是附载在正文后面、与正文有关的参考资料，包括摘用的刊物、各种名称的缩写、文字的翻译、术语和文献入藏单位及代号等。附录是检索工具的有机组成部分，对正文的内容起补充作用。

第五节　检索策略

一、检索策略的概念

所谓检索策略，是指检索者为实现检索目标所做的安排和部署，包括课题分析、检索工具的选择、检索方法、检索途径等。检索策略几乎包括有关检索基本知识的全部应用，指导整个检索过程。检索策略的优劣主要取决于检索人员的知识水平与业务能力，是影响检索效率的主观原因。

二、检索策略的制定

1. 分析课题

首先要在分析课题的基础上，弄清楚课题的性质是什么，了解课题的目的、意义，确定检索内容的学科范围、文献类型、检索年限，根据学科范围选择检索工具、检索范围和检索技术。根据课题要求和特点，选择检索方法，找出检索词，按逻辑关系列出检索式，制定查找程序。要特别注意确定检索标识、提问逻辑、检索词之间的组配方式，它是检索策略的重要部分，关系到检索课题能否被查全、查准。所需的文献类型、要求的文种、年代的限定、课题的关键词等是检索的第一步。

例如，有人需要查找作为首饰用的"变色钻石"，假如他把"变色钻石"看成一种钻石，从钻石、金刚钻或碳素材料的角度去查，就会毫无结果。事实上，"变色钻石"是一种刚玉，应从氧化铝或刚玉的角度着手检索。

2. 选择检索工具，查找文献线索

根据检索课题的要求，首先必须对各种检索工具所覆盖的学科范围有清楚的了解，按照相应的检索途径查找有关的索引，再根据索引指示的地址在文摘部分查到相应的文献线索，如题名、内容摘要、作者及作者单位、文献出处等。如果是利用联机、光盘检索系统或数据库检索系统，则可按提示进行操作，其检索途径和功能远比手工检索工具多得多，文献线索的输出形式可根据需要灵活选择。一般来说，可以先利用本单位已有的信息检索工具，再选择单位以外的信息检索工具，在与信息检索主题内容对口的信息检索工具中选择高质量的信息检索工具。

3. 检索技术

检索策略的好坏与检索方法的选择、检索程序和检索人员的技术有关。有的检索人员忽略检索策略的制定，忽略检索方法和检索工具各自的特点。检索工具有不同的综合性和专业性，覆盖不同的专业、收录文献类型、语种、出版文字等，因此应根据课题分析的结果进行选用。如果只看题目，不了解课题内容，在题目中找出检索词，或由用户提出检索词进行检索，这样检出来的文献不够全面，容易造成漏检。这种情况和检索人员的经验有关，尤其是涉及多学科（如普外科、成型科、矫形科等）时，各学科间存在同义词、近义词的选择，稍有疏忽就会造成漏检。

4. 确定检索途径和检索标识

标识是为确切表达文献内容及某些外表特征而使用的一种符号或词，经过规范化处理，比较通用和定型。我们既要注意文献的外部特征，如出版年、文献类型、书名、刊名、著者等，又要注意文献的内容特征，如学科属性、分类、主题、结构符号等。一般来说，族性检索用分类途径好，特性检索用主题途径好，知道分子式可用分子式途径，要查发明也有专利号查证途径。

5. 确定检索策略

选用具体的检索工具后，就要考虑选择哪种检索方法，确定具体的检索途径，如是从分类途径还是从主题途径检索，所查找的文献要达到什么要求，选用什么检索词等，以便具体进行检索。

6. 获取原始论文

利用检索工具获得的文献线索中，文献来源（出处）往往采用缩写的方式，因此还必须把缩写的文献来源转换成全称，一般可通过检索工具本身的附录予以解决。另外还要识别著录时所用的各种缩写。最终如果要获取检索文献的原文，可按照文献来源的全称，查找馆藏目录。如馆藏目录中查不到，则可利用各类联合目录获得其他单位收藏的信息。这样就完成了文献检索的全过程。

在获取文献全文以后，就可以直接得到文献的原文。如果只是提供了文献的线索，需再根据检索结果中文献的线索获取原始文献。如果本单位图书馆未收藏，用户可以委托图书馆进行馆际互借或馆际文献传递。

三、文献检索效果的评价

文献检索完成后,要根据一定的评价指标对检索结果进行科学的评价,以找出文献检索中存在的问题和影响检索效果的各种因素,提高检索的有效性。常见的评价指标有查全率、查准率、漏检率、误检率、收录范围、响应时间、用户负担和输出形式等。其中最主要的指标是查全率和查准率。

查全率是指检索出的相关文献量占系统中所有相关文献总量的百分比,用来反映检索的全面性。查准率是指检索出的相关文献量占所有检出文献总量的百分比,用来反映检索的准确性。

查全率和查准率之间具有互逆互补的关系。在一个特定的检索系统中,当查全率不断提高时,查准率就会降低,而当查准率提高时,查全率又会降低。但值得注意的是,当查全率和查准率都很低的时候,两者可以通过检索策略的改善同时得到提高。

用户查找信息的目的各不相同,对查全率和查准率的要求也不同,有时寻找特定的事实时,并不关心一次检索中漏检了多少,或探索某个主题时,并不在乎误检了多少,因此可根据用户需要,选择合适的查全和查准要求。

第六节 手工检索

一、手工检索的概念

手工检索(manual retrieval)是一种传统的检索方法,即以手工的方式,利用工具书(包括图书、期刊、目录卡片等)来检索信息的一种检索手段。

二、手工检索的优缺点

手工检索的优点有很多,具体表现在以下几个方面。
(1)手工检索不需要特殊的设备,方法比较简单、灵活,具有广泛的适用性和较强的方便性。
(2)用户容易掌握,即用户根据需求,利用相关的检索工具就可进行。
(3)节约检索经费。
(4)可以同时对照、比较、鉴别几种检索工具。

但是手工检索的缺点也很明显,主要在于费时、费力,特别是进行专题检索和回溯性检索时,需要翻检大量的检索工具反复查询,花费大量的人力和时间,检索效率低,查全率低,而且很容易造成误检和漏检。

三、手工检索刊物的介绍

手工检索刊物是检索人员用手工方式进行文献检索使用的连续出版物。随着电子版检索数据库的出现，人们对这类检索工具的使用频率日益减少。但某些对计算机使用不熟练，而习惯于使用手工检索的人员，或单位不具备大型的计算机信息数据库时，手工检索刊物还是会经常使用。下面略举几种常用的中外检索刊物。

1. 国内手工检索工具书

（1）目录类。

①《全国新书目》：反映国内最新图书出版信息的刊物，为月刊，由中国版本图书馆编辑。

②《全国总书目》：年鉴性质的全国综合性图书目录，为《全国新书目》的年度积累本。例如，年度出版的医学书籍，可利用当年《全国总书目》分类目录中的医药卫生类目从正文中找到。

③《中国国家书目》：反映我国在一定历史时期内科学文化发展的状况，由北京图书馆《中国国家书目》编委会主编。1985 年版按《中图法》分为 38 个类目，1986 年版增收博士论文 503 篇，原拟出版的月刊速报本和年刊累积本尚不健全。

④《科技新书目》：预定中文科技图书资料的信息和依据，由新华书店北京、上海发行所主办，为半月刊。

⑤《外国报刊目录》：反映国外报刊的出版动态，为选订原版报刊的参考依据，由中国图书进出口公司编辑出版。

（2）索引类。

①《中文科技资料目录》（医药卫生）：由中国医学科学院医学情报研究所编辑、出版、发行，为月刊。其收录的文献范围包括国内医学及医学相关的期刊、汇编和学术会议资料，以题录形式报道。编排结构大体可分为编辑说明、分类目次、正文（题录）、主题索引及附表五个部分。检索途径有两种：一是以课题有关文献在学科分类中的类目为检索标志，利用分类目次查找所需文献；另一种是以课题的主题内容确定的主题词为检索标志，利用主题索引查找所需文献。

②《中文科技资料目录》（中草药）：由国家医药管理局中草药情报中心站、国家医药管理局天津药物研究院编辑出版，为季刊。收录的文献范围包括国内公开和内部发行的期刊、汇编、学术会议资料等，以题录的形式报道。编排方法以学科分类为主，主题索引为辅；结构主要为分类类目、正文（题录）和主题索引三个部分。检索方法和途径与《中文科技资料目录》（医药卫生）基本相同。

③《全国报刊索引》：由上海图书馆编辑出版，为月刊。它包括哲学社会科学版（简称哲社版）和自然科学技术版（简称科技版）两种。以题录形式报道国内公开和内部发行的中文期刊及报纸文献。除收录 120 多种报纸外，还几乎收录了全国正式出版的各种连续出版物。《全国报刊索引》的正文著录格式按国家标准《GB 3793-83 检索期刊条目著录规则》结合报刊文献的特点进行著录。编排结构主要为编辑说明、分类目录

和分类题录。检索方法是从分类途径入手，在分类目录中找到所查课题的所属类目，根据类目后的页码到正文中筛选题录，然后从题录指示的出处获取原始文献。

④《医学论文累积索引（1949—1979）》：由南京医学院图书馆、中国医学科学院情报研究所编辑出版。该索引收集了 1949—1979 年国内公开及内部出版的医学期刊以及自然科学期刊中有关医药卫生的主要中文医学文献，共 20 多万篇。属题录式索引，分为卫生、基础医学、诊断学、护理学、中医学、内儿科学、外科学、妇产科学、肿瘤、五官科、皮肤瘤学、药学及总索引等分册。各分册仅以主题途径提供检索，在总索引中增加分类辅助索引。

⑤《国外科技资料目录》（医药卫生）：由中国医学科学院医学情报研究所编辑出版，是《国外科技资料目录》刊物 39 个分册中的一个分册，为月刊。是我国出版的用中文查询国外医学文献的主要题录性检索工具，收录英、法、德、日、俄文医学期刊 500 余种，包括世界卫生组织（WHO）出版物 10 种及其推荐的核心期刊 200 种，每年的第 1 期附有供稿单位名单和收录的国外期刊目录，每年的最后一期为主题年度累积索引。编辑结构主要包括分类索引（分类类名索引、分类目次）、正文和主题索引（主题索引首字目次、主题索引）三个部分。检索途径有分类和主题两种。

(3) 文摘类。

①《高等学校文科学报文摘》：上海师范大学高等学校学报文摘社出版，为季刊。1983 年底试刊，1984 年改为双月刊。它摘录全国高等学校 200 多种文科学报有代表性的学术论文资料。每期收录近 200 篇文摘，按哲学、政治学、法学、经济学、教育学、文艺学、历史学等学科分类编排。书后附"学术文章篇目选录"。它为读者及时推荐学术论文，传递学术信息，综述学术观点，提供学术研究材料。

②《现代外国哲学社会科学文摘》：上海社会科学院情报研究所编辑出版，为月刊。创刊于 1980 年。主要译载国外社会科学方面的论文和其他资料，分"专论""文章摘要""资料""动态"等栏目。同类的还有《国外社会科学快报》，该快报由中国社会科学院文献情报中心编辑，为月刊，创刊于 1983 年。它以文摘形式报道国外社会科学方面的理论、观点和研究方法。

③《新华文摘》：新华文摘社编辑，人民出版社出版，为月刊，创刊于 1979 年。该刊选择在全国主要报刊上发表的有价值的学术文章、文艺作品、科技动态等，摘要反映国内外的最新学术进展和社会发展动态。所摘录的文章，在原文后注明原刊名、题目、原字数等。该文摘按分类进行编排，设有政法、哲学、经济、历史、文学艺术、人物与回忆、文化教育、科学技术、读书与出版等栏目。该文摘根据原文的质量和重要性，以三种方式摘录。一是全文刊载，这些文章往往是近期最重要的文献；二是详细摘编，对原文稍做删减，以较多字数反映原文的内容；三是论点摘要，以简要的文字摘录原文论点，一般字数不超过 400 字。《新华文摘》对所摘录的文章严格筛选，具有较大的权威性。

④《文摘卡片》：中国人民大学书报资料中心编辑出版。该卡片从 1978 年起按学科专题编辑出版。2000 年共出版 14 种，它们包括："哲学原理"，全年 300 张；"逻辑"，全年 120 张；"伦理学"，全年 240 张；"社会学"，全年 280 张；"社会主义研究"，全年 300

张;"法学",全年560张;"经济学",全年560张;"财务与会计",全年160张;"财政、金融",全年400张;"世界经济",全年400张;"教育学",全年300张;"语言文字学",全年200张;"文艺理论",全年480张;"中国现代、当代文学研究",全年300张。《文摘卡片》以简洁的语言反映原文的内容,按类进行编排。每张卡片首先注明题目、作者、原载报刊名称、时间、字数,然后是文摘正文,最后是专题类别和专题排列号、卡片发行号。

⑤《中国化工文摘》:化工部科技情报研究所编辑出版,收录我国化学化工类期刊论文,是检索国内化学化工文献的主要工具。正文全部文摘按《中图法》分类类号顺序排列。另有年度出版的主题词索引和著者索引。主题词索引的检索词按汉语拼音字母顺序排列。

(4) 专利类。

①《发明专利公报》:为周刊,文摘型。

②《实用新型专利公报》:为周刊,文摘型。

③《外观设计专利公报》:为半月刊,文摘型。

此外,专利文献出版社还出版专利公报的年度累积索引,有《中国专利索引》分类年度索引和《中国专利索引》申请人、专利权人索引。

2. 国外手工检索工具书

(1) 索引类。

① 美国《医学索引》(*Index Medicus*,简称IM):由美国国立医学图书馆编辑出版,是世界上最常用的一种综合性医学文献检索工具。该刊于1964年建成以电子计算机处理的"医学文献分析和检索系统"(Medical Literature Analysis and Retrieval System,简称MEDLARS)。检索和途径主要有著者索引、主题索引。

② 美国《科学引文索引》(*Science Citation Index*,简称SCI):1961年创刊,为双月刊,由美国科学情报研究所(ISI)编辑出版。该索引可用于了解某一研究课题的发展过程,如通过其中的专利引文索引了解某一专利新的应用和改进;通过机构索引了解某科研机构最新研究动向。该索引是以一条文献为线索,检索所有引用过该文献的文献,通过文章被引用的频率可看出该论文的学术价值,进而推之,可看出一个单位的学术成就与学术地位。检索途径上,它有引文索引(著者引文索引、匿名引文索引、专利引文索引)、来源索引(来源出版物、团体索引、来源索引)和轮排主题索引。

(2) 文摘类。

①《科学文摘》(*Science Abstracts*,简称SA):报道世界上50多个国家或地区以各种文字出版的3000余种期刊。它是反映物理学、电工技术与电子学以及计算机和控制领域方面的文摘型检索刊物,分以下三部分出版:A辑(Series A),"Physics Abstracts"(物理学文摘);B辑(Series B),"Electrical and Electronics Abstracts"(电气和电子学文摘);C辑(Series C),"Computer and Control Abstracts"(计算机和控制文摘)。三辑除了各有主题分类表及分类目次表以外,还有主题索引、作者索引、参考文献目录索引、图书索引、会议资料索引、专利索引、团体作者索引等检索途径,帮助人们查找文献。

②《工程索引》（*Engineering Index*，简称 EI）：《工程索引》名为索引，实际上是一种文摘型检索刊物。它收录 48 个国家或地区、15 种文字出版的工程技术文献，每年的文摘量大约有 90000 条。有年刊和月刊，内容一样。

在编排方法上，《工程索引》的主体文摘部分按一级主题词的英文字母顺序排，一级下分成若干二级主题词。这种直接在标题下列出文摘的方法，实际上是把主题索引和文摘合二为一。

《工程索引》后附的检索途径还有著者索引、著者工作单位索引、工程出版物索引等。

由于《工程索引》是按规范化的主题词进行编排，《工程主题词表》是其标引的依据。该表包括主题词表和副标题索引。

主题词表（Subject Heading for Engineering）。由 2400 个主题词按字母顺序排列，用于直接查找《工程索引》正文中的文摘。

副标题索引（Subheading Index）。因为《工程索引》的主体文摘是按一级主题排列，所以当我们需要找的主题词正好属于二级主题时，可用此表来查找所属的主题。如：

  Addition Reaction
  Polymerization
  Additives
  Cement
  Lubricants
  Metals and Alloys
  Plastics

③《化学文摘》（*Chemical Abstracts*，简称 CA）：以文摘形式摘录 130 多个国家或地区 56 种文字书写的 14000 多种期刊、回忆录、技术报告、学位论文、图书、专利文献等出版物，覆盖世界上大约 96% 的化学化工及生物等领域的文摘。一年的报道量约 50 万件。每周出一期，全部文摘分为五大部分、80 个类目。

《化学文摘》索引部分包括以下几种：

期索引。期索引有关键词索引、作者索引和专利索引。

年度索引，又称卷索引。有化学物质索引、普通主题索引、作者索引、专利索引、分子式索引、环系索引、索引指南、登记号索引、资料来源索引和杂原子索引。

累积索引。《化学文摘》的累积索引有五年累积索引和十年累积索引。

索引与文摘之间的相互关系如图 2-3 所示。

（3）专利类。

①《世界专利索引》（*World Patents Index*，简称 WPI）：也称"目录周报"，内容包括 29 个国家和组织的专利，为周刊。按内容分为一般分册（P 分册）、机械分册（Q 分册）、电气分册（R 分册）和化工分册（CH 分册）。其中，P 分册报道农业、轻工、医药和光学等方面的专利；CH 分册报道聚合物、药物、农药、食品、轻化工、一般化学工程等方面的专利。每一分册均由 4 种索引组成，即国际专利分类索引、专利权人索引、登记号索引和专利号索引。

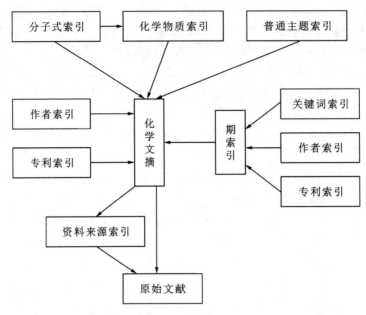

图 2-3 《化学文摘》不同索引间相互关系图

②《世界专利文摘》(World Patents Abstracts,简称 WPA):为文摘检索工具书,有 7 个分册,为周刊,报道的专业领域有一般、机械和电气三大类。后附专利权人索引和登记号索引。

③《化学专利索引》(Chemical Patents Index,简称 CPI):原名《中心专利索引》,1986 年更名为《化学专利索引》。虽刊名为索引,但实为文摘式周刊,每期 12 个分册,后附专利权人索引、入藏登记号索引、专利号索引。

④《电气专利索引》(Electrical Patents Index,简称 EPI):报道电气专利方面的文摘周报,共分 6 个分册。

第七节 计算机检索

一、计算机检索发展概况

计算机信息检索的发展与计算机技术、数字化技术、存储技术、网络通信技术的发展密切相关。从 20 世纪 50 年代计算机开始应用于信息检索,至今大体经历了以下四个阶段。

1. 脱机检索阶段(20 世纪 50 年代中期到 20 世纪 60 年代中期)

自 1946 年 2 月世界上第一台数字电子计算机问世以来,人们一直设想利用计算机查找文献。进入 20 世纪 50 年代后,在计算机应用领域"穿孔卡片"和"穿孔纸带"数据录入技术及设备相继出现,以它们作为存储文摘、检索词和查询提问式的媒介,使得计算机开始在文献检索领域得到应用。

这一阶段主要以脱机检索的方式开展检索服务,其特点是不对一个检索提问立即做出回答,而是集中大批提问后进行处理,且进行处理的时间较长,人机不能对话,因此,检索效率往往不够理想。但是,脱机检索中的定题服务对于科技人员却非常有用,定题服务能根据用户的要求,先把用户的提问登记入档,存入计算机中形成一个提问档,每当新的数据进入数据库时,就对这批数据进行处理,将符合用户提问的最新文献提交给用户,可使用户随时了解课题的进展情况。

2. 联机检索阶段（20世纪60年代中期到20世纪70年代中期）

在这个时期,由于计算机分时技术的发展、通信技术的改进,以及计算机网络的初步形成和检索软件包的建立,用户可以通过检索终端设备与检索系统中心计算机进行人机对话,从而实现对远距离之外的数据库进行检索的目的,即实现了联机信息检索。

可以说,联机检索是科技信息工作、计算机、通信技术三者结合的产物,它代表着20世纪70年代计算机检索的水平。

3. 光盘数据库检索阶段（20世纪70年代中期到20世纪80年代末）

光盘数据库检索阶段真正发展是在20世纪70年代,光盘数据库检索是单机信息检索系统的一种,它解决了单机检索系统数据存储量少的问题,也是目前应用比较广泛的一种检索系统,它在信息检索领域应用的光盘主要是只读光盘。

1982年出现了记录带有声音的静止图像的光盘,1984年日本研制出可反复擦写的光盘。目前,借助于各种软、硬件,光盘已经可以实现数据、图像、声音的综合处理。

4. 网络化检索阶段（20世纪90年代初至今）

由于电话网、电传网、公共数据通信网都可为情报检索传输数据,特别是卫星通信技术的应用,使通信网络更加现代化,也使信息检索系统更加国际化,信息用户可借助国际通信网络直接与检索系统联机,从而实现不受地域限制的国际联机信息检索。尤其是世界各大检索系统纷纷进入各种通信网络,每个系统的计算机成为网络上的节点,每个节点连接多个检索终端,各节点之间以通信线路彼此相连,网络上的任何一个终端都可联机检索所有数据库的数据。这种联机信息系统网络的实现,使人们可以在很短的时间内查遍世界各国的信息资料,使信息资源共享成为可能。

计算机信息检索的实现,大大方便和加速了信息资源的交流利用,对社会经济的发展和人们的科研方式产生了深刻的影响,从而也极大地促进了科技的进步。

二、计算机信息检索概念和原理

1. 计算机信息检索概念

计算机信息检索是指以计算机技术为手段,通过计算机软件技术、网络和数据库及通信系统等现代检索方式进行的信息检索,检索过程在人机协同下完成。与手工检索一样,计算机的产生使信息检索发生了革命性的变化,大大提高了信息存储和检索的能力,但其有很强的技术性,因此计算机信息检索应作为科技人员的一项基本功,这一能力的训练和培养对科技人员适应未来社会和跨世纪科研都极其重要。一个善于从电子信息系统中获取信息的科研人员,必定比不具备这一能力的人有更多成功的机会。美国报道生活新方式的期刊 POV 也将交互网络检索专家作为未来十大热门职业之一,这些情况都说明了计算机信息检索越来越重要,值得大家对这一技术予以重视。

2. 计算机信息检索原理

计算机信息检索就是人们在计算机或计算机检索网络的终端上,使用特定的检索指令、检索词和检索策略,从计算机检索系统的数据库中检索出所需要的信息,然后由终端设备显示和打印的过程。为实现这种信息检索,必须事先将大量的原始信息加工处理、存储在各种信息载体上待用,所以计算机信息检索广义上讲包括信息的存储和检索两个方面。

计算机信息存储就是将所选中的一次文献进行主题分析、标引和著录,按一定格式输入计算机,构成机读数据库记录及文献特征标识,这相当于编制手工检索用的文摘索引等检索工具,即信息的标引、加工和存储过程。

计算机信息检索则是存储的逆过程。用户对检索课题加以分析,明确检索范围,弄清主题概念,然后用系统语言来表示主题概念,形成检索标识及检索策略,输入计算机进行查找。这一查找的过程实际上是计算机自动比较匹配的过程,当检索标识、检索策略与数据库中的信息的特征标志及其逻辑组配关系一致时,则属"检索命中",即找到了符合要求的信息。检索结果可以联机或脱机打印输出,如图 2-4 所示。

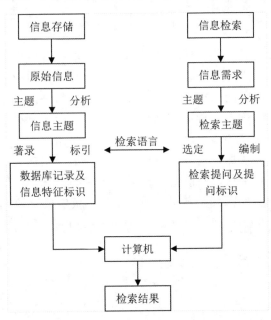

图 2-4 计算机信息检索原理图

三、计算机信息检索的类型

1. 脱机检索

脱机检索在传统意义上是指系统根据用户需求在机读磁带上顺序扫描寻找匹配的文献，通常是分批处理用户提问，又称批式检索。在网络通信迅速发展的今天，脱机检索又常常被称为离线检索，人们将其作为在线检索或联机检索的补充。例如，光盘检索就是一种典型的脱机检索，它使20世纪80年代后期濒临消失的传统脱机检索又有了新的生命。

2. 联机检索

用户在联机检索终端，通过通信线路与系统的主机连接，在中央处理机控制下查询系统的几十个甚至上百个数据库，并能够与系统实时对话，随时调整检索策略。

国际联机检索是指商业性计算机数据库检索服务机构（也称连接买主）通过国际卫星通信网络，为世界各地的用户终端提供人机对话式检索服务方式。即用户利用终端服务设备，通过国际通信网络，与世界上任何一个国家的大型计算机检索系统的主机联结，从而可以检索到世界各国存储在计算机数据库中的信息资料。

3. 视频数据检索

视频数据检索亦称电视信息查询，是数字通信、电视和计算机相结合的产物。用户将显示器或改装过的电视机作为终端，直接接受电视中正在播放的信息或与视频系统的数据库进行联机对话。

4. 网络信息检索

通过网络接口软件，用户可在任一终端查询各地网上的信息资源。网络信息检索是一种广义的联机检索，如使用远程登录通过网络连接用户所指定的远程计算机，共享该主机上的资源，这个过程也称为联机，但后者更适宜用联网或网络检索这概念。

随着联机检索和计算机通信网络技术的发展，从20世纪70年代开始，先是在北美，然后是在西欧等发达国家，相继出现了DIALOG、ORBIT、ESA/IRE等世界规模的计算机联机情报检索中心，它们都配备了规模巨大的先进计算机，拥有存储容量在数十万兆字节以上的磁盘机，在全世界各地设置了数以万计的检索终端。人们几乎可以在任何时间和地点（包括在中国各地）通过这些终端检索存储在这些计算机里的数以百计、学科门类齐全的数据库。通常一个检索课题只要花几分钟时间就可以完成全部检索操作。其检索结果可以在本地打印机上即时打印输出。为节省联机检索费用，用户也可以命令联机检索服务中心将检索结果脱机打印后邮寄。随着现代信息技术、网络的发展和通信技术的进步，人们可以直接利用互联网开展国际联机检索，DIALOG国际联机检索系统可直接以用户账号和密码登录的方式实现适时在线检索，大大提高了检索效率。一些国际上知名的数据库如PubMed、Web of Science（含SCIE）、EI、EMBase等也通过网站实现了实时网络信息检索。网络信息检索正在成为信息检索的主流形式和发展趋势。

中国的计算机情报检索事业起步较晚。1975 年开始引进国外文献磁带进行 SDI 试验。从 1975 年起，用 3 年时间编制了《汉语主题词表》，开始研制汉字信息处理系统，为建立情报检索系统打下了一定基础。从 20 世纪 80 年代起，中国图书情报部门建立了一批西文 SDI 系统和若干大型联机情报检索系统，在数十个城市建立了国际联机检索终端。由于受到汉字信息处理技术进展缓慢等因素的限制，汉字情报检索系统的建立进展缓慢。20 世纪 80 年代中期，汉字信息处理技术取得突破性进展。目前，已建立了数十个汉字数据库，在数百个小型、微型计算机上建立了情报检索系统，开始实现汉字情报检索。中文文献数据库的研发和利用已经解决了中文文献的检索问题。综合考虑学科差异，估计国内有关电子资源数据库至少有 100 种，考虑重要数据库如中国知网、维普、万方以及书生、超星、读秀百链学术搜索等电子图书数据库的重复订购，中文电子资源市场是一个采购经费总额过亿的市场。中文文献数据库的网络信息检索已经成为广大学生通过网站在线实时检索文献的主流方式，文献线索的查找和原始文献的获取正在借助网络的力量融为一体，圆满解决了"检"（查找文献线索）与"索"（获取原始文献）分离、脱节的问题。

随着大数据时代的到来，海量数据信息和数百个中外文数据库同时出现在广大学生等用户面前，要利用这些结构不同、检索平台和功能不一的数据库实现一体化检索，知识发现系统就显得特别重要。自 2009 年发现服务面世以来，受到广泛关注的网络级发现服务和知识发现系统有：EBSCO Discovery Service（EDS）；Serials Solutions Summon（Summon）；Ex Libris 的 Primo、Primo Central；EBSCO 公司和南京大学数图实验室联合研发的 Find+知识发现平台；超星中文发现系统。网络级发现服务是通过建立元数据索引仓，实现一个入口搜索所有资源，并在搜索结果页面提供知识发掘功能的服务。这个索引可以通过联合索引建立，也可以由联邦搜索（Federated Search）混合模式构成。目前国内外各大图书馆都已引进知识发现系统来管理本馆大量异构数据库，以实现一体化检索，从而有效解决了一个数据库接着一个数据库检索带来的单调、效率低下和无法去重的问题。基于知识发现系统的集成信息检索和智慧信息检索正在成为当前信息检索的热点。

思考与训练

1. 什么叫文献信息检索？其原理和意义是什么？
2. 检索语言主要有哪三大类？其概念是什么？
3. 简述主题检索语言和分类检索语言的特点。
4. 信息检索系统按文献信息的存储和检索设备可划分为哪两类？其概念及特点是什么？
5. 检索工具的定义及特点是什么？按检索手段划可分为哪四种？
6. 分别简述手工检索系统和计算机检索系统的特点。

工具书与文献信息检索

第一节 工具书的功能与类型

一、工具书的概念

中华民族有着五千多年光辉灿烂的历史,在这漫长的历史进程中,充满智慧的劳动人民创造了极其丰富的文化典籍。浩如烟海的文化典籍,如果按照它们的编制特点、人们的使用习惯和其发挥的作用,大体可分为两大类:一类是普通图书,另一类是工具书。

什么是工具书?工具书是根据一定的目的和需要,广泛汇集某方面的知识或文献资料,用特定的体例系统地加以编排,专供人们查阅资料和参考的特殊类型的图书。工具书具有查考性、概括性、易检性等特点。从编制的目的看,工具书具有查考性;从内容材料看,工具书具有概括性;从编制体例看,工具书具有易检性。例如,《辞海》(第六版)(上海辞书出版社,2009年)。

二、工具书的功能

工具书是知识的总汇。人们在日常的学习、工作和生活中,都离不开工具书。古今中外的学者都非常重视工具书的使用,有人称工具书为"良师益友",有人将其比作"案头顾问",这些都是对工具书功能作用的很好概括。

工具书的种类很多,其内容不同,具有的功能作用也不同。总的来说,工具书的功能作用大体表现在以下几个方面。

1. 传播思想文化

各个时代、各种内容、各种类型的工具书的编撰,都汇集了多个领域的丰富的政治、经济、文化等历史资料,反映了各个时期、各个朝代的科学文化成就,已经成为积累知识、传播思想文化的重要工具。

我国古代诸多类书、政书、书目、字典、词典、图谱等都是"官修"和"钦定"的。如清代《四库全书》的编纂集数千学人之众，经数十年之久，成书四库七阁，成为传播清代思想文化的工具；清代的《四库全书总目》记载了清乾隆以前许多重要的古籍图书及某一类著作的源流；《中国丛书综录》收录了全国41个图书馆收藏的约占我国全部古籍五分之二的古代丛书，从中可了解我国古代丛书的出版及沿革情况。

工具书发展到近现代，其积累、保存、传播思想文化的功能得到了更大的发展。被称为"工具书之王"的现代百科全书包罗的学科领域非常多，记载的知识范围相当广，反映了当代科学文化的最新成就，既具有释疑解难的查考性，又具有扩大读者知识视野和帮助读者系统学习的可读性。

2. 指引读书门径

人们在读书学习或进行学术研究时，需要了解前人已经取得的研究成果，摸清情况，批判性地继承，这样才能有所发展、提高和突破。在茫茫书海中，要想根据自己所需，"摸"到读书门径，就少不了工具书的指引。从古至今，无数学者文人，学有成效，大多从此问途。鲁迅先生为了从事创作和研究，一生都在与工具书打交道，他利用类书、史志目录等古代工具书辑录和校勘古籍，编制藏书目录、著译书目、地方文献书目和导读书目等，这些工具书为后人指引了文献线索。随着社会的发展，科学技术日新月异，人类积累的知识无穷无尽，图书文献浩如烟海，单凭一个人的博闻强记，犹如衔石填海，其结果只能是望洋兴叹。因此，人们要想充分地占有资料，掌握人类积累起来的知识，必须借助工具书。使用工具书能大大节省人们的时间和精力，使读书治学达到事半功倍的效果。

3. 解决疑难问题

人们在学习、工作和生活中，常常会遇到各种各样的问题，例如，不明某字音义，不明某词用法，不知某位科学家的时代和生平事迹，不知某古代地名所对应的今名，不知某一法规制度的具体内容，不知某一准确数据，不知某一诗文典故的出处和来历，等等。要解决这些疑难问题，可以借助有关工具书，例如，字典、词典能解决字、词的形音义及用法等问题，类书、政书能给人提供诗文典故的出处和法规制度内容，书目索引能给人提供资料篇目及全文资料，百科全书和年鉴、手册能帮助人们解决许多疑难问题。由此可见，工具书确实是帮助人们解疑释难的良好工具。只要了解各种工具书的不同用途，掌握其使用方法，遇到问题时找到相应的工具书，一般难题都能得到解决。

三、工具书的类型

在工具书的类型划分上，各家根据工具书的内容、体例和作用的不同，大体上把工具书分成几类至十几类不等。如：《辞海》（第六版）将工具书分为字典、词典、百科全书、手册、年鉴、表谱、书目、索引、图录、图谱等类型；祝鼎民先生将工具书分为字典和辞典、类书和政书、百科全书、目录、索引、年鉴、手册、文摘、表谱、图录等类型。本书主要从工具书之间的相似性、相近性方面，将工具书分成六大类型，即字典、词典，百科全书，类书、政书，年鉴、手册，书目、索引、文摘，表谱、图录。

1. 字典、词典

字典主要解释字的形、音、义及其用法；词典主要解释词语的概念、意义和用法。汉字是一种表意文字，除复词外，每一个字都既是书写单位，又是表意单位，字和词的区别往往不是很明显。因此，字典、词典各有侧重，字典以收单字为主，对复音词也附带解释，词典以收词语为主，常常以单字为词头并详加解释。两者既有区别，又有联系。

2. 百科全书

百科全书是系统汇集全部学科或某一学科领域知识，以辞典形式编排的大型参考工具书，是百科知识的总汇，被称为"工具书之王"。它将知识领域中的专业术语、重要名词分列条目，并加以详细、系统的叙述和说明，并附有参考文献，既具有释疑解难的查考性，又具有扩大知识视野和帮助系统学习的可读性。百科全书按收录的内容范围，可分为综合性百科全书和专科性百科全书。

3. 类书、政书

类书是辑录史实典故、名物制度、诗赋文章、丽词骈语的工具书，是我国古代特有的一种工具书。类书按内容可分为综合性和专科性两类：综合性类书兼收天、地、人、事、物各方面内容，将已有的文献资料摘录分类编排，如《太平御览》《古今图书集成》等大型类书，所收资料极为丰富；专科性类书专收某一学科，如《太平广记》专收古代小说，对古代小说按内容分类收录。

政书是专门记载历代或某一朝代的典章制度资料，如"十通"（十部政书的统称）和历代"会要"，是各个朝代的政治、经济、军事和文化制度的资料汇编。政书按事物分类，依类编排，类似于专科性类书，两者性质相通。

4. 年鉴、手册

年鉴和手册是文献资料的汇编，两者性质相近。年鉴一般是按年度汇编一年内各方面（包括政治、经济、文化、教育、科技等）或某一方面的情况、统计等资料编排而成的参考工具书，又称为年刊。

手册汇集某一方面需要查考的资料和基本知识，用户可将其放在手边随时备查。最初的手册偏薄偏小，便于携带。

5. 书目、索引、文摘

书目是图书目录的简称，是记录书刊名称、作者、出版地、出版时间等情况，并按一定的次序编排而成的工具书。书目按著录对象可分为图书书目和报刊目录，如《全国总书目》《全国中文期刊联合目录》；有的目录对内容做简要的评价，或标明收藏地，如《四库全书总目提要》。目录对读书有一定的指导作用。

索引是将书刊资料中的各种事物名称（如字词、人名、地名、篇名、书名或主题等）摘录出来，按一定的检索方法编排起来，并注明出处的工具书。索引又称通检、便检、备检、引得（英文 Index 的音译）等。

文摘是以简练的形式将文献的主要内容做成摘要，按一定的著录方式加以编排的工具书。它不仅著录文献的基本款目，而且揭示文献的内容简介，是系统报道、检索文献的重要工具。

从上面的介绍可以看出，书目著录图书和报刊，索引揭示报刊论文和书中资料，文摘则进一步摘录报刊论文和图书的主要内容，三者的揭示对象大体一致。

6. 表谱、图录

表谱是按事物类别或系统编排，用表格等形式表现出来供人们查找的工具书。

图录是用图形等揭示实物的工具书，如各类地图、历史图录等。

第二节　工具书检索方法

工具书种类繁多，用途也各不相同。不同的工具书有不同的编排方法，而不同的编排方法从不同角度适应了人们查找文献资料的要求。自古至今，人们在读书治学和查找资料的实践过程中，创造了不少行之有效的编排方法，但随着时代的发展，有的已不通行或废弃不用了。目前常用的检索方法大致可分为五大类型：字序法、分类法、主题法、时序法和地序法。各类又可细分为若干种。如：字序法可分为形序法和音序法；形序法又可分为部首法、笔画法、笔形法、号码法；分类法可分为学科系统分类法和事物性质分类法（见图 3-1）。

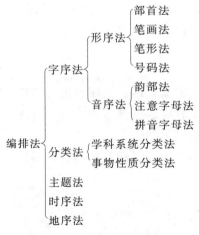

图 3-1　工具书常用编排法

下面对较为常用的方法分别进行介绍。

一、字序法

字序法是工具书中最主要的一种编排检索方法,它是按照一定的顺序排检汉字的方法。由于汉字形体结构十分复杂,字序法也多种多样,具体可分为形序法和音序法。

1. 形序法

形序法是根据汉字的形体结构,从形体上找出某些共同之处按一定的顺序加以编排、检索的方法。形序法大致可分为四种:部首法、笔画法、笔形法和号码法。

(1) 部首法。

这是最常用的一种形序排检法。所谓"部首",就是汉字的偏旁,它是将汉字中具有相同偏旁的归为一部,其相同的偏旁就是部首。如:堆、域、坡属土部,桃、李、梅属木部,江、湖、海属氵部。同部首的字,再按笔画多少排列。我国历代辞书对部首的分部及分部原则,既有沿袭,又有差异。主要体现为以下几种。

《说文解字》分为 540 部。东汉许慎的《说文解字》是我国第一部字典,首创部首法。它以汉字造字法,即"六书"为原则,把当时的小篆体 9353 个字分为 540 个部首,大体上把形体相近、相关的部首排在一起,各部首所属的字,则是把意义相近或事物相类的放在一起,影响很大。

《字汇》分为 214 部。明代梅膺祚的《字汇》将《说文解字》中 540 个部首简化为 214 个,并以笔画多少为序排列部首字和部中字,以便查找。自此以后,部首法便有了一个比较固定的模式。清代的《康熙字典》、之后的《中华大字典》、旧《辞源》、旧《辞海》等都因袭其法,很少变化。

新《辞海》分 250 部。新《辞海》(《辞海》修订本)依据字形定部首,对旧《辞海》的 214 个部首进行了较大的改动,删去部首 8 个,合并部首 6 个,分立部首 10 个,新改部首 10 个,新增部首 40 个,合计部首 250 个。其部首表如图 3-2 所示。

《汉语大字典》《汉语大词典》分为 200 部。它们以 214 部为基础,经删减、合并后,调整为 200 个部首。

(2) 笔画法和笔形法。

笔画法是工具书中最普遍的一种检字法。它是以汉字笔画多少为排列顺序的排检法。笔画少的在前,笔画多的在后,如果第一字笔画相同,就以第二字笔画数为序,如此类推,笔画数目相同的字,再按部首和笔形加以区分。如《中国人名大辞典》就采用笔画和部首相结合的方法。

笔形法是根据汉字笔形顺序确定排列先后的检字法。书写汉字时,按起笔的形状可分为"丶一 乛丨乚丿乀"(点、横、横折、竖、竖折、撇、撇折)七种笔形,可将其归纳为五种,即"丶一丨丿一"。笔形法就是把笔形的次序固定下来,将所有的字按次序排

辞海部首表

图 3-2 辞海部首表

列。由于人们的书写习惯不同，笔形的排列次序也各有不同，有"一丶丿丨"的，这是取"元亨利贞"四字的起笔顺序；有"丶一丨丿"的，这是取"寒来暑往"四字的起笔顺序。现在一般分为"一丨丿丶乛"五种笔形。笔形法往往与笔画法配合使用，单独使用的情况较少。

（3）号码法。

号码法是把汉字的各种笔形变成数字，再把所取的笔形连接成一个号码，按号码的大小排列汉字的一种检字法。号码法有三种：四角号码法、中国字庋撷法和起笔笔形号码法。目前最通用的号码法是四角号码法，其他两种号码法几乎被淘汰，所以这里只介绍四角号码法。

四角号码法是根据汉字形体的特点，把相同或相似的笔形归纳为十类，分别用0～9这十个号码代表，每个字以四个角的笔形，按左上、右上、左下、右下的次序分别取号并编成一组号码，即四角号码。四角号码法的口诀为："横一垂二三点捺，叉四插五方框六，七角八八九是小，点下有横变零头。"记住这几句口诀并了解笔形的变形，对四角号码法的使用是有帮助的。

图 3-3 是笔形和代号对照表。

笔名		号码	笔形	字例
复笔	头	0	亠	主病广言
单笔	横	1	一	天土
			亻ㄥ丶	活培织兄风
	垂	2	丨	日山
			一丿丨	千顺力则
	点	3	丶	宝社军外去亦
			丶丶	造瓜
复笔	叉	4	十	古草
			十七乂疒	对式皮猪
	插	5	丰	青本
			扌戈丈产丰	打戈史泰申
	方	6	□ □	另扣国甲由曲
			□ □	目四
	角	7	乛乛乚	刀写亡表
			厂	阳兵雪
复笔	八	8	八	分共
			人入ソ	余氽央羊午
	小	9	小	尖宗
			忄木灬	快木录当兴组

图 3-3 笔形和代号对照表

2. 音序法

音序法是按照字的读音来编排、检索汉字的方法。它大致可分为三种：注音字母法、韵部法和拼音字母法。按注音字母排列的方法基本已被淘汰，韵部法多在古代工具书中采用，这里只介绍拼音字母法。

拼音字母法是根据汉语拼音字母方案，按首字母、音节和声调次序检索的方法。先以字音的第一个字母为序，第一个字母相同的，按第二个字母顺序排，以此类推。字母完全相同的，再按声调，即阴平（一）、阳平（ˊ）、上声（ˇ）、去声（ˋ）的顺序排列。如：妈 mā、麻 má、马 mǎ、骂 mà。

以上介绍的部首法、笔画和笔形法、四角号码法、拼音字母法是当今工具书中最常用的排检法。它们的方法不同，作用各异，各具特色，都有掌握的必要。现代出版的工具书，往往采用两种以上的检字法，即正文按一种方法排列，辅以一种或一种以上的辅助索引，方便读者按各自熟悉的途径进行检索。

二、分类法

分类法又称类序法，是将文献资料按学科系统或事物性质类别来排列的方法。用分类法编排的工具书主要有书目、索引、类书、政书、年鉴、手册等。

1. 学科系统排检法

学科系统排检法一般依据一定的图书分类法，用得较多的是四部分类法和各种图书分类法。

四部分类法，简称四部法，是我国古籍分类的常用方法，它把图书分为经、史、子、集四部，各部又分为若干类。如《四库全书总目》《中国丛书综录》等均采用此法。不熟悉四部法的人可以配合使用书中所附的辅助索引，其目录都另编有书名和著者四角号码索引，方便读者检索。

2. 事物性质排检法

事物性质排检法按事物性质分门别类排列，主要对象是我国古代的类书和政书，它将资料内容按事物性质的特点来分类，大体上以天、地、人、事、物为纲，以下再分细目，如《太平御览》和《古今图书集成》等。现代的手册、年鉴及辞典也有采用这种方法排列的。

三、主题法

主题法是按资料的主题进行编排的方法，又称主题排检法。这种方法是先确定主题词（主题词是经过规范化的自然语言，能揭示文献记述的中心内容或对象），再将主题词按首字读音或笔画等顺序加以排列。中文工具书一般按首字的汉语拼音字母或笔画顺序排列。我国目前选取主题词主要依据《中国分类主题词表》。西文工具书一般采用字母顺序排列，如世界著名的检索工具《化学文摘》（CA）、《科学文摘》（SA）、《科学引文索引》（SCI）、《工程索引》（EI）、美国《医学索引》（IM）等。主题排检法能把属于不同学科的同一主题的资料集中起来，揭示资料比较深入。

四、时序法

时序法是按照时间的先后顺序排列资料的方法。它主要使用于历史年表、历表、年谱等，如《中华人民共和国大事记》《中外历史年表》《中西回史日历》等。部分历史辞典也按年代顺序排列，如《中国历代名人辞典》是先按历史朝代顺序排列，每一朝代再按人物的生年顺序排列。

五、地序法

地序法是按地区顺序排列资料的方法。它主要使用于地图、图录、方志目录等工具书，如《中国历史地图集》《中国地方志综录》等均支持读者按地区范围查找文献资料。

第三节　常用中文工具书

据《中国出版年鉴》统计，我国每年出版的工具书有成千上万种，本书主要选取最为常用、影响最大、功能最全的工具书进行介绍。

一、字典、词典

（1）《新华字典》（第12版），中国社会科学院语言研究所编，商务印书馆2020年出版。

《新华字典》是小型字典中最具有代表性的一本，是我国第一本按汉语拼音音序排列的小型字典。它从1953年开始出版，原由新华辞书社编写，1956年并入中国科学院语言研究所（现中国社会科学院语言研究所）词典编辑室，1957年商务印书馆出版《新华字典》新1版。《新华字典》历经几代上百名专家学者十余次大规模的修订，重印200多次，成为迄今为止世界出版史上最高发行量的字典，是新中国第一部以白话释义、用白话举例的字典，也是迄今最有影响、最权威的一部小型汉语字典，堪称小型汉语语文辞书的典范。

2020年出版的《新华字典》（第12版），主要特点有：根据国家语文规范和标准修订，收单字13000多个；以字统词，收带注解的词语3300多个；正文按音序排列，备有

"部首检字表""难检字笔画索引",内有插图和附录(如"常用标点符号用法简表""世界各国和地区面积、人口、首都(或首府)一览表""元素周期表"等);正文新增二维码,可听标准发音,看笔顺动画,查知识讲解等;应用程序 App 同步发布,用户通过新华字典 App 扫描纸质书每一页的二维码,可查看当页所有字。

在线《新华字典》收录简体汉字、繁体汉字共 30000 多个,提供查询汉字的拼音、笔画、部首、五笔 86/98 编码、仓颉、郑码、电码、汉字笔顺编号、四角号码、UNICODE、汉字方言、汉英互译、词性变化、康熙字典解释、说文解字、英文等汉字的详细解释。用户在字典查询框里直接输入汉字,或它的拼音、部首、五笔 86/98 编码、仓颉、郑码、电码、四角号码、笔顺编号中的任意一个均可查到该汉字在新华字典中的详细解释。

(2)《汉语大字典》和《汉语大词典》。

《汉语大字典》是一部以解释汉字形、音、义为主的大型语文工具书。由汉语大字典编辑委员会编,1986—1990 年四川辞书出版社、湖北辞书出版社联合出版。共 8 卷(第 8 卷为附录和索引),收汉字楷书单字 54678 个,是目前世界上收集汉字最多、最全的一部巨型历史性详解字典。在字形方面,于楷书单字条目下收列了能反映形体演变关系的、有代表性的甲骨文、金文、小篆和隶书形体,并简要说明其结构的演变。在字音方面,对楷书单字尽可能注明现代读音,并用中古反切,标注了上古的韵部。在字义方面,不仅注重收列常用字的常用义,而且注意考释常用字的生僻义和生僻字的义项,还适当收录了复音词中的词素义。它的释文和例证用简化字,其余用繁体字,有古字的单字,在字头后面选列能够反映字形源流演变的古文字形体,并根据阐明形、音、义关系的需要,酌附字形解说。该字典卷首附该卷部首检字表,卷末附笔画检字表。

《汉语大词典》是中国当代大型多卷本汉语语词词典。由罗竹风主编,中国汉语大词典编辑委员会、汉语大词典编纂处编纂,1000 多名专家学者参与编写,汉语大词典出版社出版。1986 年 11 月第一卷出版,至 1993 年 11 月全书出齐。全书正文 12 卷,另有《附录·索引》1 卷,内容涵盖社会生活、古今习俗、中外文化乃至各种宗教的教义等,并发生纵向或横向联系。共收单字 2.27 万,复词 37.5 万,约 5000 万字,并配有插图 2000 余幅。

1998 年 9 月,《汉语大词典》光盘版问世。2012 年 12 月,《汉语大词典》(第 2 版)编纂工作启动。汉语大词典 2.0 版共收入汉字 20902 个,复词 343307 条,成语 23649 条,释义 515524 项,新增例证 877130 条。光盘版集各种结构化的电子信息和查询方法于一体,在查阅手段上很好地解决了传统方式查找字或词时烦琐且效率低的弊病。

(3)《现代汉语词典》(1996 年修订本),中国社会科学院语言研究所词典编辑室编,商务印书馆出版。

《现代汉语词典》始编于 1958 年,由我国著名语言学家吕叔湘和丁声树先生任主编,曾先后印出"试印本"和"试用本"送审稿,1978 年正式出版第 1 版,之后有:1983 年第 2 版、1996 年修订本、2002 年增补本、2005 年第 5 版、2012 年第 6 版、2016 年第 7 版。

1996 年修订本是《现代汉语词典》的第 3 版，它是一部以记录普通话语汇为主的中型词典，词典所收条目，包括字、词、词组、熟语、成语等，共 6 万余条。所收条目分单字条目和多字条目，按拼音字母次序排列，释义以现代汉语为标准，不详列古义。正文前有音节表、新旧字形对照表和部首检字表，后附有汉字偏旁名称表、汉语拼音方案等附录。

这部词典在推广普通话、促进汉语规范化及汉语教学等方面，起到了非常重要的作用。

(4)《辞海》和《辞源》。

《辞海》（1999 年缩印本），辞海编辑委员会编纂，上海辞书出版社 2000 年出版。

《辞海》于 1915 年启动编辑，编成于 1936 年（称旧《辞海》）。从 1936 年初版至今已经有 80 多年的历史，历经不断修订和再版，备受关注、影响较大的版本有：1962 年试行本，1965 年未定稿本，1979 年各学科分册本，1983 年增补本，1989 年三卷本，1990 年缩印本等。

《辞海》是兼有字典、语文词典、百科词典功能的大型综合性辞典。《辞海》（1999 年版）收单字 19485 个，词目 122835 条，包括国名、人名、地名（包括山脉、河流、岛屿、港湾等）、新闻媒体名以及国际组织名、动植物名、药品名、各学科的名词术语等，收入图片 3600 余幅。以简体字为词条，按 250 个部首排列，单字用汉语拼音字母注音，比较冷僻的加注直音，现代读音与传统读音不同的，酌注旧读，多音多义字分项注解。本书前有"辞海部首表""部首笔画笔形索引""笔画索引"，后有"汉语拼音索引""四角号码索引""词目外文索引"，还附有"中国历史纪年表""中华人民共和国行政区划简表"等 13 种附录。

2020 年，《辞海》（第 7 版）网络版与纸质版同步上线。纸质版的《辞海》（第 7 版）又称为新版《辞海》，它收单字约 1.8 万个，条目约 12.7 万条，彩图 1.8 万幅，总字数 2350 万字。其中，普通语词条目约占全书的三分之一，百科条目约占全书的三分之二。百科条目中，自然科学与工程技术约占三分之一；哲学社会科学、历史地理、文学艺术等约占三分之二。《辞海》网络版逐步实现实时更新。由上海世纪出版集团、上海辞书出版社开发建设的《辞海》（第 7 版）网络版，收录了《辞海》（第 7 版）近 13 万词条、2350 万字全部内容，并丰富数字检索方式，建立词条关联和构建多层知识导图，新增词目注音和人声配音、汉字规范笔顺及源流、书法，是一款在电脑、手机等设备上随时随地可以查阅，融合了音视频、图像和三维立体模型的有声、有色、有形的立体"辞书"。

《辞源》，广东、广西、湖南、河南辞源修订组联合修订，商务印书馆 1979—1983 年出版。

《辞源》是一部通行全国的大型古汉语辞书。其编纂始于1908年（清光绪三十四年），几十年来多次修改出版。本书共收单字约13000个，复词约85000条，其规模与水平可与《辞海》媲美。所收词语以古汉语词汇为主，百科知识中不收录现代自然科学、社会科学和应用技术的词语，收词止于1840年鸦片战争。书中单字按214部排列，复词按字数和笔画数编排，用汉语拼音、注音字母、反切和直音注音，全部用繁体字排印。先解释单字的意义，再解释复音词或词组的意义和用法。多音字分别注音，多义词的解释以本义、引申、通假为先后，分条释义，并引书证，标明作者、篇目和卷次。

每册前有该册的"部首目录""难检字表"，后有"四角号码索引"。全书后附有"修订本单字汉语拼音音序索引""繁简字对照表""新旧字形对照表"等。

《辞源》为解决古籍阅读时关于语词典故和有关古代文物典章制度的疑难问题提供了最好的工具书。

(5)《说文解字》，(东汉)许慎撰，(宋)徐铉校定，中华书局2013年出版。

《说文解字》创稿于汉和帝永元十二年(公元100年)，至汉安帝建光元年(公元121年)问世。全书分15篇，共收字9353个，重文1163个，它是我国文字学史上第一部系统之作，基本反映了我国古代汉字形体和古汉语词汇的面貌，是我国最早的一部字典。

本书以小篆为对象，按照"六书"的原则分析字的形体结构，说明字的意义。按540个部首编排，"据形系联"，把部首形体相近或相关的排在一起，如"页、百、面、首、臬、须"。释字的方法是分析部首，凡属这个部首的字都与这个部首的意义相关联，每个字都是先讲字义，然后讲形体结构，再指出字的读音。书后附有部首、音序和笔画检字表。

本书的特点是探究字源，分析字形结构，是今天查考字的本义，认识篆书，辨别金文、甲骨文的一部重要工具书。

(6)《康熙字典》和《中华大字典》。

《康熙字典》和《中华大字典》是查找在一般字典、词典里查不到的冷僻字、偏字、怪字的专门工具书，其中后者是在前者的基础上编撰而成的，两者类例相似，对于从事我国古代历史、文学、哲学、语言学研究的工作者，有一定的参考价值。

《康熙字典》，(清)张玉书等编，上海书店出版社1985年出版。该字典编成于清朝康熙五十五年(1716年)，该书是在明代梅膺祚《字汇》、张自烈《正字通》两书基础上编写而成的，是一部以单字注音释义为主的字典。共收单字47035个，按214个部首排列，按十二地支把全书分成子、丑、寅、卯等12集，每集分上、中、下，将214个部首按笔画多少分属在12集里。先注音后释义，注音以《唐韵》《集韵》《韵会》《正韵》的反切为主，这些韵书未收的字，采用其他韵书。释义以《说文解字》为主，兼收其他字书韵书，一般都引证古书为例，先列本音本义，后列别音、别义，有的还列出单字的别体。书后附有"四角号码查字表"。具体如图3-4所示。

例一:"埾"字,查《康熙字典》

埾古文垒𡎐 广韵 其冀切 集韵 巨至切 韵会 正韵 奇寄切从音洎 说文 仰涂也垒埾见垒字注 又取也 诗召南 顽篚埾 又息也 诗北风 伊余来埾 大雅 民之攸埾 又 广韵 集韵 从讫既切音戏义同。

图 3-4 查《康熙字典》示例

《中华大字典》,徐元诰、欧阳溥存等编纂,中华书局 1915 年初版,1978 年影印。本书以《康熙字典》为基础编修,对《康熙字典》作了增补、删改和校正,共收字 48000 多个,比《康熙字典》多了 1000 多个字。沿用《康熙字典》214 个部首编排,只是次序稍有变化。注音以《集韵》为准,一字一反切一直音,《集韵》未收的,另据《广韵》等书。释义分条列举,先本义,后引申、转注、假借,每义只引书证一条,并载篇目。本书起到纠正《康熙字典》的错误,弥补《康熙字典》的不足,与《康熙字典》联合使用的作用。具体如图 3-5 所示。

例二:"屍"字,查《康熙字典》,未收,

查《中华大字典》"尸"部便知:

屍无分切音文文韵 尾也。见〔海篇〕。

图 3-5 查《中华大字典》示例

由于出版年代久远,以上两书难免存在错漏,查考时可参考新编的《汉语大字典》。

(7)《汉语成语大全》,《汉语成语大全》编纂委员会编,商务印书馆 2007 年出版第 1 版,2011 年出版第 2 版,2017 年出版第 3 版。

本书第 3 版为双色本,对所收成语提供注音、释义、语见、例句等实用内容,正文中的主条成语、释义、语见、例句等用红色标注,其他内容用黑色标注。本词典共收录成语 45000 条,还酌收一些曾经活跃于一定历史时期而现已较冷僻的成语,同时收入一些近年来使用频率较高并已基本定型的新成语。条目按汉语拼音字母顺序排列,用汉语拼音字母标注读音,先解释字面义或本义,再解释引申义、比喻义等,用"〔语见〕"的形式提供该成语书证材料,标明书证的朝代、作者、书名、卷数等以便查考。用"〔例句〕"的形式提供成语的具体用法,提供词目首字音序索引和词目首字笔画索引,方便读者选择使用。

《汉语成语大全》收词丰富,是一部深受国内外读者喜爱的汉语成语工具书。

(8)《中国人名大词典》,臧励和等编,1940 年商务印书馆第 8 版,上海书店 1984 年翻印。

这是一部收录比较齐全的中国人名大型工具书。

该书收上古至清末人名 4 万多个,其中包括少数民族人物。上起太古,下至清末,一般见于史料上的名人，大都可从中查得。人名下记载人物的字号、籍贯、主要经历，如系学者文人，并录其著作名称。人名先按姓氏笔画多少排列，同姓名再按朝代排列。书前有"笔画检字表"，书后附"补遗""姓氏考略""异名表"和"四角号码索引"等，在一定程度上照顾了读者需求。

二、百科全书

(1)《中国大百科全书》，中国大百科全书总编辑委员会组织编纂，中国大百科全书出版社 1980—1993 年出版（称为第一版）。

该书是我国第一部大型综合性现代百科全书，也是 20 世纪 80 年代至 90 年代全世界出版的百科全书中最具代表性的百科全书。共 74 卷（包括《总索引》1 卷），收条目 8 万条，总字数 1.25 亿，插图 6 万多幅。全书涵盖哲学、社会科学、文学艺术、文化教育、自然科学、工程技术等 66 个学科和知识领域，约 2.2 万名专家学者参与了该书的编纂工作。该书采用大卷分类编排的方法，按学科分卷编辑，大多数是一科一卷，也有一科数卷的，各卷编委会大都由各个领域的权威人士组成，基本上反映全国各个领域的最高学术水平。

《中国大百科全书》的编排体例是按学科知识体系、层次设立条目，各卷所收条目都较为详尽地叙述和介绍本学科的基本知识。各卷条目均按汉语拼音字母顺序排列，一般都附有条目分类目录、条目内容分析索引、条目汉字笔画索引、条目外文索引等多种索引，检索途径多，查找方便。正文之后，大都附有本学科的"大事年表"。

《中国大百科全书》（第 2 版）（32 卷）于 2009 年出版，收条目近 16 万，覆盖超过 80 个学科，100 万个知识点，2 亿文字量，10 余万幅图片，根据国际惯例按音序排列。《中国大百科全书》（第 3 版）是数字化时代的新型百科全书，是基于信息化技术和互联网，进行知识生产、分发和传播的国家大型公共知识服务平台。

中国大百科全书数据库（微信版）首页包含"历史今日""分类""人物""国家馆""大事记""图片""高级检索"等功能模块。"历史今日"呈现历史上的今天发生的大事；"分类"展示的是大百科全书全部词条的分类内容；"人物"展示中国科学院、工程院院士以及获得诺贝尔奖的学者；"国家馆"展示国家和地区，按首字母和洲别筛选资料；"大事记"展示各个领域的历史大事进程；"图片"展示大百科全书的精美图片，进入对应的词条；"高级检索"提供按标题、全文、作者、图片及任意词等途径检索《中国大百科全书》第 1 版、第 2 版中的相关内容。

(2)《中国医学百科全书》，上海科学技术出版社 1980—1991 年出版。

该书是一部全面系统、方便实用的医学参考工具书。全书按基础医学、祖国医学、预防医学、临床医学和特种医学等方面，分 93 卷，按分支学科分卷出版，共 4000 万字。全书以疾病防治为主体，全面而精确地概述中西医的重要内容和最新成就，书末附词条笔画索引、汉英及英汉名词对照表。

（3）《广东百科全书》（第二版），《广东百科全书》编委会编著，中国大百科全书出版社 2008 年出版。

该书在旧版《广东百科全书》（1995）的基础上编纂而成。总体框架沿袭百科全书的知识结构体系，以广东自然地理概貌为空间维度，以广东历史沿革为时间经度，以各个分篇展现广东自然景观、人文历史和经济建设、政治建设、文化建设、社会建设的新发展和新成就。本书分上、下两卷，包括概观文章"广东"和 24 个分篇，2999 个条目，260 多万字，2721 幅图片，57 幅地图，书后附有条目汉字笔画索引和按汉语拼音顺序编排的内容索引。

该书是一部地方性百科全书，全景式地反映了广东改革开放的伟大进程和整体风貌。

三、类书、政书

（1）《永乐大典》，（明）解缙等纂，中华书局 1998 年重印出版，共 10 册。

该书是我国历史上最大的类书。它是明成祖永乐年间命解缙等人编成的。解缙等从永乐元年开始，花了一年多的时间编完初稿，定名为《文献大成》，至永乐三年，在《文献大成》的基础上，又大规模进行补充，扩大收录各类图书七八千种，编成 22877 卷，凡例、目录 60 卷，定名为《永乐大典》，到永乐六年才全部完成，共 11095 册。今辑佚共存 800 卷，《永乐大典》的残存本分散于世界各地，1960 年以来，中华书局、世界书局曾影印出版，中华书局 1998 年重印本是目前搜集最为齐全的永乐大典影印本。书后附有永乐大典目录。

该书的收录时间从远古至明朝初年，内容广泛，几乎涵盖天文、地理、经书、史籍、工程、僧道、技艺、宗教、文学等一切科目，按韵目编排。在事物名词之下摘录有关图书资料，但它不像其他类书只录一句或一个片段，有的甚至是把整部书也抄录下来。该书保存了大量已经失传的文献资料和很多戏曲、小说等民间著作，是一部很有价值的工具书。

（2）《古今图书集成》，（清）陈梦雷等原编，蒋廷锡等重辑，中华书局 1934 年影印出版。

该书是现存中国古代类书中规模最大、资料最丰富的一部书。全书共 1 万卷，一级类目分为历象、方舆、明伦、博物、理学、经济等六个汇编，汇编之下再分 32 典，6109 部。部是该书最基本的单位，每部下设汇考、总论、列传、艺文、选句、纪事、杂录、外编等项目。其中汇考即为记大事，引古书考证事物沿革损益的源流；总论主要收录经史子集各类古籍中关于该事物的论述；列传是从各书辑录人物传记资料；艺文收录涉及该事物的词藻（包括诗、文、词赋等）；选句是摘录有关该事物的对偶词句；纪事是补充汇考，罗列琐细小事；杂录收那些难以归入上述诸项的资料；外编收各种荒唐无稽的记述，多为神话传说。另外，有些需要绘图列表说明的部类，还有图、表两项，主要是绘制该事物的图表。所有引用的资料，均详细注明出处。类书以类聚事的特点在《古今图书集成》中贯彻得比较彻底。

目前国内还没有编出与《古今图书集成》配合使用的高质量索引,故从《古今图书集成》中查考资料,主要是从书前所附目录入手。

(3)《佩文韵府》,(清)张玉书等撰,上海古籍书店1983年影印本。

该书是清康熙帝玄烨命张玉书等人编纂的,"佩文"是玄烨的书斋名。《佩文韵府》成书于康熙五十年(公元1711年),是一部专供查找文章典故和韵藻丽句用的大型专门性类书兼韵书。全书444卷,按《平水韵》106韵分部编排。

书中所列每字先注音、释义,按词语的尾字分韵排列,韵字之下排韵藻,韵藻之下征引诗文,并按经、史、子、集顺序列出书证或典故,注明作者,最后列二三字的对仗(称为"对语")和包括此字的诗句(称为"摘句")。此书按韵排列,今人查找不便,须通过《辞源》《辞海》,先查出词尾字的韵部,然后按韵检索,值得注意的是,词藻一般在句尾,也有在中间的或跳字的,但没有在句首的。

(4)"十通"和《十通索引》。

"十通"是"三通典""三通志""四通考"的合称,是查考历代典章制度、史实的政书。它卷帙浩繁,体系庞大,内容丰富,其基本情况如表3-1所列。

表3-1 "十通"一览表

书名	卷数	著者	记载典制史实时代	内容
通典	200	(唐)杜佑	上古至唐天宝末年	分八门
续通典	150	清代乾隆年间官修	唐肃宗至明末	同上
清朝通典	100	清代乾隆年间官修	清初至乾隆	同上
通志	200	(宋)郑樵	二十略自上古至唐,记传及谱自三皇至隋	有本纪、世家、年谱、列传及二十略
续通志	640	清代乾隆年间官修	二十略自五代至明末,记传自唐初至元末	同上(缺世家与年谱)
清朝通志	126	清代乾隆年间官修	清初至乾隆	同上(缺本纪、世家、年谱、列传)
文献通考	348	(元)马端临	上古至宋光宗	分二十四考
续文献通考	250	清代乾隆年间官修	宋宁宗至明庄烈帝	同上(分郊社考为郊祀、群祀;分宗庙考为宗庙、群庙)
清朝文献通考	300	清代乾隆年间官修	清初至乾隆五十年	同上
清朝续文献通考	400	(清)刘锦藻	乾隆五十一年至宣统三年	同上(增外交、邮传、实业、宪政四考)

《十通索引》，商务印书馆 1937 年编辑出版。该书可供查"十通"中的各种资料，索引分两部分：四角号码索引和分类索引。

（5）《唐会要》，（宋）王溥撰，中华书局 1955 年重排出版。

"会要"是将一个朝代的典章制度集中在一起，扼要地加以叙述。其内容性质和"十通"的"典""志""考"相近。

《唐会要》是我国现存最早的一部会要，记录唐代政治、经济、文化等各种制度的沿革和变迁。全书 100 卷，514 目，目下分条记载史实，附有杂录。王溥距唐代时间比较近，引证的材料较为翔实，书中保存了新、旧《唐书》所未载的一些史料，是各朝"会要"中比较有价值的重要著作。

四、年鉴、手册

（1）《中国百科年鉴》，中国大百科全书出版社编辑出版。

该年鉴创始于 1980 年，每年出版一本。主要反映上一年国内外重大事件和各个学科的新情况、新成果和新资料。全书分"特载""概况""百科""附录"等几个部分。"特载"主要刊登党政领导人的重要讲话和文件；"概况"主要反映中国和国际概况；"百科"按政治、军事、哲学、文学、工业、农业、贸易等分类；"附录"有大事年表、大事录和纪念日等。书末附有索引，按汉语拼音字母顺序排列，便于针对某一问题检索有关资料。

该年鉴主要是为已经出版的《中国大百科全书》各卷册补充未及收录的资料和反映的问题，为《中国大百科全书》的修订积累、提供资料。

（2）《中国统计年鉴》，国家统计局编，中国统计出版社出版。

该年鉴创始于 1982 年，全面提供我国国民经济和社会发展的统计资料，涉及的范围包括综合、人口和劳动力、农业、工业、运输和邮电、固定资产投资和建筑业、商业、对外贸易和旅游、财政金融、物价、人民生活、教育科学、文化、体育卫生等各个方面。其中不仅有整个国民经济发展的综合性统计资料，而且有经济各部门、社会生活各方面、全国各省区及重点领域的统计资料。书后附有"台湾主要经济指标""我国主要经济和社会指标同国外比较""主要统计指标解释"等。

（3）《中国出版年鉴》，中国出版工作者协会编，商务印书馆 1980 年起逐年出版。

该年鉴主要包括特辑、优秀作品评奖、纪事、概况、名录、出版文件选编、图书评价、新书简目、出版统计等部分，按分类编排。可查找我国图书和报刊编辑、出版、发行工作的基本情况和统计数据，1982 年起书末附有条目汉语拼音索引。

（4）《普通话正音手册》，徐世荣编著，1980 年文字改革出版社出版。

本手册供学习普通话标准音、纠正发音之用。全书共有四个字表：声序字表、韵序字表、辨音字表、入声字表。前两个字表是总表，包括 4000 多字。使用该书时，可以用总表检索，查出自己需要正音的是哪些字。辨音字表选择各方言地区的人学习标准音比较重要的难点，它分为 6 个部分。入声字表包括常用字中的入声字 600 多个。

五、书目、索引

（1）《四库全书总目》，（清）永瑢、纪昀等撰，中华书局 1981 年影印出版。《四库全书》是清朝组织纂修的一部大型丛书，它收集了从上古到乾隆以前的古籍3461种，共79309卷，按经、史、子、集四部分类法编排，在纂修《四库全书》过程中，由各专门学者给每种书分别撰写提要，介绍作者生平、全书概况和评论，再由纪昀汇集并修改核定，对收进《四库全书》的书籍和一些"无碍"而未毁但未收进《四库全书》的书籍，均分别编写提要，汇编成《四库全书总目提要》（1965年中华书局影印出版时，改名为《四库全书总目》）。

《四库全书总目》200卷，著录书籍10254种，172860卷，其中包括上述那些未毁而未收进《四库全书》的书籍6793种，93551卷，附于每类之后，谓之"存目"。

该书目按经、史、子、集四部44类67个子目分类排列，每部、类前有大、小序，扼要说明该类书籍的学术源流，子目后有案语，说明分这一类目的理由。该书是解题式书目的代表作，清乾隆以前的古籍图书，一般都能从这部目录中查到。书末有"书名及著者姓名索引"，按四角号码排列。

此外，纪昀等人编修的《四库全书简明目录》是《四库全书总目》的缩本，它对《四库全书总目》的提要作了删减，不收"存目"，篇幅较小，易于检索。

（2）《中国丛书综录》，上海图书馆编，中华书局1959年出版，上海古籍出版社1982年再版。

该书收录全国41个图书馆收藏的古代丛书2797种，包括古籍38891种，约占我国全部古籍的五分之二，是我国一部大型综合性丛书目录。全书分三册。第一册是"总目分类目录"，包括"汇编"和"类编"两部分，并附"全国主要图书馆收藏情况表"和"丛书书名索引"。第二册是"子目分类目录"，该册在每种子书名下著录卷数、作者和收入何种丛书。第一册和第二册均按四部分类法编排。第三册是"子目索引"，包括"著者索引"和"书名索引"，按四角号码排列，该册是查找第二册用的索引。

该书目主要解决某作者有哪些著作、版本，这些著作被收入哪些丛书，这些丛书主要收藏在全国哪些图书馆等问题。

（3）《全国总书目》和《全国新书目》，国家出版事业管理局版本图书馆编，中华书局出版。

这两本书目是根据新书呈缴制度，各出版单位向国家版本图书馆缴送的样本登记著录编成，是查找新中国成立后出版图书的主要工具。两种书目均按分类编排，先后采用过《人大法》《中小型法》和自编分类法，1972年以来，参照《中图法》组织分类目录，著录项目有书名、作者、出版地、出版者、出版时间、页数、开本、定价等，分为分类目录和专门目录两个部分，附有每年的全国报纸期刊目录。

《全国总书目》是逐年出版反映当年出版图书报刊的国家登记书目，1949年开始出版，1970年后基本上每年出版一本。

《全国新书目》1950年开始出版，初为季刊，后改为双月刊，1972年后改为月刊，是查找国内出版的最新图书的主要工具。

（4）《全国报刊索引》，上海图书馆编辑出版，月刊，1955年创刊。

其前身为《全国主要报刊资料索引》，1966年曾停刊，1973年复刊后改为现名。该书主要收录国内公开发行的全国性、专业性及部分地方性报刊上的资料篇目，对某些内部学术刊物的资料也酌情收录，共 4000 余种。从 1980 年起，该索引分"哲社版"和"科技版"两册发行。报刊资料按《中图法》大纲自编的"全国报刊资料分类表"21 大类排列，以题录形式作报道。在期刊全文数据库问世之前，本索引是查找国内报刊资料的重要工具。

(5)《复印报刊资料索引》，中国人民大学书报资料中心编辑出版。

该索引属于专题索引，是按年度反映该社出版发行的《复印报刊资料》所复印的文科重要论文，也有部分科学技术方面的重要论文，资料来源于学报、专业杂志和各种报纸。著录项目有篇名、作者、原载报刊、《复印报刊资料》出处等，按分类编排，仿照《中图法》分为 77 个专题，每个专题之下详分类目。根据学科、专题性质及条目数量，以不同分册出版。在期刊全文数据库问世之前，该索引是查找专题报刊资料的必备工具。

六、表谱、图录

(1)《中国历史纪年表》，方诗铭编，上海辞书出版社 1980 年出版。

该书是《辞海》（1979 年版）所附"中国历史纪年表"的单行本。出版时增编了"年号索引"。该书所记时限为公元前 841 年至 1949 年中华人民共和国成立，按时代划分为 15 个纪年表，分栏列出公元纪年、干支年号纪年。

(2)《中国历史大事年表》，沈起炜编著，上海辞书出版社 1983 年出版。

该书收录上起远古时代，下至 1949 年的史事，分古代史卷、近代史卷、现代史卷三卷出版。它包括政治、军事、经济、文化及著名历史人物等方面的资料，以年为单位，采用编年体和纪事体相结合的形式，间或采用分月纪事。重大事件及人物生卒年有异说者，酌另注释。《中国历史大事年表》是查找历史大事的重要工具书。

(3)《新编中国三千年历日检索表》，徐锡祺编，人民教育出版社 1992 年出版。

这是迄今最为完备的一种历表。该表包括历日检索表、列国纪念表、参考资料及年号索引等部分。主表以朔闰形式，反映出公元前 1500 年至公元 2050 年间阳历、阴历与阴阳历的历日对照。书中还配有各种用途的附表，如"干支""生肖""岁星互检表""世界纪元表""年的干支与相应的纪月干支表""检星期表""韵目代日表""中国古代杂节"等。该表对于学习中国史和世界各国史，以及研究其他专业的历史，均有重要的参考价值。

(4)《中国历史地图集》（1~8 集），中国历史地图编辑组编，中华地图学社 1974 年起分册出版。

该书是一部较为系统和精密的中国历史地图集。它反映了 1840 年以前我国各时期的政区设置和部族分布的基本概貌。图中重要地名采用古今对照的表示方法。

全书按历史朝代分八册，每册图集均附有地名索引，索引只收古地名、古山名、古河名等，据此可查出今地名、今山名和河名及其位置。每册后有"地名首字笔画检字表"，以便读者查检。

(5)《中华人民共和国地图集》（缩印本），地图出版社 1984 年编制出版。

该书是根据地图出版社 1979 年编制出版的《中华人民共和国地图集》八开本缩制而成的。本图集由专题图、省（区）图、城市图三个图组及文字说明组成，其中 30 幅专题图，系统地介绍我国是一个历史悠久、地广人众、资源丰富的国家；31幅省（区）图，详细标识自然要素和社会经济要素；14幅城市图，包括42个城市，有各省（区）行政中心、主要大城市和著名的风景旅游胜地。文字说明约10万字，并插有统计图表。书后附"1983年全国县级以上行政区划变动表"。

第四节 常用外文工具书

一、百科全书

《不列颠百科全书》（Encyclopedia Britannica，简称EB），不列颠百科全书公司出版。

该书又称《大英百科全书》，被认为是当今世界上最知名、最权威的百科全书，是英语世界俗称的ABC百科全书（又称世界三大百科全书，即《美国百科全书》《不列颠百科全书》《科利尔百科全书》）之一。第一版于1768—1771年创始于苏格兰爱丁堡，自1941年开始版权归美国芝加哥大学所有。

《不列颠百科全书》由世界各国、各学术领域的著名专家学者（包括众多诺贝尔奖得主）为其撰写条目。该书囊括了对人类知识各重要学科的详尽介绍和对历史及当代重要人物、事件的翔实叙述，其学术性和权威性为世人所公认。

该书第15版于1974年问世，共30卷，分3部分：百科类目、百科简编及百科详编。1985年增至32卷，分为4部分：《索引》2卷；《百科类目》1卷，是全书知识分类目录；《百科简编》12卷，有短条目80000余条；《百科详编》17卷，有长条目670余条，系统地介绍各学科知识、重要人物、历史、地理等。

为了方便今后每年修订，20世纪70年代中期，第15版百科全书把内容全部制作成了电子版。1989年不列颠百科全书公司出版了第一个多媒体百科——Compton's Multimedia Encyclopedia。1994年，又推出大英百科全书网络版（Encyclopedia Britannica Online），成为网络上的第一部百科全书。《不列颠百科全书》网络版还收录了最新修订和大量印刷版中没有的文字，可检索词条100000余条，还收录了24000余幅图例、2600余幅地图、1400余段多媒体动画音像等丰富内容。

二、索引

(1) 美国《工程索引》（The Engineering Index，简称EI），1884年创刊，美国工程信息公司编辑出版。

《工程索引》名为索引，实际是一种文摘性检索工具。它是工程技术领域的综合检索工具，报道美国工程信息学会图书馆收藏的工程技术文献，包括近50个国家15种文字的工程出版物约3500种，主要是期刊及各种类型的文献，但不包括专利文献。《工程索引》年文献报道量有10万余条，每年同时出版年刊（1960年创刊）和磁带（1969年创刊）等五种形式。

《工程索引》由文摘正文、检索途径和附录等部分组成,检索途径的主题途径、著者途径和著者工作单位途径分别按工程主题词表、著者索引和著者工作单位编列,用于检索文摘正文。该索引附有"工程出版物索引"和"馆藏目录或联合目录",可通过目录指向原始文献。

(2) 美国《科学引文索引》(Science Citation Index,简称 SCI),1961 年创刊,美国科学情报研究所编辑出版。

SCI 是一种综合性题录检索工具。创刊之初,不定期出版,后改为季刊,1979 年后改为双月刊,年终出版累积本。所收文献来源于 41 个国家的近 4000 种出版物,文献主要涉及数学、物理、化学、农学、林学、医学及生物学等学科领域,其中物理、化学和生物科学比重较大。SCI 收录的文献类型包括图书、期刊、科技报告、会议论文和专利文献等。

SCI 由引文索引、来源索引、团体索引等部分组成。引文索引分为被引著者和引用著者,来源索引按刊名缩写编列,团体索引按机构名称、关键词分列。

三、文摘

(1) 美国《化学文摘》(Chemical Abstracts,简称 CA),1907 年创刊,美国化学学会化学文摘社(Chemical Abstracts Service,CAS)编辑出版。

《化学文摘》是一种化学化工专业性文摘。1969 年美国《化学文摘》兼并了德国《化学文摘》,报道世界各国有关化学化工方面的文摘达 98% 以上,收录 136 个国家、用 56 种文字出版的 14000 种期刊及 26 个国家的专利文摘,还有学术报告、专著、会议录、论文集、学位论文和图书等。《化学文摘》为周刊,每年出两卷,每卷 26 期。

《化学文摘》由文摘正文、索引指南和附表等部分组成,索引指南分化学物质和一般普通主题,提供化学物质索引、普通主题索引、关键词索引、著者索引、专利索引等途径检索文摘内容,同时附有 CAS 来源索引和馆藏目录或联合目录,通过目录指向原始文献。

《化学文摘》的主要作用是便于读者正确、快速地找到所需的化学文献,不仅在化学化工领域,而且在冶金学、医学、物理学、生物学等领域都是一种十分有用的工具。

(2) 英国《科学文摘》(Science Abstracts,简称 SA),1898 年创刊,英国电气工程师学会、英国物理学会编辑出版。

《科学文摘》是一种文摘性检索工具,主要报道物理学、电工技术、控制技术和计算机等方面的文献资料,收录 50 多个国家及各种文字出版的期刊、会议论文集、科技图书、科技报告、专利文献和学位论文等。每年一卷,各辑文摘正文按专业分类体系编排,通过主题分类表和分类目次表反映专业体系。

《科学文摘》由文摘正文、索引和附表等部分组成,索引部分有主题索引、专利索引、会议资料索引、图书索引、著者索引、团体著者索引和参考文献目录索引等,用于检索文摘正文,同时附有期刊一览表、字母音译对照表等。

思考与训练

1. 工具书的概念是什么？它有哪些类型？
2. 工具书的排检方法有哪几种？字顺法又可分为哪两种？
3. 用《辞海》《辞源》分别查查"鲁鱼帝虎"的意思是什么。
4. "苗、图、户、楼、烧、舞、辟"的四角号码分别是多少？

网络信息检索

第一节 网络信息资源与检索工具

网络信息资源（network information resources），指的是通过计算机网络可以利用的各种信息资源的总和，但并非包含所有互联网信息，而只是指其中能满足人们信息需求的那一部分。具体说来，它指的是以电子数据的形式，将文字、图像、声音、动画、视频等多种形式的信息通过网络通信技术、计算机技术或终端等方式再现出来的信息资源。网络信息资源是随着国际互联网的普及而产生的，因此它实际上是指通过国际互联网可以利用的各种信息资源。

一、网络信息资源的特点

1. 数量庞大，分布分散

互联网是一个开放的平台，网络信息资源分布在互联网不同地域、不同行业的主机上，每个网民都可以是信息的发布者，人们参与信息交流的成本低，更多的人可以参与到信息的发表、修改和评价中，因此网络信息资源呈现爆炸性增长趋势。同时，信息获取途径的多样化使网络信息资源分布表现出分散性的特征。

2. 内容丰富，形式多样

网络信息资源极其丰富，包罗万象，涵盖几乎所有专业领域，形成了一个无穷无尽的信息海洋。计算机技术的发展，使得网络信息资源的呈现形式具有多样性，包括文本、图像、音频、视频等，为用户提供了更生动的信息资源。

3. 动态性和不稳定性

网络信息资源的地址、链接及内容本身处于经常变动之中，使得信息资源的更迭、消亡无法预测，因此网络信息资源的状态是不稳定的，网络信息随时处于增长和变化之中。新的信息不断出现，旧的信息或消失，或失效，或更改，使网络信息呈现动态性和不稳定性。

4. 信息的共享性和检索的便捷性

网络环境下，时间和空间范围得到最大程度的延伸和扩展，网络上的信息不再受时空限制，用户只要将自己的电脑连入网络，就可以在家里或办公室通过网络同时访问多个分布式信息源，对世界各地网络资源进行检索、查询和利用。以各类搜索引擎为代表的检索工具提供了多途径的检索方式，能够满足对网络上呈几何级数增长的信息进行快速检索的需要。

二、网络信息资源的类型

网络信息资源的类型多种多样，依据不同的分类标准，可将其划分为不同的类型。据相关研究，网络信息资源可以从十几个角度进行划分，如载体形态、传播范围、采用的网络传输协议、存取方式、媒体形式、信息内容的表现形式和用途、文献类型、人类信息交流方式、提供信息的机构、信息加工层次、文件组织形式、来源、内容等。从人类信息交流方式的角度，网络信息资源可以分为正式出版信息、半正式出版信息和非正式出版信息三大类。

1. 正式出版信息

正式出版信息指受到一定的产权保护、信息质量可靠、利用率较高的知识性和分析性信息，如各种网络数据库、电子杂志、电子图书、电子报纸和图书馆目录等。

2. 半正式出版信息

半正式出版信息又称"灰色"信息，是指受到一定产权保护但没有被纳入正式出版信息系统中的信息，如各种学术团体和教育机构、企业和商业部门、国际组织和政府机构、行业协会等单位介绍宣传自己或其产品的描述性信息。其中，政府信息是重要的网络信息资源，尤其是在人文社会科学领域，网络政府信息的多寡已被视为一个国家民主程度的表征之一。

一些组织机构，包括学会协会、高等院校、研究机构、管理机构等，也是半正式出版信息的集散地。

3. 非正式出版信息

非正式出版信息是指流动性和随意性较强、信息量大、信息质量难以保证和控制的动态性信息，如电子邮件、专题讨论小组和论坛、电子学术会议、电子布告板新闻等工具上的信息。

此外，按信息内容的范围，可将网络信息资源划分为学术信息、教育信息、政府信息、文化信息、娱乐信息等；按网络信息的知识单元组织形式，可将网络信息资源划分为结构化数据资源（如各类数据库）和非结构化数据资源（如各类自由文本式文件）；按开发主体，可将网络信息资源划分为科研所资源、学校站点资源、政府机构站点资源、企业公司站点资源、服务机构站点资源等。

三、网络检索工具

互联网技术的广泛应用，使得世界范围内的信息资源交流、共享成为可能，同时对传统的信息组织、检索和获取形成了极大的挑战。一方面，互联网为人们提供了一个更为广阔的资源检索空间；另一方面，无规可循、缺乏统一组织的网络信息资源没有统一的组织控制和质量审核，使得上网用户面对大量无序、优劣混杂的信息资源感到困惑和茫然，有人戏称这是"因特网信息检索定律"，即在因特网上总能找到（甚至只能找到）不需要的信息。因此，网络信息资源的有序组织和科学整理十分必要，只有使那些经过筛选、加工和组织整理的网络信息资源被用户准确、及时、有效地找到，才能保证用户有效获取与自身信息需求相关的信息。

网络检索工具是指将互联网上大量分散无序的信息经过搜集、加工和整理，按照一定的规则和方法进行组织和系统排列，以提供信息检索服务的计算机系统。当前，除了基于文件名和目录名检索的 Archie、基于关键词检索的 WAIS、基于菜单检索的 Gopher 外，最主要且最常用的网络信息检索工具是基于超文本的搜索引擎（search engine）。搜索引擎可以是一个独立的网站，也可以是附属在其他类型网站或主页上的一个搜索工具。

网络检索工具按不同的分类标准，有多种不同的类别。按索引方式，可以划分为目录型检索工具和索引型检索工具；按检索时搜索的检索工具数量，可以划分为独立型检索工具和集合型检索工具；按检索内容，可以划分为综合型、专题型和特殊型检索工具。

（1）目录型检索工具——网络资源目录。

网络资源目录又称网站目录、分类站点目录、专题目录或主题指南、站点导航系统、主题词典型检索工具等。它是一种将网络资源搜集后，按某种分类法进行组织整理，并和检索法集成在一起的信息检索方式。这也是一种独立型检索工具，网站自身包含可检索的数据库。

网络资源目录的原理是以某种分类体系为依据，采用人工方式采集网络信息资源，然后将其分为若干领域的主体范畴，最后细分为各学科专题目录。一个网络资源目录包括许多层，第一层是总目录，将网络资源分成若干领域的主题范畴，然后链接到第二层专题目录，再链接到第三层子目录，依次而下，直至具体的信息资源，形成一个由信息链组成的树状结构。

网络资源目录的优点是所收录资源经过人工鉴选和组织，减少了检索中的噪音，提高了检索的准确性。其缺点是数据库的规模相对较小，新颖性不强，会有"死链接"（dead link）。用户在使用时要熟悉其分类体系，比较适合用它查找综合性、概括性的主题概念，或对检索准确度要求较高的课题。

有代表性的目录型检索工具有 Yahoo 分类目录检索、开放目录项目（Open Directory Project，简称 ODP）。

(2) 索引型检索工具——搜索引擎。

搜索引擎是指根据一定的策略，运用特定的计算机程序从互联网上搜集信息，在对信息进行组织和处理后，为用户提供检索服务，将用户检索相关的信息展示给用户的系统。

搜索引擎并不真正搜索互联网，它搜索的实际上是预先整理好的网络索引数据库。比较好的搜索引擎一般收集了互联网上几亿到几十亿个网页信息，并对网页信息中的每个关键字进行索引，建立索引数据库的全文搜索引擎。当用户查找某个关键词的时候，所有在页面内容中包含了该关键词的网页都将作为搜索结果被搜出来，通过复杂的算法进行排序后，这些结果将按照与搜索关键词的相关度高低依次排列。

搜索引擎通常包含三个功能模块：抓取网页、建立索引数据文档和提供检索服务。

(3) 独立型检索工具。

独立型检索工具是通过自身的采集标引机制、信息组织机制和信息检索机制，并借助检索代理软件为用户提供检索服务。其最主要的特点是拥有独立的网络信息资源采集系统和相应的数据库。

(4) 集合型检索工具——元搜索引擎。

元搜索引擎又称集合式搜索引擎、索引式搜索引擎。它将多个搜索引擎集成在一起，并提供一个统一的检索界面。当用户发出检索请求后，通过重定向可以在多个单一搜索引擎中查询，对查询结果进行处理（归并、删除重复、校验连接、按相关度排列结果），然后返还给用户。换言之，这是一种"引擎的引擎"或"引擎指南"，使用户能在更广泛的范围内，更方便、快捷地进行检索。这类搜索引擎的代表是 WebCrawler、InfoMarket 等。

元搜索引擎可分为搜索引擎目录和多元搜索引擎。

搜索引擎目录是一种采用关键词检索、非独立型检索工具。它把主要的搜索引擎集中在一起，并按类型或检索问题编排组织成目录，帮助用户根据需要来选择适合的搜索引擎。搜索引擎目录集中罗列检索工具，使用户能方便地选择相应的工具进行检索，检索的还是某一搜索引擎的数据库，与普通单一搜索引擎的检索是一样的。常用的搜索引擎目录有 ALL-in-One、iTools、悠游、北极星等。

多元搜索引擎是一种采用关键词检索的非独立型检索工具。多元搜索引擎将多个搜索引擎集成在一起，提供一个统一的检索界面，并将一个检索提问同时发给多个搜索引擎，同时检索多个数据库。用户输入检索式后，检索工具将检索式同时传送到几个搜索引擎，再将检索结果统一汇集整理后提交给用户。比较有代表性的元搜索引擎有 Dogpile、MetaCrawler、Search.com、万纬搜索。

(5) 综合型检索工具。

综合型检索工具的资源包罗万象，检索工具在采集标引网上信息资源时不限制资源的主题范围和数据类型，人们可利用它们检索几乎任何方面的资源。代表性的综合型检索工具有 AltaVista、Excite、Yahoo! 等。

(6) 专题型检索工具。

专题型检索工具是专门用于检索某一主题范围的信息资源，专注于某一领域的信息，并用更为详细和专业的方法对信息资源进行标引描述，并且在检索机制中设计利用与该专业领域密切相关的方法技术。如 EEL（Engineering Electronic Library）、医学专业检索工具 Healthatoz、Medical World Search 等。

（7）特殊型检索工具。

特殊型检索工具是用来检索某些类型或数据的检索工具。如查询地图的 MapBlast、查询图像的 WebSEEK、检索 FTP 文件的 Archie、检索新闻组的 DeJaNews 等。

第二节 网络信息目录

网络信息目录（web directory）是目录型网络检索工具（subject directory catalogue），一般称为网络目录，又称专题目录或主题指南、站点导航系统等。网络信息目录虽然具备搜索功能，但它提供的是按相关标准和原则（比如学科体系）划分的互联网站点目录和列表，由网站工作人员在广泛搜集网络资源，并在人工加工、整理的基础上，按照某种主题分类体系编制的一种可供检索的等级结构式目录。用户可以不用关键词检索，而是通过逐层浏览目录，逐步细化来寻找合适的类别，直至找到具体的符合查询需要的信息资源。目录型网络检索工具在每个目录分类下提供相应的网络资源站点地址，使网络用户能通过该目录体系的引导，查找有关的网络信息。信息目录只搜集站点信息，并不包含其中网页的内容，因此无法反映站点内容的动态变化。目录的用户界面基本上都是分级结构，首页提供了十几个大类的入口。用户可以一级一级地向下访问，直至找到自己感兴趣的类别，也可以直接输入关键词查找相关的站点。

一、网络信息目录的工作原理

网络信息目录一般采用人工方式采集和存储网络信息。首先由网络人员对网站进行广泛调查、搜集、分类、存储和组织，由专业人员手动建立关键字索引，然后将索引信息存入相应的数据库，其建库和检索界面的过程与搜索引擎类似。网络信息目录将搜索到的信息资源按主题分成若干大类，每个大类下面分设二级类目、三级类目等，一些搜索引擎可细分到十几级类目。这类搜索引擎往往还伴有网站查询功能，也称为网站检索。当网络信息目录遇到一个网站时，首先将该网站划分到某个分类下，再记录一些摘要信息，对该网站进行概述性的简要介绍。用户提出搜索要求时，搜索引擎只在网站的简介中搜索。

二、常用的网络信息目录介绍

1. 搜狐

搜狐（http：//www.sohu.com）是爱特信公司于 1998 年 2 月推出的我国首家大型目录型中文搜索引擎。搜狐采用人工分类技术，分类编辑时充分考虑用户的查询习惯，能够检索各种网络资源，尤其是中文资源。搜狐网页提供 18 个大类，用户可以直接通过搜狐网站主页上的分类目录和关键词搜索方法查找信息,也可以点击主页(见图 4-1)中的"搜索引擎"进入"分类搜索"页面,进行目录导航检索和关键词检索。

图 4-1 搜狐网主页

2. 新浪

新浪(https://www.sina.com.cn/)是全球最大的中文搜索引擎之一,网站收录资源丰富,分类目录规范细致,遵循中文用户的习惯,建立独立的目录索引,提供 18 个大类,10000 多个子目。其主页如图 4-2 所示。

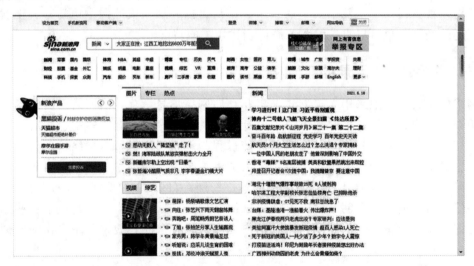

图 4-2 新浪网主页

第三节 搜索引擎

计算机技术、网络技术、科技信息技术和通信技术的飞速发展,以及网络信息资源数量的快速增长和资源类型、质量的变化,催生了检索网络信息资源的工具——搜索引擎。据有关资料统计，国外约有 85% 的用户使用搜索引擎查找信息。搜索引擎是美国的第二大网络应用，使用率已经高达 91%。2008 年 7 月，中国互联网络信息中心（CNNIC）发布的《第 22 次中国互联网络发展状况统计报告》统计结果表明，搜索引擎是网民在互联网中获取所需信息的重要工具，是互联网中的基础应用，当前搜索引擎的使用率为 69.2%，为中国第五大网络应用。2008 年上半年，搜索引擎用户增长了 2304 万人，半年增长率达到 15.5%，搜索引擎用户数量持续增长。2021 年 2 月，《第 47 次中国互联网络发展状况统计报告》发现，2020 年 3 月和 2020 年 12 月，搜索引擎的网民使用率占比分别为 83% 和 77.8%，仅次于基础应用类应用的即时通信，排在第二位，搜索引擎使用人数分别为 75015 万人和 76977 万人。从主题指南、独立型搜索引擎、元搜索引擎发展到可视化搜索引擎和分布式搜索引擎，从网页搜索、全文搜索、文件搜索、引文搜索、图书搜索、图像搜索发展到基于三维结构的图像搜索，搜索引擎发生了深刻的变化。它正在成为网络信息组织和资源重组的重要方式，也是用户获取和利用网上丰富信息资源的重要途径。

一、搜索引擎的含义

搜索引擎是互联网上专门提供查询服务的一类网站。它通过网络自动索引软件或网络登录等方式，将互联网上大量网站的页面收集到本地，通过对这些信息进行分类、建立索引，将索引的内容建库，从而能够对用户提出的各种查询做出响应，为用户提供其所需的信息。它是伴随网络而出现的检索网上信息资源的新工具，实质上是一种网页、网址检索系统，具有查询方便、检索面广、信息量大、更新速度快、检索专指性强等特点。

二、搜索引擎的发展历程

（1）第一代。第一代搜索引擎主要依靠人工分拣的分类目录搜索，搜索结果的好坏往往用反馈结果的数量来衡量，也就是说，第一代搜索引擎"求全"。第一代搜索引擎的代表为 Lycos，它服务于全球 43 个国家、25 种语言，是目前最大的西班牙语门户网络，同时还是西班牙和拉美最大的接入服务提供商。

（2）第二代。第二代搜索引擎出现于 1998 年，以超链接分析为基础的机器抓取技术（爬虫技术）为基础。这些引擎的主要特点是提高了查准率，可以用"求精"来描述。代表为 Google，它于 1998 年 9 月 7 日以私有股份公司的形式创立，被公认为是目前全球规模最大的搜索引擎，它提供了简单易用的免费服务。2006 年 4 月 Google 进入中国，"不作恶（Don't be evil）"是 Google 的一项非正式的公司口号。2010 年 3 月，Google 退出中国内地，搜索定向至 com.hk，通过其在香港的服务器实现未经内地审查过滤的搜索引擎服务。

（3）第三代。第三代搜索引擎出现于 2007 年，具有互动式搜索、分类导航、查询精确等相关功能。在用户输入一个查询词时，它会尝试理解用户可能的查询意图，给予多个主题的搜索提示，引导用户更快速、准确地定位自己所关注的内容，其特点可以用"求专"来描述。这类搜索引擎很多，如百度、搜狗、有道等。

（4）第四代。第四代搜索引擎把个性化信息及人际推荐关系叠加到链接分析上，大大改善了搜索结果排序效果；同时，跨媒体搜索将实现诸如支持使用图片等功能，打通文字、图片、视频、声音的界限，颠覆现在全部基于关键字的搜索方法，为用户带来更加直观的搜索体验，其特点可以用"求易"来描述。

三、搜索引擎的工作原理

搜索引擎是由一个被称为"蜘蛛"的机器人程序以某种策略自动地在互联网中发现、搜集网页信息；然后由索引器对信息进行理解、提取、组织和处理，建立索引库；再由检索器根据用户输入的查询关键字，在索引库中快速检出文档，通过扫描每一篇文章中的每一个词，建立以词为单位的排序文件。检索程序根据检索词在每一篇文章中出现的频率和每一个检索词在一篇文章中出现的概率，对包含这些检索词的文章进行排序，最后输出排序的结果，同时进行文档与查询的相关度评价，并将查询结果反馈给用户，从而起到网络导航的作用。

具体的过程如下。

（1）抓取网页。每个独立的搜索引擎都有自己的"蜘蛛"式的网页抓取程序（spider）。spider 顺着网页中的 URL，连续地捕捉其他网页。我们将被抓取的网页称为网页快照。由于互联网中超链接的应用很普遍，理论上讲，从一定范围的网页出发，就能搜集到绝大多数的网页。

（2）建立索引数据库。由分析索引系统程序对收集到的网页进行分析，提取相关网页信息（如网页的 URL、字符编码类型、页面内容包含的关键词、关键词位置、生成时间、大小、与其他网页的链接等）。其中，最重要的就是提取关键词，建立索引文件，同时要去除重复网页、判断网页类型、分析超链接、计算网页的重要度/丰富度等。根据相关算法进行大量复杂计算，得到每一个网页针对关键词的相关度（或重要性），然后用这些相关信息建立网页索引数据库。

（3）提供检索服务。搜索引擎接受用户提交的查询请求后，按照用户的要求检索索引数据库，由搜索系统程序从网页索引数据库中找到符合该关键词的所有相关网页信息。因为所有相关网页针对该关键词的相关度早已算好，所以只需按照现成的相关度数值排序，相关度越高，排名越靠前。

四、搜索引擎的分类

1. 按检索语言可分为三类

（1）关键词型搜索引擎。关键词型搜索引擎是通过用户输入的关键词来查找其所需的信息资源。这种方式不仅方便、直接，而且可以使用逻辑关系组合关键词，可以限制查找对象的地区、网络范围、数据类型、时间等，对选定条件的资源准确定位。这类搜索引擎有 Infoseek、Google、天网、百度等。

（2）分类型搜索引擎。分类型搜索引擎是把搜集到的信息资源按照一定的主题进行分门别类，建立分类目录，大目录下面包含子目录，子目录下面又包含子目录，以此类推，建立一层层具有包含关系的分类目录。用户查找信息时，逐层打开、浏览分类目录，逐步细化，就可以查到所需的信息。这类搜索引擎有雅虎、搜狐等。

（3）混合型搜索引擎。混合型搜索引擎兼有关键词型搜索引擎和分类型搜索引擎两种检索方式，既可直接输入检索词查找特定资源，又可浏览分类目录了解某个领域范围的资源。这类搜索引擎有新浪、网易等。

2. 按检索功能可分为两类

（1）目录型搜索引擎。目录型搜索引擎提供了一份按类编排的互联网网站目录，各类下面排列着属于这一类别的网站和网址链接，有的搜索引擎还提供各个网站的内容简介。其优点是能将信息系统地分门归类，便于用户清晰而方便地查找到某一大类的信息，是比较传统的信息查找方式。这类搜索引擎有 Yahoo、Open Directory Project 等。

（2）全文型搜索引擎。全文型搜索引擎提供的是互联网上各网站的每一个网页的全部内容，搜索的范围要大得多，可以直接根据文献资料的内容进行检索，真正为用户提供了对互联网上所有信息资源进行检索的手段，但没有目录型搜索引擎那样有清晰的层次结构，有时会给人一种杂乱无章的感觉。这类搜索引擎有 Google、百度等。

3. 按搜索范围可分为三类

（1）综合类搜索引擎。综合类搜索引擎即综合性的信息检索系统，利用它几乎可以检索任何方面的信息资源，但有时会出现字形相同而实际上互不相关的内容，或因检出的内容太宽泛而无法一一过目。这类搜索引擎有 Google、Yahoo、百度、新浪等。

（2）专业类搜索引擎。专业类搜索引擎是专业信息机构根据专业需求，将互联网上的资源进行筛选整理、重新组织而形成的专业性的信息检索系统。专业类搜索引擎能针对用户的特定需求来提供信息，特定用户只要登录相应的搜索引擎即可迅速、准确地找到符合要求的精准信息。因此，高质量专业类搜索引擎是学科专业领域的研究人员获取网上信息资源的重要工具，是互联网搜索引擎研究开发的方向。这类搜索引擎有 Medscape、Intute、PhysLink 等。

（3）特殊型搜索引擎。特殊型搜索引擎专门搜集特定的某一方面信息，如地图搜索引擎 mapbar、图像搜索引擎 eefind 等。

4. 按搜索方式可分为两类

（1）独立搜索引擎。独立搜索引擎也称单一搜索引擎，它在单个搜索引擎建立的数据库内进行搜索，而且必须适应各个搜索引擎的查询法与规则，查准率和查全率往往受到一定限制。这类搜索引擎有 Google、Yahoo、百度、新浪、网易等。

（2）元搜索引擎。元搜索引擎是由多个独立的搜索引擎汇集而成，它没有自己的数据，在接受用户查询请求时，可以同时调用多个搜索引擎，在其他多个引擎上进行搜索，并将结果返回给用户，从而提高搜索引擎的查询性能。这类搜索引擎有 WebCrawler、InfoMarket 等。

5. 按运营方式可划分为三类

（1）综合搜索引擎。综合搜索引擎以搜索为专业服务和主要业务来源，提供综合性信息的搜索，主要适用于社会性搜索和有明确目的的搜索，搜索对象的相关性揭示较差。这类搜索引擎有百度、Google等。

（2）门户搜索引擎。门户搜索引擎适用于门户网站应用的新闻、消息、购物、地图和饮食等生活性检索。这类搜索引擎有新浪爱问、搜狐、搜狗、有道、腾讯搜搜等。

（3）垂直搜索引擎。垂直搜索引擎是2006年后逐步兴起的一类搜索引擎。不同于通用的网页搜索引擎，垂直搜索引擎专注于特定的搜索领域和搜索需求（例如机票搜索、旅游搜索、生活搜索、小说搜索、视频搜索等），在其特定的搜索领域有更好的用户体验。相比通用搜索引擎动辄数千台检索服务器，垂直搜索引擎需要的硬件成本低，用户需求特定，查询的方式多样。

五、百度搜索

1. 简介

百度（http：//www.baidu.com）是全球最大的中文搜索引擎，2000年1月由李彦宏、徐勇两人于北京中关村创立，致力于向人们提供"简单，可依赖"的信息获取方式。百度是中国互联网用户最常用的搜索引擎，每天完成上亿次搜索；可查询数十亿中文网页。它使用了高性能的"网络蜘蛛"程序自动地在互联网中搜索信息，可定制的高扩展性的调度算法使得搜索器能在极短的时间内收集到最大数量的互联网信息。其具有智能、博大、准确、迅速、强悍、灵活六大特色，被认为是第三代中文搜索引擎核心技术的代表。百度目前提供网页搜索、MP3搜索、图片搜索、新闻搜索、百度贴吧、百度知道、搜索风云榜、硬盘搜索、百度百科等主要产品和服务，同时提供多项满足用户更多细分需求的搜索服务，如地图搜索、地区搜索、国学搜索、黄页搜索、文档搜索、邮编搜索、政府网站搜索、教育网站搜索、邮件新闻订阅、WAP贴吧、手机搜索（与Nokia合作）等服务。图4-3为其主页界面。

图4-3　百度搜索的主页界面

2. 检索功能

百度的主页界面提供了关键词检索功能和高级搜索链接，可检索新闻、网页、图片、

第四章 网络信息检索

MP3、视频等资源，检索速度快，检索到的内容相关性好。高级搜索界面支持 AND、OR、NOT 和短语检索。可对检索结果、更新时间、文档格式、关键词位置以及指定域名或网站等进行设置检索（见图 4-4）。

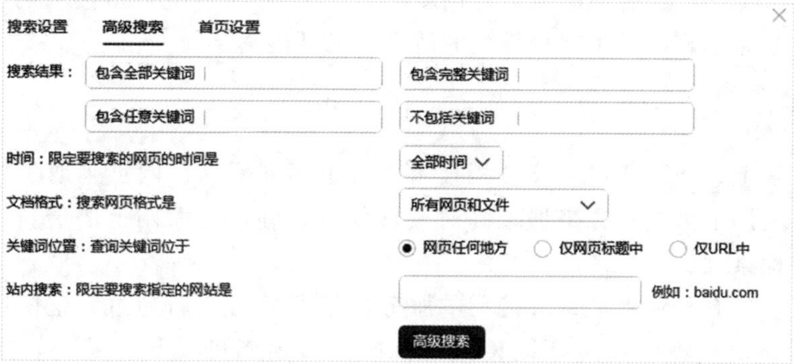

图 4-4 百度搜索的高级搜索界面

六、搜狗搜索

1. 简介

搜狗搜索（http：//www.sogou.com）是搜狐公司于 2004 年 8 月 3 日推出的全球第三代互动式中文搜索引擎，是中国领先的中文搜索引擎，致力于中文互联网信息的深度挖掘，帮助中国上亿网民加快信息获取速度，为用户创造价值。搜狗搜索以网页搜索为核心，在音乐、图片、视频、新闻、地图领域提供垂直搜索服务。图 4-5 是搜狗搜索的主页界面。

图 4-5 搜狗搜索的主页界面

搜狗网页搜索作为搜狗的核心产品，经过多年持续不断的优化改进，已凭借自主研发的服务器集群并行抓取技术，成为全球首个中文网页收录量达到 100 亿的搜索引擎（目前已达到 500 亿以上）；加上每天 5 亿网页的更新速度、独一无二的搜狗网页评级体系，确保了搜狗网页搜索在海量、及时、精准三大基本指标上的全面领先。

搜狗搜索的垂直搜索也各有特色：音乐搜索的歌曲和歌词数据覆盖率首屈一指，视频搜索为用户提供贴心的检索方式，图片搜索拥有独特的组图浏览功能，新闻搜索及时反映互联网热点事件，还有地图搜索的创新功能"路书"。这些使得搜狗的搜索产品极大地满足了用户的需求，体现了搜狗强大的研发、创新能力。

2. 特点

在抓取速度上，搜狗通过智能分析技术，对于不同网站、网页采取了差异化的抓取策略，充分地利用了带宽资源来抓取高时效性信息，确保互联网上的最新资讯能够在第一时间被用户检索到。

在网页搜索3.0平台上，每天搜狗的服务器集群并行更新超过5亿的网页。在强大的更新能力下，用户不必通过新闻搜索，就能获得最新的资讯。此外，搜狗网页搜索3.0提供"按时间排序"功能，能够帮助用户更快地找到想要的信息。搜狗网页搜索3.0搜索结果排名采用业界广泛认可的首个中文网页评级体系——搜狗网页评级体系，该评级体系依托搜狗百亿中文网页的储备，分析最全的中文互联网链接库，确保评级的客观公正。由于有了这个网页评级体系的保证，搜狗网页搜索3.0的搜索结果能够更加精准。经过人工对于随机选取的上千个查询词进行测试，搜狗在导航型和信息事务型查询的表现分别达到了94%和67%的准确度，处于业内领先水平。

3. 检索功能

搜狗主页界面默认的检索方式为网页检索，在使用关键词检索时，搜狗搜索支持输入多个词语搜索（不同字词之间用一个空格隔开）；使用双引号（""）界定短语和用连字符（-）排除不需要的词汇的方法，获得更精确的搜索结果。

七、生物医学类搜索引擎

1. 39健康网

39健康网（http://www.39.net/）是中国规模较大的健康门户网站，于2000年3月9日正式开通，是中国内容与用户最多的健康网站。它凭借在健康领域的优势地位与品牌影响力，2003年至2013年连续11年获得中国互联网协会授予的"产业健康类第一名"称号，连续11年获得艾瑞咨询集团"中国健康类网站第一名"称号。39健康网致力于以互联网为平台，整合健康资讯，传播健康理念。其丰富的健康资讯、实时更新的医院医生库与疾病库药品库等查询工具类产品、功能强大的在线咨询与论坛等交互类产品为用户带来全方位的在线健康信息服务。图4-6是39健康网的主页界面。

39健康问答频道是全国最大的健康生活在线问答平台，提供专业、及时的健康咨询服务，注册医生过万，所有问题均能在10分钟内得到解答，问题涵盖面广，包括内科、外科、妇科、男科、儿科、不孕不育、五官、整形、传染、肿瘤、心理、中医、药品、症状、美容、塑身、老人、育儿、烦恼、饮食、急救等内容。

第四章 网络信息检索

图 4-6　39 健康网的主页界面

39 健康网搜索引擎是一个功能强大的专业搜索引擎，拥有超过 12000 个健康类网址。它提供分类浏览和关键词查询功能。分类浏览目录将医学网站分为 12 个类目 32 个小类。在关键词检索时，可以使用简单关键字查询，39 健康网搜索引擎支持布尔逻辑检索（AND、OR、NOT），查询时以"&"代表 AND，以"T"代表 OR，以"!"代表 NOT。多词汇查询使用逗号分隔，如"北京，上海，深圳"表示使用者希望检索出包含这三个关键词中任一个词的所有网站。此外还可设置在检索结果中一定出现或不出现某个词。

2. 中国医药信息网

中国医药信息网（https：//www.cpi.ac.cn/）是由国家药品监督管理局主管、国家药品监督管理局信息中心主办、国家药品监督管理局有关部门协办的全国医药综合信息服务网站。它面向全国医药行业，从事各种医药技术、经济、管理和社会信息的采集、加工、存贮与发布，同时建立了科技与经济类型的数据库供联机查询。该网站的数据库和信息涵盖药品监督管理以及药品、医疗器械、药学文献、医药专利、医药进出口、医药包装以及国内国际医药经贸、科研教育、医药企业和产品等各个方面。在其主页（见图 4-7）导航菜单部分提供了国家药品监督管理局出版物的分类浏览，主要有资讯、通告公告、监督政策、数据查询、专题和化妆品专栏等。

图 4-7　中国医药信息网主页界面

中国医药信息网提供的数据查询包括研究报告和专业数据库两部分。其中，专业数据库提供了国外信息、文献信息、市场与研发、产品与企业等内容。

八、工业类搜索引擎

工业快搜（https：//search.data4industry.com/）是基于工业大数据采集、处理、语义链接技术，面向工业领域打造的工业大数据搜索引擎。数据主要来源于中云数据工业数据服务云平台（Data4Industry）——数工场积累的优质工业开放数据以及实时采集，垂直获取工业相关网站及网络上公开的工业数据。工业快搜支持工业全域的工业大数据搜索，以及矿业、电力、冶金、机械、化工、电气、电子、船舶、汽车、航空、建材、轻工、制药13个行业的现状与趋势、投资与并购、市场与销售、产品与服务、研发与设计、生产与加工、设备与原料、政策与法规、人力与就业、新闻与活动、智能制造11个主题分类的工业数据深度搜索。图4-8是工业快搜的主页界面。

图4-8　工业快搜的主页界面

第四节　多元搜索引擎

每个网络检索工具的URL都只代表一个搜索引擎或Web目录，检索只在本检索工具的数据库内进行，其所涵盖的信息领域、资源类型、规模大小等各不相同，检索界面、检索方式各具特色，对同一个检索提问产生的结果也各不相同。为了获得最全面的检索结果，提高检索的查全率，用户不得不就同一个检索课题在多个搜索引擎上一次次地检索。因此，用户要面对不同的检索界面重复输入检索提问式，还要筛选各系统反馈的结果，去掉重复结果等，这个过程非常烦琐，而且用户还未必能找到满意的结果。多元搜索引擎的出现有效地解决了这个问题。

多元搜索引擎又称集成式搜索引擎，它将多个搜索引擎集成在一起，提供统一的检索界面，并将检索提问发送给多个搜索引擎来同时检索多个数据库，再经过聚合去除重复部分，最后输出检索结果。多元搜索引擎与搜索引擎最大的不同在于它自身不对www网页进行访问和索引，它自己可以有也可以没有索引数据库，检索时它只提供一个检索界面，实际上则是将提问转给其他多个搜索引擎去检索，然后收集检索结果并进行筛选和排列，并返回。虽然多元搜索引擎依赖于其他独立搜索引擎而存在，但它们集成了不同性能和不同风格的搜索引擎，并发展了一些新的查询功能，查一个多元搜索引擎就相当于查多个独立搜索引擎，可以获得事半功倍的效果，故值得选用。

一、多元搜索引擎的类型

多元搜索引擎有多种分类方式。

（1）按数据处理方式划分，可分为并行处理式和串行处理式两大类。并行处理式元搜索引擎将用户的查询请求同时转送给它调用链接的多个独立型搜索引擎进行查询处理；串行处理式元搜索引擎将用户的查询请求依次转送给它调用链接的每一个独立型搜索引擎进行查询处理。

（2）按功能划分，可分为多线索式搜索引擎和 All-in-One 式搜索引擎。多线索式搜索引擎是指利用同一个检索界面，对多个独立搜索引擎数据库进行检索，然后返回统一格式的结果，如 Metacrawler 等；All-in-One 式搜索引擎，是指将各个搜索引擎的查询结果分开展示，如 Albany 等。

（3）按运行方式的差异划分，可分为在线搜索引擎和桌面搜索引擎。在线搜索引擎是以网页形式进行搜索操作；而桌面搜索引擎则是以桌面工具软件的形式进行搜索操作的。

二、多元搜索引擎的组成

多元搜索引擎由检索请求提交、检索接口代理和检索结果显示这三部分组成。

（1）检索请求提交负责实现用户的检索设置要求，包括调用哪些搜索引擎、检索时间限制、结果数量限制等。

（2）检索接口代理负责将用户的检索请求"翻译"成满足不同搜索引擎本地化要求的格式。

（3）检索结果显示负责所有来源于搜索引擎检索结果的去重、合并、输出处理等。

多元搜索引擎允许一次检索多个搜索引擎，检索的覆盖面非常广，因此比单一搜索引擎的查全率高，但检索的准确性不易控制，而且由于各搜索引擎的检索机制、支持的检索技术不同，多元搜索引擎的检索功能通常不如单一搜索引擎强。

三、常用的多元搜索引擎

1. Dogpile

Dogpile 诞生于 1996 年 1 月，现属于 InfoSpace 公司，是目前性能较好的并行式多元搜索引擎之一。它将用户的查询请求同时向多个搜索引擎递交，按照自定义的关联运算法则对得到的结果进行重复排除、重新排序等智能处理后，将优化过的检索结果返回给用户。由于整合了各类搜索引擎的功能，Dogpile 提供了齐全的检索功能，主要包括网页检索、图像检索、音频检索、视频检索、新闻检索、黄页检索、白页检索、地图检索以及天气检索等。

Dogpile 为用户提供了较为全面的检索功能，其检索结果更易于浏览，自动分类的技术增强了对检索结果的组织功能，还可以自动修正普通的拼写错误，更加方便了用户对 Dogpile 的利用。Dogpile 的主要优点在于它能够利用该引擎猜测出来的、附加的搜索条件来智能优化用户的搜索结果。查询的质量良好，搜索类型全面，这使 Dogpile 成为较著名的多元搜索引擎。

2. 360 搜索

360 搜索（https://www.so.com/）于 2012 年 8 月发布，它通过统一的用户界面在百度、Bing、Google 等多个搜索引擎中选择和利用合适的（甚至是同时利用若干个）搜索引擎来实现检索操作，提供一站式的实用工具综合查询入口，主要包括新闻搜索、网页搜索、视频搜索、图片搜索等，通过互联网信息的及时获取和主动呈现，为广大用户提供实用和便利的搜索服务。图 4-9 是 360 搜索的主页界面。

360 搜索具有自主知识产权，为用户带来更安全、更真实的搜索服务体验。360 搜索不仅掌握通用的搜索技术，而且独创 PeopleRank 算法、拇指计划等创新技术。目前 360 搜索已建立了由数百名工程师组成的核心搜索技术团队，拥有上万台服务器，庞大的蜘蛛爬虫系统每日抓取网页数量高达十亿，引擎索引的优质网页数量高达数百亿，网页搜索速度和质量都在业界处于领先水平。

图 4-9　360 搜索的主页界面

第五节　专题网络信息检索

在检索工具趋向于专业化、服务内容趋向于深化的情况下，一个搜索引擎很难搜集所有主题的网络信息，一些检索工具更加注重突出其专业特色，以其高度的目标化和专业化在各类搜索引擎中占据一席之地，比如股票、天气、新闻、地图及专利搜索引擎等，具有很高的针对性,用户对查询结果的满意度较高。

下面,我们介绍一些常用的专题网络信息检索工具。

1. 百度地图

百度地图(https://map.baidu.com/)自2005年上线以来,已经发展成为国内领先的互联网地图服务商。百度地图具备全球化地理信息服务能力,包括智能定位、POI检索、路线规划、导航、路况等。伴随着AI时代的到来,百度地图作为"新一代人工智能地图",上线全球首个地图语音定制功能,让用户出行更具个性化。通过百度地图,用户可以找到特定的城市、城区、街道、建筑物等所在的地理位置,也可以找到离自己最近的餐馆、学校、银行、公园等。百度地图还为用户提供了路线查询功能,如果用户要去某个地点,百度地图会提示用户如何换乘公交车,如果用户想驾车去,百度地图同样会为用户推荐最佳路线。

2. 百度学术

百度学术(https://xueshu.baidu.com/)于2014年6月上线,是百度旗下一个提供海量中英文文献检索的免费学术资源搜索平台,涵盖各类学术期刊、学位论文、会议论文,旨在为国内外学者提供最好的科研体验。百度学术致力于将资源检索技术和大数据挖掘分析能力贡献于学术研究,优化学术资源生态,引导学术价值创新,为海内外科研工作者提供最全面的学术资源检索和最好的科研服务体验。百度学术收录了包括知网、维普、万方、Elsevier、Springer、Wiley、NCBI等在内的120多万个国内外学术站点,索引了超过12亿学术资源页面,建设了包括学术期刊、会议论文、学位论文、专利、图书等类型在内的6.8亿多篇学术文献,成为全球文献覆盖量最大的学术平台,在此基础上,它构建了包含400多万个中国学者主页的学者库和包含1.9万多种中外文期刊主页的期刊库。以上强大的技术和数据优势,为学术搜索服务打下了坚实的基础,目前百度学术每年为数千万学术用户提供近30亿次服务。百度学术还提供论文查重、学术分析、期刊频道、学者主页、开题分析和文献互助等功能与服务。图4-10是百度学术的主页界面。

图4-10 百度学术的主页界面

百度学术支持关键词/主题检索、标题检索、DOI 检索以及参考文献检索。还支持用户进行高级检索（见图 4-11）和以下高级检索语法的使用。

（1）包含精确检索词。使用双引号语法，如："动作识别"。

（2）包含至少一个检索词。使用小括号，如：(动作识别)。

（3）不包含检索词。使用-( ) 语法，如：-(动作识别)。

（4）使用检索词的位置。包含文章任何位置和位于文章标题两种检索范围，默认前者，使用 intitle ( ) 语法，如：intitle (动作识别)。

（5）作者。使用 author：( ) 语法，如：author：(动作识别)。

（6）出版物。包含期刊和会议论文两种出版刊物，可分别使用 journal：( ) 和 conference：( ) 语法，也可以统一使用 publish：( ) 语法。

图 4-11　百度学术高级搜索界面

3. 开放获取期刊检索平台——中国科技论文在线

中国科技论文在线（http：//www.paper.edu.cn）是经教育部批准，由教育部科技发展中心主办的科技论文网站（主页页面见图 4-12）。其主要目的是利用现代信息技术手段，突破论文发表周期长，科研成果难以及时有效交流的弊端，免去传统的评审、修改、编辑、印刷等程序，为科研人员提供一个方便、快捷的交流平台，提供及时发表成果和新观点的有效渠道，从而使新成果得到及时推广，使科研创新思想得到及时交流，改变科研成果不能快速、高效转化为现实生产力的现状。

中国科技论文在线是一个完全公益性的科技论文网站，是国内第一个电子预印本服务系统，于 2003 年 8 月正式向社会开放。它以"阐述学术观点、交流创新思想、保护知识产权、快捷论文共享"为宗旨，依托 35 位中国科学院和中国工程院院士组成的顾问委员会为网站提供学术指导，在快速发表科研人员最新研究成果的同时，致力于建立一个自然科学各学科的大容量精品论文库。若作者发表论文，必须遵守国家相关法律，且是

图 4-12 中国科技论文在线的主页界面

首发文章，经学术范围内的讨论，有一定学术水平，还要符合中国科技论文在线的基本投稿要求，经评审（免费）后可在一周内发表，发表后论文的版权归作者本人所有。

中国科技论文在线可按期刊名称或论文题目进行检索，也可通过高级检索选择题目、作者、作者单位、关键词、摘要等一个或多个检索条件进行检索，如图 4-13 所示。

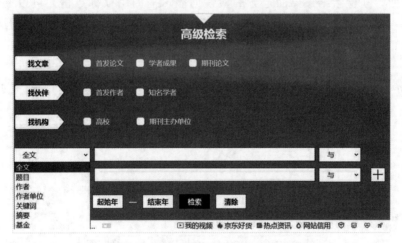

图 4-13 中国科技论文在线高级检索界面

4. 专利搜索引擎

（1）大为 innojoy 专利搜索引擎系统。

大为 innojoy 专利数据库（http：//www.innojoy.com）是一款集全球专利检索、分析、管理、转化、自主建库等功能于一体的专利情报综合应用平台。innojoy 专利搜索引擎收录全球 100 多个国家 1.4 亿多件专利数据，简单易用，一站式实现专利数据信息资源的有效利用和管理。大为 innojoy 专利数据库提供方便快捷的全球数据获取通道，高度整合全球专利文献资源，如专利文摘、说明书、法律状态、同族专利等信息，挖掘人类智慧结晶，促进世界范围内的优势专利的研发和权利化，为高校、科研院所、企业等用户重大专项知识产权审查、技术发展提供辅助决策支持，为研究与创新、申请与披露、维护与监控、许可与商业化、保护与维权等重大活动提供决策依据。图 4-14 为大为 innojoy 专利搜索引擎系统的检索界面。

信息检索与信息素养

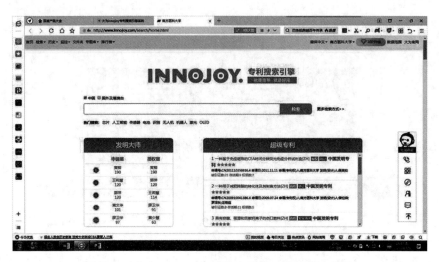

图 4-14　大为 innojoy 专利搜索引擎系统的检索界面

在大为 innojoy 专利搜索引擎系统的检索界面输入检索词"自动测试仪",然后进入检索结果界面,在检索结果界面上方的检索词显示框内用鼠标点击,可以展开其高级检索功能窗口,如图 4-15 所示。点击需要选择的检索字段,导入检索框内进行组配检索以完成较复杂、涉及多字段的专利检索任务。

图 4-15　大为 innojoy 专利搜索引擎系统高级检索界面

(2) 智慧芽。

智慧芽 (https://www.zhihuiya.com/) 是苏州工业园区百纳谱信息科技有限公司旗下的优秀品牌。智慧芽是一家科技创新情报 SaaS 服务商,聚焦科技创新情报和知识产权信息化服务两大板块。通过机器学习、计算机视觉、自然语言处理(NLP)等人工智能技术,智慧芽为全球领先的科技公司、高校和科研机构、金融机构等提供大数据情报服务。智慧芽围绕科技创新与知识产权已经构建起丰富而成熟的产品矩阵,旗下产品包括 PatSnap 全球专利检索数据库、Innosnap 知识产权管理系统、Insights 英策专利分析系统、Discovery 创新情报系统、Life Science 系列数据库等。它拥有 5 亿全球专利数据,覆盖 126 个国家或地区,提供精准、多维度、可视化的专利及研发情报。凭借自身的技术能力和强大的产品能力,智慧芽已经服务全球 50 多个国家超 1 万家客户,涵盖高校和科研院所,以及生物医药、化学、汽车、新能源、通信、电子等 50 多个高科技行业。

第四章 网络信息检索

(3) SooPAT。

SooPAT（http：//www.soopat.com）立足专利领域，致力于专利信息数据的深度挖掘，致力于专利信息获得的便捷化，努力创造最强大、最专业的专利搜索引擎，为用户提供前所未有的专利搜索体验。SooPAT 宣称拥有中国最有创造力的专利专家、信息检索专家和系统架构专家，以及众多持同一理想的志愿者和广泛的支持者。SooPAT 的目标是让专利搜索平民化，让不是专利检索专家的用户也能在瞬间找到所需要的专利。图 4-16 为 SooPAT 检索结果界面。

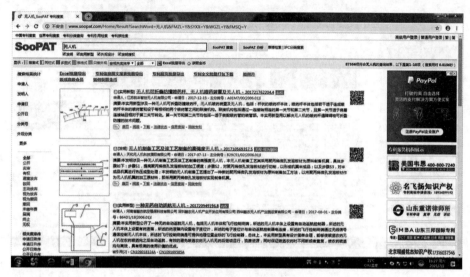

图 4-16　SooPAT 检索结果界面

(4) 佰腾专利检索。

佰腾专利检索（http：//so.baiten.cn/）提供专利文献的检索服务，包含八国（中国、美国、日本、英国、法国、德国、瑞士、俄罗斯）、二组织（欧洲专利局、PCT 组织）；具备简单检索、高级检索、IPC 检索、外观检索、二次检索、排除检索等多种检索方式。通过及时的数据更新，佰腾专利检索能检索到最新的专利基本信息、费用信息、法律状态等。对于重要专利，可及时添加到收藏夹；对于相似专利，可以进行对比查看分析。2013 年新版上线，增加了与用户的互动，提高了用户体验，界面更加具有亲和力，搜索速度大大提高。通过佰腾专利检索完善的数据统计分析功能，企业能了解市场热点和市场空白，为自身研发投资决策或技术开发活动保驾护航；科研人员能够了解已取得的成果及各种解决方案，有助于其拓展思路，启发创造性思维，及时避开已有专利的技术陷阱，及时发觉并尽早做专利回避和创新设计，是企业市场竞争战略中必不可缺的一个武器。

佰腾专利检索提供了简单检索、高级检索和分类检索等功能。

简单检索主要适用人群为非知识产权专业的用户。其特点是以简单的关键字或检索式检索相关的专利信息，检索结果较为模糊，范围较广。

高级检索主要适用人群为有一定知识产权知识的专业用户。其特点是检索结果的精确度较高。

信息检索与信息素养

　　分类检索是根据专利的 IPC（International Patent Classification）和 Locarno 分类检索专利信息，更便于满足用户需求。IPC 是一种国际通用的管理和利用专利文献的工具，利用 IPC 分类表编排专利文献，使用户可方便地从中获得技术上和法律上的信息。Locarno 分类用分类法来表达各种信息资源的概念，将各种概念按照学科、专业性质进行分类和系统排列，具有很好的层次性和系统性。其分类体系便于用户扩检和缩检，便于进行浏览检索。图 4-17 为其检索结果界面。

图 4-17　佰腾专利检索结果界面

　　（5）Patentics。

　　Patentics 专利智能检索分析平台（http：//www.patentics.com）需要注册后使用，涵盖 120 多个国家和地区 5400 万篇专利文摘。它首次提出专利攻防概念，提供分析以下价值信息：企业优势专利；企业弱势专利；对手优势专利；对手弱势专利；挖掘创新技术点；企业产权风险控制；对手研发策略、路线、新立项目透视；核心技术专利挖掘；核心竞争专利分析。

思考与训练

1. 简述网络信息资源的特点。
2. 试述网络检索工具有哪些分类。
3. 简述什么是搜索引擎，并说明搜索引擎的基本结构。
4. 试述搜索引擎的分类。
5. 试述多元搜索引擎的工作原理。
6. 试总结搜索引擎的检索功能和检索规则。
7. 分别列举三个国内外常用的通用搜索引擎和不同学科（如理工农医）搜索引擎。
8. 简述何种搜索引擎可查找文章的被引用情况。

第五章

常用中文数据库及其检索

第一节 CNKI 数据库及其检索

一、CNKI 数据库简介

CNKI（中国知网数据库）（https：//www.cnki.net/）是收录我国期刊、博硕士学位论文、工具书、会议论文、报纸、年鉴、专利、标准、科技成果、古籍等各类文献资源的全文数据库和二次文献数据库，以及由文献内容挖掘产生的知识元数据库。

学术期刊库可实现中外文期刊整合检索。其中，中文学术期刊有 8550 余种，含北大核心期刊 1970 余种，网络首发期刊 2240 余种，最早回溯至 1915 年，共计 5890 余万篇全文文献；外文学术期刊包括来自近 80 个国家及地区 900 余家出版社的期刊 7.5 万余种，覆盖 96% 的 JCR 期刊，90% 的 Scopus 期刊，最早回溯至 19 世纪，共计 1.1 余亿篇外文题录，可链接全文。

学位论文库包括"中国博士学位论文全文数据库"和"中国优秀硕士学位论文全文数据库"，收录 510 余家博士培养单位的博士学位论文 40 余万篇，780 余家硕士培养单位的硕士学位论文 480 余万篇，最早回溯至 1984 年，覆盖基础科学、工程技术、农业、医学、哲学、人文、社会科学等各个领域。

会议论文库重点收录 1999 年以来，中国科协系统及国家二级以上的学会、协会，高校、科研院所，政府机关举办的重要会议以及在国内召开的国际会议上发表的文献，部分重点会议文献回溯至 1953 年，目前已收录国内会议、国际会议论文集 4 万本，累计文献总量 350 余万篇。

中国重要报纸全文数据库是以学术性、资料性报纸文献为出版内容的连续动态更新的报纸全文数据库。报纸库年均收录并持续更新各级重要党报、行业报及综合类报纸 650 余种，累计出版 2000 年以来报纸全文文献 2020 余万篇。

中国年鉴网络出版总库是连续更新的动态年鉴资源全文数据库。内容覆盖基本国情、地理历史、政治军事外交、法律、经济、科学技术、教育、文化体育事业、医疗卫生、社会生活、人物、统计资料、文件标准与法律法规等各个领域。目前年鉴总计5370余种，4万本，3980余万篇。

二、CNKI数据库检索

CNKI的检索方式包括一框式检索、高级检索、作者发文检索、句子检索和专业检索等。

1. 一框式检索

一框式检索将检索功能浓缩至一框中，根据不同检索字段的需求特点采用不同的检索机制和匹配方式。在平台首页选择检索子库范围，下拉选择检索字段，在检索框内输入检索词，点击检索按钮或键盘回车执行检索。一框式检索主界面如图5-1所示。

图5-1　CNKI一框式检索主界面

（1）检索子库范围，包括学术期刊、博硕、会议、报纸、年鉴、专利、标准、成果、图书等子库。

（2）检索字段，包括主题、篇关摘、关键词、篇名、全文、作者、第一作者、通讯作者、作者单位、基金、摘要、小标题、参考文献、分类号、文献来源、DOI。

2. 高级检索

可在首页点击"高级检索"进入高级检索页，或在一框式检索结果页点击"高级检索"进入高级检索页。高级检索支持多字段逻辑组合，并可通过选择精确或模糊匹配方式、检索控制等方法完成较复杂的检索，多字段组合检索的运算优先级按从上到下的顺序依次进行。

（1）检索条件输入区。

默认显示主题、作者和文献来源三个检索框，可自由选择检索字段、检索字段间的逻辑关系（AND、OR、NOT）、检索词匹配方式（精确、模糊），点击检索框后的"+""-"按钮可添加或删除检索字段，最多支持10个检索字段的组合检索，如图5-2所示。

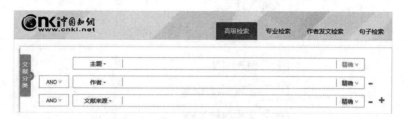

图5-2　CNKI高级检索检索框

高级检索提供多个检索字段，满足用户不同的检索需求。检索字段包括：主题、篇关摘、关键词、篇名、全文、作者、第一作者、通讯作者、作者单位、基金、摘要、小标题、参考文献、分类号、文献来源、DOI。

（2）检索控制区。

检索控制区的主要作用是通过条件筛选、时间选择等，对检索结果进行范围控制。

控制条件包括出版模式、基金文献、时间范围和检索扩展。检索时默认进行中英文扩展，如果不需要中英文扩展，则手动取消勾选，如图5-3所示。

图5-3　CNKI高级检索检索控制区

（3）切库区。

高级检索页面下方为切库区，点击库名，可切至某单库高级检索，如图5-4所示。

图5-4　CNKI高级检索切库区

（4）文献导航。

文献分类导航默认为收起状态，点击展开后勾选所需类别，可缩小和明确文献检索的类别范围，如图5-5所示。

总库高级检索提供168个专题导航，是知网基于中图分类而独创的学科分类体系。除168个专题导航外，年鉴、标准、专利等还提供单库检索所需的特色导航。

3. 作者发文检索

在高级检索页切换"作者发文检索"标签，可进行作者发文检索。

作者发文检索通过输入作者姓名及其单位信息，检索某作者发表的文献，功能及操作与高级检索基本相同。

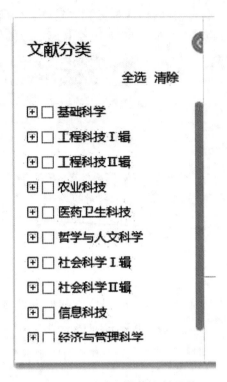

图 5-5　CNKI 高级检索文献导航

4．句子检索

在高级检索页切换"句子检索"标签,可进行句子检索。

句子检索是通过输入的两个检索词,在全文范围内查找同时包含这两个词的句子。句子检索支持同句或同段的组合检索。

5．专业检索

在高级检索页切换"专业检索"标签,可进行专业检索,如图 5-6 所示。

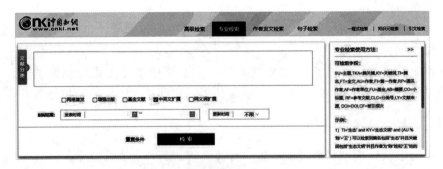

图 5-6　CNKI 专业检索界面

专业检索用于图书情报专业人员查新、信息分析等工作,使用运算符和检索词构造检索式进行检索。

专业检索的一般流程：确定检索字段构造一般检索式，借助字段间关系运算符和检索值限定运算符可以构造复杂的检索式。

6. 出版物检索

在首页点击"出版物检索"进入出版来源导航页，如图5-7所示。提供以下检索字段：来源名称、主办单位、出版者、ISSN、CN、ISBN。

图 5-7 CNKI 出版来源导航页

第二节 维普数据库及其检索

一、维普数据库简介

维普数据库（http://qikan.cqvip.com/），即维普中文期刊服务平台，收录中文期刊15000余种，文献总量7135余万篇，年更新近400万篇，覆盖全学科领域，其中，北大核心期刊2017版、CSSCI期刊（2019—2020年）收录率100％，CSCD期刊（2019—2020年）收录率98％，独有收录期刊约3900余种，内刊1000余种。

二、维普数据库检索

1. 基本检索

进入首页后默认执行基本检索，有14个检索字段，包括任意字段、题名或关键词、题名、关键词、摘要、作者、第一作者、机构、刊名、分类号、参考文献、作者简介、资金资助和栏目信息，如图5-8所示。

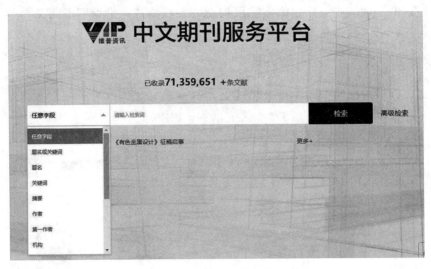

图 5-8　维普中文期刊服务平台首页

2. 高级检索

在首页点击"高级检索"进入高级检索页，或在基本检索结果页点击"高级检索"进入高级检索页，如图 5-9 所示。

图 5-9　维普数据库高级检索页

（1）检索条件输入区。

默认显示题名或关键词、文摘、作者三个检索框，支持与、或、非三种简单逻辑运算，可自由选择检索字段、检索字段间的逻辑关系、检索词匹配方式，点击检索框后的"＋""－"按钮可添加或删除检索字段，最多支持 5 个检索字段的组合检索。

（2）检索控制区。

检索控制区通过时间限定、期刊范围和学科限定，对检索结果进行范围控制。

第五章 常用中文数据库及其检索

3. 检索式检索

在高级检索页面切换"检索式检索"标签，可进行检索式检索，即专业检索。

可通过时间限定、期刊范围和学科限定，对检索结果进行范围控制，如图 5-10 所示。

图 5-10 维普数据库检索式检索页

第三节 万方数据库及其检索

一、万方数据库简介

万方数据库，即万方数据知识服务平台（https://www.wan-fangdata.com.cn/）收录学术期刊、学位论文、会议论文、科技报告、专利、标准、科技成果、法律法规、地方志、视频等十余种知识资源类型。

其中，中国学术期刊数据库（China Online Journals，COJ）收录始于 1998 年，包含 8000 余种期刊，其中包括北京大学、中国科学技术信息研究所、中国科学院文献情报中心、南京大学、中国社会科学院历年收录的核心期刊 3300 余种，年增 300 万篇，周更新 2 次，涵盖自然科学、工程技术、医药卫生、农业科学、哲学政法、社会科学、科教文艺等各个学科。国外期刊包含 40000 余种世界各国出版的重要学术期刊，主要来源于 NSTL 外文文献数据库以及数十家著名学术出版机构，及 DOAJ、PubMed 等知名开放获取平台。目前收录 1.3 亿余篇中外文期刊论文。

中国学位论文全文数据库（China Dissertations Database）收录始于 1980 年，年增 30 余万篇，涵盖基础科学、理学、工业技术、人文科学、社会科学、医药卫生、农业科学、交通运输、航空航天和环境科学等各学科领域，目前收录学位论文 680 余万篇。

中国学术会议文献数据库（China Conference Proceedings Database）的会议资源包括中文会议和外文会议，中文会议收录始于 1982 年，年收录约 3000 个重要学术会议，年增 20 万篇论文，每月更新。外文会议主要来源于 NSTL 外文文献数据库，收录了 1985 年以来世界各主要学协会、出版机构出版的学术会议论文共计 766 万篇全文（部分文献有少量回溯），每年增加论文约 20 余万篇，每月更新，目前收录 1400 余万中外文会议论文。

中外专利数据库（Wanfang Patent Database，WFPD）涵盖 1.3 亿余条国内外专利数据。其中，中国专利收录始于 1985 年，目前共收录 3300 万余条专利权文；国外专利 1 亿余条，收录范围涉及中国、美国、日本、英国、德国、法国、瑞士、俄罗斯、韩国、加拿大、澳大利亚、世界知识产权组织、欧洲专利局等十一个国家、二个组织数据，每年新增 300 万余条。

二、万方数据库检索

1. 统一检索

万方数据知识服务平台首页的检索框即为统一检索的输入框，可实现多种资源类型、多种来源的一站式检索和发现，同时，它还可对用户输入的检索词进行实体识别，便于引导用户更快捷地获取知识及学者、机构等科研实体的信息。

在统一检索的输入框内，可以选择想要限定的检索字段，目前共有 5 个可检索字段：题名、作者、作者单位、关键词和摘要，如图 5-11 所示。

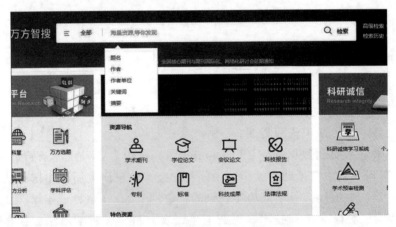

图 5-11　万方数据库统一检索输入框

可以单击检索字段进行限定检索，也可以直接在检索框内输入检索式进行检索。默认检索词为模糊检索，可以通过""（英文符号）来限定检索词为精确检索。也可以在检索框内使用者 not、and、or 对检索词进行逻辑匹配检索，其中 and 可以用空格代替。

2. 分类检索

万方提供了不同资源的分类检索，包括期刊、学位、会议、专利、科技报告、地方志等资源，通过单击检索框上部的资源类型进行检索范围切换。可检索篇级文献，也可以检索期刊、会议、志书。

（1）期刊检索可以实现期刊论文检索和期刊检索，输入检索词或限定字段并输入检索词，点击搜论文按钮，实现对期刊论文的检索；输入刊名、刊号，点击搜期刊，实现对期刊的检索。如图5-12所示。

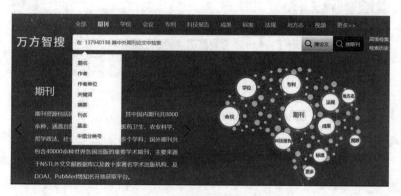

图 5-12　万方数据库期刊检索

（2）学位资源的检索可以通过在检索框内输入检索词直接检索，也可限定字段后检索。可检索的主要字段有题名、作者、学位授予单位、关键词、摘要、专业、导师、中图分类号。如图5-13所示。

图 5-13　万方数据库学位资源检索

（3）会议资源的检索可以实现会议论文检索和会议检索。在检索框内输入检索词点击搜论文，实现会议论文检索；输入会议名称，点击搜会议，实现会议检索。会议论文可检索的主要字段有题名、作者、作者单位、关键词、摘要、会议名称、主办单位和中图分类号。如图5-14所示。

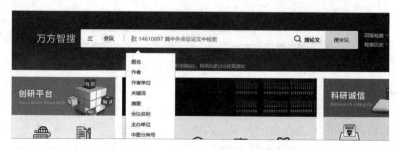

图 5-14　万方数据库会议资源检索

（4）专利资源的检索可以通过在检索框内输入检索词检索需要的专利。检索的主要字段有题名、摘要、申请号/专利号、公开号/公告号、申请人/专利权人、发明人/设计人、主分类号、分类号。如图 5-15 所示。

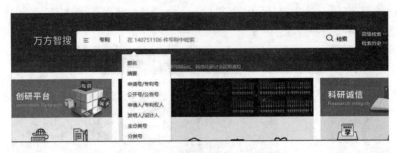

图 5-15　万方数据库专利资源检索

（5）科技报告资源的检索可以通过在检索框内输入检索词检索需要的中英文科技报告。检索的主要字段有题名、作者、作者单位、关键词、摘要、计划名称和项目名称。

（6）成果资源的检索可以通过在检索框内输入检索词检索需要的科技成果。检索的主要字段有题名、完成人、完成单位、中图分类号、关键词、摘要、中图分类号。

（7）标准资源的检索可以通过在检索框内输入检索词检索需要的中外标准。检索的主要字段有题名、关键词、标准编号、起草单位、发布单位。

（8）法规资源的检索可以通过在检索框内输入检索词检索需要的法律法规。检索的主要字段有题名、颁布部门、终审法院。

（9）地方志资源的检索可以通过在检索框内输入检索词检索需要的新旧方志条目或者志书。检索的主要字段有正文、题名、编纂人员、编纂单位。如图 5-16 所示。

图 5-16　万方数据库地方志资源检索

（10）视频资源的检索可以通过在检索框内输入检索词检索需要的视频。检索的主要字段有标题、名师/主讲人、机构/主讲人单位、字幕和关键词。

3. 高级检索

万方智搜检索框的右侧有高级检索的入口，单击可以进入高级检索界面。高级检索支持多个检索类型、多个检索字段和条件之间的逻辑组配检索。

根据自己需要，选择想要检索的资源类型和语种，通过"＋"或者"－"按钮添加或者减少检索条件，最多支持 6 个检索字段的组合检索。用户可通过设置"或""与""非"限定检索条件，可以选择文献的其他字段，例如会议主办方、作者、作者单位等检索，还可以限定文献的发表时间和万方数据文献的更新时间，同时高级检索也提供了精确和模糊的选项。如图 5-17 所示。

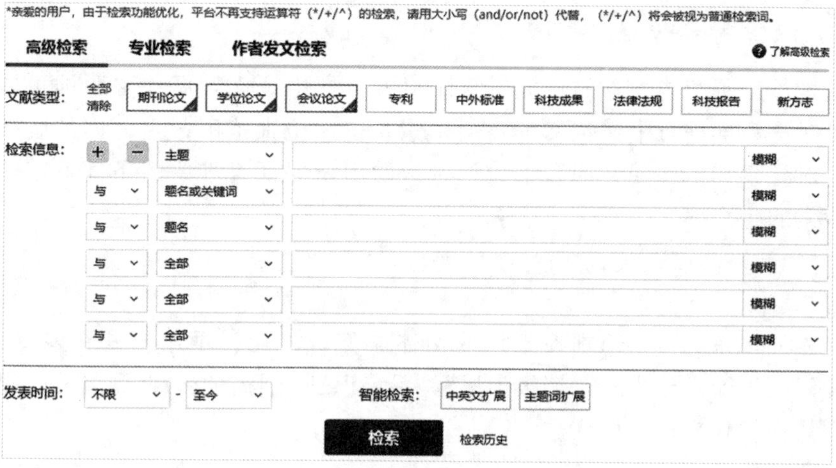

图 5-17 万方数据库高级检索页

4. 专业检索

万方智搜检索框的右侧有高级检索的入口，单击进入高级检索界面，然后选择专业检索。每个资源的专业检索字段都不一样，详细的字段可以单击"可检索字段"进行选择。如果对自己想要检索的检索词不确定，可以使用"推荐检索词"功能，输入一些语句，单击搜索相关推荐词，得到规范的检索词，如图 5-18 所示。

图 5-18 万方数据库专业检索

5. 作者发文检索

通过输入作者名称和作者单位等字段来精确查找相关作者的学术成果。用户可以选择想要检索的资源类型，通过"+"或者"−"添加或者减少检索条件，通过"与""或"和"非"限定检索条件进行检索。可以检索第一作者，并且能够同时检索多个作者的成果。

6. 智能检索

高级检索添加了智能检索的功能，智能检索包括中英文扩展和主题词扩展。中英文扩展指的是对检索词进行中文英文的扩展检索，扩大检索范围；主题词扩展指的是基于主题词表，对检索词扩展同义词和下位词，帮助用户保证查准率的条件下，扩大检索范围，提升检索的查全率。

7. 智能识别

输入检索词，系统可以识别检索词的实体类型，智能提示用户是否要查找该实体。例如，在检索框里输入检索式"情报学报"，系统识别情报学报为期刊名称，提示用户是否要查看《情报学报》这本期刊。

第四节 CALIS 联合目录数据库及其检索

一、CALIS 联合目录数据库简介

CALIS 联合目录数据库也称 CALIS 联合目录公共检索系统（OPAC）（http://opac.calis.edu.cn/），是教育部高等教育文献保障中心提供的全国高校系统的联机目录查询系统，目前包含书目记录 8117567 条。

二、CALIS 联合目录数据库检索

1. 简单检索

简单检索检索范围包括 CALIS 联合目录中心数据库的所有中文、外文数据，提供 8 个检索字段：全面检索、题名、责任者、主题、分类号、所有标准号码、ISBN 和 ISSN。如图 5-19 所示。

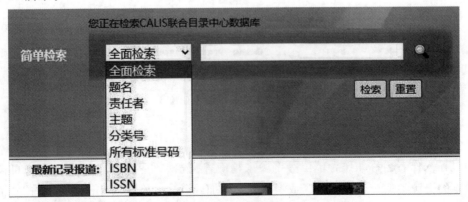

图 5-19 CALIS 联合目录数据库简单检索界面

2. 高级检索

高级检索提供 18 个检索字段：全面检索、题名、责任者、责任者模糊、主题、出版者、出版地、期刊题名、丛编题名、统一题名、个人责任者、团体责任者、会议名称、分类号、所有标准号码、ISBN、ISSN 和 ISRC。匹配方式有三种：包含、前方一致和精确匹配。最多可输入三项检索词，默认逻辑运算方式为"与"，也可以在复选框中选择"或""非"。选择分类号检索点，可以点击"中图分类号表"按钮浏览，选中的分类号将自动填写到检索词输入框中。检索框右侧有中图分类号表供读者查询。

限制性检索条件包括内容特征（全部、统计资料、字典词典、百科全书，默认为全部）、语种、出版时间、资源类型（普通图书、连续出版物、中文古籍、地图、乐谱、电子资源、视频资料），如图 5-20 所示。

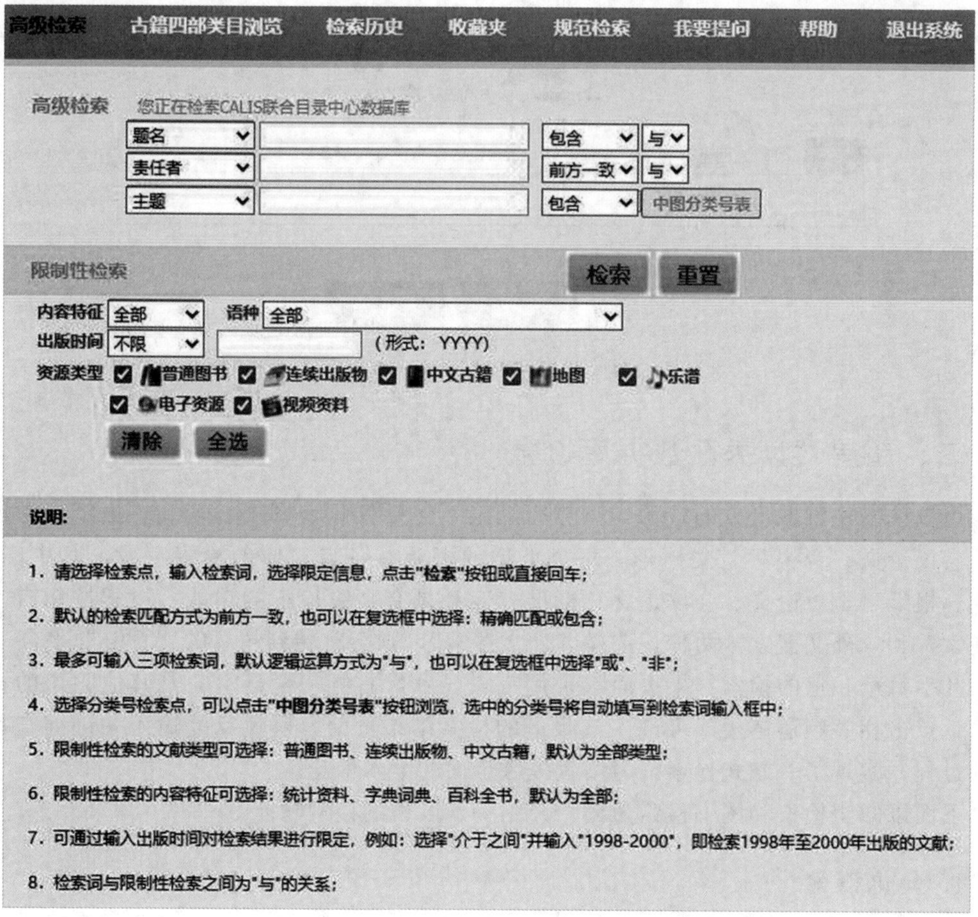

图 5-20 CALIS 联合目录数据库高级检索界面

第五节 超星"读秀"数据库及其检索

一、超星"读秀"数据库简介

读秀（https：//www.duxiu.com/）是由全文数据及元数据组成的超大型数据库，可进行深入内容的章节和全文检索，提供700万种的中文图书信息，320多万种电子图书（17亿多页）原文的全文检索或文献传递服务。期刊元数据打破空间限制的获取方式，提供全面的期刊文章。其主界面如图5-21所示。

图5-21 超星"读秀"数据库主界面

二、超星"读秀"数据库检索

可以单击检索框上方的资源类型进行切换，包括知识、图书、期刊、报纸、学位论文、会议论文、音视频、文档等。每个类型的资源有各自对应的检索字段，其中图书、期刊、报纸、学位论文、会议论文、标准、专利具有高级检索的功能。检索按钮有"中文搜索"和"外文搜索"两种，选择"外文搜索"，则会跳转到超星的"百链"平台。

几乎每个频道的检索结果页面都采用三栏显示，右侧一栏显示的是其他频道的相关信息，点击相关频道链接即可进入该频道的检索结果页面，避免反复输入关键词查找的烦琐过程，实现了一站式检索，为读者提供全面的学术信息。

下面以知识检索和图书检索为例，介绍一下读秀的检索功能。

1. 知识检索

知识检索是在图书资料的章节、内容中搜索含有检索词内容的知识点，提供了不同于传统的人工翻找一本本图书查找知识点的新的搜索体验，更有利于资料的收集和查找。

在读秀首页选择知识频道，输入一个或多个关键词，点击"中文搜索"，即进入检索结果页面，页面右方有"共现词"和其他类型的资源，如图书、期刊、报纸等的检索结果，便于读者进行拓展检索，如图5-22所示。

第五章　常用中文数据库及其检索

图 5-22　超星"读秀"数据库的知识检索示例

2. 图书检索

（1）基本检索。

选择图书频道，检索框下方有以下检索字段：全部字段、书名、作者、主题词、丛书名和目次。可根据需要选择检索字段，并在检索框内输入关键词，点击"中文搜索"搜索中文图书，或点击"外文搜索"搜索外文图书，如图 5-23 所示。

图 5-23　超星"读秀"数据库图书检索之基本检索

（2）高级检索。

点击图书频道首页检索框右侧的"高级搜索"进入图书高级搜索页面。这里提供了 9 个检索项：书名、作者、主题词、出版社、ISBN、分类、中图分类号、年代和搜索结果显示条数。可根据需要进行一个或多个检索项的填写，如图 5-24 所示。

（3）专业检索。

在图书频道高级检索页面的上方，点击"切换至专业检索"，可进入专业检索界面，还可切换至其他类型文献的专业检索界面，如图 5-25 所示。

（4）图书分类导航。

在读秀首页选择图书频道，点击检索框右方"分类导航"，进入图书导航页面，这是按照中图法设置的分类，点击分类名称，即可看到相关图书，如图 5-26 所示。

图 5-24 超星"读秀"数据库图书检索之高级检索

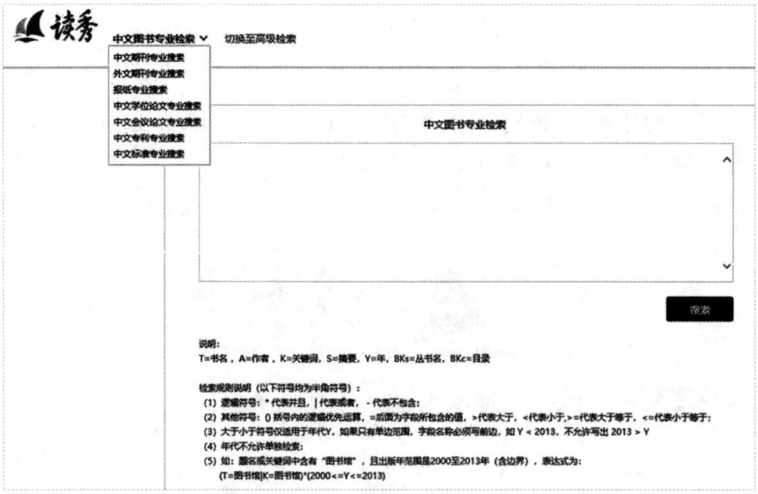

图 5-25 超星"读秀"数据库图书检索之专业检索

图 5-26 超星"读秀"数据库图书检索之分类导航

第六节　人大复印报刊资料数据库及其检索

一、人大复印报刊资料数据库简介

人大复印报刊资料数据库（http：//www.rdfybk.com/）囊括人文社会科学领域中的各个学科，包括政治学与社会学类、哲学类、法律类、经济学与经济管理类、教育类、文学与艺术类、历史学类、文化信息传播类以及其他类。它以专家和学者的眼光，依循严谨的学术标准，在全面的基础上对海量学术信息进行精心整理、加工、分类、编辑，去芜存菁、优中选优，提供高质量的学术信息产品。数据信息量大，涵盖范围广，便于用户了解与自己的课题相关的研究状况，把握本领域的研究动态。收录年限为1995年至今。

人大复印报刊资料数据库有两种呈现方式，全文数据库可以供用户检索期刊文章，数字期刊库以整刊形式呈现资源，可以供用户查看期刊封面、期号等信息，同时提供期刊学科、期刊首字母拼音、期刊分类号、期刊属性等不同形式的查询方式，以方便读者进行资源检索。

二、人大复印报刊资料数据库检索

1. 一框式检索

首页的一框式检索提供8个检索字段：主题词、标题、作者、作者简介、原文出处、全文、关键词和副标题。检索框内有近期热点检索词推荐，如图5-27所示。

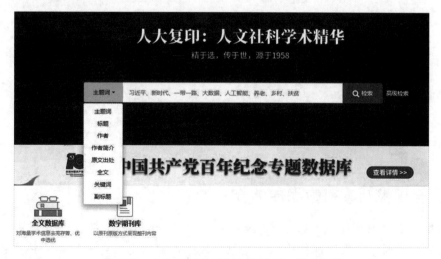

图 5-27　人大复印报刊资料数据库一框式检索

2. 高级检索

点击首页检索框右边的"高级检索",进入高级检索界面,可检索全文数据库的期刊论文,提供 20 个字段:主题词、标题、作者、关键词、正文、内容摘要、原文出处、分类名、原刊地名、原刊期号、原刊页号、期刊代号、期刊名称、副标题、英文标题、作者简介、译者、英文摘要、参考文献和作者单位。通过"+"或者"-"按钮添加或者减少检索条件,最多支持 6 个检索字段的组合检索。可设置通过"并且""或者""除非"限定检索条件,还可限定时间范围和学科范围,如图 5-28 所示。

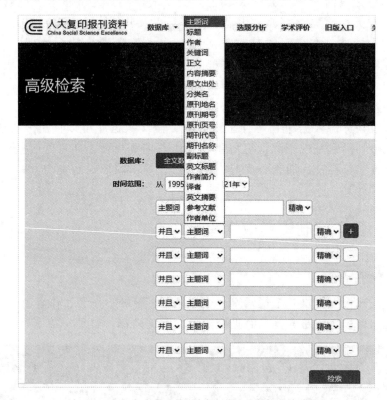

图 5-28　人大复印报刊资料数据库高级检索

第七节　全国报刊索引数据库及其检索

一、全国报刊索引数据库简介

全国报刊索引数据库(https://www.cnbksy.com/)由上海图书馆主办,汇聚近两百年历史文献成果,集近现代报纸、期刊、图书、会议论文等资源为一体,包括近代时期 2 万余种期刊、近 1000 份报纸及 12 万余种图书等,现收录文献总量 1 亿条,年更新数据 1000 余万条。

二、全国报刊索引数据库检索

1. 基本检索

在平台首页检索框的下方可以选择子库，其中近代期刊、现代期刊可同时勾选，图库则只能单独勾选，如图 5-29 所示。

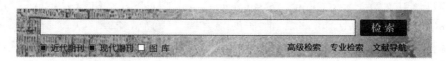

图 5-29　全国报刊索引数据库基本检索

2. 高级检索

点击首页检索框右下角的"高级检索"进入高级检索界面检索期刊资源，左侧可勾选数据库，包括近代期刊（晚清期刊全文数据库、民国时期期刊全文数据库）、现代期刊（现刊索引数据库）。提供 12 个字段：全字段、题名、作者、作者单位、文献来源、近代期刊-期、近代期刊-分类号、近代期刊-摘要、现代期刊-期、现代期刊-主题词、现代期刊-分类号、现代期刊-摘要，如图 5-30 所示。可自由选择检索字段、检索字段间的逻辑关系（与、或、非）、检索词匹配方式（模糊、精确），点击检索框后的"＋""－"按钮可添加或删除检索字段。

图 5-30　全国报刊索引数据库高级检索

3. 专业检索

点击首页检索框右下角的"专业检索"进入专业检索界面检索期刊资源，使用运算符、字段代码、检索词构造检索式进行检索，如图 5-31 所示。

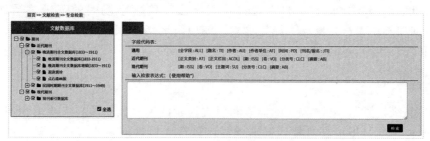

图 5-31　全国报刊索引数据库专业检索

第八节　中国科学引文数据库及其检索

一、中国科学引文数据库简介

中国科学引文数据库（Chinese Science Citation Database，简称 CSCD）（http://sciencechina.cn/）创建于 1989 年，收录我国数学、物理、化学、天文学、地学、生物学、农林科学、医药卫生、工程技术和环境科学等领域出版的中英文科技核心期刊和优秀期刊千余种，目前已积累了从 1989 年到 2022 年 4 月 11 日的论文记录 5884426 条，引文记录 89489739 条。

2021—2022 年度中国科学引文数据库收录来源期刊 1262 种，其中中国出版的英文期刊 245 种，中文期刊 1017 种。中国科学引文数据库来源期刊分为核心库和扩展库两部分，其中核心库 926 种，扩展库 336 种。

中国科学引文数据库来源期刊每两年遴选一次。每次遴选均采用定量与定性相结合的方法，定量数据来自中国科学引文数据库，定性评价则通过聘请国内专家定性评估对期刊进行评审。

二、中国科学引文数据库检索

1. 简单检索

点击"简单检索"，有来源文献检索和引文检索两种，该库的简单检索相当于我们通常所说的高级检索。

（1）来源文献检索。

来源文献检索的检索字段包括作者、第一作者、题名、刊名、ISSN、文摘、机构、第一机构、关键词、基金名称、实验室、ORCID 和 DOI。点击检索框下的"＋"按钮可添加检索字段，可自由选择检索字段、检索字段间的逻辑关系（与、或、非），检索词如不用引号，默认为模糊检索，如用引号，则为精确检索。限定条件为论文发表年限和学科范围，如图 5-32 所示。

（2）引文检索。

引文检索的检索字段包括被引作者、被引第一作者、被引来源。点击检索框下的"＋"按钮可添加检索字段，可自由选择检索字段、检索字段间的逻辑关系（与、或、非），检索词如不用引号，默认为模糊检索，如用引号，则为精确检索。限定条件为论文被引年限和发表年限，如图 5-33 所示。

2. 高级检索

点击"高级检索"，有来源文献检索和引文检索两种，该库的高级检索相当于我们通常所说的专业检索。用字段名称、布尔逻辑运算符、检索词来构造检索式，也可在下方的检索框输入检索词，自动生成检索语句，如图 5-34 所示。

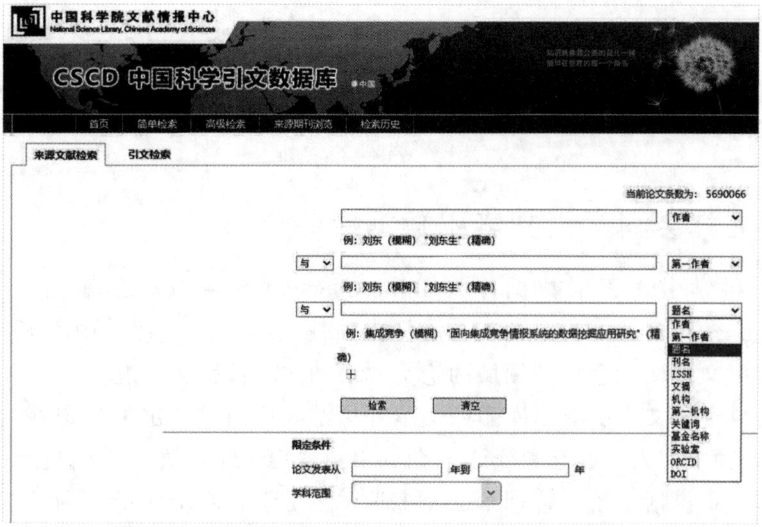

第五章 常用中文数据库及其检索

图 5-32 中国科学引文数据库来源文献检索

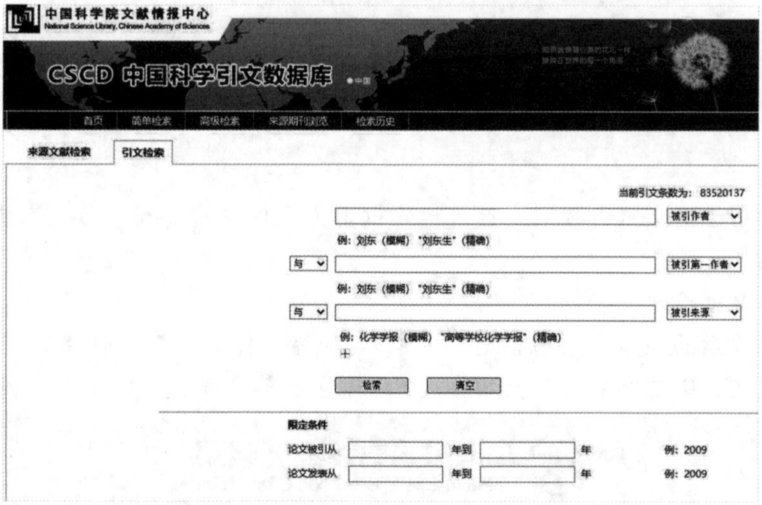

图 5-33 中国科学引文数据库引文检索

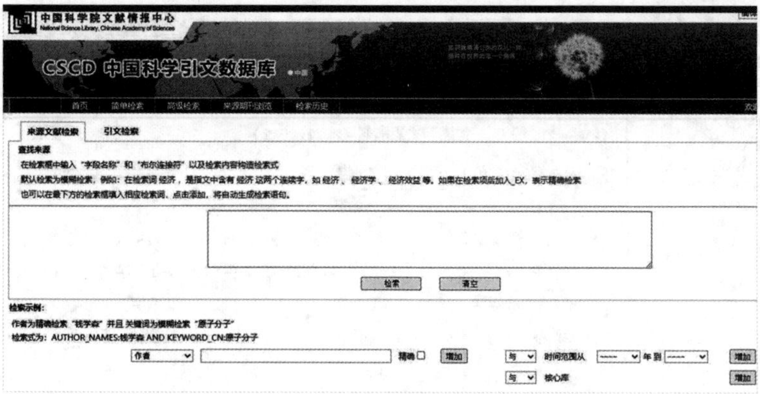

图 5-34 中国科学引文数据库高级检索

第九节　中文社会科学引文索引数据库及其检索

一、中文社会科学引文索引数据库简介

中文社会科学引文索引数据库（Chinese Social Sciences Citation Index，CSSCI）（http：//cssci.nju.edu.cn/）是由南京大学中国社会科学研究评价中心开发研制的数据库，用来检索中文人文社会科学领域的论文收录和文献被引用情况。

中文社会科学引文索引数据库遵循文献计量学规律，采取定量与定性相结合的方法，从全国2700余种中文人文社会科学学术期刊中精选出学术性强、编辑规范的期刊作为来源期刊。目前收录包括法学、管理学、经济学、历史学、政治学等在内的25大类500多种学术期刊，现已开发1998年至今年度数据，来源文献200余万篇，引文文献1100余万篇。

二、中文社会科学引文索引数据库检索

1. 简单检索

中文社会科学引文索引数据库首页检索框上方有两个标签可切换：来源文献检索和被引文献检索。

（1）来源文献检索。

来源文献检索的检索字段包括篇名（词）、作者、作者（第一作者）、关键词、期刊名称、作者机构、中图类号、基金细节、所有字段和英文篇名，如图5-35所示。

图5-35　中文社会科学引文索引数据库简单检索之来源文献检索

(2) 被引文献检索。

被引文献检索的检索字段包括被引篇名（词）、被引作者、被引作者（排除自引）、被引期刊名称和被引文献细节，如图5-36所示。

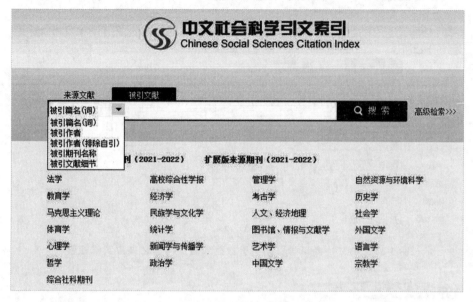

图5-36　中文社会科学引文索引数据库简单检索之被引文献检索

2. 高级检索

点击首页检索框右方的"高级检索"即进入高级检索页面，也是分为来源文献检索和被引文献检索。

(1) 来源文献检索。

这部分提供三个检索项，可用"与、或、非"构建逻辑关系，可供选择的字段包括篇名（词）、作者、关键词、期刊名称、作者机构、作者地区、中图类号、基金细节、所有字段和英文篇名。可选择精确检索与模糊检索、是否第一作者。限制条件包括发文年代、发文卷期、文献类型、学科类别、学位分类、基金类别、每页显示和排序方式。其中，文献类型包括论文、综述、评论、传记资料、报告和其他，如图5-37所示。

(2) 被引文献检索。

被引文献的检索字段包括被引作者（可排除作者自引）、被引文献篇名、被引文献期刊、被引文献细节和被引文献年代。限制条件包括被引年份（1998—2021）、被引文献类型（期刊论文、图书、报纸、会议文献、学位论文、信件、汇编、报告、标准、法规、电子文献和其他）、检索逻辑关系（与、或）、排序（被引次数、篇名、年代、被引作者、升序和降序）、每页显示（10、20和50），如图5-38所示。

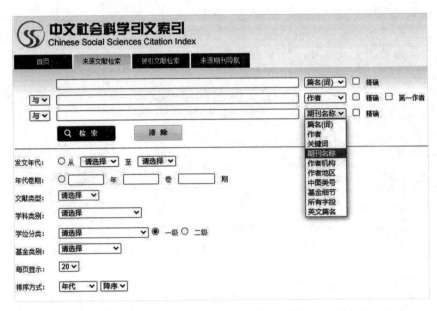

图 5-37 中文社会科学引文索引数据库高级检索之来源文献检索

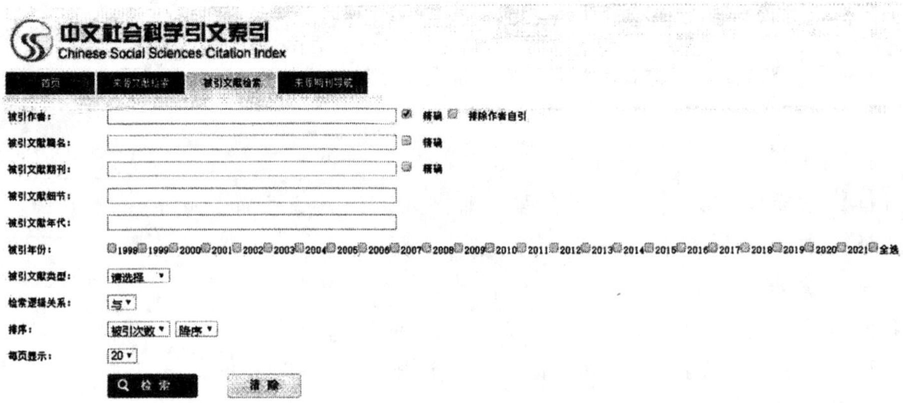

图 5-38 中文社会科学引文索引数据库高级检索之被引文献检索

思考与训练

1. 除上述数据库，你还知道哪些期刊全文数据库或引文索引数据库？
2. 如何利用引文索引数据库跟踪你所选择课题的研究前沿？
3. 在中国知网中如何查找某一学科的核心期刊？
4. 试查找人工智能领域的学位论文。

第六章

常用外文数据库及其检索

第一节 Dialog 联机检索系统

一、Dialog 联机检索系统发展概述

美国 Dialog 联机检索系统是世界上第一个在全球应用、历史最悠久、规模最大、影响最广的在线专业信息联机检索系统。Dialog 于 1966 年由美国洛克希德导弹航空公司所属的一个情报科学实验室在 Roger K. Summit 的指导下建立，1972 年开始投入商业性运营。自 1981 年 6 月起，由洛克希德的独立子公司独立运营，公司总部位于美国加利福尼亚州的帕洛阿托市。之后其成功兼并了当时欧洲最大的联机检索服务公司——Datastar，1985 年 Dialog 以 3.5 亿美元被出售给 Knight-Ridder 新闻公司，1997 年 11 月 Dialog 被 M. A. I. D. 公司收购，改名为 Dialog Corporation。Dialog 从 1997 年起开始提供网络数据库服务，2000 年其成为汤姆森集团的子公司，2008 年被 ProQuest 公司收购。

Dialog 自成立以来就致力于提供领先的科技和商业信息，是全球超前的联机信息服务提供商，也是目前世界上规模最大的联机数据库系统。

Dialog 可检索内容包括成千上万的实时新闻、报纸、广播稿和商业杂志中的文章和报告，加上为金融决策提供支持的市场研究报告和投资分析报告，还有深入和广泛的可回溯几十年的科学、技术数据、专利、商标和其他知识产权数据。

Dialog 系统目前约有 2.5 万个实际客户，覆盖 100 多个国家和地区，潜在用户总数量超过 200 万。

Dialog 数据库的文献类型有文摘型、数值型、名录字典型和全文型四种，涉及 40 多个语种。

Dialog 数据库包括哲学、社会科学、文化、教育、语言、艺术、传记、历史等学科；提供金属、机械、仪表、动力工程、数理科学、化学化工、地球科学、气象、海洋学、

生物学、农林、水产、电气、电子、自动化、轻工、建筑、交通、环境科学以及专利、标准等方面的资料；还有商业、经济方面的产品、预测、历史数据等。

二、Dialog 的特色

Dialog 包含 A&HCI（艺术与人文科学引文索引）、BA（《生物学文摘》）、CA（《化学文摘》）、EI（《工程索引》）、INSPEC（英国《科学文摘》）、ISTP（《科技会议录索引》）、MATHSCI（数学文献数据库）、MEDLINE（医学文献数据库）、NTIS（美国政府科技报告）、SCI（科学引文索引）、SSCI（社会科学引文索引）等驰名数据库。Dialog 有着自己鲜明的特色。

（1）准确性高。Dialog 有着科学完善的信息来源，提供权威准确的商业信息，高度契合从金融到市场研究，再到竞争情报的特殊信息需求，每条信息记录都经过严格编排并根据字段分类索引。通过严谨的 Dialog 检索语句（Sort、Rank、Remove、Duplicate 等），能进行准确的定位检索。

（2）及时性强。Dialog 向全球用户提供 7×24 小时服务，通过多种信息发送方式以及自定义界面，提供更便捷及时的信息服务。

（3）全面性强。Dialog 可在 140 多个同行评审文献数据库中访问超过 13 亿条记录。全球新闻来源超过 10000 个，还提供回溯 30 年的深度历史存档，即时新闻 24 小时不断更新，拥有超过 3000 个指定内容，如《纽约时报》和《华盛顿邮报》等的全文库等。Dialog 提供全面的、涵盖全世界 50 多万家公司的企业和所在行业的全面情报，还有 1400 万家美国和跨国公司的市场份额、销售数据、业务目录和金融财务等信息，覆盖全球的生物化学研究、计算机科学、能源和环境、卫生、机械和土木工程、医疗器械、制药学、软件、治疗和处理突破、药物作用等科学技术信息，提供具有无可比拟深度和广度的信息内容。

通过 Dialog，用户可以浏览全世界的专利、商标和版权最新情况，浏览在线专利图样，并且查找诉讼、裁决和知识产权法规方面的新闻。Dialog 中还有来自 Derwent 专利数据库、美国版权信息、14 个国家以及欧盟和世界知识产权组织的商标数据，400 万个商标图样，60 个国家超过 1500 万个专利内容，美国商业 process 专利和英文版的日韩专利信息。

三、Dialog 的检索

1. Dialog 的检索特点

（1）具有两种检索方式：菜单式和命令式。菜单式检索是指 DialogWeb（guided-search）及 DialogSelect 的检索方式，其检索界面为图形界面，方便直观。该界面作为 Internet 上的"傻瓜"界面，使用户无需要掌握 Dialog 检索指令，适合非专业检索人员及初学者、最终信息用户以及不愿学习 Dialog 检索指令的人使用。用户可以按照系统的提示，一步步地进行检索。命令式检索是指远程登录（Telnet）、DialogClassic 及 DialogWeb（command search）的检索方式，检索时需输入各种指令，检索快速、准确，适合专业人员使用。

（2）提供两种索引：基本索引及辅助索引。基本索引包含标题（TI）、规范词或叙词（DE）、自由词（ID）、文摘（AB）等字段。基本索引字段采取后缀代码实行检索。辅助索引包括著者、文献类型、单位名称、语种、期刊名称、出处、年份等字段，检索方式选用前缀代码。

（3）拥有多库访问及查重功能。Dialog 可以一次性访问多个数据库。用户使用一次性检索方法，不仅可以比较文档的检索结果，而且可以进一步限制、组配检索项和显示检索结果，使得查找多个文档犹如在单一文档内那样方便灵巧，每次最多能选择 60 个库。一次性检索所得到的结果是所选数据库检索文献之和，其中部分文献可能是重复的，不过 Dialog 具备查重功能，这无形中提高了检索效率，降低了检索费用。

2. Dialog 的检索方法

Dialog 具有强大且易于使用的界面，允许任何技能水平的搜索人员访问他们所需的研究内容。

（1）基本检索。

用户使用任何一个浏览器访问网址 https：//dialog.com/china/？nowproaker＝1，都能进入 Dialog 的中文版主页，如图 6-1 所示。

图 6-1　Dialog 中文版主页

在合法 IP 范围内，点击图 6-1 页面上部标题栏中的"Dialog Login"按钮，便可登录基本检索界面（见图 6-2），该网址为 https：//dialog.proquest.com/professional/？accountid＝13741。

基本检索步骤如下：① 登录检索平台（见图 6-2）；② 选择检索的数据库，从图 6-2 左上方的"N 个数据库"中直接选择；③ 选择检索的期刊范围，从图 6-2 检索框下方勾选"同行评审"及"学术期刊"；④ 选择需要的检索行业，不特别选定代表全选；⑤ 输入检索表达式；⑥ 点击检索框右边的检索键，浏览检索结果并及时存盘。

基本检索的优点有两个：一是不用掌握专门检索指令，适合非专业检索人员及初学者、不愿学习记忆 Dialog 检索指令的人使用；二是检索费用低廉，仅仅在启动和占用数据时产生、计算网络费用。其缺点就是如果用户需要将所有检索过程存盘，就要一屏一屏去存盘，否则，随着检索过程的深入、指令的增添，如不实时保存，数据就有丢失的危险。

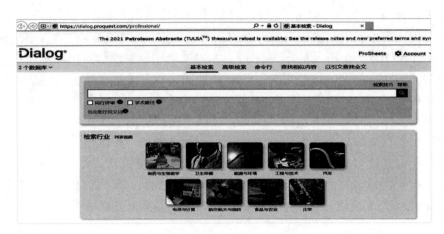

图 6-2 Dialog 的基本检索界面

（2）高级检索。

在合法 IP 范围内，点击图 6-2 页面检索栏上部中的"高级检索"按钮，便可登录高级检索界面，如图 6-3 所示，网址：https：//dialog.pro-quest.com/professional/advanced? accountid=13741。Dialog 推荐专业人士使用高级检索，因为高级检索不仅检索速度快，而且每一屏检索过程能及时存盘，几乎不会遗失数据，非常适合专业人士。

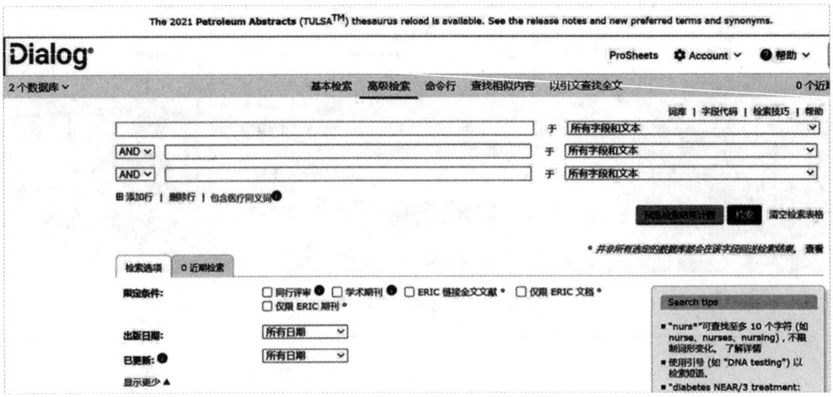

图 6-3 Dialog 的高级检索界面之一

高级检索步骤如下：① 登录检索平台（见图 6-3）；② 选择检索的数据库，从图 6-3 左上方的"N 个数据库"中直接选择；③ 在第一个检索框输入检索表达式，在检索框右边选择搜索范围；④ 在第二个检索框左边选择一个布尔运算符（AND、OR、NOT），在中间输入检索表达式，在检索框右边选择搜索范围，如有必要，可在第三个检索框执行类似的操作；⑤ 点击检索框右下边的检索键，便能得到检索结果。如果希望提高查准率，也可以添加检索条件，如限定条件，可从图 6-3 勾选"同行评审"及"学术期刊"等；选择出版日期，不特别选定代表全选；也可从图 6-4 勾选"文档类型"等，还能从图 6-5 勾选"目标读者"等。

此外，Dialog 还提供命令行、查找相似内容、以引文查找全文等检索方式。

第六章　常用外文数据库及其检索

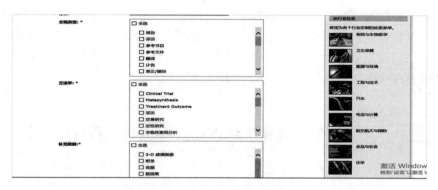

图 6-4　Dialog 的高级检索界面之二

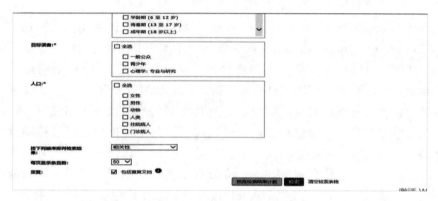

图 6-5　Dialog 的高级检索界面之三

3. Dialog 的服务功能

（1）Knowledge Index（知识检索）。1982 年，Dialog 推出晚间联机检索，其既可用简便的指令语言，也可用菜单形式，检索方法简单明了，能够满足家庭用户及办公室工作人员联机检索的需求。

（2）Dialog Business Connection（商界联合）。为满足商务人士的信息需求，Dialog 专门推出这项服务。通过驱动式的人机接口及简洁的菜单，能够迅速地检索 Dialog 系统中有关经营管理类的数据库，进而快速掌握有关商业和财政分析所需要的事实数据信息。

（3）OneSearch（多文档检索）。1987 年，Dialog 开始提供这项检索服务，能够通过使用一个检索表达式一并搜索多个数据库（最多可以检索 20 个文档），还可以编辑检索表达式，呈现检索结果和排除相同文献。检索时，可以直接选定文档号为检索词，如 BEGIN350、BEGIN351、BEGIN310、BEGIN312 等。

（4）Electronic Mail（电子邮件）。Dialog 提供电子邮件服务，基本功能是把用户检索到的文献传送到其事先留下的电子邮箱里，此外它还可以与其他电子邮件系统对接。

（5）DIALORDER（原文订购服务）。使用者在联机检索 Dialog 的过程中，能够按照自己实际需求，向系统提出订购适用原文的要求，DIALORDER 随即处理使用者与原文供应商之间的订购业务。

Dialog 一直都实行高价的收费制度,既按检索时间收费,又按下载的信息量收费,属于双向双重收费,其昂贵的收费大大限制了用户对它的使用。鉴于此,Dialog 现已推出优惠计划——用户年包库服务,即每年缴纳一定的费用,便能够无限次检索、使用其绝大部分数据库(CA、德温特专利等少量数据库除外)。

第二节 OCLC FirstSearch 系统

一、OCLC 发展概述

OCLC 是 Online Computer Library Center(联机计算机图书馆中心)的缩写,原来名称是 Ohio College Library Center(俄亥俄州大学图书馆中心),其总部位于美国俄亥俄州的都伯林市。OCLC 作为世界上创建时间最早(1967 年)、全球规模最大的图书馆联机合作组织,是一个非营利性信息研究机构,原由美国俄亥俄州 12 所大学图书馆合作组建,负责为世界上各类图书馆、信息中心及其终端用户提供各种信息服务,以便让越来越多的人去检索信息、利用信息,推动资源共享。其主旨追求是通过推动世界上各种图书馆之间的协作,减少不必要的重复工作或类似付出,以便进一步提升合作图书馆之间的信息服务成效,实现信息资源共享,降低获取文献的费用,舒缓合作馆的经费短缺困境。访问官方网址 http://www.oclc.org/,可登录其中文简体版网站,如图 6-6 所示。

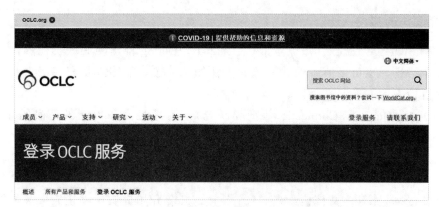

图 6-6　OCLC 中文简体版界面

1973 年,OCLC 实现了联机编目,网络规模迅速扩大,开始吸纳美国其他州的图书馆。1983 年,OCLC 改为现名。现在,OCLC 通过会员制发展,其成员已遍布 80 多个国家(地区)5 万多个图书馆及信息服务机构,成为世界性的文献资源共享组织。1996 年,OCLC 被引入我国,中国 OCLC 服务中心目前设置在清华大学图书馆,主要负责 OCLC 在中国的传播及培训事务。

二、OCLC FirstSearch 系统简介

FirstSearch 联机检索系统是 OCLC 的产品之一。1992 年 10 月，OCLC 开始提供 FirstSearch 服务———一个综合性的参考咨询和检索服务系统。1999 年 8 月中旬，OCLC 将 FirstSearch 升级改版。完全遵循 Web 技术设计而进行升级的 FirstSearch，能够为用户提供更加便捷、友好的使用体验，能够检索全世界范围内的信息资源。

FirstSearch 系统现有 90 多个联机数据库，其中一部分由 OCLC 的成员馆协作共建，另一部分是由美国政府机构、联合会、研究院及商业集团等单位供应的。数据库记录内容有文献信息、索引、名录、文摘或全文资料、馆藏信息等。数据库资料包括计算机软件、图书、期刊、报纸、乐谱、音视频、缩微胶片等类型。90 多个数据库覆盖各个领域和学科，主要涵盖工程与技术、生命科学、医学与健康、社会科学、艺术与人文科学、教育、公共事务与法律、商业与经济、会议与会议录、消费者事务、新闻和时事、传记等，涉及广泛的主题范畴。

在原国家教委 CALIS 项目经费的资助下，清华大学图书馆 1999 年开始以年订购的方式采购了 OCLC FirstSearch 的基本组 13 个数据库（有 18 个并发用户）使用权，供国内图书馆使用（用户无需再支出使用费和国际流量费）。

清华大学图书馆订购的 13 个数据库多数是综合类索引文摘库，资料类型有网络资源、图书、期刊、学位论文、年鉴、会议论文等，主要覆盖医学、工程和技术、人文社会科学、教育、大众文化、工商管理等领域。简单进行如下介绍。

1. WorldCat

WorldCat（全球图书馆联机联合目录数据库）是全球规模最大的书目记录数据库，储存了 OCLC 约 20000 家成员馆编制的书目记录和馆藏信息。从 1971 年建库开始，WorldCat 收集了绝无仅有的 4.7 亿条书目记录、近 28 亿条馆藏记录，涉及 480 多种语言，基本囊括从公元前 1000 多年到现在世界范围内的图书馆所拥有的图书和其他资料，汇集了人类社会 4000 多年来的知识结晶。其文献类型琳琅满目，包含网络资源、图书、报纸、期刊、手稿、地图、乐谱、音视频、文件以及档案资料等。数据库平均每十秒更新一次。

2. WorldCat Dissertations

WorldCat Dissertations（硕博士学位论文数据库）收录了 WorldCat 数据库中所有硕博士论文和以 OCLC 合作馆编制的学位论文为蓝本的出版物，覆盖全部主题和学科。该数据库最有特色的就是其资源全部来自全球顶尖的大学图书馆，如美国的耶鲁大学、哈佛大学、麻省理工学院、斯坦福大学、普林斯顿大学、加州大学伯克利分校、哥伦比亚大学、西北大学、杜克大学、芝加哥大学、宾夕法尼亚大学以及欧洲的牛津大学、剑桥大学、帝国理工大学、苏黎世联邦理工学院、伦敦大学学院、伦敦政治经济学院、爱丁堡大学、伦敦国王学院、巴黎理工学院、巴黎大学、欧洲工商管理学院、洛桑联邦理工学院、慕尼黑大学、柏林洪堡大学、海德堡大学等，目前有 2600 多万条记录，

其中 100 多万篇有全文链接，都是科学研究中经常使用的非常关键的参考材料，可以免费下载。数据库每天更新。

3. ArticleFirst

ArticleFirst（期刊索引数据库）是 OCLC 为世界各大出版社的期刊目录所做的索引数据库，包含 1990 年以来 16000 多种世界各大出版社的期刊目次页的各项内容，每条记录描述了期刊中一篇文章、新闻故事、信件和其他内容，还提供馆藏信息，如有哪些图书馆收藏该期刊。收录期刊大多数是英语。目前收录 3400 多万条记录，主题覆盖人文、社会科学、商业、医学、科学、技术、大众文化等。数据库每天更新。

4. ClasePeriodica

ClasePeriodica（拉丁美洲科学和人文学领域期刊索引库）由 Clase 和 Periodica 两部分组成：Clase 是对 1975 年至今人文与社会科学类拉丁美洲期刊中的文献进行索引；Periodica 则收录了 1978 年至今科学与技术文献类期刊。该库对 2700 多种以西班牙文、葡萄牙文、法文和英文发表的学术期刊中的 65 万多条书目引文提供检索，不但包括以泛美问题为主的期刊，而且包括在 24 个不同的拉丁美洲和加勒比海地区出版的论文、单行本、回忆录、技术报告、采访、简注等，主题涵盖哲学、人类学、社会学、政治学、法律、经济学、人口统计学、教育学、宗教学、外交事务、管理与会计、心理学、语言学与文学、历史、艺术、图书馆学与信息科学，以及化学、物理学、农业科学、生物学、通讯科学、医药学、地球科学、工程学和精密科学。数据库每三个月更新。

5. Ebooks

Ebooks（联机电子书目录数据库）收录 OCLC 成员馆编制的所有电子书书目信息，目前有近 3000 万种，覆盖全部主题和学科，收录范围从公元前 1000 年到现在。用户可以搜索所有这些电子书的书目，并可跳转到已选购的电子书进行全文阅读。数据库每天更新。

6. ECO-Index

ECO-Index 是学术期刊索引数据库，它收集了 1995 年以来世界上 70 多家著名出版社的 5000 多种期刊，现有 640 多万条记录，覆盖几乎所有学科，如哲学、社会学、宗教、心理学、人类学、政治学、法律、经济学、商业、教育学、图书馆学、文学、语言、美术、历史学、地理学、农业、技术、医学等。数据库每天更新。

7. OAIster

OAIster 全球联合机构知识库是密歇根大学于 2002 年在美国梅隆基金会的资助下开展的项目，现已成为全球规模最大的开放档案资料数据库，为研究者供应多个学科数字资源。收集数据已达 5200 多万条，来自 1100 多家图书馆及研究机构。它包括原生数字文献、数字化图书与期刊文献、音视频、数据集、论文、研究（技术）报告等。每条记录包括数字资源的全文链接,用户可以查看、下载和保存全文内容。数据库每三个月更新。

8. ERIC

ERIC 教育学数据库是教育学文献指南,由美国教育资源信息中心收集编辑的教育学文献(含已出版及未出版)覆盖数千个教育专题,包含齐全的教育类书刊的书目信息,囊括 1966 年至今有关教育方面的几乎所有材料,其最有特色的是收录了一些注释参考(发表在 *Resources in Education* 月刊上的非期刊资料与每个月发表在 *Current Index to Journals in Education* 上的期刊文章的注释)。ERIC 收集了 1000 多种教育类期刊和其他资料,现有 176 万多条记录,能无偿阅览的全文文献约 24 万篇,并附有叙词表。其主题涉及教学理论、教育管理、教育评估、教育心理学、教师与教师教育、小学与幼儿教育、高等教育、职业教育、成人教育、残疾与天才教育、城市教育、家庭教育、信息与技术、阅读与交流、语言学与语音学等。数据库每月更新。

9. GPO

GPO(美国政府出版物数据库)由美国政府出版署创办,包括 1976 年以来美国政府各种文件,覆盖美国由总统办公室、国务院、国防部等行政部门颁布或出版发行的文件和美国国会档案、国会报告、国会意见听证会、国会辩论以及司法资料等,每条记录包含一个书目引文,共有 83 万多条记录。数据库每月更新。GPO 拥有广泛的用户群,例如美国国会图书馆,以及华盛顿大学、纽约大学、密歇根大学等 80 多所大学和学院等。

10. Medline

Medline(医学文献库)收录 1950 年至今全球近 2 万种期刊的 3000 多万条记录,同 Index Medicus,Index to Dental Literature 和 International Nursing Index 一样,包含实质性摘要信息。主题覆盖全部医学领域,如基础医学、临床医学、临床用药、内科学、牙科学、教育、试验、药学、健康服务管理、护理、营养、病理学、精神病学、毒物学、兽医药品、肿瘤学等。数据库每天更新。

11. PaperFirst

PaperFirst(世界各地会议论文索引数据库)覆盖 1993 年至今来自英国国家图书馆文献供应中心收录的世界范围举办的研讨会、大会、学术报告会、座谈会、博览会、专业会等所发布的论文,并对上述资料进行索引,目前共有 940 多万条记录,能利用馆际互借途径获得全文文献。数据库每两周更新。

12. ProceedingsFirst

ProceedingsFirst(世界各地会议录索引数据库)与 PapersFirst 数据库关系密切,收录来源和会议范围与 PapersFirst 相同,区别是对这些会议的会议录添加索引,而且每条记录都包含在对应会议上所呈交的文件清单，从而提供了各次活动的一个概况，目前有约 49 万条记录。数据库每周更新两次。

13. SCIPIO

SCIPIO 是世界上唯一一个艺术品和珍本拍卖目录在线数据库，覆盖从 16 世纪晚期到目前的拍卖的出售目录，共有 57 万多条记录。每条记录包含出售地点和日期、题录、拍卖行、出售者以及拥有馆藏的图书馆。SCIPIO 提供北美和欧洲主要拍卖行以及许多私下销售的拍卖目录，是了解艺术品、珍本、收藏历史、古今市场趋势的珍贵信息来源。其包括的主题有绘画、珍本、雕塑、珠宝、素描、家具、房地产、地毯和纺织品等。数据库每天更新。

三、OCLC FirstSearch 检索方式

1. 基本检索

搜索简便、操作耗时少是 OCLC FirstSearch 基本检索的特点，其基本检索界面如图 6-7 所示。运用常规的检索方法能够轻松实现关键词、标题或作者等的单项检索，是搜索信息的一种便捷手段。使用基本检索能够灵活选择主题或数据库（见图 6-8），重排检索结果，控制检索范围。

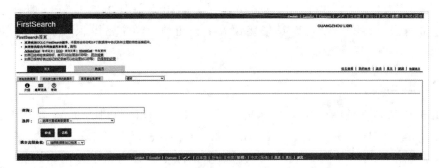

图 6-7　OCLC FirstSearch 基本检索界面

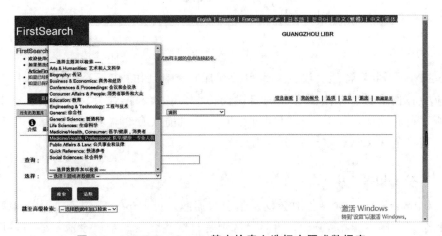

图 6-8　OCLC FirstSearch 基本检索之选择主题或数据库

2. 高级检索

在基本检索左下角，有个"跳至高级检索"的按键，不过要先选择数据库，如图6-9所示。

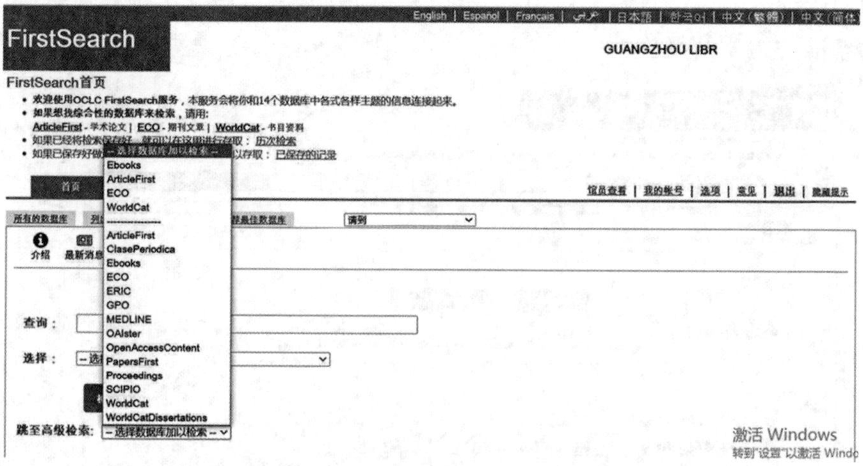

图 6-9　OCLC FirstSearch 高级检索之选择数据库

高级检索提供更多的联机检索模式供用户挑选，是 OCLC FirstSearch 的组配检索模式。跳转至高级检索模式后，用户能够点击下拉列表框，使用一个或多个适用的字段索引以及布尔逻辑运算符，实行组配搜索，可以限定检索的语种、年代及范围等，还能进一步提出分类显示的请求，如图6-10所示。

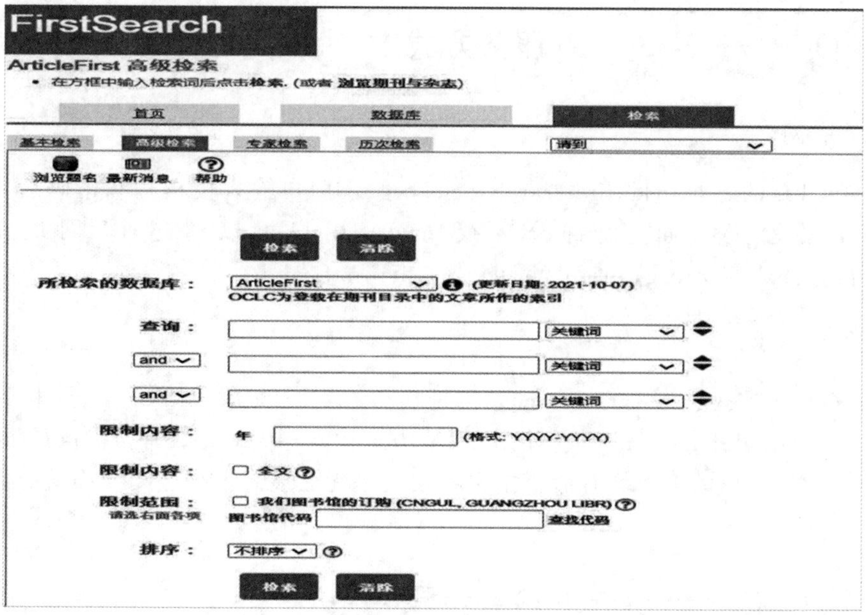

图 6-10　OCLC FirstSearch 高级检索

3. 专家检索

专家检索是 OCLC FirstSearch 专为有丰富检索经验的用户开发的一种命令式的检索模式，如图 6-11 所示。在专家检索模式中，可以使用更多的限定功能进行优化检索。通常选择由检索词、布尔运算符、标识符及结合符构成的逻辑检索串进行检索，这样就能得到较为精准的检索结果。

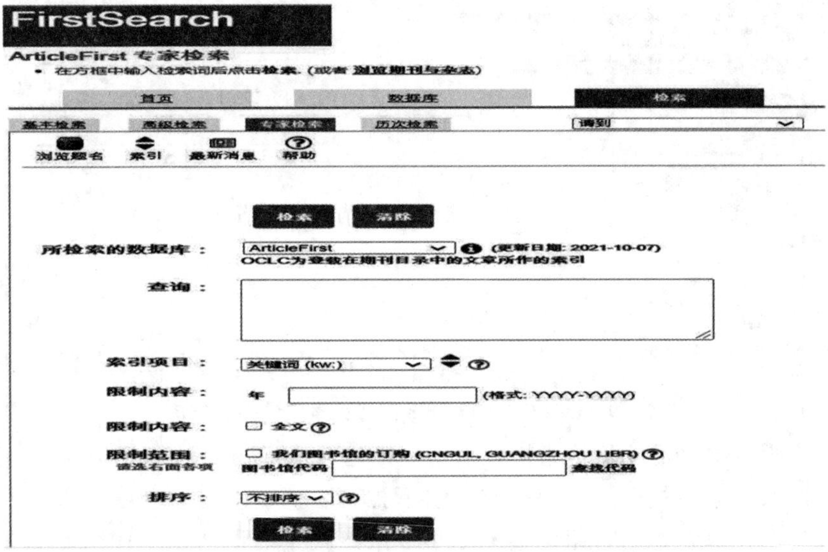

图 6-11　OCLC FirstSearch 专家检索

四、OCLC FirstSearch 服务方式

1. 万维网

可从 OCLC 的主页访问 firstsearch.oclc.org/，用户输入授权号和密码后，连接到 FirstSearch 的检索页面。而部分专线（DI）用户可以通过 DI 网址 http：//firstsearch.global.oclc.org，使用免费账号登录 FirstSearch。

2. TTY 方式

即用 Telnet 方式进入 FirstSearch，网址为 http：//fscat.oclc.org，通过 DI 的网址为 http：//fscat.global.oclc.org。使用 TTY 方式检索，优缺点兼有，优点是操作简便，在每一个显示屏资信的下面均有命令指引；缺点是无法展现图像、要换屏就必须敲入命令等。

五、OCLC FirstSearch 检索步骤

（1）准备检索式。在检索前，须事先制定检索式，然后通过上述推荐的两种服务方式登录 OCLC FirstSearch，之后便能开始检索了。

(2) 拟定主题范畴。进入 OCLC FirstSearch 检索系统后，用户根据检索项目的要求，从 13 个主题范畴（Subject Area）的菜单（显示在荧屏的左边）之中挑选一个。

(3) 选择数据库。用户选定一个主题范畴后，与该主题范畴关联的数据库名称将会出现在页面的右边，进而从中挑选一个或多个（至多 3 个）合适的数据库，系统随即转入检索界面。

(4) 选择检索字段，输入检索式。每个数据库都会提供几个检索字段（如题名、作者等），在基本检索页面利用检索字段表选择，在高级检索屏幕通过下拉列表框选择，在专家检索界面就要运用代表检索字段的标识符，在检索屏幕所提供的检索框内输入检索词。同时，也可以选择限制性检索条件（如年份、语种等）。

(5) 递交检索式。编辑检索式、挑选好限制性检索条件后，点击 StartSearch 按钮，系统便执行检索命令。

(6) 查看检索结果。OCLC FirstSearch 接受检索命令后，用户会得到一个以每页 10 个记录的列表方式显现的命中记录的结果集合。点击任意记录的题名，便能浏览该条记录的完整内容（包括作者、题名、主题词即摘述词、出版日期、文献来源等，大部分记录还有文摘）。翻页可单击页面底部的 NextPage 和 PrevPage 按钮。如果要一起显示所有标记记录，可单击记录后面的标记图案。

(7) 获得全文。单击记录屏的 Get/Display Item 按钮，OCLC FirstSearch 会登录订购全文页面，用户可使用屏幕显示、保存、打印、馆际互借或 E-mail、Rush Mail、Fax 等方式浏览或获取全文。建议用户事先留意拟订文献的馆藏列表，然后再决定是否订购。

(8) 结束检索过程。单击导航菜单的 Exit 按钮，就会结束 OCLC FirstSearch 检索过程。

第三节　EBSCO 数据库系统

一、EBSCO 发展概况

EBSCO 具有七十多年的历史，是全球最大的供应期刊、订阅文献及编辑出版的专业服务公司，其编辑发行电子出版物始于 1986 年，现已创办 100 多个联机文献数据库，收录了 1 万多种文摘索引型期刊（提供全文的有 6 千多种）。作为当今全球入选学科相当完备的在线期刊全文数据库，EBSCO 覆盖了人文和艺术、社会科学、教育学、自然科学、医学等各类学科领域，数据库既有大众的，也有专业的，SCI、SSCI 的来源期刊超过所收集期刊的 50%。

EBSCO 总部位于美国阿拉巴马州伯明翰市，现于 19 个国家或地区设有分部，为全球 200 个国家或地区的客户（主要有科研院所、教学研究型大学、政府部门、相关商业集团、大型医疗机构等）提供各种各样的最新文献信息。数据库每日更新。

二、EBSCO 主要数据库简介

1. Academic Search Ultimate（ASU，综合学科参考文献）

该数据库收录年限为 1887 年至今。收录文献的主题包括计算机科学、信息科技、通讯传播、生物科学、工程技术、健康卫生医疗、哲学、人文社会科学、心理学、公共管理、法律、军事、文化、教育、语言学、各国文学、历史学、艺术、视觉传达和表演等。它提供 16700 多种期刊的索引及摘要，其中超过 10600 种为全文期刊，6800 多种为专家评审且无时滞期刊；此外，还收录有 900 多种非刊类全文文献，例如，360 多种全文图书专著以及百余种会议论文、百科和专题报告全文等。另外还收录了数千种来自欧洲、亚洲、大洋洲及拉丁美洲等地语言的全文期刊，涉及 80 多个国家。该库有 5800 多种全文期刊同时入选 Scopus 数据库，Web of Science 数据库也有 2700 多种全文期刊与该库相同。

2. Business Source Complete（BSC，商管财经类全文数据库）

该数据库收录年限为 1886 年至今。收录文献的主题包括经济、营销、管理、会计、金融、管理信息系统（MIS）、生产与作业管理（POM）等。它提供 6200 多种期刊索引及摘要，包括近 3800 种为全文期刊（其中 1960 多种为同行评审期刊）；还提供近千种图书专著，此外还有超过 110 万份企业背景介绍，1200 多种国家经济报告，8200 多份行业报告，10500 多份对全球知名企业高层管理人员以及财经分析家的访谈录，2600 多份市场研究报告，以及 4200 多份 SWOT 分析等。

另外，它还特别收录了以下独家财经文献：BERNSTEIN FINANCIAL DATA 伯恩斯坦金融数据；晨星基金股票分析出版品；美国管理会计师协会出版物；Richard K. Miller & Associates 市场研究报告；非英语系国家的商学文献资源；900 多篇案例分析报告（其中 680 多篇全文）；哈佛大学知名教授的 57 个研讨会视频。

同时它有许多独特的全文期刊，如：*Harvard Business Review*（自 1922 年 10 月 1 日第一卷第一期至今，没有时滞）；*Administrative Science Quarterly*；*Academy of Management Journal*；*Academy of Management Review*；*Journal of Marketing*；*Journal of Marketing Research*（JMR）；*MIS Quarterly*；*Communications of the ACM*；*International Journal of Production Research* 等。

它也收录了包括 Business Monitor International、CountryWatch Incorporated、Economist Intelligence Unit、Global Insight Inc. 等在内的各种知名出版社的 1400 种报告（全文）。

3. Communication & Mass Media Complete（CMMC，大众传媒学全文数据库）

该数据库收录许多著名学协会及出版社的 1000 多种期刊，其中 642 种为全文收录。如美国全国传播学会（National Communication Association）、国际商业传播协会

(International Association of Business Communicators)、美国市场营销协会（American Marketing Association）、新闻与大众传播教育学会（Association for Education in Journalism and Mass Communication）、剑桥大学出版社（Cambridge University Press/UK）等。

4. Bibliography of Asian Studies（BAS，亚洲研究文献目录）

该数据库收录年限为 1971 年至今（部分回溯至 1992 年），由美国的亚洲研究协会（The Association for Asian Studies）编辑出版，收录研究东亚、东南亚和南亚的西方语言文献，内容涉及多个主题领域，重点关注人文和社会科学方面。收录的文献包括期刊文献全文、评论文章、会议论文、文集等。

5. OmniFile Full Text Select（H. W. Wilson 全文期刊精选库）

该数据库收录期刊 3000 余种，文献最早回溯至 1980 年。内容覆盖应用科技、生物农业、人文、社会科学、法律、教育、商业、图书馆与信息情报学、艺术等几乎所有学科领域。它同时提供 HTML 全文以及可以下载的 MP3 音频文件，其中 HTML 全文可即时翻译为包括简繁体中文在内的 12 种语言。

6. Art & Architecture Source（艺术与建筑数据库）

Art & Architecture Source 是由 Art & Architecture Complete 和 Art Full Text 两个数据库合并而成的。其收集的范围有美术及雕塑、雕塑技法、工艺美术、建筑艺术、环境艺术、广告艺术、装饰艺术、城市规划、建筑历史、建筑设计、景观设计、室内设计、考古等方面的期刊、图书、手册及博物馆公报等文献；包括来自法国、德国、意大利、西班牙和荷兰的 730 多种全文期刊和 220 多种全文书籍，63000 多幅来自 Picture Desk 等出版社的图片集等。

7. Art Museum Image Gallery（艺术博物馆影像图库）

该数据库收录公元前 3000 年至今的艺术作品，即跨越 5000 多年的文化艺术；它提供大量近、现代艺术家作品，涵盖亚洲、非洲、欧洲、美洲艺术，囊括土著美国文化及美国中部文化。它为社会科学、宗教、文学、文化研究、区域研究、妇女研究、历史、考古、戏剧研究及戏剧服装、道具设计等领域提供丰富的电子艺术资源。数据库里包括全球 1800 多家博物馆、美国国会图书馆图片与摄影部的 166000 幅博物馆馆藏高清图片，1000 多个博物馆馆藏多媒体文件。其全部图片均可供教学研究使用，无版权之忧。

8. AAS Historical Periodicals（美洲回溯典藏文献数据库）

EBSCO 与美国古文物学会（American Antiquarian Society，AAS）合作，将 AAS 所收藏的定期出版物进行电子化处理，通过 EBSCO 平台提供访问路径。该数据库包括 1684 年到 1912 年从美国殖民时期到第一次世界大战前的丰富历史档案回溯文献，涵盖 50 多个主题的子库，收集 8000 多种杂志和期刊的数字图像，内容覆盖科学、宗教问题、妇女平等运动、广告、健康、奴隶历史、文化和艺术、工业和职业等领域。

9. The Belt and Road Initiative Reference Source（一带一路资源中心数据库）

一带一路资源中心数据库是 EBSCO 公司专为研究人物、文化以及一带一路覆盖的国家政策经济所设计，它包含一带一路沿线的 65 个国家的出版文献。该数据库收录超过 5100 种特色全文期刊，可回溯至 1975 年；此外还收录有 120 多种报纸与电讯新闻全文内容以及 500 多种报告及会议录。支持多语种检索。

10. EBSCO 电子图书

EBSCO 电子图书原名为 NetLibrary，它涉及学科广泛，包括数学、计算机科学、工程与技术、艺术与建筑、哲学、社会学、心理学、政治学、法律、商业与经济、教育、历史等。读者可访问 10000 多种电子图书，既可以直接搜索，也可以按照目录分类浏览。所有电子图书均内嵌在线字典功能，方便用户查询词义和读音。

11. GreenFile（环境保护文献库）

该数据库包括对全球环境产生的影响而人类进行深入研究的信息，诸如环境污染、可再生能源、资源回收与循环利用、温室效应与全球变暖、环保节能和谐的绿色建筑、根除贫困的可持续农业等。

12. Library，Information Science and Technology Abstracts（LISTA）（图书馆信息科学与技术摘要）

该数据库收录年限为 1960 年至今。它主要收录期刊、图书、研究报告，包括 240 多种期刊的全文，主题涉及图书分类、目录、书目计量、信息管理、网络信息检索等。

13. MEDLINE（医学文献库）

由美国美国国家医学图书馆创建，采取了包含树、树层次结构、副标题的 MeSH（医学主题词表）索引方法，用户可从 4800 多种医学期刊中检索文献。

14. Newspaper Source（报纸全文库）

该库涵盖了精挑细选的三百多种美国区域性报纸全文和 40 多种美国及国际报纸，还包括电视和广播新闻脚本。

15. American Doctoral Dissertations，1933～1955（美国博士论文档案数据库）

该数据库为文摘数据库，内容为 1933～1955 年美国博士论文，收录了部分知名作家的著作，如 Martin Luther King、Jr. Henry Kissinger、Milton Friedman、Margaret Clapp 等。

16. Regional Business News（地区商业报纸全文库）

该数据库收录美国城市和乡村的 244 种商业期刊、报纸，数据库每日更新。

17. Book Review Digest Plus（H. W. Wilson 图书评论摘要增强版数据库）

该库涵盖涉及图书评论的 8000 余种期刊，包括小说及非小说类文学作品的书评。它共提供 22 余万余篇书评全文，涉及近 80 万本图书，同一本书的全部评论与该书显示于同一屏幕，被评论书籍摘要均由威尔逊公司专业人士撰写，适合各年龄段的读者。

18. 教育学数据库

（1）Education Resource Information Center（ERIC）。该库精选了约 990 种教育类期刊文献（与教育相关）的题录、文摘，1966 年开始收录，持续至今。

（2）Education Source。该库囊括了 2800 多种学术期刊的索引和摘要，其中 1800 种期刊提供全文；还收集了 500 多本图书和专著、教育领域会议文献、400 多万篇文章（包括书评）的引文，以及超过 10 万种受控和互见参照的教育测验名称。其内容覆盖范围包括从幼儿早期教育一直到高等教育的完整教育阶段以及一些教育专业，例如多语言教育、健康教育和实验等。收录的全文文献最早可回溯至 1930 年。数据库每月更新一次。

（3）Teacher Reference Center。该库旨在为专业教育者提供帮助，精选了约 290 种最热销的教师和管理者期刊的索引及摘要。

19. SPORT Discus with Full Text（EBSCO 运动科学全文数据库）

该库是当今国际上独家收集全球体育运动资讯的数据库，其内容大部分来自加拿大的 Sport Information Resource Center，涵盖世界上与运动、健康相关的各种会议记录、期刊、专著、学位论文、研究报告；其中收录的 960 多种期刊中有 670 多种提供全文，全文最早回溯至 1930 年。此外，还提供美国俄勒冈大学国际体育和人类表演学院（International Institute for Sports and Human Performance，University of Oregon）收藏的 7000 多种缩微胶片中关于运动科学、健康、体能体育及舞蹈的相关文献，内容可回溯至 1947 年。数据库涉及的学科有运动科学、运动医学、运动生理学、护理、运动法规、体育训练、心理学、行政、健康、休闲活动等。

三、EBSCO 检索方法详解

在 EBSCO 数据库中，可以单库检索，也可以多库检索，因此用户首先要做的就是选择数据库，EBSCO 选择数据库界面如图 6-12 所示。

如果希望执行多库检索，那么就要在"全选"的方框内打钩，然后点击"确定"按钮。如果希望进行单库检索，那么只要移动光标去单击这个数据库名称前面的方框，变成打钩就行了，接下来同样是点击"确定"按钮，这样就会进入检索界面了。

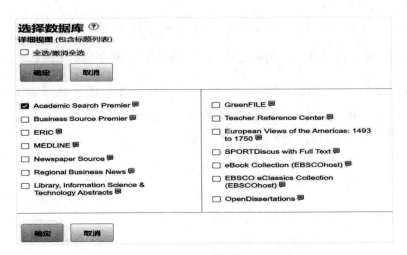

图 6-12 EBSCO 选择数据库界面

1. 常规检索

（1）基本检索。

基本检索界面如图 6-13 所示。确定了数据库，再点击确定按钮，就会跳转到检索界面。在检索框内输入关键字（检索词/词组、字段代码或检索运算式）。当然，也可以在检索框加入布尔逻辑运算符（AND/OR/NOT），这样能进一步限定或扩大检索结果，输入的词越多，检索结果就会越精确，但数量也会越少。

图 6-13 EBSCO 基本检索界面

第一步：输入检索词，可使用上述任意检索技术。

第二步：设置检索选项（可选），可对检索结果做进一步限定。向下滚动鼠标的滑轮，便可以进入检索选项的设置页面。检索选项包括以下两个。

① 检索模式和扩展条件。检索模式有布尔逻辑/词组（默认）、查找全部检索词语、查找任何检索词语、智能文本搜索；扩展条件有运用相关词语、同时在文章全文范围内搜索和应用对等科目（默认），如图 6-14 所示。

② 限制结果。它包括全文、学术（同行评审）期刊、有参考、出版日期、出版物、页数、图像快速查看等，如图 6-15 所示。例如，勾选"全文"复选框，则表示只显示有全文的文献。如果要限定，有些是勾选相应条目对应的复选框即可（反之，则表示不做限定）；有些是选择或填入相应的数据，如出版日期、出版物/类型。

第六章 常用外文数据库及其检索

图 6-14　EBSCO 基本检索选项界面之一

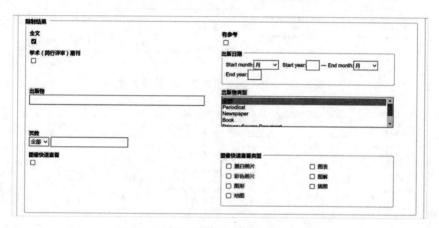

图 6-15　EBSCO 基本检索选项界面之二

（2）高级检索。

高级检索页面有三个检索文本输入框，而每一个检索文本输入框后面对应一个字段下拉列表框，如图 6-16 所示。高级检索提供给用户选择的检索字段有：所有字段、文章标题、著者、主题词、叙词、文摘、地名、人名、政府名、公司名、产品名、期刊名、索取号、NAICS 码、DUNS 码、ISSN、ISBN 等。用户根据需要确定检索字段，输入检索词，可运用逻辑运算符组配文本输入框与框之间的关系。为了提高查准率，可以利用限制检索或扩展检索，同样可以利用检索框下的各个选项，如图 6-17 和图 6-18 所示。

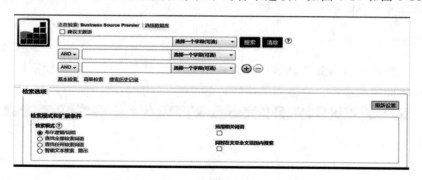

图 6-16　EBSCO 高级检索选项界面之一

第一步：输入检索词，可使用上述任意检索技术。可通过单击"添加行"链接增加检索框，添加检索的限制条件。

第二步：选择检索字段，可选择上述任一检索字段。

· 137 ·

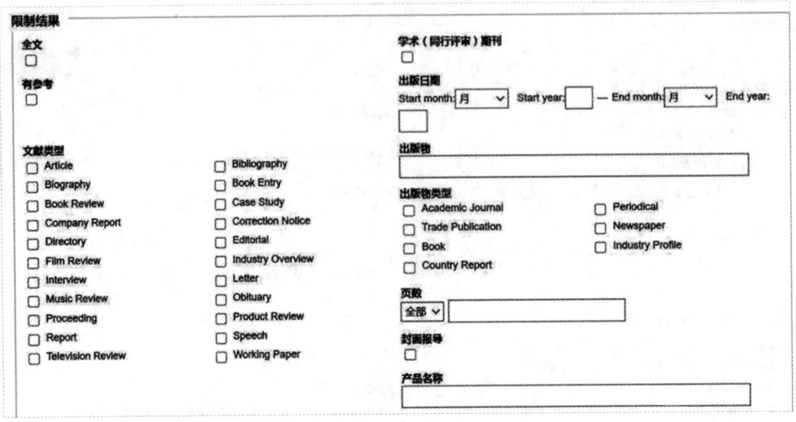

图 6-17　EBSCO 高级检索选项界面之二

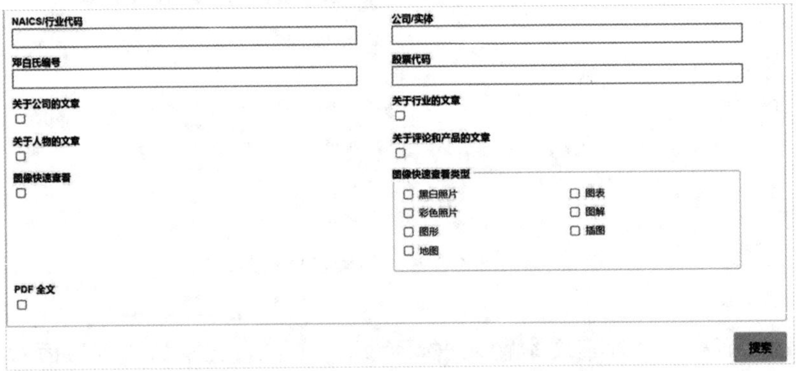

图 6-18　EBSCO 高级检索选项界面之三

第三步：选择各检索框的组配方式"AND""OR"或"NOT"。注意：检索时，运算顺序按逻辑运算符的优先级顺序执行，并不是按输入顺序进行。

第四步：限定结果（可选），可对检索结果做进一步的限定。进入高级检索界面，在页面下方将自动显示检索结果限定条件。

2. 辅助检索

最基本的关键字检索框会显示在检索屏幕的上部中间，此外在关键字检索框最上方还提供其他辅助检索途径，单击相关按钮，即可进行辅助检索，如图 6-19 所示。

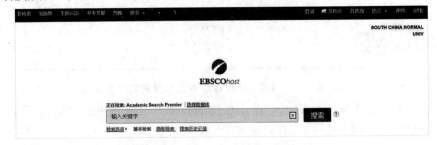

图 6-19　EBSCO 辅助检索界面

第六章　常用外文数据库及其检索

(1) Publications（出版物检索）。

点击"出版物"按钮，可直接点击刊名进行检索，如图6-20所示。它收录了数据库中所有的刊物，点击某一刊名，能浏览该刊的刊名、出版商、文摘、全文的收录年限等信息。

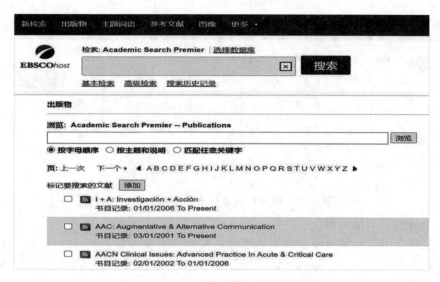

图6-20　EBSCO辅助检索之出版物检索

(2) Subject Terms（主题词语检索）。

首先从"词语的开始字母""词语包含""相关性排序"这三者中选一，明确检索是从首字母、任意位置开始检索或与词语相关。之后，可以添加词语进行检索，添加时使用逻辑符：OR、AND、NOT。还可以单击词语以显示详细资料。这种检索利用平台提供的规范化叙词表进行检索，相关度高，因此检索效率很高，如图6-21所示。

图6-21　EBSCO辅助检索之主题词语检索

(3) References（参考文献检索）。

可以检索某篇文章、某位作者、某个出版物、某一段时间内甚至数据库中所有的参考文献，如图 6-22 所示。值得注意的是，在 EBSCO 系统中，不是所有的数据库都提供参考文献检索功能。

图 6-22 EBSCO 辅助检索之参考文献检索

(4) Images（图像检索）。

在图像检索中，可进行特定种类的图像的检索，实现人物、地点、地图、自然科学、历史、标志等方面的检索，如图 6-23 所示，还能限制图像类型为黑白照片或彩色照片或其他。

图 6-23 EBSCO 辅助检索之图像检索

(5) Indexes（索引检索）。

点击"更多"下拉式按钮，再点击索引可进行索引检索，如图 6-24 所示。

索引检索可以从作者、文献类型、ISBN、ISSN、刊名、语种、主题词、出版年等方面列出数据库收录的所有该范围的条目，可以选中一个或多个条目做进一步检索，如图 6-25 所示。

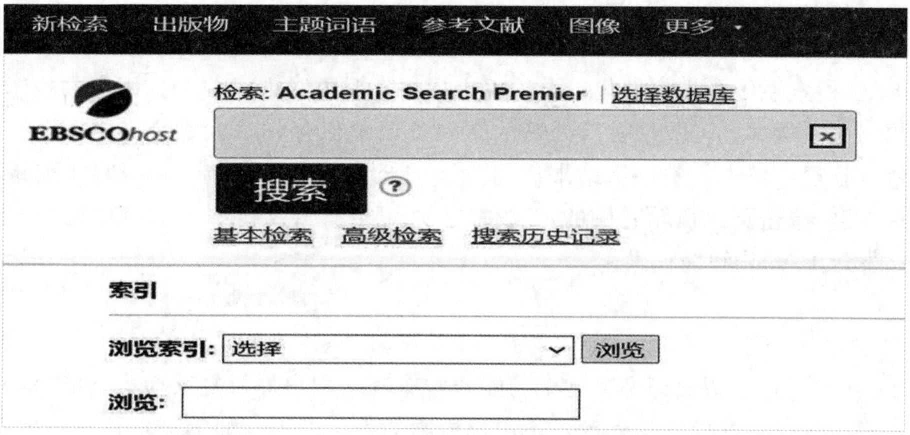

图 6-24　EBSCO 辅助检索之索引检索

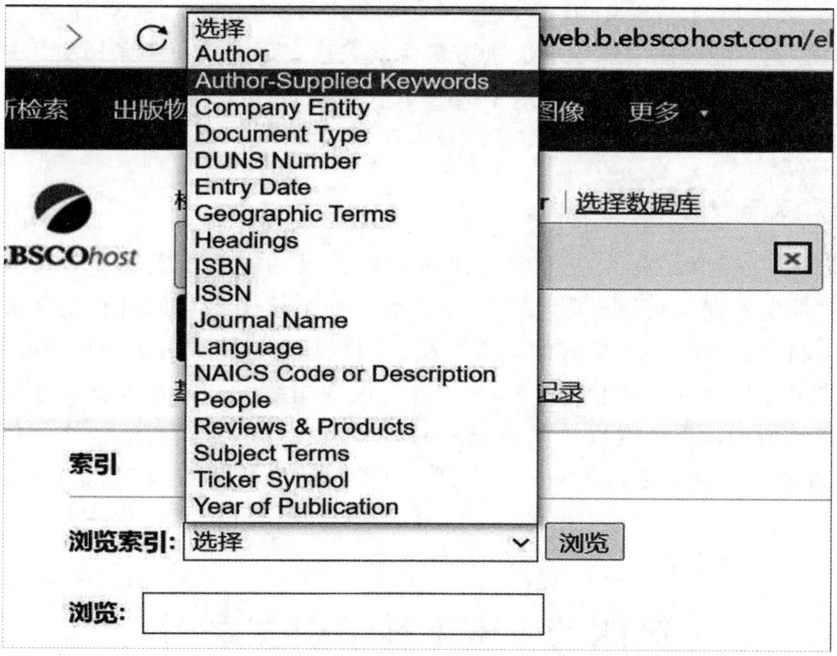

图 6-25　EBSCO 索引检索之浏览索引

四、EBSCO 检索结果处理

1. 调整检索结果

在检索结果列表的上方，单击"排序依据"后的下拉按钮，可以选择按日期、来源、作者、相关度排序，默认按日期排序。在列表左侧，可以进一步选择相应类别，从而缩小检索结果。在列表右侧，不但可以查看信息，而且可以修改检索条件的限定，然后单击"更新结果"按钮，即可针对输入框中的检索词重新进行检索（不能单击输入框下方的"检索"按键，否则修改的检索条件限定将不起作用）。

• 141 •

2. 保存检索结果

EBSCO 检索系统非常人性化，会给用户提供暂时的私人收藏夹。用户在检索的过程中，为提高检索效率，可随手将待处理的文献方便地保存到私人收藏夹中，在完成检索后集中进行整理。单击每条显示结果后的"添加至文件夹"链接，可以将当前记录添加到"文件夹"。单击页面顶端右侧的"文件夹"，可以打开文件夹，对其中的所有内容进行打印、发送 E-mail 和保存操作。

3. 检索历史记录

EBSCO 的"检索历史记录"这个功能非常有利于用户进行复杂检索，能够协助用户灵活重构表达式、保存检索过程等，是用户检索的得力助手。如欲浏览检索历史记录表，可点击"检索历史记录"按钮。在历史记录表中产生一条新的检索历史记录有两种情况：其一，每次点击"搜索（Search）"按钮进行新的检索时；其二，使用历史记录重构检索表达式时。用户能够使用编号来快速构建检索表达式，因为每一条历史记录都有一个独特的编号，在 EBSCO 中可以用这个编号取代对应的检索命令。为了提高检索效率，用户可以打印、下载和保存历史记录表。

4. 查看及下载全文

在 EBSCO 的检索结果列表中会列出每一条记录的文献篇名、作者、刊名、出版者、出版日期、卷期、页数、附注等扼要信息。如果该文章可以进行全文阅读，还将提供 PDF、HTML 或 XML 格式的全文链接。用鼠标光标指向题名后的"查看"图标，即可进一步显示记录的文摘信息；单击"查询国内馆藏"链接，可查看在国内有哪些图书馆收藏该期刊，以便索取；单击记录的题名链接，可将该文献的详细信息完全展开。EBSCO 提供多种文献格式和保存方式，可以保存、打印或以 E-mail 形式发送引文信息、全文等。

第四节　SCI 科学引文索引

1961 年，美国科学信息研究所（Institute for Scientific Information，ISI）（现由汤姆森科技信息集团（Thomson Scientific）接管）在美国费城推出了科学引文数据库 SCI（Science Citation Index）。SCI 是全球知名的引文索引数据库、科技文献检索工具，与 EI、ISTP 一起被称为全球三大检索系统。因为 SCI 具有开创性的内容、高质量的数据以及悠久的历史，所以 SCI 在全球学术界有极高的声誉，被誉为"全球三大索引之首"。使用 SCI，能够轻松突破最新、最重要的科技文献在期刊与期刊之间、数据库与数据库之间以及出版社与出版社之间的壁垒，帮助科研人员轻松地找到世界范围内自己研究领域最重要、最新颖、最前沿的科技文献，激发科研人员的创新思维，使他们能获取更多的研究思路。

一、SCI 概述

1. SCI 的发展概况

20 世纪 50 年代，尤金·加菲尔德受"谢泼德引文"的启发，萌生了编制引文索引的想法，1957 年他正式创建了美国科学信息研究所 ISI，并开始编制引文索引。1963 年《科学引文索引》（*Science Citation Index*）正式出版。出版周期几经变化，1979 年起改为双月刊，并有年度累积本和五年度累积本。SCI 期刊主要由引文索引和来源索引两大部分组成。引文索引包括作者引文索引、团体作者引文索引、匿名引文索引和专利引文索引；来源索引中还包括检索来源索引的工具"团体索引"和"轮排主题索引"。

1990 年，SCI 的光盘版开始出版，收录期刊与印刷版相同。SCI 光盘数据库有两种：一种是带文摘版的 CD-ROM with Abstracts（月更新）；另一种是不带文摘版的 CD-ROM（季度更新或半年更新）。检索字段主要有著者（AU）、题名（TI）、期刊/来源（JN/SO）等。

1997 年，ISI 推出了 SCI 网络数据库。SCI 网络数据库的全称为 SCI Expanded，简称 SCIE。它收录的期刊除印刷版收录的近 4000 种期刊外，还包括 2000 余种外围刊。这些外围刊是 ISI 从全世界学术期刊中精选出来的，并集中收录进 Current Contents Connect（简称 CCC）中。SCIE 基于 ISI Web of Knowledge 提供检索服务。

SCI 的出版形式经历了印刷版期刊、光盘版、网络版等阶段。目前，SCI 在 Dialog、DataStar 等联机检索系统中提供服务。国内最常见的是通过 Dialog 系统服务的 SCI。1999 年，基于网络的 SCI 被正式引进中国内地。从最开始的 5 家机构用户到现在，在国内已经有超过 200 家科研机构开通了 SCI 访问，其中包括 90 多所大学、中科院全系统、公共图书馆、政府所属的科研单位等。

2. SCI 的主要特点

（1）收刊广泛。SCI 收录了世界范围内出版的数理化、农、林、医、生命科学、天文、地理、工程技术等自然科学各学科近 8000 种高质量核心期刊近百年的数据内容，收选的文献主要是期刊论文，还包括会议录、书评、专著等，涉及 170 多个学科。

（2）选刊严格。SCI 的核心原理是：同一学科，一篇好论文被他人引用的频率高于质量不高的论文；一个高学术价值的期刊，因影响广泛，故刊载论文的被引用频次普遍高于一般学术期刊。SCI 通过严格的选刊标准和评估程序挑选刊源，从而做到收录的文献能全面覆盖全世界最重要、最有影响力的研究成果。SCI 所选择的期刊都被认为是引用频率高且质量高的期刊。

（3）编制独特。SCI 一改其他检索工具的编制方法，不仅反映文献本身的各项信息，而且以期刊论文、会议文献等资料所附的参考文献（引文或引文文献）的作者、出处等项目，按照引证（来源文献）与被引证（引文文献）的关系进行排列和组织，从而形成一种独特的检索语言和检索方法。

所谓引文文献或引文，就是一篇文章后所附的参考文献，又称为被引用文献。其作者即为引文作者，或称为被引作者。引文是借鉴前人研究成果的一种方法。

所谓来源文献就是来源出版物上刊载的文章,即现期期刊上发表的文献,又称引用文献、司证文献、施引文献。其作者即为来源作者,又称引用作者、引证作者或施引作者。

刊载来源文献的出版物就是来源出版物,如 SCI 收录的期刊等。它是遵循文献计量学规律,采用定量与定性相结合的方法,从一定范围的出版物中遴选出来的。只有来源出版物上发表的文章才能在来源文献中检索到。

例如,有一种期刊被 SCI 收录,该期刊上刊载了一篇文章 A,且文章 A 提到或引用了文献 B,则文献 A 为来源文献,文献 B 为引文,该期刊为来源出版物,文献 A 的作者为来源作者,文献 B 的作者为引文作者。

(4) 权威性高。SCI 数据库的建立是以科学的文献计量学为依据的,它根据文献之间引证与被引证关系,将在特定时限内被引频次最高的期刊选录进来,且每年更新,这样选取的期刊是自然科学各领域核心的、质量较好的期刊,它的权威性是很高的。

(5) 有局限性。SCI 收录的期刊几乎囊括了国际多学科高质量科学期刊,但主要限于基础科学方面,技术成果方面收录较少;收录第三世界国家期刊较少,1983 年以来,我国被收录的期刊只有 5~14 种,扩展版也不到 70 种,我国期刊由于影响力低,很难被国际同行引用;论文被引用情况复杂,如:作者自引、批评式反引、合作者和小团体"友情互引""罗列式引用"等;有些思想、观点错误的论文,也可能被较频繁反引;一些有价值的论文受到发表时间、语种、学科专业的影响,不常被引用。此外,引文出现在论文的部位不同,意义不同,目的各异,也会受到影响;著者选用引文还受到可获得性和易用性的影响。在这里要提醒广大用户,不要轻视 SCI,也不要滥用 SCI。

目前 SCI 在全球 81 个国家和地区有超过 3100 多家机构用户,全球平均每天有超过 15 万科研人员在使用 SCI。总之,SCI 不仅是一种文献检索工具,而且是科学研究成果评价的一项重要依据,目前主要用于基础研究和应用基础研究成果的重要评价体系。

二、Web of Knowledge 简介

ISI Web of Knowledge 简称 WOK,它隶属于世界一流的企业及专业情报信息提供商汤姆森科技信息集团,是一个基于 Internet 建立的大型的、动态的学术信息资源整合平台,通过强大的检索技术和基于内容的链接能力,将自然科学、工程技术、社会科学、艺术与人文等多个领域中高质量的学术信息资源、独特的信息分析工具和专业的信息管理软件整合在一起,兼具信息检索、分析、评价等多项功能。

WOK 的资源丰富,既有 ISI 生产的数据库,也有其他数据库商提供的产品,还收录 PubMed 等网上免费资源。其核心资源是 Web of Science。Web of Science 由科学引文索引(Science Citation Index Expanded,SCIE)、社会科学引文索引(Social Science Citation Index,SSCI)、艺术与人文科学引文索引(Arts & Humanities Citation Index,A&HCI)、科学会议录引文索引(Conference Proceedings Citation Index Science,CPCI-S)、社会科学与人文科学会议录引文索引(Conference Proceedings Citation Index-Social Science & Humanities,CPCI-SSH)、化合物索引(Index Chemicus,IC)、全新化学反应(Current Chemical Reactions,CCR-Expanded)等数据库组成。

第六章 常用外文数据库及其检索

除 Web of Science 外，WOK 还包括 Derwent Innovations Index（德温特专利索引）、Current Contents Connect（题录快讯数据库）、INSPEC、BIOSIS Previews 等数据库，还有 Journal Citation Reports（期刊引证报告数据库）、Essential Science Indicators（基本科学指标数据库）等科研分析资源和信息分析工具以及 Reference Manager 等信息管理与写作工具。

在 WOK 检索平台，用户可以选择单个数据库进行检索，也可进行跨库检索。它还具备布尔逻辑、截词检索等检索功能。它允许对检索结果进行多种排序，同时可对检索结果做标记，保存检索历史，随时随地保存检索式从而进行新的检索；对保存的检索式进行注册可获得最新资源通报服务。对选中的检索结果，可以进行显示、打印、通过邮件发送、导出到 EndNote 及获取全文链接等操作。

WOK 的注册用户可以享受其提供的定制起始页、保存检索式、设置检索历史跟踪服务、设置引文跟踪、创建 RSS Feed 等 WOK 的个性化服务。

三、SCIE 的检索

SCIE 支持基本检索、被引参考文献检索和高级检索等检索方式。

1. 基本检索

基本检索为系统默认的检索方式，提供主题、标题、作者、出版物名称和出版年 5 个主检索字段，以及地址、作者识别号、DOI、编者、团体作者 5 个辅检索字段，如图 6-26 所示。

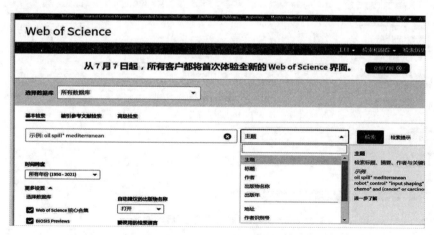

图 6-26　SCIE 基本检索界面

如果要更改检索设置，请转至检索页面的时间跨度和更多设置部分。在一个或多个检索字段中输入检索词。在执行检索时，也可以使用如下的选项：添加另一字段链接用于向"基本检索"页面添加更多的检索字段；重置表单链接用于清除已输入的任何检索式，此操作将检索页面重置为原始检索字段，适用于"作者"检索和"被引参考文献"检索；从索引选择链接用于在执行"出版物名称"或"作者"检索时选择一个项目（例如出版物名称或作者姓名），自动建议的出版物名称选项用于打开或关闭出版物名称的自

信息检索与信息素养

动建议，当开启此功能时，产品根据用户在检索字段中输入的字符提供出版物名称的列表，例如，如果输入 CANC，则产品显示以这 4 个字符开头的出版物列表，如 Cancer Biology Therapy 和 Cancer Investigation；显示的默认检索字段数选项允许仅选择"主题"字段，或者可以选择"主题""作者"和"出版物名称"字段；保存设置选项用于保存用户的设置以供将来的检索会话使用。单击检索转至"检索结果"页面。

检索时，选定检索字段，在其对应的检索词输入框中输入检索词，设定时间跨度、要使用的检索语言等检索条件，单击"检索"按钮即可得到相应的检索结果。检索者可以在单个字段中进行检索，也可单击"＋添加行"按钮添加，可用逻辑算符同时检索多个字段（在"检索"页面中最多选择 3 个字段作为默认检索字段，在检索式中最多可输入 6000 个检索词；添加新的字段还会将第二个字段设置为 AND 运算符，可以改为 OR 或 NOT）。

2. 被引参考文献检索

如果用户希望检索引用发表了的著作的记录，须单击检索面上的"被引参考文献检索"按钮，进入被引参考文献（引文检索）界面，如图 6-27 所示。通过引用的参考文献检索，可以了解某个已知理念或创新获得确认、应用、改进、扩展或纠正的过程，了解谁在引用被检索者的研究成果，以及被检索者的著作对世界上其他研究人员的影响。该检索方式提供被引作者、被引著作和被引年份 3 个检索字段，各字段用布尔逻辑运算符 AND 相组配，如图 6-28 所示。

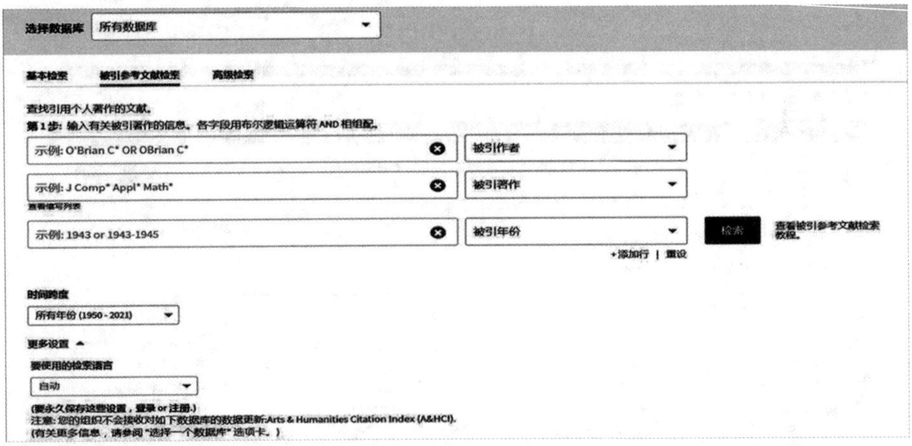

图 6-27 SCIE 被引参考文献检索之一

进行引用的参考文献检索方式如下：在"被引作者"字段中输入姓名；在"被引著作"字段中输入期刊标题、书籍标题或专利号；单击检索，检索式将返回来自引用的参考文献索引的、包含所输入被引作者/被引著作的条目；如果检索到太多的结果，请返回"引用的参考文献检索"页面，添加被引年份、被引卷、被引期或被引页码；从"引用的参考文献索引"中选择参考文献和引用的参考文献的不同拼写形式；单击完成检索转至检索结果页面，系统检索引用从"引用的参考文献索引"选择的参考文献的所有出版物记录。检索结果如图 6-29 所示。

第六章 常用外文数据库及其检索

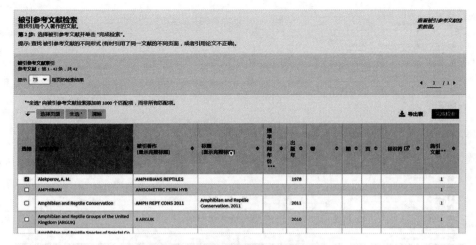

图 6-28　SCIE 被引参考文献检索之二

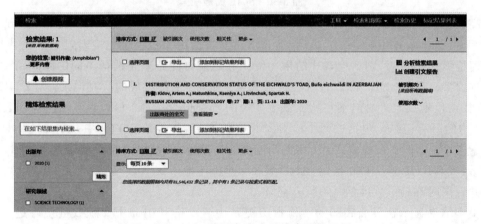

图 6-29　SCIE 被引参考文献检索结果示例

3. 高级检索

在高级检索中可以创建检索式并对其进行组配，高级检索通常以至少两个检索开始，其中包含检索词以及它们之前的字段标识。单击检索界面上的"高级检索"按钮，进入高级检索界面，如图 6-30 所示。

（1）组配检索式。即使用字段标识、布尔运算符、括号和检索结果集来组配检索式。要组配两个或多个检索式，单击"组配检索式"栏下的"AND"或"OR"选项，在"组配检索式"栏下，选中要组配的各个检索式的复选框，之后单击组配按钮，再单击"检索结果"栏中的链接，查看检索结果。检索式组配检索规则如下：在每个检索式编号前输入数字符号（#）；检索式组配中包括布尔运算符（AND、OR、NOT）；不要在检索式组配中使用通配符；使用括号可以改写运算符优先级。"高级检索"使用两个字母代表的字段标识，如：TS＝主题，TI＝标题，AU＝作者［索引］，AI＝作者识别号，GP＝团体作者［索引］，ED＝编者，AB＝摘要，AK＝作者关键词，KP＝Keyword Plus，SO＝出版物名称［索引］，DO＝DOI，PY＝出版年，AD＝地址，SU＝研究方向，IS＝ISSN/ISBN。

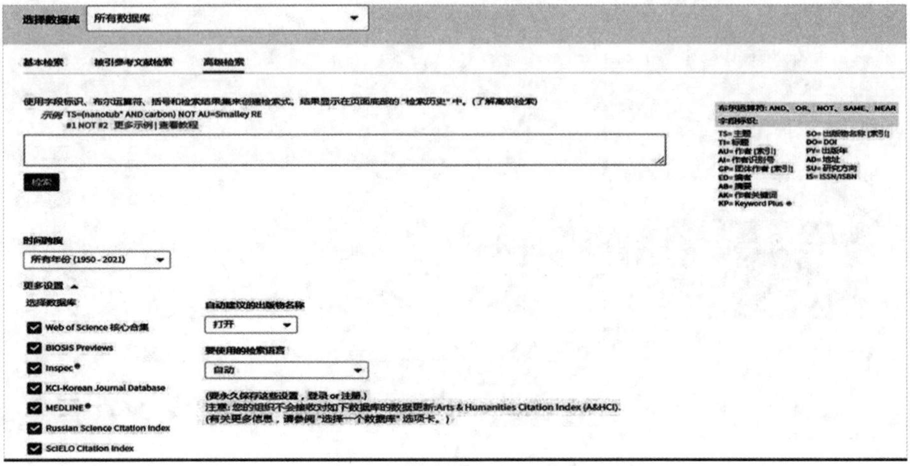

图 6-30　SCIE 高级检索

高级检索式示例：TS=（biodeterioration AND food），TS=biodeterioration AND ♯1，TI=mad cow disease*，AU=Smith A*，SO=Cell。组配检索式示例：♯1（或者任何检索式编号），刷新检索式结果，使用它之前可能希望先选择不同的时间跨度或更改其他设置；♯1 AND ♯2，查找在检索式♯1和♯2中都出现的所有记录；♯2 NOT ♯3，查找在检索式♯2中但不在检索式♯3中的所有记录；♯2 OR ♯3，查找检索式♯2和♯3中的所有记录，包括这两个检索式共有的记录；（♯2 NOT ♯1）AND ♯3，查找在检索式♯2中但不在检索式♯1中的所有记录，并且只查找同时在检索式♯2和♯3中的记录；（♯1 OR ♯2 OR ♯4）AND ♯3，查找在检索式♯1、检索式♯2或检索式♯4中，并且同时在检索式♯3中的所有记录。

检索结果显示在页面底部的"检索历史"中。单击其中命中文献数链接可进入检索结果显示与处理页面。

（2）检索条件的限定。在"时间跨度"下拉式列表中选择检索的时间范围，默认检索时间为所有年份。如果希望提高检准率，可点击"更多设置"进行以下两项设置：在"自动建议的出版物名称"下拉式列表中进行出版物名称的选择，默认为"自动"；在"要使用的检索语言"下拉式列表中进行文种的选择，默认为"自动"。如图 6-31 所示。

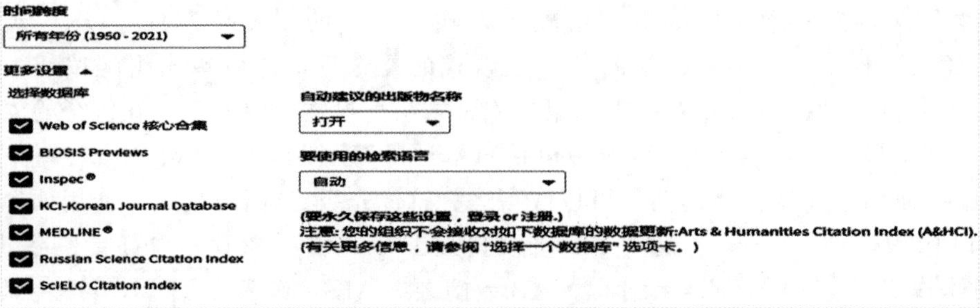

图 6-31　SCIE 高级检索条件限定

四、检索结果的显示与管理

1. 检索结果的显示

以简短的记录格式显示检索结果。页面左侧栏包含检索出这些结果的检索式,同时会显示检索出的结果数量。单击更多链接将显示所选的时间跨度和所选的任何数据限制(例如文献类型和语种)。"检索结果"页面上的所有题录记录都是来源文献记录。这些来源文献记录来自收录在产品索引中的项目(期刊、书籍、会议和专利)。每篇来源文献记录都有可以访问的全记录。此外,还可以将来源文献记录添加到标记结果列表,如图6-32所示。

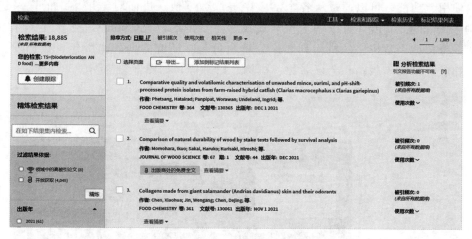

图 6-32 SCIE 高级检索结果示例

2. 检索结果排序方式

SCIE 提供了日期、被引频次、使用次数、相关性、最近添加、使用次数(最近180天)、第一作者、第一作者(朝鲜语)、第一作者(俄语)、来源出版物标题、来源出版物名称(俄语)、会议名称等12种排序选项,记录通常根据默认排序选项"日期(降序)"进行排序,检索者可以随时将其更改为其他排序选项,可以采用多种方式对"检索结果"页面上的检索结果进行排序和查看。

3. 二次检索

SCIE 提供了两种方式供检索者执行二次检索。① 结果内检索,要过滤或减少"检索结果"页面上的记录,请在"结果内检索"文本框中输入"主题"检索式,然后单击"检索"。此检索只返回原始结果中包含用户所输入的主题词的记录。此检索词可按任何顺序在检索到的记录中显示。要在检索结果中检索精确短语,请用引号将短语引起。所有检索均添加至"检索历史"表。② 选择一个或多个复选框,通过对检索结果进行重新限定,将结果限制在与所选标准匹配的记录范围内,进一步精确检索结果,实现更好的检索效果,例如,如果选择出版年和研究方向,则结果子集将显示在指定年份出版并属于所选研究方向的记录。即勾选包括出版年、研究领域、数据库、文献类型等限定项目中的任一条件,单击"精炼"按钮,完成二次检索。

4. 处理检索结果

对于检索结果,SCIE 提供了打印、通过电子邮件发送、导出至 Excel、保存到 EndNote 在线、保存到 EndNote 桌面、对 Publons 进行主张跟踪引用、保存到 FECYT CVN、保存到 InCites、保存为其他文件格式、保存到 RefWorks 等多种处理方式。

5. 分析检索结果

单击"分析检索结果"链接,即可进入检索结果分析页面,对文献的分布情况进行分析。使用此功能,可以通过从各个字段中提取数据值,进而对结果集中的记录进行分组和排序。借助此功能,可以基于检索式找出在特定的研究领域中最受欢迎的作者,或者生成一个按记录数排序的机构列表。分析项目包括研究方向、出版年、数据库、文献类型、作者、来源出版物、会议名称、机构、语种等,如图 6-33 所示。

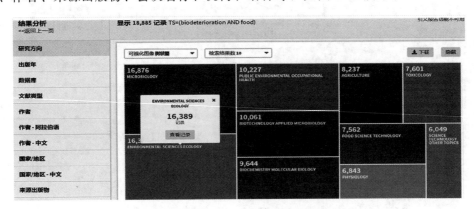

图 6-33　SCIE 高级检索结果分析示例

6. 创建引文报告

引文报告提供的检索结果包括所找到的结果总数、所有记录被引的总次数、引用检索结果中任何项目的文献数等综合引文统计信息。要访问"引文报告"页面,请单击"检索结果"页面上排序方式框下方显示的创建引文报告链接。

7. 创建引文跟踪

单击"创建引文跟踪"链接,可以享受引文跟踪服务,通过设置检索和引文跟踪,用户可以及时了解重要的信息,可以随时了解最近发布的研究,了解该文章今后的被引用情况,看看谁在引用作品。用户创建引文跟踪之后,每当新的出版物引用先前发表的作品,该用户都会收到电子邮件通知。

8. 保存检索历史/创建跟踪服务

检索历史是保存到 SCI 的服务器或用户计算机硬盘的一条检索式或多个检索式。要将检索历史保存到服务器,用户必须注册并且登录。在"检索历史"页面上,单击"检索历史"表中显示的保存检索历史/创建跟踪按钮,转至"保存检索历史"覆盖对话框,可以保存检索策略,并创建定题跟踪服务。跟踪会自动检索数据库的最近更新,并将相关检索结果通过电子邮件发送给用户。

第五节 SSCI 社会科学引文索引

一、SSCI 简介

SSCI(Social Sciences Citation Index,社会科学引文索引)是 Web of Science 中一个子库。SSCI 被全球学术界公认为社会科学领域最权威的文献检索工具,是全球著名的科技文献检索工具 SCI 的姊妹篇,由美国科学信息研究所 ISI 创建,是可以用来对不同国家和地区的社会科学论文的数量进行统计和分析的大型检索工具。SSCI 专门针对人文社会科学领域的文献引文数据库,内容涉及社会科学的各个领域,目前收录社会科学领域 3600 多种国际性、高影响力的学术期刊,数据最早可以回溯到 1900 年。其涵盖心理学、经济学、教育学、社会学、人类学、法律、公共管理、图书情报及信息学、语言学、地理科学等 50 多个学科。SSCI 所有入选期刊都经过 SSCI 编辑部门的严格挑选,并且接受动态滚动监测,保证收录其中的都是最优质的学术资源,SSCI 也凭此成为衡量社会科学科研水平的重要指标。它具有强大的分析功能,能够帮助用户快速锁定高影响力论文,发现国内外同行权威所关注的研究方向,揭示课题的发展趋势,快速地找到与自己研究课题最相关的、高质量的学术文献,还能帮助研究者选择合适的期刊进行投稿。

值得注意的是,SSCI 不仅包含传统意义上的社会科学期刊,而且包含一些学科交叉明显的期刊,例如环境、公共卫生、农业等领域有大量期刊被收录在 SSCI 数据库中,同时 SSCI 也收录 Science Citation Index Expanded 所收录的期刊当中涉及社会科学研究的文献。在全球化一体化的今天,在东西方文化渴望进一步交流的今天,SSCI 是我们从事人文社会科学研究的重要工具。利用 SSCI 能够帮助广大社会科学研究者更好地把握相关课题,帮助他们从一个全新的视角去钻研社会科学,寻求研究的突破与创新点,为他们建立"检索—分析—管理—写作"的创新型研究平台。

二、SSCI 检索

1. 选择数据库

在 Web of Science 页面点击"选择数据库"右侧的下拉菜单,可以看到所有可供检索的数据库,点击"Web of Science 核心合集"链接即可进入,如图 6-34 所示。

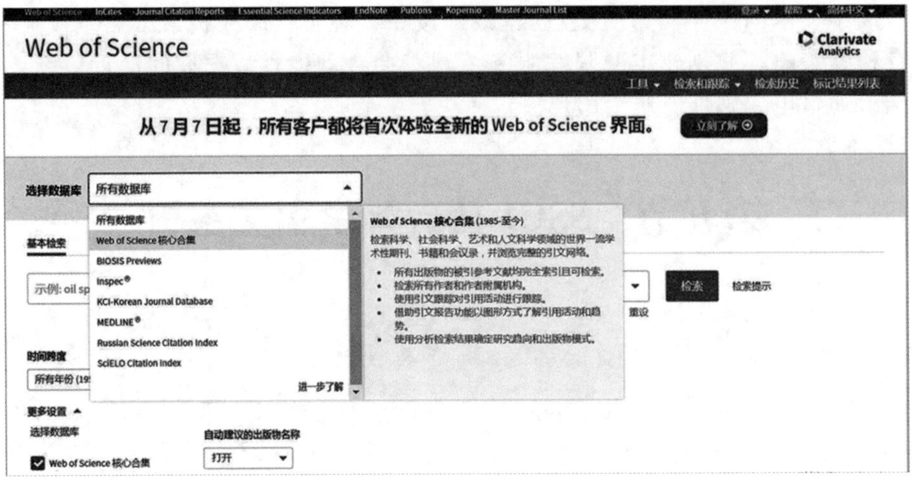

图 6-34　SSCI 选择数据库

2. 基本检索

基本检索可以检索特定的研究主题、某个作者发表的论文、某个机构发表的文献、特定期刊特定年代发表的文献等。

例如，检索 2000—2005 年有关碳纳米管的研究论文，可以进行如下操作。

① 输入检索项：主题为 carbon nanotube*，时间跨度选"最近 5 年"。② 界面右上角，语种切换（默认：简体中文）。③ 调整检索设置：可选择"Web of Science 核心合集"中的子库，如 SCI/SSCI/A&HCI/CPCI 等（见图 6-35）。

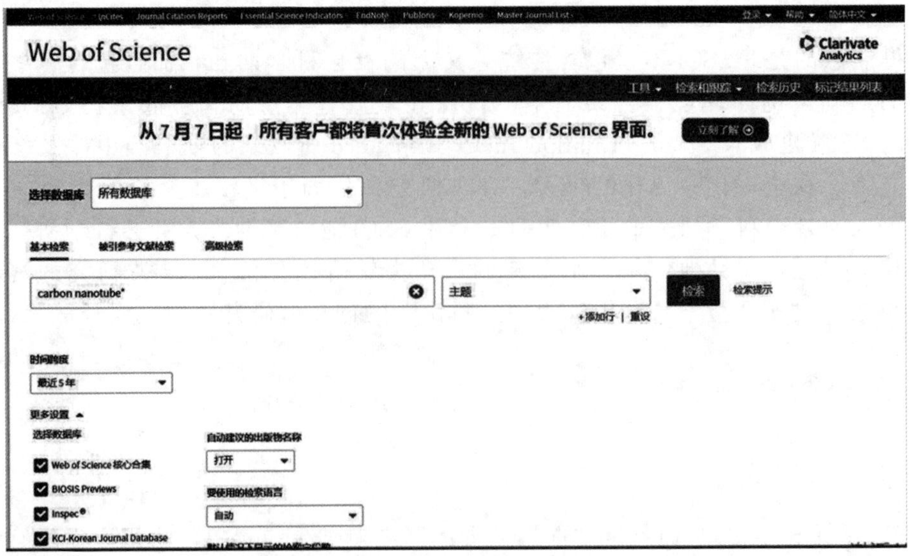

图 6-35　SSCI 普通检索示例

3. 被引参考文献检索

当用户的手头只有一篇文章、一个专利号、一本书或者一篇会议论文，如何了解该研究领域的最新进展呢？如何了解某位作者发表文献的被引用情况呢？

例如，我们想了解作者侯建国 1999 年在 *Physical Review Letters* 期刊发表有关硅表面碳 60 晶格取向的研究之后该领域的最新进展，则可以进行如下操作。① 输入被引作者信息：Hou JG。② 输入被引著作名称：Phy*Rev*Lett*。③ 输入被引著作发表年份：1999。注意：现在用户还可以输入被引著作的标题、卷号、期号以及页码。④ 点击"检索"按钮，查找列表（见图 6-36）。⑤ 从检索结果列表中选择并标记需要的文献记录。⑥ 点击"完成检索"，页面显示的将是所有引用了该研究论文的文章列表（见图 6-37）。

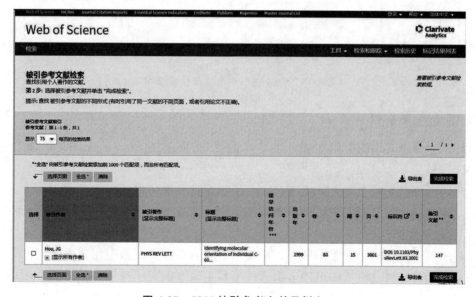

图 6-36　SSCI 被引参考文献示例之一

图 6-37　SSCI 被引参考文献示例之二

4. 检索结果概要页面

（1）如果希望将检索结果限定在某个范围内，用户可以使用"精炼检索结果"功能。

（2）用户可以通过点击"被引频次"（默认降序）来查看某个领域中被引用次数最多的重要文献。

（3）用户可以选择感兴趣的记录输出，保存到用户的 EndNote Desktop 或者 EndNote Online 个人图书馆。

（4）点击"创建引文报告"，用户可以看到关于该领域文章的引文报告。

（5）用户还可以通过分析结果获得隐含的研究模式，点击"分析检索结果"按钮即可。

（6）如果属于本人论文，可点击"在 Publons 中声明作者身份"将该文添加至 Publons 个人账号中，以便集中管理自己的文献（免费注册后使用）。

（7）通过勾选和精炼，可以快速筛选出该领域 Highly Cited Papers（高被引论文）与 Hot Papers（热点论文）。

检索结果概要页面如图 6-38 所示。

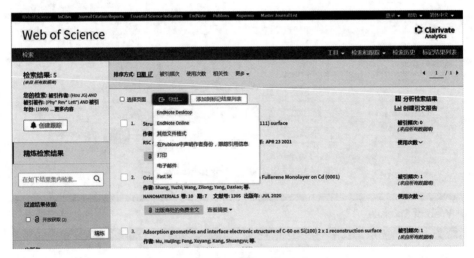

图 6-38　SSCI 被引参考文献检索结果

5. 检索结果全记录页面

（1）用户通过文章的引用次数可以了解该研究的最新进展，发现该文章对当今研究的影响。

（2）用户可以通过参考文献追溯过去，了解该论文的研究依据和课题起源。

（3）相关记录可以帮用户扩展视野，找到更多相关的文献（具有共被引参考文献的文章），将结果越查越深。

（4）用户可以创建引文跟踪服务，从而了解今后该论文的被引用情况。

（5）用户可以通过附加的链接选项直接下载全文（需要相关期刊的访问权限），获得该论文在本机构或其他图书馆的收藏情况。

(6) 用户可以通过右下角的 Kopernio 插件自动找到和下载全文。Kopernio 免费插件可通过菜单栏链接下载。

(7) 用户可以查看期刊影响力。

(8) 用户可以通过多种方式下载该文献记录,并将该记录保存到 EndNote 单机版或者在线版个人图书馆(具体参见下文"参考文献的管理——EndNote Online")。

检索结果全记录页面如图 6-39 所示。

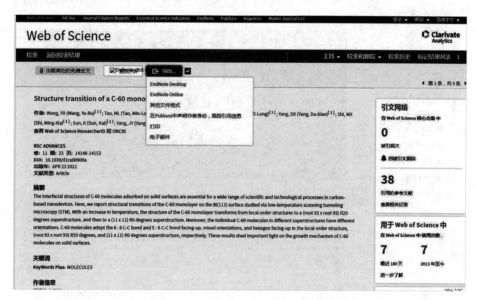

图 6-39　SSCI 被引参考文献检索结果全记录

6. 结果分析

用户可以利用分析功能了解很多信息。例如:要想了解某个课题的学科交叉情况或者所涉及的学科范围,用户可以按照"Web of Science 类别"或"研究方向"进行分析;要想关注该领域的研究论文都发表在哪些期刊上,以便将来找到合适的发表途径,用户可以按照"来源出版物"进行分析;要想了解某个研究领域的主要研究人员,用户可以按照"作者"进行分析;要想了解从事同一研究的其他机构还有哪些,用户可以按照"机构扩展"进行分析;要想了解某个研究领域的进展情况,用户可以按照"出版年"进行分析。结果分析界面如图 6-40 所示。

例如,要想了解碳纳米管研究的期刊分布,用户可以进行以下操作。① 选择分析的字段,本例中为"来源出版物";② 选择可视化图像及显示结果数;③ 下载可视化图像;④ 设置结果列表的排序方式及显示选项;⑤ 勾选标记感兴趣的记录;⑥ 点击查看标记结果的文献;⑦ 可选择保存部分或全部分析结果。

7. 检索式的管理及定题服务

用户的每一次操作会被记录在"检索历史"中。用户可以通过点击检索框上方的"检索历史"按钮,创建定题服务,这样就可以通过邮件了解课题的最新进展。用户可以选择删除不需要的检索式，还可以对检索式进行组配。用户只要点击"保存历史/创建跟踪"就可以将常用的检索式加以保存，并创建课题跟踪服务，如图 6-41 所示。

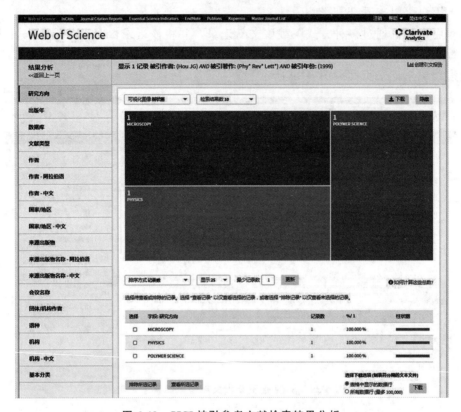

图 6-40　SSCI 被引参考文献检索结果分析

图 6-41　SSCI 被引参考文献之检索式管理

8. 参考文献的管理——EndNote Online

EndNote Online 既可以管理文献信息，又可以帮助作者规范论文写作格式，用户甚至可以通过它与同学、同事共享研究文献，如图 6-42 所示。

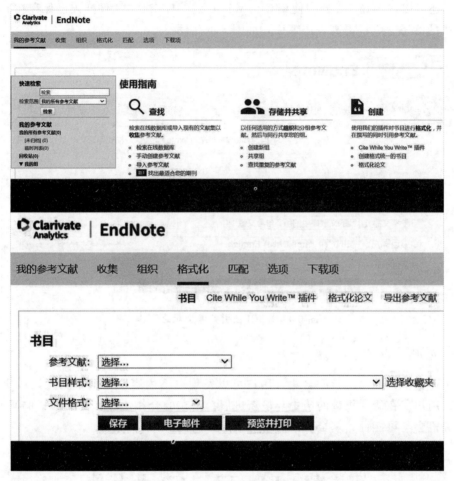

图 6-42 SSCI 被引参考文献管理

（1）用户可以使用"快速检索"来调阅用户之前保存的记录（保存方法参见检索结果概要页面和检索结果全记录页面）。

（2）收集参考文献的方法包括手动输入（新建参考文献）、在线检索互联网上其他数据库和将文本格式的参考文献导入数据库。

（3）用户可以创建不同的文件夹以保存不同课题的文献，或者将自己的文件夹与同事共享。

（4）用户可以将参考文献生成书目信息，也可以将论文引用的参考文献标准化，或者下载 Cite While you Write™ 插件在 Word 软件中边写边引用。

（5）用户可以直接链接到数据库中查看该文献的被引状况，相关记录等详细信息。

9. 写作

EndNote Online 不仅可以有效管理学术文献，而且可以按照学术期刊的要求格式化论文，使用户轻松建立论文手稿。用户可以按照核心期刊的要求自动生成书目和参考文献格式，还可以在 Word 文档中使用 Cite While You Write™ 插件插入已保存在 EndNote Online 中的参考文献，提高写作效率，如图 6-43 所示。

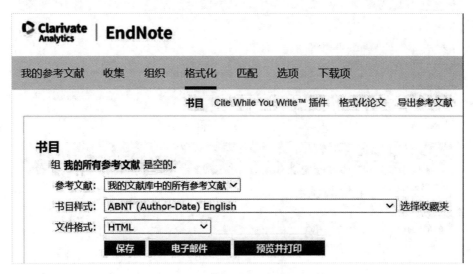

图 6-43　SSCI 被引参考文献之写作

10. 发现

利用 Web of Science 核心合集，用户可以发现以下内容：某个重要理论或概念的初始由来；用户所在研究领域的历史与最新进展；潜在的合作伙伴；交叉学科的研究领域；新的研究机会与可能性；基金资助的研究成果；其他。

第六节　EI、EV、CA 及其他

一、EI 的简介

1. EI 的概况

EI（*The Engineering Index*）创刊于 1884 年，由美国工程信息公司（The Engineering Information Inc.）编辑出版，1999 年美国工程信息公司被爱思唯尔（Elsevier）公司收购。EI 是一个主要收录工程技术期刊文献和会议文献的大型检索系统。其检索界面如图 6-44 所示。

第六章 常用外文数据库及其检索

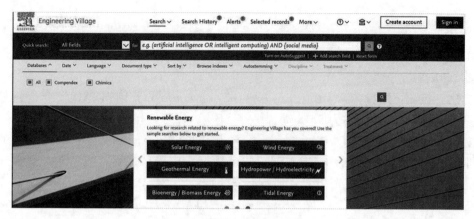

图 6-44 EI 检索界面

EI 是目前最常用的文摘数据库之一，也是全世界最早的工程文摘来源，侧重于工程技术领域的文献的报道，涉及核技术、生物工程、交通运输、化学和工艺工程、照明和光学技术、农业工程和食品技术、计算机和数据处理、应用物理、电子和通信、控制工程、土木工程、机械工程、材料工程、燃料工程、石油、宇航工程、汽车工程、工业管理、数学、物理、仪表等领域以及这些领域的子学科。其数据来源于世界 70 余个国家、25 种文字的 5100 种工程类期刊、会议论文集和技术报告，拥有 1880 多万条记录，覆盖 190 多个工程学科，每年新增超过 100 万条摘要引文信息，每周更新。对纯理论性的文献和专利一般不予报道。所有记录都经过精心选择，使用工程索引词表（Engineering Index Thesaurus）进行索引，为工程师用户提供重要、完整、准确的高品质内容，是学术界和业界所有工程研究人员的首选资料来源。

1992 年 EI 开始收录中国期刊，1998 年其在清华大学图书馆建立了 EI 中国镜像站。

EI 经历了以下几个发展阶段。1884 年 EI 诞生，并推出月刊、年刊的印刷版。20 世纪 70 年代，EI 推出电子版数据库 Compendex，并通过 Dialog 等大型联机系统提供检索服务。20 世纪 80 年代，EI 推出光盘版数据库（CD-ROM，Compendex）。20 世纪 90 年代，EI 推出网络版数据库（EI Compendex Web），并推出 EI 工程信息村（Engineering Information Village）。2000 年 8 月，EI 推出 Engineering Information Village 2 新版本，新版本对文摘录入格式进行了改进，并且首次将文后参考文献列入 Compendex 数据库。

EI 来源于以下三个档次的期刊。

① 全选期刊，即核心期刊，收入 EI Compendex 数据库，收录重点为化学工程、土木工程、电子/电气工程、机械工程、冶金、矿业、石油工程、计算机工程和软件等核心领域的工程学科期刊。目前，核心期刊约有 1000 种，每期所有论文均被录入。

② 选收期刊，收录领域包括农业工程、工业工程、纺织工程、应用化学、应用数学、应用力学、大气科学、造纸化学和技术、高等学校工程类学报等。EI Compendex 只选择与其主题范围有关的文章，目前，选收期刊约 1600 种，我国期刊大多数为选收期刊。

③ 扩充期刊，主要收录题录，形成 EI PageOne 数据库，共收录约 2800 种期刊，1999 年收录我国期刊 156 种。

2. EI 的版本

EI 主要有以下几种不同形式的出版物。

(1) 印刷版。

①《工程索引月刊》（*The Engineering Index Monthly*），创刊于 1962 年，每月出版一次，报道准度快，时差约为 6～8 周。

②《工程索引年刊》（*The Engineering Index Annual*），该刊是将每年 12 期工程索引月刊上报道的文献按标题词（或叙词）的字顺汇集成册，每年出版一卷。每卷分为若干部分，根据当年出版的文献数量，册数有所不同。

③《工程索引累积索引》（*The Engineering Index，Cumulative Index*），该索引是将几年（通常为 3～5 年）的工程索引上所报道的文献按标题词（或叙词）的字顺汇集成册，根据文献数量的不同，册数有所不同。

(2) 缩微版——《工程索引缩微胶卷》（*EI Microfilm*），从 1970 年开始出版，并把 1884—1970 年间的 200 多万条文摘存在缩微资料库里。

(3) 磁带版——《工程索引磁带》。EI 磁带是 1969 年以来 EI 的机读形式（Compendex），可使用商用联机检索终端或租用线路进行国际联机检索文献。

(4) 机读版——EI Compendex Plus。EI 机读版数据库的时间范围是从 1970 年至今，数据库每周更新，目前在 Dialog、ORBIT、STN 等大型联机检索系统中运行。

(5) 光盘版——《工程索引光盘》（Dialog on DiscTMCM Compendex plus CD-ROM）。这是目前工程技术人员经常用到的一种检索工具，它的容量大、价格低，覆盖时间从 1988 年至今。

(6) 网络版——EI Compendex Web。随着校园网等局域网的普及使用，网络版的使用率在提高。为了向用户提供一步到位的便捷式服务，美国工程信息公司将世界范围内的工程信息资源组织、筛选、集成在一起，推出了 EI 工程信息村。

以上六种形式出版物，内容基本相同，但作用不完全相同。EI 的印刷版可通过手工检索方式进行检索；Compendex 磁带可通过计算机进行检索，也可通过卫星线路进行联机检索。EI 的网络版与光盘版，可利用互联网与局域网进行检索。

3. EI 光盘版的内容

总的来说，EI 光盘版的产品有如下几种。

(1) Compendex Plus 数据库。工程信息公司与 Dialog 信息服务公司联合推出 Compendex Plus 数据库的只读光盘产品。时间跨度为 1986 至今，每季度更新一次。

(2) EI 生物工程与生物技术数据库。此光盘是工程信息公司于 1992 年开发的产品，仍属专题性的工程信息光盘产品。

(3) EI 书目型数据库。此光盘由工程信息公司于 1991 年推出，每张光盘存储有两年的期刊论文和会议文献的题录约 50 万条，每月更新一次，用户利用该光盘产品可了解近期工程学科方面的文献信息。

(4) Dialog 数据库。Dialog 公司对常用的 Dialog 光盘在中国建立 dialog@site 提供基

于 Web 的镜像服务，其中包括工程索引的光盘资料。在 Dialog 系统中，EI 的文档号为 File8，每月更新一次，向全世界发行。EI 数据库目前在 Dialog、ORBIT、ESA/IRS 等大型联机检索中运行。用户通过其中某一个联机检索系统的终端就可以检索到 EI 中的有关文献信息。

二、EV 简介

作为世界领先的应用科学和工程学在线信息服务提供者，EI 一直致力于为科学研究者和工程技术人员提供专业化、实用化的在线数据信息服务，1995 年以来 EI 公司开发了被称为"Village"的一系列产品。EI Village（工程信息村，简称 EV）是 EI 为了满足人们日益增长的信息查找需求，把工程数据库、商业数据库以及 1500 多个 Web 站点和其他许多与工程有关的信息结合起来而形成的信息集成系统。EV 是全球著名的科技文献检索工具 EI 的姊妹篇，是目前全球最全面的工程领域二次文献数据库，涵盖与工程、应用科学相关的最为广泛的领域，网址为：https://www.engineeringvillage.com/search/quick.url。其检索界面如图 6-45 所示。

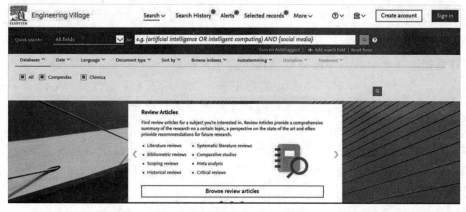

图 6-45　EV 检索界面

EV 是专门为工程师、工科学生、科研人员以及相关信息从业人员专门设计的、功能强大的信息文献检索平台，其由 11 个区域组成，即国际工程中心、旅游服务、商业和经济区、大会堂、工业市场、科研开发区、图书馆、国际大厦、新闻与气象局、人才和教育中心，以及万象数据库。所集成信息资源包括著名的 EI Compendex Web 和类似的其他 40 个数据库，还包括专利和标准以及分布于世界各地的 1500 多个网络信息站，并提供了多种期刊与会议论文的全文数据。

1. EV 的特点

（1）界面操作方便。EV 的 11 个栏目不仅按类目分，而且在各个栏目下设立了许多专题，查找方便。比如在"图书馆"大类中设置了 EI Compendex Web 数据库服务、书库、电子期刊阅览室、期刊等许多小类目，小类目下又设置了许多专题，如在书库类目中提供了各种图书馆的链接，其中有一般图书馆、工程图书馆、虚拟图书馆等，还介绍了各类图书及其订购的途径和方法,在期刊类目中介绍和推荐了许多期刊,在电子期刊阅览室类目中提供了各种电子期刊的介绍等。这些都极大地方便了读者的使用。

(2) 信息量大,数据更新快。由于实行了网络化,信息量大大增加,EV 除了能检索 EI Compendex、US Patents(美国专利商标局)、EP Patents(欧洲专利数据库)、INSPEC(科学文摘数据库)和 NTIS(美国政府报告(文摘))等数据库外,还能检索 GeoBase、Referex 等十多个数据库资源。如将 EV 中的 EI 网络版与 EI 的光盘版相比较,可以发现,同样是查找"intelligent control"一词,光盘版有 1860 条,而网络版则有 3606 条。信息内容也从光盘版的季度更新改为网络版的每周更新。

(3) 检索点多。EI 的网络版除了有关键词、著者等检索点外,还有主题词、著者单位、文献类型等多种检索点。EV2 界面不区分大小写,只支持英文检索。检索结果可以按相关性、出版年等排序,默认相关性排序。

(4) 提供个性化服务。EV 对每个 Web 站点或研究机构都有较详细的说明,便于读者了解。并且提供了许多著名的搜索引擎供读者使用,如 Infosek、Yahoo、AltaVista 等。

2. EV 的功能

EV 可以提供如下服务。

(1) 数据库服务。数据库服务包括以下几个数据库:① EI Compendex Web;② ILI 标准数据库,有大约 2800 种世界各地的商用和军用标准资料;③ IBM 专利库,有 IBM 公司提供的美国专利;④ Connexion,包括 150 种技术和商业数据库。

(2) 导航服务。EV 将 Internet 上的工程技术资源进行收集整理,与 16000 个以上的万维网(WWW)站点相连接,并配有内容介绍。

(3) 在线讨论咨询服务。通过 News Group、Mailing List、在线讨论、专家咨询等形式解答用户的技术问题。

(4) 全文传递服务。用户可以通过多种方式联机订购文献全文。

3. EV2 内容

EV2 是 EI Compendex 和 EI PageOne 合并而成的 Internet 版本。该数据库每年新增 50 万条工程类文献,其数据来自 5100 种工程期刊、会议文集和技术报告,其中 2600 种期刊来自 EI Compendex,2500 种来自 EI PageOne 部分。

如前所述,EV 有传统检索和简化检索两个检索界面,这两个检索界面的使用都需要用户具备一定的检索知识。为使用户更方便地检索有关信息,EI 公司推出了 EV2。EV2 具有一个类似搜索引擎的检索界面,这种智能型的"搜索引擎"使用户在检索时,不必从一个检索界面"跳到"另一个检索界面。在 EV2 中,对原 EV 检索语法中不够完善的部分进行了重新修订,使得检索结果更加准确和全面,确保在短时间内可获得准确的检索结果。此外,EV2 提供了更广泛的检索范围,用户能无缝地检索到 Compender、Website Abstracts 等数据库的相关信息,如图 6-46 所示。

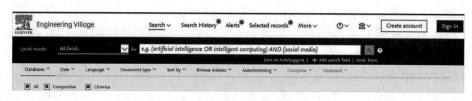

图 6-46　EV 选择数据库

EV2 提供以下几个数据库。

（1）EI Compendex。该库是包含工程信息类最全面的书目数据库，有 5000 多种期刊论文和会议论文的书目数据信息。检索时间范围可从 1970 年至今。

（2）Website Abstracts。该库是 EV 中没有的，可检索 15000 个 Web 站点。这些站点是经学科专家进行精心选择和评价的、有参考价值和蕴含技术内容的相关站点。

（3）Us Patent Office。该数据库是 United States Patent and Trademark Office （USPTO） 的一个全文专利数据库，有 600 万条左右的专利和商标信息，检索的时间范围是 1976 年至今。

（4）CRC Press Handbook。这是由世界著名工程手册出版商捐赠的手册。

（5）Industry Specs and Standards：在 300 多种标准中，用户可检索 80000 条标准和规格，还可在 www.techstreet.com 站点中检索到 30000 多条工业标准，这些标准经付款后可直接通过下载。

综上所述，EV2 不仅提供了论文的检索，而且提供了专利、标准和手册的检索。

三、CA 简介

CA（*Chemical Abstracts*，《化学文摘》）由美国化学文摘服务社（Chemical Abstracts Service，CAS）编辑出版，是涉及学科领域最广、收集文献类型最全、提供检索途径最多、部卷最为庞大的一部著名的世界性化学化工文献检索工具，被称为"世界化学化工文献的钥匙"。CA 报道了世界上 150 多个国家、56 种文字出版的 9500 多种科技期刊、科技报告、会议论文、学位论文、资料汇编、技术报告、新书及视听资料，摘录了世界范围约 98% 的化学化工文献，所报道的内容几乎涉及化学家感兴趣的所有领域。

美国《化学文摘》的前身是美国在 1895—1901 年出版的《美国化学研究评论》（*Review of American Research*）和 1867—1906 年出版的《美国化学学会杂志》（*JOURNAL of the American Chemical Society*）的文摘部分。这两种期刊当时只摘录美国本国的化学文献。创刊以后，随着发行范围的扩大，逐渐成为世界的重要参考文献，1969 年兼并了具有 140 年历史的德国《化学文摘》，成为世界上最大的专业性文摘。它收录了 100 多个国家的期刊论文、政府出版物，会议录、图书、学位论文和 20 多个国家和地区的专利文献资料，几乎涉及化学家感兴趣的所有领域，除无机化学、有机化学、分析化学、物理化学、高分子化学外，还包括冶金学、地球化学、药物学、毒物学、环境化学、生物学以及物理学等学科领域。但 CA 不报道化工经济与市场、化工产品目录广告和化工新闻等方面的内容。要检索这方面的文献资料，可查阅 CAS 编辑出版的另一种检索刊物《化学工业札记》（*Chemical Industry Notes*）。

CA自创刊以来，出版周期几经变化，自1967年起至今，为周刊，每年2卷。随着科技的发展，CA报道的类目也在不断变化，自1967年改为五大部分80个类目；1971年74卷起，按单期、双期交替报道，逢单收录生物化学和有机化学两部分，逢双收录高分子应用化学和化学工程、物理与分析化学三大部分；1982年起80个类目的内容、名称及排列次序有所变动。自1997年第26卷开始，CA取消了这种单、双号期刊交替报道的方式，不论是单号刊期还是双号刊期，将5大部分80个类目的内容全部报道。

为便于检索，CA出版了多种索引。按出版周期分为期索引（附在每期文摘之后）、卷索引和累积索引（1956年以前每10年出版一次，1956年开始改为每5年出版一次累积索引）；按索引的类型分，有作者索引、关键词索引、主题索引、专利索引、分子式索引、登记号索引等10多种。索引种类之多、体系之完备是其他检索工具所无法比拟的。

1996年，CAS推出了光盘版CA on CD，其内容与印刷版相对应。收录的年限从1977年起，分为5年累积版和年度累积版。内容按月更新。1998年，CAS为学术研究单位推出其学术版SciFinder Scholar（SFS）（另一版为商业版SciFinder）。

SciFinder由美国化学会（American Chemical Society，ACS）旗下的美国化学文摘社CAS出品，是一个研发应用平台，提供全球最大、最权威的化学及相关学科文献、物质和反应信息，从文献、物质或者反应中的任一项检索开始，都可以便捷地获得其他两项信息。SciFinder在充分吸收原书本式CA精华的基础上，利用现代机检技术，进一步提高了化学化工文献的可检性和速检性，更整合了Medline医学数据库、欧洲和美国等50多家专利机构的全文专利资料、化学文摘1907年至今的所有内容，现已成为世界上最大、最全面的化学和科学信息数据库。通过SciFinder可以获得、检索以下数据库信息：CAplus（文献数据库）、CAS REGISTRY（物质信息数据库）、CASREACT（化学反应数据库）、MARPAT（马库什结构专利信息数据库）、CHEMLIST（管控化学品信息数据库）、CHEMCAT（化学品商业信息数据库）、Medline（美国国家医学图书馆数据库）。SciFinder涵盖化学及相关领域，如化学、生物、医药、工程、农学、物理等多学科、跨学科的科技信息。SciFinder收录的文献类型包括期刊、专利、会议论文、学位论文、图书、技术报告、评论和网络资源等。其文献检索选项页面如图6-47所示。

图6-47 文献检索选项页面

CA 除印刷版、光盘版、网络数据库外，还有联机数据库，在 Dialog 等系统提供联机检索服务。

此外，常用外文数据库还有 INSPEC（英国科学文摘）、MathSciNet（数学评论数据库）、Medline（美国国家医学图书馆数据库）、BA（《生物学文摘》）、NTIS（美国政府科技报告）、ProQuest EBook Central（原 eBrary）、ProQuest 全球博硕士学位论文全文库、IEEE/IET Electronic Library（IEL）、Elsevier Science Direct 全文库、SpringerLink 电子期刊及电子图书、Derwent Innovations Index（DII）（德温特专利索引数据库）等。篇幅所限，在此不再一一详述。

思考与训练

1. 美国的 Dialog 系统是目前世界上最大的国际联机情报检索系统，它有几种检索方法？具有哪些检索特点？
2. OCLC FirstSearch 系统有哪些登录方法？
3. EBSCO 有哪些主要的数据库？
4. 了解本人所在单位科研人员的论文被 SCI、SSCI、EI、CA 收录的情况，并分析哪些学科、哪些研究人员发表的论文较多。
5. （单选题）如果需要检索某位作者的文摘被引用的情况，应该检索：（   ）
   A. 分类索引　　　　　　　B. 作者索引
   C. 引文索引　　　　　　　D. 主题索引
6. （填空题）如果希望在搜索引擎中使用短语检索方式检索 COMPUTER NETWORK，检索式为：_____。

【第七章】

开放存取资源及其利用

第一节 开放存取资源与按需印刷

一、开放存取的概念

开放存取（open access，简称 OA），也叫开放获取，是于 20 世纪 90 年代兴起的一种新型学术出版和共享方式，是国际学术界、出版界、图书情报界为了推动科研成果利用互联网自由传播而采取的行动。其目的是促进科学及人文信息的广泛交流，促进利用互联网进行科学交流与出版，提升科学研究的公共利用程度，保障科学信息的保存，提高科学研究的效率。开放存取采取发表付费、阅读免费的出版模式，是当前全球学术界和出版界的一个热点。近年来开放存取蓬勃发展，被越来越多的出版业界人员所认同及推崇。

目前，被人们广泛认同及引用的开放存取概念源于 2002 年 2 月颁布的"布达佩斯开放存取计划"（Budapest Open Access Initiative），其中对开放存取的完整定义为："对（研究性）文献的获取在范围广度和难易程度方面存在不同的类型和级别。对文献的'开放存取'意味着读者通过公共互联网可以免费地获取该作品，包括阅读、下载、复制、传播、打印、检索或链接作品全文，为作品建立索引，将作品作为数据传递给相应软件，或者进行任何其他出于合法目的的使用。上述的各种使用都不受经济、法律和技术的任何限制，除非是网络本身造成的物理获取障碍。对复制和传播唯一的限制，以及版权在此所起的唯一作用就是保证作者拥有保护作品完整性的权利，并要求他人在使用作者作品时以适当的方式表示致谢并注明相应的引用信息。"还有两个重要的公共宣言也界定了开放存取的定义，即 2003 年 6 月颁布的《贝塞斯达开放存取出版宣言》（*Bethesda Statement on Open Access Publishing*）和 2003 年 10 月颁布的《关于自然与人文科学知识的开放存取的柏林宣言》（*Berlin Declaration on Open Access to Knowledge in the*

Sciences and Humanities）。这两个公共宣言认为开放存取的定义是这样的：如果一部作品要成为 OA 作品，版权持有人就必须同意"只要注明正确的作者信息，用户就可以出于任何目的基于任何数字媒介公开地复制、使用、传播和展示该作品，并在该作品的基础上创造和传播其演绎作品"。

此外，根据美国研究图书馆协会（Association of Research Libraries）的解释，开放存取是基于订阅的传统出版模式之外的另一种选择。这样，通过新的数字技术和网络化通信，任何人都可以及时、免费、不受任何限制地通过网络获取各类文献，包括经过同行评议过的期刊文章、参考文献、技术报告、学位论文等全文信息，用于科研教育及其他活动，从而促进科学信息的广泛传播、学术信息的交流与出版，提高科学研究的利用程度，保障科学信息的长期保存。这是一种新的学术信息交流方法，作者提交作品不是期望得到直接的金钱回报，而是为了使公众可以在公共网络上利用这些作品。

二、开放存取的类型

1. OA 期刊

开放存取期刊是一种免费的网络期刊，旨在使所有用户都可以通过因特网无限制地访问期刊论文全文。此种期刊一般采用作者付费出版、读者免费获得、无限制使用的运作模式，论文版权由作者保留。在论文质量控制方面，OA 期刊与传统期刊类似，采用严格的同行评审制度。开放存取期刊不再利用版权限制获取和使用所发布的文献，而是利用版权和其他工具来确保文献可永久公开获取。

2. OA 仓储

OA 仓储也被称作 OA 知识库，包括基于学科和基于机构的仓储。学科 OA 仓储最早出现在物理、计算机、天文等自然科学领域，采取预印本的形式在网络上进行专题领域的学术交流。一些学术组织开始自发收集这些可共享的学术信息，将其整理后存放于服务器中，供用户免费访问和使用。发展至今，很多学科 OA 仓储仍主要以预印本资源库的形式存在，对某学科领域或多学科领域的所有研究者开放，提供免费的文献存取和检索服务。机构 OA 仓储的主体一般为高校图书馆、科研院所或学术组织，存储对象为组织或机构的内部成员在学术研究过程中产生的各种有价值的资源，如项目研究成果、调查研究报告、硕/博士学位论文、会议论文，甚至包括课程讲义、多媒体资料等。这些资料不一定正式发表或出版过，但作为学术研究活动中的产出，仍具有一定的学术价值。如能通过积极的存储与管理使其得到有效利用，将对促进与推动组织内部其他学者的科研创新活动起到积极的作用。

3. 其他 OA 资源

除上述两种形式外，各种其他形式的 OA 资源也陆续涌现，如个人网站、电子图书、博客、学术论坛、文件共享网络等。但这些资源的发布较为自由，缺乏严格的质量保障机制，较前两类开放存取出版形式而言，随意性更强，学术价值参差不齐。

三、按需印刷

按需印刷（print on-demand，简称 POD），指按照用户的要求，在指定的地点和时间，直接将所需资料的文件数据进行数码印刷、装订。按需印刷又称即时印刷和闪电印刷，是数字技术在印刷环节的极好实践，即按当天的订数印刷，第二天发货。它始于 20 世纪 80 年代，能满足个性印刷、减少浪费及印刷品一步到位的要求，实现零库存、即时出书和可选择的个性印书。

按需印刷的类型是多种多样的，有学者归纳了按需印刷的 10 种类型：① 即时印刷，即按客户要求的时间随时印刷；② 按地印刷，即按客户提出的地点要求就地或远程印刷；③ 按量印刷，即按客户要求的数量印刷，一册起印；④ 可变印刷，即按客户的个性化要求，对印刷内容和形式进行调整后印刷；⑤ 随选印刷，即印刷商向用户提供丰富的可选印刷内容，客户选定后进行印刷；⑥ 直接印刷，即可以直接印刷客户提供的电子版印刷内容；⑦ 快速印刷，也叫闪电印刷，是以极快的速度完成各环节的印刷任务；⑧ 绿色印刷，即印刷全程环保低碳，能耗低，浪费少；⑨ 永续印刷，即为客户永久保留印刷内容、数据等以便于日后随时印刷；⑩ 预售印刷，也叫零库存印刷，是根据销售订单进行的定量印刷，没有多余的库存。

按需印刷和传统印刷相比，具有明显的优势，例如可以有效缓解出版商的库存压力、经济压力；对于发行量较小的图书，比如专业图书、学术图书，按需出版是一种最理想的出版方式；由于印刷的文档是以数字方式存储，其可以根据实际需求不断更新，使待印刷的版本永远是最新的；按需印刷还可以有效延长图书的生存周期，使图书样书的制作更加方便快捷且极大地降低了成本。

第二节 开放存取期刊检索

一、常用的外文开放存取期刊检索

开放存取期刊现在在学术界越来越受到重视，下面就对几种常用且内容比较丰富、开放存取的外文期刊的利用情况进行简单的介绍。

1. Open J-Gate 及其利用

（1）Open J-Gate 简介。

Open J-Gate 提供基于开放获取期刊的免费检索和全文链接。它由 Informatics (India) 公司于 2006 年创建并开始提供服务。其主要目的是保障读者免费和不受限制地获取学术及研究领域的期刊和相关文献。

Open J-Gate 的主要特点有以下几点。

① 资源数量大。Open J-Gate 系统地收集了全球 6000 余种期刊，包含学校、研究机构和行业期刊。其中超过 3800 种学术期刊经过了同行评议（peer-reviewed），故它号称

世界上最大的开放获取期刊门户。

② 更新及时。Open J-Gate 每日更新，每年有超过 30 万篇新发表的文章被收录，并提供全文检索。

③ 检索功能强大，使用便捷。Open J-Gate 提供三种检索方式，分别是快速检索（quick search）、高级检索（advanced search）和期刊浏览（browse by journals）。在不同的检索方式下，用户可通过刊名、作者、摘要、关键词、地址/机构等进行检索。检索结果按相关度排列。

④ 提供期刊目录浏览。用户通过该浏览，可以了解相应期刊的内容信息。

⑤ 提供用户意见反馈途径。用户可通过反馈，提出使用意见和建议。

（2）Open J-Gate 检索。

Open J-Gate 的网址是 https：//jgateplus.com/home/，在浏览器中输入上述网址，即可进入 Open J-Gate 的主界面，如图 7-1 所示。

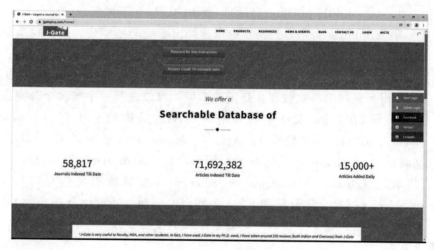

图 7-1 Open J-Gate 主界面

① 快速检索。

Open J-Gate 提供了快速检索、高级检索和期刊浏览三种检索方式。Open J-Gate 默认的是快速检索。在搜索框输入检索式，点击"Submit"按钮，系统就会转入检索结果界面。快速检索默认检索所有字段，包括全文。同时，Open J-Gate 可以对检索的期刊范围进行限定。在输入框下方，有两个复选项：Peer-Reviewed Journals（同行评议期刊）、Professional & Industry Journals（专业及行业期刊）。检索者可以根据实际需要进行勾选。

与常用的搜索引擎相同，Open J-Gate 支持布尔逻辑和截词检索技术，但不支持位置检索技术。在布尔逻辑检索技术方面，Open J-Gate 的运算符号有 AND、OR 和 NOT。例如，要检索中国关于教育方面的文献，可以输入：china AND education。此外，Open J-Gate 提供截词检索功能，运算符号为 *，代表若干个字符。Open J-Gate 的截词检索不分前截、中截和后截，例如，输入 Acces *、A * cess、A * ess、A * * ess 和 * ccess 均可检索出包含 Access 的记录，但命中记录数不一样。

② 高级检索。

Open J-Gate 高级检索提供更多检索选项的限定，主要分为上、下两部分，上部分为检索输入区域，下半部分为检索限制选项区。

高级检索提供检索的字段有：All（全部）、Title（题名）、Keyword（关键词）、Abstract（文摘）、Author（作者）、Institution/Address（单位或地址）。用户可以在这些字段选择其中一个或几个作为检索字段。高级检索同样可以对期刊类型进行限定，在输入框上方有两个复选项：Peer-Reviewed Journals（同行评议期刊）、Professional & Industry Journals（专业及行业期刊）。检索者可以根据实际需要进行勾选。与快速检索一样，高级检索支持布尔逻辑和截词检索技术。

为了提供更精确的检索，Open J-Gate 高级检索可以进行更多限定。

a. 更新日期（Latest Update）：这个限定主要用来限定检索在最近某一段时间内更新上传的文献，可以在下拉菜单中选择，具体的选项有：None（不限定）、Last 1 Week（最近一周）、Last 1 Month（最近一个月），默认的选项是不限定。

b. 出版年限（Publication Year）：在这里选择出版的起始年份，从下拉菜单中选择，范围从 2000 年起，默认检索所有的年份。

c. 选择分类（Subject（s））：为了使检索更准确，Open J-Gate 把所有的文献划归为七大类。分类以目录树的形式罗列在高级检索里，可以选择一个或多个分类进行检索，在要选择的分类前面打钩，默认选择所有的分类。具体的分类有：Agricultural & Biological Sciences（农业及生物学）、Arts & Humanities（艺术及人类学）、Basic Sciences（基础科学）、Biomedical Sciences（医药学）、Engineering & Technology (JET)（工程及工艺学）、Library & Information Sciences（图书情报及信息学）、Social & Management Sciences（社会学及管理学）。在每大类下面，还有细分的小类目，点击目录树的"＋"即可展开，选中上级类，即会选中该上位类下的所有下位类。

③ 期刊浏览。

Open J-Gate 收录了共计 6000 余种期刊，检索人员可以根据期刊名称，对期刊目录进行浏览。在快速检索或高级检索界面，点击"Browse by Journals"按钮即可进入期刊浏览界面。Open J-Gate 按照期刊名的字母顺序把所收录的期刊罗列出来，右边有"Peer-Reviewed"标志的期刊是经同行评议的期刊。点击页面的字母及数字，系统即对期刊名首字母进行检索，如点击"A"按钮，结果将显示所有首字母是 A 的期刊。若要进行更精确的检索，可在页面上方"Find Title"后输入检索条件，进行检索。期刊名的匹配方式有两种：Starting with（前方一致）和 Containing（包含）。

点击期刊名称，系统就自动转到最新收录的该期刊的论文。该页显示该期刊的出版者及最新收录论文的题名、作者及关键词等信息。点击右上角的"Archives"链接，可查看该期刊以往卷期的内容。

④ 原文获取。

在期刊名浏览结果界面或检索结果界面均可获取原文。每篇文献通常会提供两种文件格式：html 和 pdf。

Open J-Gate 快速检索和高级检索的显示结果是相同的。在该页面，系统会显示检索的条件、命中记录数及命中记录的简单信息。如果对检索效果不满意，该页还提供重新检索，而不必返回检索页面。但要注意，检索结果页面只提供快速检索，且该检索不是对结果的二次检索，而是重新检索。如果对检索结果中的某条记录感兴趣，可在该文献的下拉菜单中选择文件格式查看全文。如果只是想了解该文献的文摘内容，可在该文献前方的复选框中打钩，点击第一条记录上方的预览图标，即可查看选中文献的内容，可同时选中多条记录。

2. DOAJ 及其利用

（1）DOAJ 简介。

DOAJ（the Directory of Open Access Journals）是由瑞典的隆德大学图书馆（Lund University Libraries）开发的一个资源目录系统。它诞生于 2003 年 5 月，最初仅收录 350 种期刊，旨在覆盖所有学科、所有品种的高质量的开放获取同行评审期刊。DOAJ 把其收录的期刊分为 17 个大类：Agriculture and Food Sciences（农业与食品科学）、Arts and Architecture（艺术与建筑学）、Biology and Life Sciences（生物与生命科学）、Business and Economics（商业与经济学）、Chemistry（化学）、Earth and Environmental Sciences（地球与环境科学）、General Works（一般工程）、Health Sciences（保健科学）、History and Archaeology（历史与考古学）、Languages and Literatures（语言与文学）、Law and Political Science（法律与政治学）、Mathematics and Statistics（数学与统计学）、Philosophy and Religion（宗教与哲学）、Physics and Astronomy（物理与天文学）、Science General（综合科学）、Social Sciences（社会科学）、Technology and Engineering（技术与工程），每个大类下面还有细分。其收录的社会科学期刊最多，此外其收录较多的还有卫生、地球和环境科学、工艺和工程学、生物学和生命科学期刊；将各主题细分后，收录较多的依次是药学、教育、生物学、历史、公共卫生、计算机科学和数学。

该系统收录的均为学术性、研究性期刊，一般都是经过同行评审，或者有编辑进行质量把控的期刊，具有免费、全文、高质量的特点，对学术研究有很高的参考价值。该目录及其收录期刊、论文可自由存取，任何人都可以使用，也不排斥商业用途。DOAJ 于 2005 年入选了美国 2005 年度最佳免费参考网站。

（2）DOAJ 的检索。

DOAJ 的访问地址是 http：//www.doaj.org/，其主界面如图 7-2 所示。DOAJ 主页上部提供期刊、论文、文档、DOAJ 相关简介、登录等导航栏。主界面中部位置提供了一键式检索，可以选择期刊检索或论文检索，同时还可以选择任意字段、标题、ISSN、主题词、出版者等选项对检索结果进行限定。主页下部对 DOAJ 的目录、资金、新闻服务、志愿者、新增期刊、网站声明等逐一进行介绍。

DOAJ 提供期刊检索和论文检索。它只支持布尔逻辑检索，不支持截词检索和位置检索，而且只有在检索论文时才能使用布尔逻辑检索。

图 7-2　DOAJ 主界面

① 期刊检索。

在主页中部的一站式检索框或者主页上部的导航栏，点击"Journals"，均可进入期刊检索界面。不同的是，在一站式检索框内进行期刊检索，只提供 5 种检索方式：In all fields（任意字段）、Title（刊名）、ISSN、Subject（主题词）、Publisher（出版者）。而从网站上部的导航栏进入期刊检索页面，则提供了 8 种检索方式，分别是：All fields（任意字段）、Title（刊名）、Keywords（关键词）、Subject（主题词）、ISSN、Publisher（出版者）、Country of Publisher（出版者国别）、Journal Language（期刊语言）。

通过以上两种入口检索到的期刊结果界面都是相同的，如图 7-3 所示。

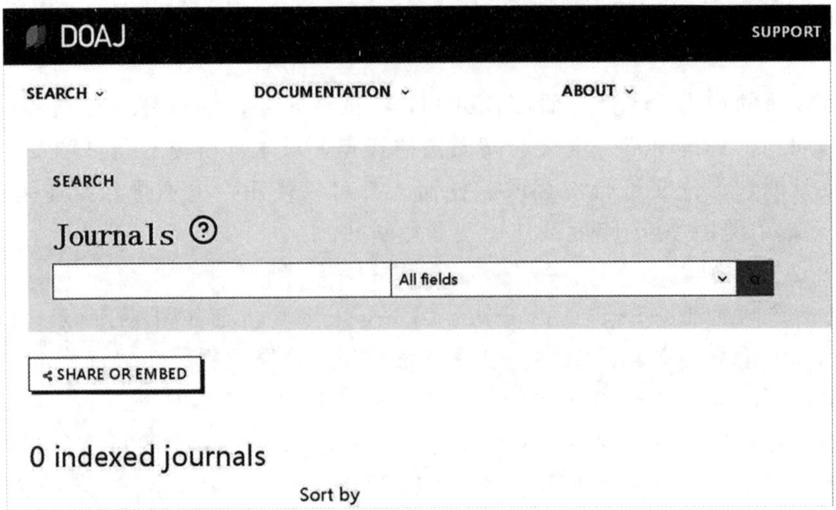

图 7-3　期刊检索结果界面

结果显示命中记录的期刊名称、ISSN、学科主题、出版者、出版语言、关键词信息。点击期刊名就可进入该期刊的主页，进而获取原文。期刊名右方有"DOAJ Content"标志的期刊，表明 DOAJ 收录有该期刊的全文。点击"DOAJ Content"按钮，系统即显示 DOAJ 收录的该期刊所有卷期，选择相应卷期号即可下载全文。

② 论文检索。

在 DOAJ 主页点击左边工具栏"Articles"，进入论文检索页，检索界面如图 7-4 所示。论文检索可同时对不多于两个字段进行检索，且可以对这两个字段进行逻辑组配。检索人员可以通过"In："后的下拉选择菜单检索字段。每个检索入口提供检索的字段有：All fields（所有字段）、Title（篇名）、Abstract（文摘）、Keywords（关键词）、Subject（摘要）、Author（作者）、ORCID（开放研究者与贡献者身份识别码）、DOI、Language（语言）。

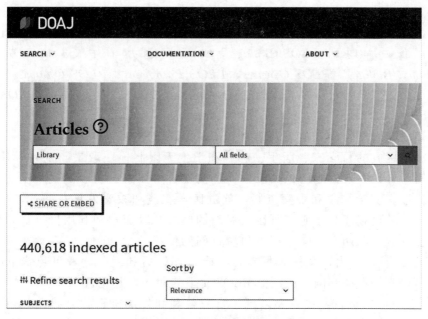

图 7-4 论文检索界面

需要注意的是，检索输入框里的内容只作为一个精确检索词，不能输入逻辑运算符或截词运算符，如要对检索词进行组配，只能通过两个检索输入框之间的单选按钮来实现。例如，要用关键词检索有关中国教育的文献，不能在同一检索框输入"china and education"，这样系统会认为"china and education"是一个检索词；正确的检索方法是：在第一个检索框输入"china"，在第二个检索框输入"education"，检索字段都选"Keywords"。填写好检索条件，点击"Search articles"按钮即可进入论文检索结果页。

③ 其他。

针对论文作者，DOAJ 还提供专门的期刊检索，以帮助作者查找和了解如何在开放存取期刊上发表自己的研究成果。作者可以在这里了解到期刊质量、所属学科及出版费用等其所关心的信息。

二、PLOS

PLOS 为美国科学公共图书馆（The Public Library of Science）的简称，是 2000 年由诺贝尔生理学或医学奖获得者、美国国立卫生研究院前任院长 Harold Varmus，斯坦福大学生物化学教授 Patrick Brown 和加州大学伯克利分校计算生物学教授 Michael Eisen 倡导创立的一个非营利性学术组织，旨在为科技人员和医务人员服务，并致力于使全球范围内的科技和医学领域文献成为可以免费获取的公共资源。

创立之初，PLOS 并未将自己定位为出版商，而是呼吁科技和医学领域的期刊出版机构通过在线公共知识仓库（如 PubMed Central）为科研人员提供免费的文献全文。该倡议当时得到了来自 180 个国家 30000 多名科研人员的支持，但商业出版机构却并未给予积极响应。2001 年 8 月，Patrick Brown 和 Michael Eisen 宣布启动非营利性出版计划。在 2002 年 12 月获得 Gordon and Betty Moore 基金会 900 万美元（2006 年 5 月该基金会再次投资 100 万美元）资助后，PLOS 于 2003 年 10 月 13 日宣布成立出版公司，并创办了第一本期刊 PLOS Biology，此后还创办了 PLOS Medicine、PLOS Computational Biology、PLOS Genetics、PLOS Pathogens、PLOS Clinical Trials（后并入 PLOS ONE）、PLOS ONE、PLOS Neglected Tropical Diseases 和 PLOS Currents 等期刊。

作为开放存取出版模式的先行者，PLOS 的目标是多样且崇高的：其一，通过让世界任何一个地方的科学家、医生、患者和学生无限制地获取最新的科学研究成果，打开世界科学知识图书馆之门；其二，通过实现自由搜索已发表的文章全文，查找特定观点、方法、实验结果和观察资料，促进医学实践和教育发展；其三，让科学家、图书馆管理员、出版商和企业家可以发展新的模式，以探索和利用世界科学理念和发现的宝库。开放存取期刊不同于读者付费订阅的传统学术刊物，是一种在线出版的学术刊物（无纸质版），由论文作者付费，经同行评议后刊发，读者可免费下载全文阅读。读者可以直接在期刊网站上浏览 PLOS 旗下的期刊，并免费下载。

目前，PLOS 的运营经费主要来源于自我盈利和外部赞助。自我盈利包括作者支付的出版费用、会员费用、广告收益及其他附加产品与增值服务收益。外部赞助主要包括政府资助、基金会赞助、机构资助和私人捐赠等。

第三节 中文开放存取资源检索

一、Socolar 统一检索平台

1. Socolar 平台简介

Socolar 是中国教育图书进出口公司建设和维护的一个 OA 资源的一站式检索服务平台，旨在为用户提供 OA 资源检索和全文链接服务，属于非营利性项目。Socolar 在世界范围内收集和整理学术界重要的 OA 资源（包括 OA 期刊和仓储）。目前 Socolar 最主要的合作伙伴是国外著名的 OA 出版单位 BioMed。截至 2021 年 6 月，Socolar 共收录中外期刊文章超过 4500 万篇，其中开放获取的文章数量也超过 1000 万篇。一般来说，Socolar 只对 OA 资源进行整理、提供检索，用户要获取全文，则需要到刊物出版机构主页下载，但也有一小部分资源是全文收录的。

使用 Socolar 平台进行 OA 资源检索是不需要进行注册的，用户只要能访问互联网，就可以不受任何限制地访问该平台。如果用户需要享受 Socolar 所有的服务功能，如个性化的服务，那么可以通过注册来获取。另外，Socolar 还提供用户反馈和论坛，供用户之间进行心得交流。

2. Socolar 检索

用户登录网址 http：//www.socolar.com 即可进入 Socolar 首页，如图 7-5 所示。

图 7-5　Socolar 首页

Socolar 首页提供文章、期刊、一站式检索和高级检索等入口链接。Socolar 平台提供三种查找期刊论文的方法：简单检索、高级检索和期刊检索。其检索框支持一键式检索，即在同一个检索框内可任意输入期刊名、文章名或关键词进行检索。

（1）简单检索。

Socolar 主页默认提供的是文章的简单检索，或单击导航栏的"文章检索"，页面无需跳转，便会出现文章检索窗口和检索提示。在简单检索中，可供检索的字段有五个：所有、篇名、作者、摘要和关键词。平台默认检索所有字段。用户在检索框中输入检索关键词，点击"Article Search"按钮即可完成检索。Socolar 平台支持布尔逻辑检索、短语检索及截词检索。

① 布尔逻辑检索。Socolar 运用布尔逻辑检索技术时，运算符号为 AND、OR、NOT，如 life AND science NOT analyser。

② 短语检索。借鉴一般搜索引擎的做法，Socolar 支持短语的精确检索。如果两个检索词之间用空格来进行连接，相当于这两个检索词用 OR 来运算，是一个逻辑或的关系。例如，输入 open access 相当于输入 open OR access。

③ 截词检索。Socolar 提供截词检索功能，运算符号使用"*"和"?"，"*"代表若干个任意字符，"?"代表一个任意字符。Socolar 的截词检索只支持中截和后截，不能使用前截词。例如，输入 Librar*、L*brary、Librar**、L**brary、L?brary、L??rary 和 Librar? 均可检索出包含 Library 的记录，但命中记录数不一样。其中，在同一位置使用一个或更多的"*"的效果是相同的，例如，Librar*=Librar**，L*brary=L**brary。

在 Socolar 平台的任何一个栏目里，点击导航栏的"期刊检索"按钮即可进入期刊检索。Socolar 的期刊检索可供检索的字段有刊名、ISSN、出版社、关键词、简介等。但读者只可选择刊名、ISSN、出版社三个字段进行检索。如需检索关键词、简介，可以选用"所有"进行检索。期刊检索与文章检索类似，也提供布尔逻辑检索、短语检索及截词检索。Socolar 平台还有一个非常人性化的设定，即用户在文章检索与期刊检索之间切换的时候，系统会为用户保留原检索式，无需重新输入检索式。

（2）高级检索。

Socolar 提供了灵活的高级检索，在简单检索的页面，点击检索框下面的"高级检索"按钮即可跳转到高级检索页面，如图 7-6 所示。

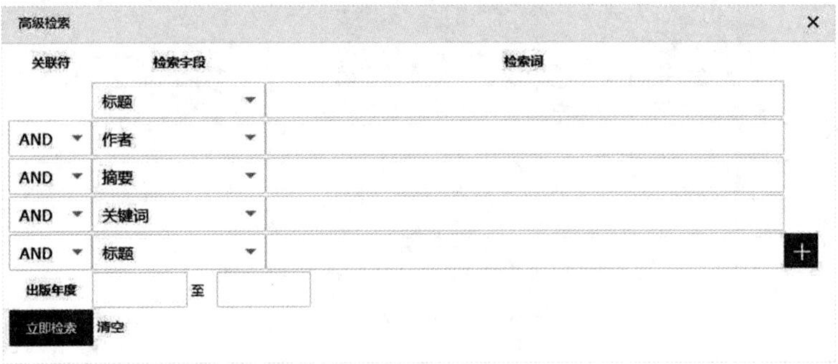

图 7-6 Socolar 高级检索界面

在使用 Socolar 高级检索时要注意，高级检索只提供文章层次的检索，不提供期刊层次的检索。Socolar 高级检索提供九个要素进行限定。每个要素中，用户可以根据需要，选用标题、作者、作者单位、摘要、关键词、来源出版物、出版社名称、ISSN/ISBN、DOI 九个字段中的任意字段进行检索，也可以选用"全部字段"，从所有字段范围进行检索。除了可以对检索字段进行限定外，用户还可以对第一个检索框中使用的检索词进行进一步的限定，可供选用的限定方式有所有词、任意词、短语三种方式。即使输入相同的字段和检索词，如果选用的限定方式不同，也会得到不同的检索结果。Socolar 在此处对检索词的识别以空格为标志。例如，在被标记为"所有词"的文本框中，用户可以输入希望在查询结果中出现的所有关键词；如果文本框被标记为"短语"，用户在其中可以

第七章 开放存取资源及其利用

输入一个短语——例如 open access，不需要为该短语加上双引号，则查询结果将包含短语中的所有词，并且词排列的顺序与用户输入文本框时的顺序一致；如果文本框被标记为"任意词"，则允许用户构建一个类似于"或"逻辑的查询，在该文本框中，用户可以输入一系列关键词，它们中的任意一个或多个会出现在查询结果中。

高级检索中，用户还可以对每个检索条件进行包括与、或、非在内的布尔逻辑组合。除此以外，Socolar 的高级检索还可以对检索目标进行出版年度范围、是否经过同行评审及学科范围的限定，用户在检索时根据自己的需要选择即可。

（3）期刊浏览。

期刊浏览有两种方式：一种是按学科分类进行期刊浏览；另一种是按期刊名首字母进行浏览。

① 按学科浏览。Socolar 对期刊进行了学科分类，一共有 21 个大类。期刊分类浏览方式与字母浏览方式相似，选择某一学科即可浏览相应学科内的期刊。Socolar 还对 21 个学科大类进行了细分，每个学科根据学科内容细分为若干个级别及数目，并且在浏览过程中对学科下收录的期刊数目进行提示。用户根据学科浏览期刊时，点击每一学科前面的"＋"，即可展开此学科目录树，选择该学科下的子学科。按学科浏览期刊的结果列表与按字母浏览的结果列表相似。

② 按期刊名首字母浏览。按字母浏览期刊比较简单，用户只需点击相应的英文字母，Socolar 平台即会提供以该字母为刊名首字母的期刊列表。列表提供期刊的简单信息，如出版社及相应的期刊首页链接等，如图 7-7 所示。点击"期刊"按钮即可链接到该期刊或其出版者主页。如该期刊有"Peer-Reviewed"标志，表明该期刊是经同行评审的开放存取期刊。

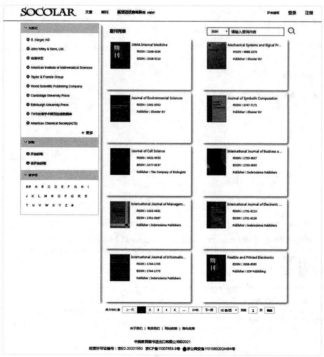

图 7-7　Socolar 按字母浏览期刊界面

(4) 检索结果的处理及原文获取。

无论是简单检索，还是高级检索，命中的目标都是论文，其界面类似，其处理方法也基本一致。

用户可以在这个地方获取命中目标论文的简单信息，包括篇名、作者、出版刊物及相应卷期号，还可以由是否带"Peer-Reviewed"标志知道该论文是否经过同行评审。点击"Full Text"按钮可获取文章原文。如果用户想通过查看摘要进一步确认是否有必要获取原文，可点击"Abstract"按钮或"篇名"进入文摘页面查看该文关键词及摘要信息等，然后由文摘页面链接获取原文。点击论文原刊物名称，可跳转到该期刊历史卷期列表。

通过期刊检索与期刊浏览方式得到的结果是相同的，都是以期刊列表的形式呈现。用户可以点击"Visit Website"按钮，链接到该期刊或其出版者主页，点击期刊名称查看该刊历史卷期，进而选择卷期，查看相应卷期的文章列表。接下来获取原文的方法与文章检索相同。

通过 Socolar 获取的论文的文档格式不尽相同，取决于期刊出版者提供的文档保存格式，大体上有 html 和 pdf 两种。用户可以根据自己的需要对原文进行在线浏览、存档或打印输出。图 7-8 中是通过 Socolar 获取的一个文档原文的首页。

图 7-8　通过 Socolar 获取的一个文档的首页

二、中国科学院科学数据库

中国科学院科学数据库内容涵盖化学、生物、天文、材料、腐蚀、光学机械、自然资源、能源、生态环境、湖泊、湿地、冰川、大气、古气候、动物、水生生物、遥感等多种学科。该科学数据库以中国科技网为载体，为国内外用户提供服务，目前已在中国科技网上建立了 19 个 Web 站点、153 个上网专业数据库，由中心站点和分布在网上本地和外地的相互独立的若干专业库子站点共同组成了网上科技信息服务体系。中国科学院科学数据库网址为 http://www.sdb.ac.cn/。

第四节 中文科技论文开放存取系统

一、中国科技论文在线

1. 中国科技论文在线简介

中国科技论文在线于 2003 年创立，是经教育部批准，由教育部科技发展中心主办，针对科研人员普遍反映的论文发表困难、学术交流渠道窄、不利于科研成果快速高效地转化为现实生产力等问题而创建的科技论文网站。中国科技论文在线评审费由教育部科技发展中心支付。在网站上发表论文不收取任何费用，查阅、下载论文也不收取任何费用。越来越多的高校将在中国科技论文在线上发表的论文认可为符合研究生毕业、职称评定要求的论文，目前这样的高校达到了 23 所。

中国科技论文在线将服务的对象分为注册用户和非注册用户两类。注册用户可以使用包括论文在线投稿在内的所有功能，而非注册用户则只能以访客的身份，对该站进行部分检索、浏览和下载。目前主要有在线发表论文、优秀学者及主要论著、名家推荐精品论文、获奖项目及主要论著、科技期刊、论文库链接等栏目。截至 2008 年 3 月，中国科技论文在线收录首次发表的论文共 19600 篇，同行评议共 8626 条，优秀学者论文共 41467 篇，自荐学者论文共 1102 篇，科技期刊论文共 55083 篇。其中，在线发表论文栏目为科研人员提供了一个快速发表论文、交流创新思想的平台，优秀学者及主要论著栏目为众多优秀学者免费建立了个人学术专栏。网站定期对在线上发表论文数量、优秀学者专栏浏览次数及各单位优秀学者数进行统计排序，并在网站公布。

2. 文章检索

中国科技论文在线对在其站点发表及收录的论文进行整合，并提供检索，主要有快速搜索和全文检索两种方式。用户通过互联网即可使用中国科技论文在线，访问地址是 http://www.paper.edu.cn，如图 7-9 所示。

（1）快速搜索。

在中国科技论文在线的主页上，在"科技论文跨平台全文检索"搜索框输入检索词

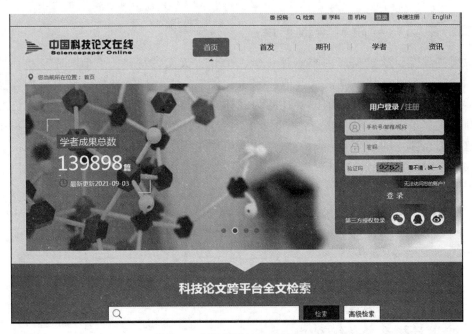

图 7-9　中国科技论文在线首页

即可进入检索页面，如图 7-10 所示。快速搜索有检索输入框及检索限定项，用户根据已知信息，输入适当的检索词，并选择合适的限制范围，即可进行论文检索。用户首先需要在"检索范围"的下拉菜单选项中选取要限定的数据库，否则不能进行检索。可供选择的数据库有在线发表论文库、优秀学者论文库、科技期刊论文库。选择数据库后，"所属学科"下拉菜单切换成了可用状态。用户可以点击该菜单选择相应学科范围。由于科

图 7-10　中国科技论文在线全文检索界面

技论文在线收录的论文绝大部分属于自然科学,其学科的分类也集中在自然科学,如检索分类中没有列出的学科,可选择"全学科检索"。

中国科技论文在线的快速检索可供检索的字段有题目、作者、摘要和关键词。用户可以选用其中的字段,在相应位置输入检索词进行检索。中国科技论文在线支持布尔逻辑检索,但只支持逻辑与、逻辑或运算,并不支持逻辑非。使用者可选择不同的论文库,按照题目、关键字、作者、摘要和所属学科进行交叉检索。例如,欲检索题目中含有"EM算法",同时关键字有"神经网络"的论文时,先在题目栏里键入"EM算法",同时在题目栏后面紧跟的选择下拉菜单中选中"并且",然后在关键字栏中键入"神经网络",其后的下拉菜单及输入栏可以不予理会,最后指定欲检索的发表时间范围。以上内容填写完成后,点击"检索"按钮,或者直接回车,系统即会返回并显示结果。另外,中国科技论文在线的快速检索将每个检索框里的检索词一概当作短语来处理,也就是说,对每个检索框里的内容做精确匹配,例如,输入"神经 网络"并不能命中含有"神经网络"的论文。

由于中国科技论文在线的三个数据库的来源及编录标准不同,这三个数据库提供的检索方法也有所不同。

① 科技期刊论文库。科技期刊论文库可同时提供对四个字段的检索,并可对学科及时间范围进行限定。

② 在线发表论文库。由于科技论文在线系统根据论文质量对在线发表的论文进行评级,如选择在这个数据库检索,除了可使用上述检索技术外,还会增加"论文星级"和"论文类型"这两个可用选项。用户可对检索目标进行星级及论文语种的限定。

③ 优秀学者论文库。如用户选择这一数据库进行检索,只能对题目作者进行检索,系统不提供对此数据库进行摘要及关键词检索服务。

(2) 全文检索。

为了使用户能实现更严格、更复杂的检索,中国科技论文在线于2007年12月20日推出了全文检索功能。全文检索窗口与快速检索窗口在同一页面中,都位于快速检索的下方。另外,在中国科技论文在线首页的中央位置也提供了全文检索的窗口。

在全文检索中,用户可以对标题及论文正文同时进行检索,并可以对它们进行逻辑与(同时满足)、逻辑或(或者)运算。在全文检索中,还可分别对标题及正文进行"含有"或"排除"的限定。

① 日期限制。用户可选择三种方式限制论文的发表时间。第一种方式是使用选择时间,可通过鼠标点击选择日期来确定日期范围;第二种方式是输入时间,可由键盘输入精确时间范围;第三种方式是快捷时间段,可选择最近某一时间段,可选范围从当天到最近一个月不等,或选择"所有时间"不进行限制。

② 选择频道。中国科技论文在线按论文不同的来源把论文收录在不同频道。用户在此选择要进行检索的频道,默认的是检索全部频道。

③ 结果定制及排序。用户可以在这里设定结果是否按其所属频道分开、每页显示纪录数和结果排序规则。

④ 高级检索。在全文检索结果页中，系统还提供高级检索，如图 7-11 所示。用户如果对检索结果不满意，还可以高级检索模式进行精准检索。高级检索与快速检索及全文检索有所不同，此处同样提供精确检索，不支持逻辑运算，但允许有空格，系统会自动去除空格，如输入"神经　网络"默认等同于"神经网络"。

图 7-11　高级检索界面

（3）按频道浏览。

中国科技论文在线按不同标准，将其收录的论文归类到不同的频道，用户可以根据自己的需要按频道浏览来查找论文。在各个频道下面，按不同的需求进行了进一步的细分。

3. 其他

中国科技论文在线所提供的论文为 pdf 格式的文档，用户需先安装相应的阅读器才可查阅全文。检索到的论文，可以在线查阅全文，也可以打开后保存论文的副本或打印。

注册用户可以收藏某一论文，之后登录无需重新检索，可直接查阅该论文。注册用户还可以在中国科技论文在线的在线投稿系统发表自己的研究成果，也可以对某一论文发表个人看法或评论。

二、中国学术会议在线

中国学术会议在线是经教育部批准，由教育部科技发展中心主办，面向广大科技人员的科学研究与学术交流信息服务平台。它本着优化科研创新环境、优化创新人才培养环境的宗旨，针对当前我国学术会议资源分散、信息封闭、交流面窄的现状，通过学术会议资源的网络共享，为广大高校师生创造良好的学术交流环境，以开阔师生视野，拓宽学术交流渠道，促进跨学科融合，为国家培养创新型、高层次专业学术人才，创建世界大学做出积极贡献。中国学术会议在线利用现代信息技术手段，分阶段实施学术会议网上预报及在线服务、学术会议交互式直播、多路广播和会议资料点播三大功能，为用户提供学术会议信息预报、会议分类搜索、会议在线报名、会议论文征集、会议资料发布、会议视频点播、会议同步直播等服务。中国学术会议在线还组织高校定期举办名家大师学术系列讲座，并利用网络及视频等条件，组织高校师生与学者进行在线交流。中国学术会议在线网址为 http：//www.meeting.edu.cn/。

三、其他中文开放存取资源

除了以上经常使用的中文开放存取资源外，中国预印本服务系统的用户也非常多。中国预印本服务系统访问网址为 http：//prep.istic.ac.cn/eprint/index.jsp。

中国预印本服务系统是由中国科技信息研究所与国家科技图书文献中心联合建设的以提供预印本文献资源服务为主要目的的实时学术交流平台，由国内预印本服务子系统和 SINDAP 子系统组成。其中，SINDAP 子系统实现了全球预印本文献资源一站式检索，用户仅需输入一个检索式，即可对全球知名的 17 个预印本系统进行一站式的资源检索，且可以获取相应系统提供的预印本全文。中国预印本服务系统提供国内科研工作者自由提交的科技文章，一般只限于学术性文章。系统的收录范围按学科分为五大类：自然科学、农业科学、医药科学、工程与技术科学、人文与社会科学。

第五节　国外主要开放存取资源系统

一、Dialog 联机检索系统

Dialog 是世界上历史最悠久且资讯最完整的在线检索系统，其网址为 http：//www.dialog.com。1972 年，Dialog 开始建立第一个商用资料库，期间陆续与多个著名在线检索系统整合，使 Dialog 扩充为七大系列，即 Profound、Tradstat、Dialog、NewsRoom、Intelliscope、DataStar、NewsEdge，成为目前世界上最强大的国际联机检索系统。

在七大系列中，Dialog 联机检索系统收录涉及 40 多个语种 7000 多种期刊的全文数据和 900 多个数据库的内容，其资讯服务范围涉及战略规划、市场研究、兼并收购、知识产权管理与研发工程技术。Dialog 收录的信息涉及的专业范围广泛，按涉及学科的领域可分为 20 类。信息总量约 15TB，共有 14 亿条记录，文档的专业范围涉及综合性学科、自然科学、应用科学和工艺学、社会科学和人文科学、商业经济和时事报导等诸多领域，在全球 100 多个国家拥有超过 250 万的最终用户。Dialog 学科覆盖面广，几乎涉及全部学科范围，包括综合性科学、自然科学、应用科学和工艺学、社会科学和人文科学、时事报道和商业经济等。Dialog 数据库信息量大，检索方式灵活，适用于做比较全面的文献调研检索，如科研课题开题立项时的文献回溯检索、课题中期的跟踪检索和课题结题时的查新检索等。

Dialog 的 900 多个数据库中有许多极具代表性的常用的数据库，著名的数据库如 INSPEC、Medline、Mathsci、BA、NTIS 等都在 Dialog 系统中；还有著名的几大检索数据库，如 SCI、EI、ISTP、SSCI、AHCI 等都可从 Dialog 系统中检索；另外，还有世界著名的 Derwent 专利数据库以及美国专利、欧洲专利、日本专利等数据库，都可在 Dialog 中查询。Dialog 还有一些全文数据库，如 IAC 的计算机全文库、《纽约时报》和《华盛顿邮报》等的全文库等。

二、OCLC FirstSearch 系统

OCLC 全名为 Online Computer Library Center（联机计算机图书馆中心），是世界上最大的提供网络文献信息服务和研究的机构，它创建于 1967 年，总部在美国俄亥俄州都柏林，其检索网址为 https：//firstsearch.oclc.org/fsip? language=en。1967 年，美国的一些校长们发起成立 OCLC，旨在实现图书馆文献信息的共享，减少获取文献信息的费用。OCLC 是一个面向图书馆、非营利性质、成员关系的组织，以推动更多的人检索世界范围内的信息。

OCLC 主要提供以计算机为基础的联合编目、参考咨询、资源共享和保存服务。其于 1971 年为图书馆开发并推出的联机编目系统，如今已被世界各地的图书馆使用。据最新统计，使用 OCLC 产品和服务的用户已遍布 86 个国家和地区的 45000 个图书馆和教育科研机构。

OCLC 于 1992 年推出 OCLC FirstSearch，这是一个综合性的、完整的参考咨询和检索服务系统。FirstSearch 服务是全世界所有联机系统中使用量最大的系统。1999 年 8 月，OCLC 完成了新版的 FirstSearch。新版 FirstSearch 以 Web 为基础，向用户提供世界范围的参考资源。目前通过该系统可检索到 80 多个数据库，其中有 30 多个数据库提供全文。目前通过该系统可检索数据总计包括 11600 多种期刊的联机全文，4500 多种期刊的联机电子映像，以及 1000 多万篇文章的全文。这些数据库涉及广泛的主题范畴，覆盖多个领域和学科。新版 FirstSearch 实现了与 OCLC 的联机电子出版物数据库 ECO 的完全整合，增强了联合编目数据库 WorldCat 的馆藏信息，实现了各库间的联机全文共享。

当前，利用 FirstSearch 可以检索到 80 个数据库（每次检索 50 个左右），这些数据库绝大多数由一些美国的国家机构、联合会、研究院、图书馆和大公司等单位提供。数据库的记录中有文献信息、馆藏信息、索引、名录、文摘和全文资料等内容。资料的类型包括书籍、连续出版物、报纸、杂志、胶片、计算机软件、音频资料、视频资料、乐谱等。这些数据库根据学科内容可分成 15 个主题范畴：艺术和人文学科（Arts & Humanities）、工商管理和经济（Business & Economics）、会议和会议录（Conferences & Proceedings）、消费者事物和人物（Consumer Affairs & People）、教育（Education）、工程和技术（Engineering & Technology）、综合类（General）、普通科学（General Science）、生命科学（Life Sciences）、医学和健康（消费者）（Medicine & Health, Consumer）、医学和健康（专业人员）（Medicine & Health, Professional）、新闻和时事（News & Current Events）、公共事务和法律（Public Affairs & Law）、快速参考（Quick Reference）、社会科学（Social Sciences）。

这些专题都有若干数据库，有些数据库还会包含不同专题的内容。FirstSearch 基本组包括十多个数据库，其中大多是综合性的库，这些库的内容涉及工程和技术、工商管理、人文和社会科学、医学、教育、大众文化等领域。其中 WorldCat 是世界上最大的、由几千个成员馆参加联合编目的书目数据库。它包括 8 种记录格式，458 种语言的文献，覆盖从公元前 1000 年到现在的资料，目前记录数有 5000 多万条。在这个数据库中，可检索到世界范围内的图书馆所拥有的图书和其他资料。FirstSearch 提供的数据库具体内容如表 7-1 所示（其中带"＋"的表示可以获取全文）。

表 7-1 FirstSearch 提供的数据库

数据库名称	说明
＋ArticleFirst	12500 多种期刊的文章及目录索引
ECO	OCLC 联机电子学术期刊库
＋ERIC	教育方面的期刊文章和报告
GPO	美国政府出版物
＋Medline	与医学相关的所有领域，包括牙科和护理的文献
PapersFirst	国际会议论文索引
Proceedings	世界范围内会议的会议录索引
UnionLists	OCLC 成员馆所收藏期刊的联合列表
＋Wilson Select Plus	科学、人文、教育和工商方面的文章全文
WorldAlmanac	世界范围内年鉴的重要参考资源
WorldCat	世界范围内的图书、Web 资源和其他资料的 OCLC 编目库
＋AGRICOLA	有关农业、林业及动物学的资料
＋AHSearch	艺术和人文学科的引文索引
AltPressIndex	涵盖文化、经济、政治与社会变化的期刊索引
AltPressIndexArchive	1969—1990 年的期刊索引
AppSciTechInd	应用科学与技术索引
ArtIndex	艺术领域主要出版物索引
＋ASTA	关于应用科学和技术的文摘
BasicBIOSIS	有关生物和其他生命科学的基本信息
＋BioAgIndex	农业、生物学、林业和生态学方面的主要出版物
BioDigest	以非技术方式写作的生命科学信息
＋BiographyInd	多种传记资料索引
＋BookReview	英文小说和非小说类书籍的评论

续表

数据库名称	说明
BooksInPrint	在版的、已售罄和即将出版的图书，带可选评论
BusIndustry	企业的现状、特点和主要活动
+BusinessOrgs	服务于商业和企业的组织
+BusManagement	关于商业管理的探讨
CINAHL	护理和有关健康文献的索引
+ConsumerIndx	为消费者提供信息的文章索引
+CWI	当代妇女在健康和人权方面面临的问题
Disclosure	美国上市公司名录信息
+EconLit	经济方面的期刊、图书和雇佣证书
+EducationIndex	教育领域的主要出版物的索引
EssayGenLit	人类科学和社会科学文集内容索引
FactSearch	当前所关注课题的现状和统计资料
+GenSciAbs	来自美国和欧洲的普通科学文献
+GEOBASE	世界范围内有关地理学、地质学和生态学的文献
+HumanitiesIndex	覆盖人文领域各主题的文摘索引
InternetPCAbs	计算机文摘
+LegalPeriodical	所有法学领域的国际法律信息
+LibraryLit	有关图书馆和图书馆管理的资料
MDXHealth	医疗和健康信息的文摘
MediaRevDigest	对教育媒体与娱乐资源的评论
PAIS*	记录全球公共政策和社会问题的数据库
+PsycFIRST	当前和最近三年心理学和相关领域的文献
+ReadsGuideAbs	大众杂志的文章摘要
SIRSResearcher	世界范围内的社会、科学、经济和政治问题
+SocialSciIndex	有关社会学方面的文章索引
+WilsonBusiness	主要的英文商业期刊
Worldscope	世界范围内上市公司的基本财务信息

三、EBSCO 数据库系统

EBSCO 数据库是美国 EBSCO 公司推出的一系列大型数据库系统，其检索网址为 https://www.ebsco.com/find-my-organization?returnUrl=https%3a%2f%2fsearch.

epnet.com%2fwebauth%2fLogin.aspx%26，该系统提供多个数据库资源的检索服务，索引、文摘覆盖欧美等国的3700余家出版社。EBSCO公司从1986年开始出版电子出版物。EBSCO系列数据库包括ASP（Academic Search Premier，学术期刊数据库）、ASE（Academic Search Elite，学术期刊全文数据库）、BSP（Business Source Premier，商业资源数据库）、BSE（Business Source Elite，商业资源全文数据库）等多个数据库。EBSCO各数据库的资料来源以期刊为主，其中很多都是被SCI或SSCI收录的核心期刊。详细的数据库情况如表7-2所示。

表 7-2　EBSCO 数据库列表

数据库名称	类别	说明
Academic Search Elite	多学科学术期刊	全文
Academic Source Premier	多学科学术期刊	全文
Business Source Elite	商业、管理、财经	全文
Business Source Premier	商业、管理、财经	全文
EconLit	经济学	文摘
Communication & Mass Media Complete (CMMC)	传播和大众传媒	全文
AGRICOLA	农业	文摘
EBSCO BioMedical Package	医学，包括生物医学	—
MEDLINE	医学	文摘
Biomedical Reference Coll.；Comp. Ed.	生物医学	全文
Health Business Elite	医疗管理	全文
Psychology & Behavioral Sci. Coll.；Comp. Ed.	心理学和行为科学	全文
CINAHL	医学，包括护理学	文摘
Nursing & Allied Health Coll.；Comp. Ed.	医学，包括护理学	全文
Cochrane Collection	医学，包括护理学	全文
International Pharmaceutical Abstracts (IPA)	药学	文摘
SPORTDiscus	医学，包括运动医学	文摘
PsycINFO	心理学	文摘
ERIC	教育学	文摘
Professional Development Collection	教育学	全文
Canadian MAS FULLTEXT Elite	中小学期刊读物	全文
Scientific American Archive Online	综合性科技期刊	全文
EBSCO Language & Literature Collection	语言文学数据库集锦	—
American Humanities Index	人文科学	文摘
MLA International Bibliography	语言文学	文摘

续表

数据库名称	类别	说明
Cloumbia Granger's Poetry Database	诗歌	全文
MagillOnLiterature Plus	文学	全文
Military Library FullTEXT	军事	全文
MasterFILE Premier	综合性期刊	全文
Newspaper Source	综合性报纸	全文
World Magazine Bank	综合性杂志	全文
History Reference Center	历史	全文
Vocational & Career Collection	职业技术	全文

1. Academic Search Premier（ASP）

ASP 是 ASE 的升级版，是一个多学科的学术期刊数据库，也是当今全世界最大的多学科学术期刊全文数据库，专为研究机构设计，提供丰富的学术类全文期刊资源。这个数据库提供了 8211 种期刊的文摘和索引、4648 种学术期刊的全文。被 SCI 和 SSCI 收录的核心期刊有 993 种（全文收录的有 350 种）。这个数据库几乎覆盖所有的学术研究领域，包括社会科学、人文学科、教育、计算机科学、工程学、物理学、化学、语言学、艺术和文学、医学、种族研究等。ASP 收录的全文一般向前回溯 10 至 15 年，部分全文可回溯到 1975 年，其中 100 多种全文期刊可回溯到 1975 年或更早，并为 1000 多种期刊提供了引文链接。

2. Business Source Premier（BSP）

BSP 是为商学院和与商业有关的图书馆设计的，所收录的各类全文出版物有 8800 多种，学科领域包括管理、市场、经济、金融、商业、会计、国际贸易等。以所收录的期刊排名统计，BSP 在各个学科领域中都优于其他同类型数据库。这个数据库还提供许多非期刊全文文献，如市场研究报告、产业报告、国家报告、企业概况、SWOT 分析等。在其全文收录的期刊中，除了包括 *Business Week*、*Forbes*、*Fortune*、*American Bank* 等期刊外，还包括数百种诸如 *Harvard Business Review*、*Journal of Management*、*Academy of Management Review* 等同行评审的著名期刊。BSP 同时提供数百种 EIU（The Economist Intelligence Unit）及 WEFA（Wharton Econometric Forecasting Associates）的统计年鉴。该数据库从 1990 年开始提供全文，全文回溯至 1965 年或期刊创刊年，可检索的参考文献回溯至 1998 年，题录和文摘则可回溯到 1984 年，数据库每日更新。

四、e-Print arXiv 预印本文献库

arXiv 始建于 1991 年 8 月，是由美国国家科学基金会和美国能源部资助，在美国洛

斯阿拉莫斯（Los Alamos）国家实验室建立的电子预印本文献库（目前由美国康奈尔大学管理）。该预印本资料库由 Ginsparg 教授发起，旨在促进科学研究成果的交流与共享。这是一家非营利教育机构，面向物理学、数学、非线性科学、计算机科学和定量生物学等学科提供 16 种免费电子期刊的访问服务。arXiv 是较早的预印本文献库，也是物理学及相关专业领域中最大的预印本文献库。该数据库目前已有数学、物理学和计算机科学方面的论文 23 万多篇。

arXiv 预印本文献库是基于学科的开放存取仓储，旨在促进科学研究成果的交流与共享。目前覆盖物理学、数学、非线性科学、计算机科学和量化生物五个学科，共计 17 万篇预印本文献。研究者按照一定的格式将论文进行排版后，通过 e-mail、ftp 等方式，按学科类别将论文上传至相应的库中。arXiv 预印本文献库没有评审程序，不过同行可以对文献库的论文发表评论，与作者进行双向交流。论文作者在将论文提交 e-print arXiv 的同时，也可以将论文提交学术期刊正式发表，论文一旦在某种期刊上发表，e-print arXiv 中关于该论文的记录中将会显示文献正式发表期刊的卷期信息。

目前世界各地共有 17 个 arXiv 的镜像站点，方便了世界各国研究人员随时调用其中的文献。在中国的站点位于中科院理论物理研究（http://xxx.itp.ac.cn）。

五、Blackwell 电子期刊

Blackwell 出版公司是全球最大的学协会出版商，与世界上 550 多个学术和专业学会合作，出版国际性期刊 800 余种（包括很多在非英美地区出版的英文期刊），其中理科类期刊占 54% 左右。它所出版的学术期刊在科学技术、医学、社会科学以及人文科学等学科领域享有盛誉。学科范围包括农业、动物学、经济学、金融学、数学、统计学、工程、计算机科学、保健学、人文学、法学、生命和自然科学、医学、社会科学及行为科学等。部分期刊提供全文。Blackwell 电子期刊网址为 http://www.blackwell-synergy.com/。

六、High Wire Press

High Wire Press 是斯坦福大学著名的学术出版商，目前已成为全世界三个最大的、能够联机提供免费学术论文全文的出版商之一。High Wire Press 提供免费检索的期刊主要包括物理、医学、生物和社会学领域的核心期刊。到目前为止，该出版商提供的免费论文全文已达 200 万篇以上，被认为是全球最大的免费全文学术论文数据库。该数据库访问网址为 http://highwire.stanford.edu/。

思考与训练

1. 商业数据库资源与开放存取资源有何不同？如何合理利用开放存取资源作为课题检索的补充？

2. 除书本中提到的开放存取资源外，还有哪些比较常用的开放存取资源？

3. 选择一个题目,在免费的外文电子期刊数据库中进行检索,按照既定的检索策略和步骤,最少做出3个检索策略,获取全文。

4. 用WOS(Web of Science)的高级检索方式,查找2020年美国作者撰写的题名中含有"novel coronavirus pneumonia"的文献。

【第八章】

智慧图书馆与信息利用

　　智慧图书馆是从智慧地球、智慧国家、智慧城市、智慧校园等概念延伸而来的，它在我国还处于初级研究阶段。目前关于智慧图书馆的定义并没有一个统一的表述，研究者从不同角度（例如智能建筑角度）给出了相应的描述。检索近期的相关文献，我们可以发现，目前国内关于智慧图书馆的研究较多地与物联网、云计算、数字图书馆、复合图书馆等概念相联系。智慧图书馆是建立在物联网和数字图书馆基础之上的新型图书馆，具有物联网和数字图书馆的双重特征。数字化、网络化和智能化是智慧图书馆的技术基础，人物互联是智慧图书馆的核心构成，而实现由知识服务向智慧服务的提升则是智慧图书馆的精髓。智慧图书馆的外在特征是在现代信息技术的支持下提供无所不在、无时不在的服务；其内在特征是在继提供文献服务、信息服务、知识服务之后，提供以人为本的智慧服务，满足读者日益增长且不断变化的需求。可见，智慧图书馆是未来图书馆服务技术提升、服务理念创新、管理形态转型的一场革命。

　　现代技术在图书馆工作中的应用越来越广泛，进行大量图书、期刊的流通以及与外界交流信息，是图书馆的日常工作，也是现代技术的基本功能。文献信息量的快速增长和管理方法的不断创新，保证了读者对文献资源的快速获取。图书馆的有效管理能够充分利用图书馆的各种资源，为读者提供低成本、高质量的服务。因此，图书馆需要改进服务体系，引进先进的管理技术，建立新的服务模式，不断促进图书馆的智慧化发展。随着信息技术的不断发展与创新，网络技术被广泛推广，这促进了数字图书馆的兴起。不断扩大图书馆的藏书量，满足读者不断增加的阅读需求，为读者提供高效、优质的服务，已成为图书馆智慧化发展的重点和热点。

第一节 智慧图书馆的功能与特色

一、智慧图书馆的功能

智慧图书馆是目前图书馆发展的最高级阶段,是复合图书馆、数字图书馆发展成熟后的一种全新形态。智慧图书馆是在物联网环境下,以云计算技术为基础,以智慧化设备为手段,实现书书相联、书人相联、人人相联,为用户提供智慧化服务。智慧化图书馆的构成要素主要包括物联网技术、智能设施、智慧化服务,其构建可分为三个层面:物质层面、技术层面和服务层面。其中,物质层面是基础,技术层面是关键,而最能体现图书馆核心价值和服务水平的则是服务层面。三个层面互为支持,共同支撑起智慧图书馆的大厦。

二、智慧图书馆的特色

1. 信息资源特色

当今社会追求创新和个性化发展,网络使人们打破了空间、时间的局限,人们可以在任何时间、地点和任何想沟通的人进行交流。在此背景下,读者希望图书馆可以与时俱进,提供交互式、个性化的信息服务,特别是有针对性地加强学科服务。网络信息资源的数量增长迅速、质量良莠不齐、信息源不规范阻碍了读者信息需求的实现,这迫切要求图书馆整合信息资源,为读者节省时间,同时分析读者的信息需求,提供符合读者需求的信息资源,并实现信息资源的共享,促成资源的互补。

2. 个性化服务特色

随着科技的不断发展,读者的需求也越来越细化,他们追求更全面、更智能、更个性化的借阅图书的方式,但是目前图书馆的借阅方式不能让读者满意。因此,细分和分析读者喜好,提供更贴近读者需求的服务,将主动权、选择权交给读者,满足读者的个性化需求,是高校图书馆必须实现的服务内容。数字化与自助化的建设不仅能够让图书馆更好地管理读者,而且能够让读者更好地体验图书馆的智能化和个性化服务。

3. 移动技术的发展特色

随着移动技术的快速发展,人们对移动设备的依赖性越来越强,同时新型信息服务模式也不断涌现。这一方面冲击了传统图书馆的信息服务模式,另一方面为图书馆利用各种新信息实现技术延伸、拓展和创新服务提供了契机。因此,图书馆需要与时俱进,积极利用移动信息技术开展移动信息服务。但目前我国图书馆移动信息技术发展速度并不快,服务内容也比较单一,提供移动信息服务的图书馆在全国图书馆中所占的比例较低。所以图书馆应该积极顺应移动信息技术与应用高速发展的潮流,将移动信息服务纳

第八章 智慧图书馆与信息利用

入图书馆应用新技术的统一规划中。

4. 自助式服务特色

读者对图书馆产生不满的原因主要在于以下两点。

其一，由于图书馆没有通过有效手段对图书进行盘点，读者在查询系统查到馆藏里有某本图书，但花了很长时间未找到，这是因为管理系统没有准确的记录，导致读者对图书馆不满意。

其二，由于图书馆借/还书的效率较低，读者借/还书排队等候时间太长，浪费了时间，进而对图书馆不满意；借/还书中出现信息读取错误、条码无法识别等情况，延长了读者的等待时间，导致读者对此不满意。

随着全社会对服务意识的不断强化，读者对图书馆服务的要求也越来越高，图书馆迫切需要提升服务水平，提高读者满意度。

目前，图书馆管理工作中的诸多问题、读者借/还书的诸多不便等大部分是由于图书馆采用的条码技术在信息保存的可靠性、数据读写的准确性、流通环节和管理监控环节数据不能联动等问题引起的。

通过 RFID 智能借还管理软件，以上这些问题都可以得到极大改善，读者对图书馆的服务满意率也将得以提升。

5. 满足用户需求特色

以高校图书馆为例，其建设目的是满足师生的学习、科研等需求，因此，厘清师生的需求有助于图书馆提高个性化信息服务的针对性，从而提高个性化信息服务的质量。高校教师肩负着传播新知识的重要使命，这对知识系统提出了很高的要求。但很多高校老师反映学校的图书配置越来越不专业，图书更新速度很慢，特别是科技类和经济类的图书大多都是旧版书。为更好地满足教师的需求，图书馆需要结合教师的教学层次和专业特点，主动为教师推送最新的图书信息。同时，图书馆可根据教学对象的特点，为教师量身定制书籍采购计划，方便教师授课和进行课题研究。学生群体数目庞大，他们是使用高校图书馆频率最高的群体，为学生提供高质量的专业书籍不仅能够满足学生的学习需求，而且能够在一定程度上培养学生的科研能力，激发其科研兴趣。但是，目前高校图书馆的图书采购质量不高，大部分图书和高校自身的专业设置相关性不强，甚至有些学生反映图书质量参差不齐，这些都对学生专业知识的学习和科研能力的培养带来了负面影响。所以，高校图书馆在采购图书时，既要参考教师的阅读标准，也要征询学生的意见。此外，提高图书借阅的工作效率，节省人力资源，也是高校图书馆亟待解决的问题。若借/还图书时能采用自助借还服务模式、实现 24 小时自助借还，即由读者自主独立完成借书与还书的全过程，则可以大幅节省馆员的工作时间，让馆员能有更多时间从事图书馆管理及其他深层次的服务工作，也能使图书馆更好地为教学和科研服务。

第二节　智慧图书馆与信息检索

在新时代，基于手机等智能终端的数字出版乘势而上。目前 4G、5G 网络成为主流，6G 网络加紧研发，无线网络基础设施的普及带来了移动网络的极大改善，手机已经成为人类的第二大脑，手机上的各种移动应用渗透到人们生活的方方面面，影响着人们的生活和学习。超星学习通依托先进的移动互联网技术，基于海量的资源数据平台，致力于打造一个提供优质资源、辅助培养教化、提升国民素质的移动学习平台，为国民提供一个无时不在的精神家园，为智慧图书馆发展提供了一定的借鉴和参考。目前，超星学习通已成为智慧图书馆的初级模型。

一、超星学习通的安装和使用

用户可以在手机应用市场搜索"超星"，点击下载按钮，下载完成后，根据提示进行安装（见图 8-1）。

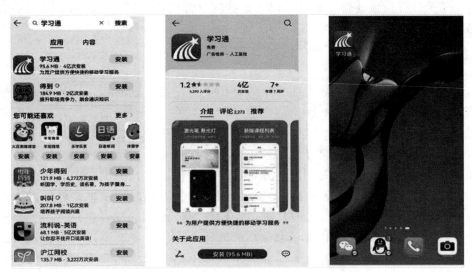

图 8-1　在应用市场下载并安装超星学习通

此外，还可以扫描二维码完成安装（见图 8-2）。

安装完成后，点击"超星学习通"图标，有以下三种登录方式。第一种是个人账号登录——输入邮箱、手机号码，输入系统发送的验证码，即可登录平台，也可设置密码，输入密码之后点击"确认"，即可完成设置。下次登录时，输入账号、密码即可直接登录，不需重新获取验证码。第二种是单位账号登录——输入单位邀请码、工号/学号等单位信息进行登录（见图 8-3）。第三种是其他方式登录——点击相应图标进行第三方登录，或者点击"先用看看"试用。

第八章 智慧图书馆与信息利用

图 8-2 扫描二维码安装超星学习通

图 8-3 单位账号登录方式

二、超星学习通的资源

1. 期刊

（1）点击"期刊"，进入期刊频道。该频道提供种类丰富的期刊，为用户学习研究提供便利。

（2）打开期刊，并点击"本刊导读"，可以看到期刊简介、刊期导览、统计分析等。

（3）在期刊单篇文章页面，支持点赞、评论和转发。右上角"三横"下有调整字体、引用格式、PDF下载、转发至邮箱，同时提供多种引用格式，方便快捷引用本文信息。

2. 图书

(1) 点击"图书",进入图书频道。该频道汇集了大量电子图书,分类全面,内容丰富。
(2) 打开图书后,可实现收藏、下载、评论、添加书签等功能。
(3) 点击"下载",可以下载该图书至"我的下载",进行离线阅读。
(4) 点击一个章节阅读,可以调整字号和背景颜色。
(5) 可以添加书签,在书房—最近浏览—书签里,可以看到添加到该书签。
(6) 点击图书页右下角的"转发",可以将该图书转发至通讯录、笔记等。

3. 超星视频

点击"超星视频",进入视频频道。该频道汇集了大量优质微视频,其中包括微历史、微创业、微国学、微生活等19个频道,内容全面,分类丰富细致,利于使用者进行碎片化学习。

4. 云舟专题

点击"云舟专题",进入专题频道。专题频道包含丰富的特色专题,为用户自主创作、学习交流提供了方便。

5. 报纸

点击"报纸",进入报纸频道。该频道包含大量报纸,按照地域分类,每日更新,同时支持收藏、点赞、评论和转发,使广大用户能够在此阅读最新的时事消息。

6. 个性化推荐

点击"个性化推荐",即可进入。该频道根据个人用户的使用记录及行为习惯,精准推送各种文献资料,能够让用户"不搜即得",帮助图书馆实现用户个性化延伸服务。

7. 专题应用功能

超星学习通以全新的形式将资源进行重组,有大量优质专题等待用户发掘。

现在用户主要通过客户端收藏专题,有4种途径可添加收藏:① 通过首页推荐直接收藏专题;② 通过学习通专题收藏专题;③ 通过首页域搜索检索框,搜索感兴趣的关键词来添加收藏;④ 通过查看好友收藏来添加专题。

用户收藏喜欢的专题后,可以将其保存在不同的文件夹中,在收藏栏下点击右上方的"+",选择新建文件夹,在收藏专题时就可以添加到相应的文件夹中了,在收藏专题时,也可以通过右上角的图标,创建一个新的文件夹,将专题添加到其中,还可以通过左滑、移动,将收藏的专题转移到其他文件夹中。

如果收藏的专题太多,用户可以通过统一检索框来检索已经收藏的专题。对于不想继续关注的专题，可以取消收藏，这同样通过左滑来实现。

用户在看专题时，还可以查看专题作者的信息。点击"收藏人数"，就能看到里边的作者信息，可以打开查看详细信息，添加作者为好友，也可以直接通过学习通给作者发消息。不过像手机号这样的隐私信息只有单位内的人才有权限查看。点击"收藏人数"，还可以看到有谁和自己一样喜欢这个专题，还可以点击进入任一收藏者的页面，给收藏者发消息，加他/她为好友。

超星学习通的专题创作平台没有门槛，所有爱好创作、有创作需求的用户都可以通过它来创建自己的专题，也可以通过强大的域编辑器来创建特色库、作者文库、活动专题、科研项目、成果总结等。

三、超星学习通的交流互动

1. 评论

超星学习通除了可以收藏专题、创建专题外，还有强大的交互功能。热爱阅读、拥有共同爱好的用户可以通过这个平台探讨感兴趣的话题。

如果用户喜欢某位作者创建的专题，可以给这位作者"点赞"。

专题所有页面都支持评论，用户可以发表自己的观点，发表的观点有可能会得到其他用户和作者的回复。

如果用户喜欢某个专题，还可以将其转发到笔记，或者推荐给其他小组成员。

用户在专题发表评论后，就默认加入了该专题小组，以后这个专题里面的用户发表话题时，该用户都可以及时知晓，在小组栏的"回复我的"就可以查看相关信息。

2. 小组

在超星学习通，除了能加入别人的小组，用户自己也可以创建小组，主动寻找相同趣味的伙伴。教师也可以创建专业小组，组织同学们在小组里讨论。

通过小组右上方的"＋"，选择创建小组，填写小组名称、上传小组图片，还可以为小组设置权限，可以选择需要身份认证或允许任何人加入。如果用户日后加入的小组太多，还可以通过文件夹来对小组进行分类。

3. 消息功能

像微信一样，用户在超星学习通上可以互动，也可以发消息，还能发起群聊、发通知、发邮件。

四、超星学习通资源的获取

超星学习通的目标是为每位用户提供一个虚拟空间，用户可以永久保留自己的知识资产，随时记录阅读感受、创新思想，因此超星学习通整合了笔记功能，操作也非常便捷。

1. 新建笔记

在笔记中，点击右上角的"＋"，可以新建笔记，编辑完成后保存就可以了。

2. 新建文件夹

笔记功能的强大之处就是可以将笔记共享给其他好友看，点击右上角的"＋"，选择新建文件夹，可以为文件夹选择私有（不愿意让别人看）、共享（所有好友都可以看）两种方式。

3. 好友动态

用户可以将自己的笔记共享给好友，自然也可以查看好友共享的笔记，也可以查看好友在小组发表的话题，点击笔记栏上面的"全部"就可以看到这些内容。教师也可以共享笔记，让同学们更方便地学习知识。

如果觉得好友太多、信息太繁杂的话，还可以选择特别关注，只看关注的好友发布的动态。

五、超星学习通行为分析及在线咨询

超星学习通平台上每个人都有自己的五瓣花，即随时查看使用、笔记、好友、收藏和话题，可以看到好友的小花，还可和好友比赛，看谁先拥有五个花瓣。

通过"我的小花"，可以打开好友列表，点开一个好友，就可以看到好友收藏的全部专题、共享的所有笔记和发表的所有话题。

超星学习通还提供位于个人主页的 24 小时在线咨询服务。用户可以随时咨询在使用过程中遇到的问题。

第三节 智慧图书馆情境下的信息利用

以计算机技术、网络技术、数字化技术、物联网技术、云计算技术等为代表的新兴科技的进步及应用，改变了人们的生产和生活，也对高校图书馆的各项业务带来了前所未有的挑战。图书馆信息化与自助图书馆的建设，为最大限度地利用高科技手段武装新型的现代化图书馆提供了一个高起点的建设平台和难得的历史机遇。

引进当前国内先进的图书馆集群管理系统，可以让整个图书馆业务操作流程自动化，实现采访、流通、期刊、典藏、OPAC 联合书目检索等功能服务，让馆员、读者更加便利地使用图书馆开展业务，同时可以实现各校区资源共享，本部引进系统，而其他校区分馆只需要分馆授权，在浏览器上就能实现业务自动化，全校师生可共享联合目录。

图书馆可以通过读者大数据分析平台，挖掘读者的阅读轨迹，每学期为读者输出个人阅读报告单，供读者在 PC 端和微信端查看。新奇创新的阅读单犹如淘宝消费单，提供个性化服务，推动读者阅读规划的实施。

图书馆的微信服务大厅把图书馆服务应用整合到掌上，可以让读者随时随地通过移动端进行馆藏检索、图书借阅、查看图书馆公告、预约预借、查看个人阅读单等图书馆业务。

图书馆可以利用 RFID 智能借还管理软件，让读者在 NFC 手机下载借书 APP 自助借书，无需排队等待，还书时需要到馆内设备上操作，这就避免了双向浪费，投入低，但有相同的自助借还效果，还能减少馆员的工作量，提高图书馆的工作效率。

图书馆引入 RFID 自助化技术和自助智能图书馆相关设备，包括各类自助借还机、馆员工作站、门禁、盘点设备等，可以简化图书的管理工作，节省馆员的工作量，使馆员可以把更多的时间用在盘点图书上，提高读者与馆员的满意度，提升图书馆的社会形象。

我们可以通过多元化的图书馆应用系统，打造高效信息化的图书馆，构建一个融教学、科研、管理和决策服务为一体的数字图书馆环境，提高学校的图书馆管理水平，为学生营造优良的阅读和学习环境，为教职工的工作和学习创造便利的条件。

一、智慧图书馆情境下的服务功能

1. 实现高校图书馆联盟联合服务

智慧图书馆可以实现图书采访、分编、典藏、流通、检索等业务管理系统现代化，并通过网络将各校区图书馆的馆藏资源整合到一个系统平台中。校本部图书馆作为中心馆，负责统筹和协调全部业务环节，配合系统制定管理规范。以校本部图书馆的馆藏资源为基础，将所有分馆的书目数据、馆藏数据、流通信息转归到统一的集群管理系统中，使读者在某一校区图书馆借书后，能在任一校区还书。

2. 改善读者服务体验

现在的读者越来越反感烦琐的借阅过程，他们不愿意花太多的精力和时间去等待。智慧图书馆将便捷的借还设备作为补充和优化手段，有助于改善高校图书馆的运营方式，可以有效地提高高校图书馆管理工作效率，使读者服务工作向深层次、个性化以及远程化、网络化方向推进。读者用自己的具有 NFC 功能的手机也能自助借书，以后高校图书馆将不会出现读者排长队借书的现象。

3. 提高业务处理效率

智慧图书馆的自助借还可以使读者快速完成借书操作，大大提高了图书的流通效率。自助化成为图书馆提高服务水平、实现管理智能化的有效手段。同时，对图书馆而言，缩短图书在读者手中的滞留时间，缩短文献外借周期，能提高图书周转率，相当于增加图书量，预示着服务成本的下降或是投入的减少。

4. 信息传递快捷

传统高校图书馆位置固定，读者往往要花费大量的时间往返于各个图书馆。智慧图书馆可以利用互联网迅速传递信息,读者即使和图书馆所在地相隔千山万水,也可以使用微信端在几秒钟内看到自己想要查阅的信息,这种便捷优势是传统图书馆所无法企及的。

二、智慧图书馆情境下的图书馆建设内容与要求

1. 图书馆集群管理系统

图书馆集群管理系统是全新的第三代图书馆自动化系统,它作为新的资源共建共享的实现形式,打破了传统图书馆单位所有、资源分割的局面,将多个图书馆作为一个整体进行管理,从而达到各图书馆资源共建共享、合理配置和图书馆之间互相合作的目的。

为适应IT技术发展要求,图书馆集群管理系统可在多个应用系统平台上运行,便于学生使用。系统采用先进技术、架构和理念,可满足高校各校区间图书馆自动化系统流畅应用的需求。凡是有网络的地方,师生都可以登录系统进行业务操作,这从根本上解决了分校区图书馆难以管理的问题,同时解决了由于网络条件的限制因素,总校区中心馆与分校区分馆没有专线联系的问题。在图书馆集群管理系统中,每个校区图书馆都可以通过网络连入总校区图书馆,实现图书馆内部业务采访、编目、借阅、期刊、读者检索等的自动化管理。这在一些C/S架构(客户端/服务器体系结构)的系统中是无法做到的。

图书馆集群管理系统的建设目标是建立一个以现代化网络通信技术为依托的多校区图书馆集群管理系统,其具有不断优化的扩充性能,全面实现高校总馆与分馆、院系资料室的文献信息管理的电脑化、自动化,最终实现文献资源共建共享和图书资料的通借通还。其具体内容如下:① 建立校本部图书馆文献信息管理系统,实现图书采访、分编、典藏、流通、检索等业务管理系统现代化,并通过网络拓展分校区的服务,实现集中管理、文献资源共享;② 以校本部图书馆为中心,建立本部与各校区间的网络体系,实现全校区图书馆的资源共享和联合编目;③ 实行统一规划,分步实施,边建设边应用,可以先利用图书馆集群管理系统,在有条件的院系资料室建立总分馆服务网络,再带动各院系资料室的建设,整合全校文献资源,为教学科研服务,实现系统建设目标;④ 建立图书馆联合目录,系统要具有良好的开放性,能够可持续发展,可同数字图书馆相结合。

目前大多数图书馆采用的图书馆集成管理系统,只能适应单馆的图书馆业务管理,无法实现多校区总分馆的管理,这使得高校图书馆内丰富的图书资源得不到充分的利用。因此,利用高科技的计算机及网络技术,有序地组织信息资源,更好地满足多校区师生的需求,既能够帮助图书馆实现其传统服务手段方面的创新,又能够实现其服务内容和范围的拓展。

采用图书馆集群管理系统对高校图书馆进行文献管理,在实现业务拓展的同时,可以构建高校图书馆的资源共享和图书馆联合服务体系。

第八章 智慧图书馆与信息利用

图书馆集群管理系统具备系统、采访、编目、典藏、期刊、流通、联机公共目录查询（OPAC）和通借通还等功能，具体如表8-1所示。

表 8-1 图书馆集群管理系统的功能

功能名称	功能描述
系统	实现新增加流通点、中央书目库检索点等功能；可以进行用户权限管理，为每个系统用户分配不同的系统权限，部门之间不能相互使用；初始环境设置简单，可灵活设定系统参数，如书商、读者类型、文献类型等
采访	实现文献的预订、采购和验收的自动化管理；多渠道来源（集体订购、零购、散购）图书的订购处理；验收流程更加多样化，处理更加规范化；系统拥有强大的采购分析功能，能全面把控采购流程，提高图书馆的购书质量
编目	系统实现双屏界面编目、总分馆书目数据清理等功能；通过编目工作建立完善的馆藏记录，提供多种有效手段辅助编目；遵循国家有关规则，支持CNMARC、USMARC、JPMARC多种标准，并借助参数定义实现对其他MARC标准的支持；支持Z39.50数据下载
典藏	准确定位文献的典藏位置，进行馆藏的登记、分配、剔除、调拨、清点、注销与恢复或彻底删除、统计等工作
期刊	进行期刊预订，预订后自动生成该刊的预订记录；期刊催缺；期刊荐购，并能通过邮件将图书馆的处理结果告知读者；期刊征订书目记到、自动批查重；期刊装订、装订期刊回馆验收；期刊流通
流通	可对接积分等系统，实现借阅、归还、续借、预约、赔偿等功能
特色功能	实现资料档功能、总分馆系统内部信息通知、快捷搜索定位功能键、我的菜单定制、系统页面风格自定义、系统导航、工作页面等功能
联机公共目录查询	多语言国际化版本，实现搜索引擎技术、快速定位图书、书目趋势图、数据整合、电子资源的访问、手机二维码的应用、借阅分析、便捷流程、读者荐购等功能；可进行图书、期刊、非图书资料的检索查询（热点关联检索、显示详细查询结果）；提供书目分类导航功能；查看新书通报、预约分配、超期图书催还通告等内容；Tags标签功能，采用大众分类法，若干关键字词语，方便读者组织和管理条目；集书架、分类等多种功能于一体
服务	系统的机器人智能服务及服务中心平台提供在线客服服务，及时解决用户在使用系统时遇到的相关问题
通借通还	支持总、分馆模式与图书馆集群模式，馆际中通借通还能够解决各馆的资产归属和使用问题

2. OPAC

随着现代科技的发展,信息量急剧增多,21世纪的图书馆将走出自给自足的封闭状态,向开放式的分工合作与资源共享的方向发展。图书馆一般不再维持大量的实际馆藏资源,而是注重通过网络互联和馆际互借来建设"虚拟馆藏资源"。因此,图书馆联机公共目录查询系统(online public access catalogue,简称 OPAC)就显得尤为重要。

OPAC 的创建初衷是适应读者的检索习惯,方便读者使用,拓宽读者与读者、读者与图书馆的交流渠道,让读者成为图书馆的编辑者。OPAC 兼容各种浏览器,如 IE8、IE9、Chrome、火狐、360 等。

(1)图书检索。OPAC 优化了检索界面,检索方式更加简洁、人性化;提供检索词补全的功能,可以查看检索词频;同时,OPAC 支持分面检索,可选择分馆、著者、主题词、出版日期、文献类型、语言种类等进行分面检索。

(2)检索结果。检索结果支持二次检索,具备多种排序方式和分类导航功能;检索结果显示书目数据时间趋势图,可创建、保存和分享书单,可保存检索结果列表。同时,读者可在检索结果中获取图书封面,也可在检索结果中直接查看馆藏信息、图书信息、图书目录、内容简介、著者简介等。

(3)书目信息。读者通过书目信息可查看图书的详细信息,实现相关资源的检索功能;可对题名、出版社、主题词、著者等进行相关检索;可进行图书预约、预借的操作;同时,书目信息提供图书的二维码信息,读者可使用手机二维码识别工具读取图书的题名、著者和馆藏信息。

(4)借阅趋势图。它提供近年来的图书借阅趋势分析。读者可据此了解图书的馆藏信息、预定信息和 MARC(机读目录)信息,并可根据所在馆、馆藏地点和馆藏状态查找图书。

(5)豆瓣书评。它自动获取豆瓣读书中的读者书评信息,并提供书评链接。

(6)书目浏览。书目浏览主要是按照中图法和科图法的方式分类检索图书,并以树形结构的方式显示结果。

(7)我的图书馆。这是读者登录后的个人空间,在这里有众多与读者相关的业务,是属于读者的独立的空间和平台。在这个界面,读者可查询个人资料、个人权限、缴费记录、专项借阅、个人标签和书单等信息,可进行图书续借、预约取消、图书荐购、预借查询、读者证挂失、RSS 订阅等操作。此外,读者可订阅新书目录、精品图书目录、当前借阅图书目录、过期图书目录和荐购目录,及时了解最新的馆藏信息。

(8)网上办证。读者不需要到图书馆去办读者证,可直接在网上注册,如实填写相关资料后提交,等待图书馆工作人员审核。工作人员审核通过后,会根据相关规定给读者发放一个读者证号,读者证号可能是身份证后几位或者其他的数字/字母,读者可以凭该证号到图书馆借阅图书。

(9)新书通报。新书通报提供了图书馆新到的图书目录,它按照新书入馆藏的时间和出版日期进行倒序排列,读者在这里可以清晰地了解新到的图书,且可以选择查看多少天之内的新到图书,并能够通过某个分馆、文献的类型来更加准确地查看新到图书的信息。新书通报也同样按树形结构显示，按照中图法和科图法两种分类方式来显示并归类图书，为读者提供了快速查找自己所需要的某一类图书的便捷方式。

（10）精品图书。它指的是图书馆管理人员推荐给读者的一些较好的或有价值的图书，推荐的图书将以列表的方式显示在页面上。

（11）信息公告。信息公告提供与图书馆集群管理系统相关的业务和公告信息，包括预约到馆通知、图书催还通知、预借到馆通知等重要的公告信息。信息公告可以使读者便捷地查看与图书预约/预借相关的一些通知信息，支持读者根据读者证号和书目记录号来准确查找公告信息，进一步提高了读者操作的便捷性，为读者节省了宝贵的时间。

（12）公共检索列表。公共检索结果为读者保留了检索的快捷地址，极大地提高了读者查找图书的效率。当读者常用某一检索条件时，可以在图书的检索结果页面点击"保存检索结果列表"按钮，把检索条件保存到系统中。当然，进行此操作需要读者先登录系统，当读者把检索条件保存到系统后，保存的条件就会以列表方式显示出来，读者以后就不需要每次都重复地选择某一条件，只需点击保存的信息，就能直接检索到想要的结果。之所以称之为公共检索结果，是因为其显示的是所有读者保存的检索条件，如果读者只想查看自己的，可在登录后进入"我的图书馆"，再点击"检索结果列表"。

（13）公开书单。书单功能让读者能够对自己所收藏的图书进行自定义分类，使读者更清楚、更明确地管理自己收藏的图书。读者可以自定义一些书单的名称，其功能相当于QQ分组，建立名称后，就可以在图书检索结果页面选择一本或多本图书，将其添加到自己创建的某一个书单中。当某一本图书已经在某一书单时，不能同时将该书添加到另一个书单。读者需要先登录才可创建书单，并进行将书添加到书单的操作。这里的公开书单，指的是读者在创建书单时，可以选择要不要公开此书单，如果选择公开，该书单就显示在此处，任何人都可以看到，反之，只有读者本人登录系统，进入"我的图书馆"后方能看到此书单。

（14）显示标签。系统能显示读者定义的标签，读者可查看标签中的图书信息。读者可以自定义标签名，也可以选择常用标签名，此操作需要在图书详细页面进行，即读者查看一本图书的具体信息时，可以给这本图书加上一个标签。读者需要先登录系统才能添加标签。"所有标签"中显示的是所有读者创建的标签，以及标签中的图书。"自定义标签"并非读者创建的标签，而是在图书馆集群管理系统中已经设定好的一些图书分类的热门标签。

（15）常见问题答疑。读者可添加FAQ问题集，了解馆内借阅制度、使用方法等信息，以更好地使用系统。

3．微信服务大厅

读者可以将各种应用服务一键调到微信前端，灵活定制一个多功能的微门户服务大厅。图书馆的软件应用都可以对接到微信服务总线里，例如检索馆藏、个人阅读单、微信缴纳滞纳金等，师生可方便、快捷地使用图书馆的各种服务功能。

在"互联网＋"的背景下，微信成为师生应用最广泛、最为有效的传播平台之一。

作为覆盖面最广、使用率最高的 APP 之一,微信的移动入口具有可见度高、时效性强等特点,是图书馆服务的最佳表现形态。

经调查,读者在微信中使用的借阅相关服务占总服务量的 60%,使用的查询服务占总量的 28%,进行的数字资源阅读占总量的 12%。杭州图书馆开通的微信活动报名,名额在 30 分钟内被一抢而光;福建省图书馆所开通的微信活动报名,一经推出即被秒杀。由此可见,微信已成为最好的读者服务渠道之一。

微信服务大厅基本功能如下。

(1)书目检索。可根据图书题名、ISBN、著者、主题、分类号、索书号、出版社等关键字检索图书,可检索总分馆馆藏信息。

(2)读者借阅信息。可查看读者当前的借阅记录。

(3)续借预约。检索后可进行图书预约,可选择性续借或一键续借所有图书。

(4)预约预借。可以在"个人空间"查看当前预借、预约记录,还可以取消个人预借、预约记录。

(5)图书催还。一旦绑定读者证,系统将自动为读者发送三天后即将过期的书目催还信息(仅认证服务号具备此功能)。

(6)交互式菜单。具有订阅号的功能,读者可通过自定义菜单列表查看重点信息,回复对应序号,即可了解资讯。

(7)新书推荐。可向读者推荐最新入馆藏的图书。

(8)读者留言。读者可进行留言,管理员登录参考咨询平台查看读者留言,并进行回复。

(9)在线注册。读者可在微信端实现网上读者证注册。

(10)读者证服务。提供办证须知、网上办证、个人资料、常见问题和修改密码等服务。

(11)读者证绑定。读者绑定读者证后,系统将为读者分配二维码。读者出示二维码,即可在图书馆享受图书借阅、阅览室上网等服务。

微信服务大厅的特色功能有如下几点。

(1)阅读推荐、个人阅读单。它们与读者行为数据分析系统对接,挖掘读者的借阅爱好和习惯,从而自动向读者推荐相关图书,满足读者个性化需求,还可以为每个读者提供个人阅读单(仅高级版本支持这两种功能,需要对接读者行为大数据分析平台)。

(2)微信支付滞纳金。当前微信支付接口开放后,在任何 HTML5 页面都可以调用微信支付。针对图书馆特殊的应用环境,图书馆微信公众号需要接入微信服务大厅模式,再开发通过微信支付滞纳金(图书超期欠费)的功能。这个功能能让图书馆的读者使用微信支付,读者足不出户就能支付滞纳金,方便快捷。

(3)微信抽奖。符合抽奖条件的读者只需关注图书馆微信公众账号,并发送一张图片和文字,即可参与抽奖。还可以对接微信上的其他服务应用,读者只需要操作即可进入抽奖池抽奖。

(4)借阅龙虎榜。借阅龙虎榜可以统计读者在台式移动智能借还机上的操作。读者成功操作借/还书一次就算一次体验次数。每月公布借阅龙虎榜。

（5）微信电子证。读者在微信上扫描身份证并上传，形成微信电子证，利用账号、密码就可以获取图书馆的各种服务，例如下载电子资源、报名活动等。读者到馆只需要扫描微信电子证二维码，即可办理借/还书业务。此功能也可以吸引更多人关注图书馆微信公众号。

微信服务大厅管理后台如图 8-4 所示。多种应用程序按照统一接口标准对接到服务总线，支持服务集成组合、服务调度，可实现一键调用功能服务到微信前端。微门户信息服务大厅后台对接的系统大致分为三种：通用业务类、社会服务类和第三方业务类。业务系统产品自动配置到微门户信息服务大厅通用业务类模块，管理员登录后台，可一键编辑并添加服务到微信前端。第三方平台则按照服务总线的统一接口标准对接微信门户信息服务大厅，也是同样的点菜式一键操作，还可以输出数据分析报告。

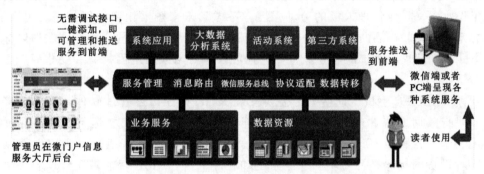

图 8-4　微信服务大厅管理后台

自定义菜单提供微信公众号自定义菜单管理服务，管理员可在后台进行可视化编辑，师生直接点击菜单即可查看相关内容。

管理员也可以在后台添加各种图书馆业务系统功能，包括文本回复、图文回复、多图文回复、语音回复、自定义 LBS、模板设置、模板消息、自定义菜单、群发消息、底部导航、微网站、手机站、微场景等，为微信公众号打造强大的服务功能。

微信服务大厅可实现多种模板任意搭配。智能的建站系统能满足管理员亲自设计自己微网站的需求。此外，管理员还可以利用自定义模板，进行图书馆专属风格的设计。

微信服务大厅具有统一发布信息和添加微门户的功能。图创系统应用和第三方系统功能可通过统一标准接入微信服务总线。管理员在后台将其点菜式添加到微信公众号服务功能上，无需开发人员调试。

微信服务大厅可进行微信数据分析与粉丝管理。通过数据可视化分析，管理员可轻松了解粉丝群，获取微门户信息，具有师生分析、图文内容分析、渠道分析、关键词分析等功能。

在使用微信服务总线前，如果要使图书馆的应用系统对接到微信前端，需要各种复杂接口，这加重了技术人员的调试工作负担，而使用统一接口标准，则使工作量降到最低，服务整合展示的功能界面也更加定制化。

更为重要的是，一个会员账号可管理多个微信公众账号，实现全高校下属分馆的微信平台管理，打造统一的"互联网＋"微信门户。例如，可将总馆发布的活动消息统一推送到所有分馆，让所有分馆的师生都能报名参加活动。这样的管理平台可以使各馆粉丝共享信息，即可以将总馆发布的信息推送给所有分馆的粉丝，各馆之间也可以相互推送服务信息，实现各馆之间无隔阂的交流和资源共享。这减少了各分馆员工的工作量，更贴近师生的需求，服务效益会大幅增长。

4. RFID智能借还管理软件

在搭建体系化的智慧图书馆的过程中，相关RFID配套设备种类繁多、数量巨大，图书的自助借还、快速盘点和查找、乱架图书整理等设备管理方面的混乱阻碍了图书馆进一步提高管理和服务水平。实现图书馆智能化管理迫切需要一套完善的系统解决方案。RFID智能借还管理软件是基于SIP2以及NCIP接口等连接方式，实现图书自动盘点、自助借还、门禁监控等多项功能的数据交互和数据共享软件，能有效改进图书管理方式，提高工作效率，降低管理人员的劳动强度。考虑到未来图书馆在功能扩展、规模扩容、第三方系统或关联产品的变更和升级、城市图书大流通等方面的应用，该软件以标准接口的方式来实现当前系统的业务操作，并且可以应对未来系统因扩充和变化而产生的新要求。

让读者用NFC手机自助借书，需要安装RFID智能借还管理软件，才能对接业务系统，进行数据通信管理，因为RFID智能借还管理软件是独立运行的，它通过接口对接图书馆内各种RFID应用设备，进行信息交换处理，具有通过一个软件就能管理控制多种设备的优势。针对不同应用系统和硬件平台，RFID智能借还管理软件集成各类应用系统的标准的程序接口和协议，提供实时监控自助机的运行和借阅情况，配置自助机的各类功能，并且管理员可以用手机查看各台自助借还机的借阅情况，实现实时监控。

5. 读者NFC手机借书APP

目前，虽然大部分图书已经广泛采用RIFD电子标签，但图书馆却没有过多的经费配备大量昂贵的RFID自助借还机，只能购置少数机器。虽然这些机器减轻了图书馆部分借/还书流程的压力，但是图书馆的效率依然跟不上其发展的速度。在图书馆，我们依旧能看到读者排队借/还书的情景。另外，许多图书馆一年只做一次盘点，甚至多年没有进行盘点，这是因为大量的工作人员被安排到图书馆的流通部门办理图书借还业务。加之许多图书馆想提高服务效率，在流通环节投入了巨大的人力和物力，却没有为读者节省多少时间，这是典型的双向浪费。

所以读者NFC手机借书APP是一个必要的补充，它投入低，但有相同的自助借还效果，还能提高图书馆的办事效率，减少馆员的工作量。

6. 盘点软件

借助盘点软件，馆员可以实现盘点、上架、阅览等功能。

（1）图书清点。这是供馆员使用的功能。馆员拿着终端到清点地点，输入标识位之后，将需要清点的图书靠近本设备，完成扫描即可获取图书标签，调用接口进行图书清点处理，一本清点完成后，再对下一本图书进行同样的操作。

(2) 图书上架。这也是供馆员使用的功能。馆员首先把读者还回的图书或读者阅览的图书放到书架上，设置操作员的上架架位号，然后把图书在手机背面缓慢移动，当听到"嘀"一声响时，即上架成功。

(3) 图书馆内阅览。此软件可登记读者在馆内阅读的书籍。读者在阅览之前，把图书靠近本设备，就可以登记阅览图书。同时该软件可在后台对接大数据分析，统计读者阅读偏好。

7. 自助借还服务平台

自助借还服务平台能够实现图书馆自动化管理系统与自助借还设备的对接，支持 SIP2 标准协议，并能通过 SIP2 标准协议的扩展实现读者自助办证。自助借还服务平台具有如下功能：自动化系统与自助机对接；借/还书对接功能；读者证录入（办证）功能；查询读者信息；读者预付款充值；欠费记录查询；读者预付款扣费；读者办证押金（包括所有办证费用）的缴费；读者证验证操作；读者基本信息修改等。

自助借还机接口系统，可实现图书馆的自助借还设备、馆外 ATM 设备、自助办证设备、自助还书设备等的连接和自动化应用。采用自助服务的形式，通过 SIP2 标准协议或 NCIP 协议，与采用相同协议标准的各种厂商的自助借还设备进行通信，让读者在自助借还设备上自行操作。

自助借还机接口系统封装了系统所需要实现的业务逻辑，实现自助借还机与自动化系统的交互，使读者能够自行在自助借还机上借还图书。

此外，系统支持多语种、多字符集，能通过协议扩展实现自助服务设备的读者现场办证及证件事务处理，支持自助服务设备上与读者缴费相关的处理。

自助借还服务平台基于 SIP2 标准协议，将图书馆自动化业务系统作为后台系统，可以实现借书、还书、续借服务，读者已借图书查询，读者基本信息查询等外部管理功能，以及盘点、查询、排序、上架、统计等内部管理功能。

自助借还服务平台与传统图书馆管理系统之间的接口实现功能可以归纳为两类。一是数据查询。数据查询接口仅在两个系统之间进行数据查询的操作，不对各自系统的数据产生影响，所以在发送请求后，只需要等待应答，无需进行确认。二是借还书交易。借还书交易对交互双方的数据均需要进行修改，RFID 系统需要修改标签数据区存储的数据，图书馆系统则需要进行借/还书的相应数据修改操作，并反馈操作结果。

在 SIP2 标准协议的消息传递中，所有消息都是由 SC（self-check system）发起，由 ACS（automated circulation system）响应，每一条由 SC 发出的消息都必须得到 ACS 的响应。每个消息都是独立的。其实现方式如图 8-5 所示。

在自助借还服务平台的设备建设中，硬件以 RFID 自助服务设备为主。该设备能适应高频需求，可打造各类自助借还机、馆员工作站、盘点仪等，进行整个图书馆系统资源的整合，有利于智能图书馆的顺利建设和自助服务的推进。体系化智能图书馆设备方案如图 8-6 所示。

该方案基于 RFID 自助服务设备的系统，根据现代图书馆的流程趋势，采用独特的方案布局，是和未来快速流通式借阅/归还流程最为吻合的方案。

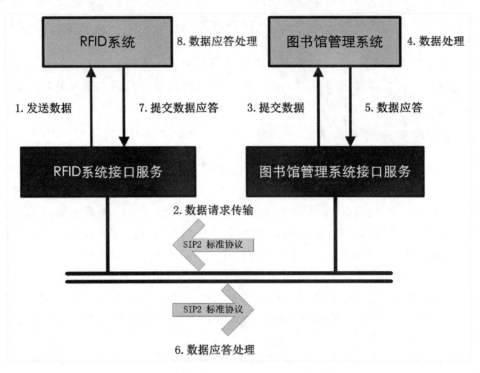

图 8-5 SIP2 标准协议的消息传递实现方式

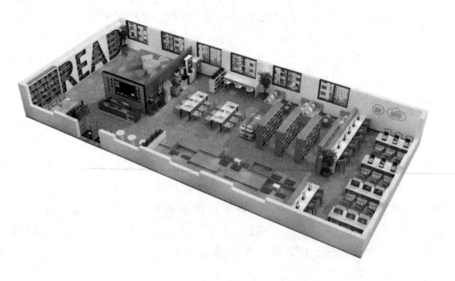

图 8-6 体系化智能图书馆设备方案

RFID 应用系统和图书馆自动化系统是并行工作的，并非用前者取代后者。RFID 应用系统在内部进行配置，并没有凌驾于现有图书馆流通自动化系统之上。这种结构能为所有智能图书馆系统组件提供进行高效、快速数据处理的路径，而不依赖现有流通网络所提供的路径。该系统总体框架如图 8-7 所示。

第八章 智慧图书馆与信息利用

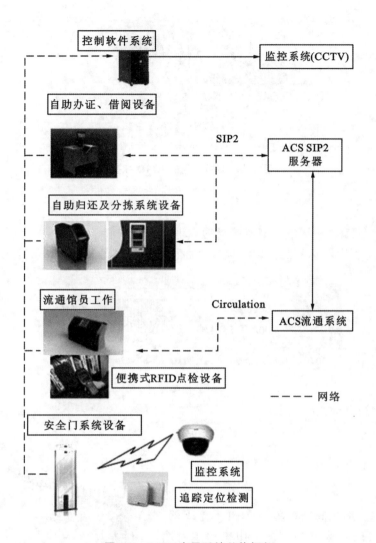

图 8-7 RFID 应用系统总体框架

8. RFID 标签

RFID 标签是一种带有天线、存储器与控制系统的无源低电集成电路产品，可在其存储晶片中多次写入及读取图书、媒体资料，用于图书和多媒体光盘资料的标签辨识。图书专用的 RFID 标签（见图 8-8）可以粘贴在一般图书上，用于图书资料的辨识。其技术要求如下。

① 容量：1024 Bits。
② 工作频率：860～960 MHz（超高频）。
③ 有效使用寿命：≥10 年。
④ 符合标准：ISO18000-6C 标准。

图 8-8　图书专用的 RFID 标签

9. 层架标签

层架标签（见图 8-9）用于书架层板的标识，为长方形，大小适中，可以粘贴在金属书架层板表面，不影响标签的读取，标签表面可打印编码号。其技术要求如下。

图 8-9　层架标签

① 架标存储容量：1～2 Kbits。
② 工作频率：902～928 MHz（超高频）。

10. 馆员工作站

RFID 馆员工作站（标准型，不含 PC，见图 8-10）是以主控机为基础，集成 RFID 阅读器、RFID 天线、条码阅读器等设备。用于实现对图书、光盘等流通资料的标签转换，办理读者证，以及实现流通资料借还等工作。

其技术参数如下。
① 工作频率：902～928 MHz（超高频）。
② RFID 读写装置外壳材料：亚克力。
③ 响应时间：≥8 个标签/秒。
④ 有效阅读范围半径：0～30 cm。
⑤ 电源输入：DC12V。
⑥ 功耗：10 W。
⑦ 符合标准：ISO15693 标准、ISO18000-3、ISO18000-6C 标准。

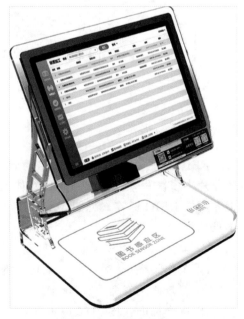

图 8-10　馆员工作站

其具有如下功能：系统采用模块化设计理念，标准配置；电源装置、读写器、中距离天线等具备标签编写、识别及流通状态处理功能；可用于图书借还、办证、读者疑难问题处理、注销账户、检测修改标签安全状态等业务；可拓展为标签转换设备，进行标签加工工作。

11. 智能防盗安全门

智能防盗安全门（见图 8-11）是可对粘贴有 RFID 标签的流通资料进行扫描、安全识别的系统设备，用于流通部门对流通资料进行安全控制，以达到防盗和监控的目的。该设备系统通过对书籍借阅状态的判断来确定报警提示信息是否鸣响。设备安全可靠，坚固耐用，美观大方。

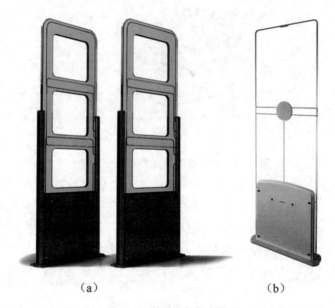

图 8-11 智能防盗安全门

智能防盗安全门技术参数如下。

① 工作频率：902～928 MHz（超高频）。

② 符合标准：ISO15693 标准、ISO18000-3、ISO18000-6C 标准。

③ 响应时间：≥20 个标签/秒。

④ 检测宽度：≥90cm。

⑤ 电源输入：AC110V-220V，50Hz。

⑥ 功耗：20 W。

⑦ 工作温度：0～50 ℃。

智能防盗安全门具有如下功能：对粘贴有 RFID 标签的图书等资料进行安全扫描操作；系统兼容 AFI 报警模式和 EAS 报警模式；符合 ADA 相关标准要求；支持级联功能和多通道管理；具有高侦测性能，能够进行三维监测；对心脏起搏器或其他医学设备佩戴者、孕妇等无害；不会损坏粘贴在流通资料中的磁性介质的资料；可广泛应用于图书馆/档案室进出口防盗、品牌服装店防盗、仓储等领域。

12. 台式移动智能自助借还机

目前，全国首创的移动智能自助借还设备能适应高频 RFID 图书芯片，可以同时识别多本图书。读者可利用读者证、身份证登录设备，也可以在图书馆微信公众号扫码登录。台式移动智能自助借还设备（见图 8-12）具有普通 RIFD 自助借还机一样的功能，但有多种形态，而且可以定制。简易设备可以放置在图书馆任意角落。使用台式移动智能自助借还设备，可以避免双向浪费，使借还服务的时间缩短，优化图书馆的投入经费配置并提高读者的满意度，让馆员更专注于其他业务工作，加快智能图书馆的建设。

图 8-12　台式移动智能自助借还设备

在台式移动智能自助借还设备上，读者可选择办理如下业务。

（1）自助登录。支持读者证登录、输入账号和密码登录，或者使用图书馆微信公众号绑定读者证，扫一扫设备上的二维码进行验证登录，实现无证借书服务。

（2）自助借书。读者在自助登录后，只需要把图书接触移动借还终端，即可实现自助借书。借书完成之后，自助借书终端会自动修改图书标签位，至此，整个借书流程完成。

（3）自助还书。读者可同时归还多本图书。读者只要把需要归还的图书放在借还机上，设备终端获取图书标签后，调用 SIP2 协议的还书操作实现还书操作。还书完成之后，修改图书标识位。

（4）自助续借。读者在登录后可直接点击对应按钮续借图书。

（5）查询。读者点击"查询"，可查看个人借阅图书信息。

（6）馆员工作站功能。本设备可扩展为馆员工作站功能，可对 RFID 标签进行非接触式的阅读，有读取、写入、改写 RFID 标签的功能，兼具借书、还书、查询等功能。

13. 自助借还机

（1）自助借还机功能介绍。

① 可以非接触式地快速识别粘贴在流通资料上的图书标签条码。拥有多书识别功能和摄像头功能，可快速识别感应区图书的本数，确保识别图书本数与实际借还图书数量相同。

② 支持 RFID 标签和复合磁针、永久磁针，可根据师生实际使用情况选择。系统有读者可选择的归还功能，还可以被馆员设定为仅有借书功能，或仅有还书功能。可以设置系统支持连续单本借/还书、多本借/还书或者两种混合的工作模式。

③ 通过多功能读写设备和配套软件系统支持各种类型的借书证，支持识别图书馆使用的各种类型的借书证，如第二代居民身份证、IC 卡读者证、RFID 读者证。

④ 配备触摸显示屏，或者简单的操作按键，具有图形化的友好操作界面，提供动画操作引导提示功能。

⑤ 设备在空闲时可自动播放使用帮助视频或其他内容。

⑥ 读者自助操作的实时记录日志功能。

⑦ 支持读者自助续借的功能，支持超期罚款等小额支付功能。操作完成即自动打印收据，可根据需求显示读者姓名、借阅资料题名与归还日期等相关信息。

⑧ 系统提供准确的工作统计，如交易数量、交易类型、成功与否的交易统计等。

⑨ 设备可实现远程诊断、监控。

（2）自助借还机相关功能/特性如表 8-2 所示。

表 8-2　自助借还机相关功能/特性及详情

相关功能/特性	详情
师生界面	易用触摸屏界面
	动画操作引导贯穿整个过程
借阅	出错率小
	处理速度快，快速进行标签读写
	打印借阅凭条
	后台有详细的借还记录
选项	同时处理图书馆业务付费
	滞纳金缴纳，可在借书过程中自动跳转
扫描器	距离≤10 cm
	范围 4×12 cm
	识别误差率小
自动化管理系统接口	支持 SIP2 标准协议
	支持非标准图书自动化管理系统接口，可提供设备所需接口标准，需自动化管理系统厂商按标准开发接口
财经接口	支持新中新、正方等大型一卡通公司的接口
	支持电信、移动、联通等手机扣费接口开发，需运营商提供接口文档
双标签	设备分别兼容 RFID 图书标签、复合磁针、永久磁针
	充分支持符合 ISO/IEC15693、ISO14443 协议的各主流电子标签
	工作频率为 902～928 MHz

续表

相关功能/特性	详情
双标签	拥有先进的标签碰撞处理算法,识读率高
	支持同时读取多张电子标签
	有效距离为 100 mm
	每次借/还书数量≤6 本
多书识别	带有多书识别功能
	支持摄像头扫描
	可快速识别感应区图书的本数
	识别和处理时间快
	确保识别本数与标签条码数相同
	准确率高
后台综合管理系统	集中配置自助借还书机信息
	实时监测自助借还书机工作状态
	查询并统计自助借还书机历史工作记录

(3) 自助借还机设备规格如表 8-3 所示。

表 8-3 自助借还机设备规格

名称	参数
显示器	17 寸触摸液晶屏
分辨率	1280×960
打印机	热敏式打印机
读者证类型	非接触式射频卡、条形码、手机等,以上类型均需提供数据读取接口
电源	200~240 VAC;50~60 Hz;3.0/1.5 A
工作温度	－10℃～＋60℃

14. 升降式移动还书箱

升降式移动还书箱采用根据负载自动升降的结构,运行稳定可靠,能有效减少工作人员搬运、上架图书的劳动强度。升降式移动还书箱框架材质为电泳铝型材,四周封板为铝塑纤维板,脚轮采用超静音耐磨万向轮,运行时噪音超低,适合图书馆安静的阅读环境。

(1) 技术参数。

① 尺寸：660×570×780 mm。

② 重量：28 kg。

③ 图书容量：150 册。

④ 材质工艺：铝型材、不锈钢把手、4个3寸环球脚轮。
⑤ 书箱原理：根据书箱内图书的重量来实现自动升降。
（2）功能描述。
① 可扩充箱报警功能。
② 静音、轻便脚轮设计，适合图书馆的使用环境。脚轮轮架采用高品质的抗冲击改性树脂材料，脚轮采用独特的静音效果设计。
③ 内置升降弹簧，可在图书重力作用下自行适度沉降。

15. 图书点检仪

图书点检仪是专门针对图书馆或档案管理而设计的一款一体化点检仪，它集成高性能的 M201 中距离读写模块、天线、电池、显示屏和通信模块等。图书点检仪通过对书架上粘贴有 RFID 标签的流通资料的扫描和统计，帮助排架、查找和统计特定的流通资料等。图书点检仪可通过 USB、蓝牙或 Wi-Fi 接口与移动数据终端或平板电脑结合使用，完成图书的上架、搜寻、排序、纠错及盘点等工作。

第四节　智慧图书馆未来的愿景

图书馆是一个不断成长的有机体，智慧图书馆并非横空出世，而是图书馆管理不断进化的产物。21 世纪以来，随着信息技术的普遍应用，图书馆管理的智慧元素也在不断产生和进化，正是由于这些智慧元素，智慧图书馆的建设才成为可能。今天，图书馆管理的智慧元素集中体现为减少了馆员的体力工作。智慧图书馆的成长基点在于电子磁条技术和 RFID 技术的普遍应用，这也是图书馆未来的发展趋势。

一、智慧自助借还

20 世纪 90 年代，3M 公司在利用电子磁条技术开发图书馆防盗门禁系统的基础上，进一步开发了以电子磁条为基础的自助借还系统（self-check library system）与设备，并在新加坡国家图书馆和美国拉斯维加斯图书馆全面应用，其后自助借还系统便开始在全球图书馆中得到越来越普遍的应用。

进入 21 世纪以后，RFID 技术迅速发展。RFID 芯片在图书馆的应用范围迅速扩大，兼具电子磁条防盗功能和 RFID 书目数据存取功能的第二代磁条开始流行。于是，在自助借还终端的基础上，涌现了可直接利用书架立板镶嵌设备就近办理图书外借的智能新书架（self-check bookshelf），以及用户可以凭借短信密码自助获取预约图书的智能预约书柜（self-check reserve book cabinet）。智能预约书柜既可以放置在馆内，也可以放置在图书馆服务社区内其他方便用户取书的场所，如教学楼、体育馆、食堂、宿舍，使图书馆的无人值守服务从馆内延伸到了馆外。

此外，利用 GPS 等技术研发的无人驾驶智能书车（driverless intelligent book car）也已出现，实现在无人服务的状态下为读者送书上门。

二、智慧自动传送和分拣

在自助借还系统发展的同时，以 RFID 技术为主的自动分拣系统与装置亦随之兴起。新的自动化图书分拣系统（automated book sorting system）、自动化图书馆传送系统（automated book conveying system），以及图书分拣机器人（book sorting robot），既节省了人力，又提高了效率，深受图书馆欢迎。这类系统设备以欧洲的产品最为先进，近年来我国发达城市的新建图书馆已有采用，国内的相关公司亦在引进或者研发。

2014 年起，广州图书馆由于应用了自动分拣系统，每天流通的 3 万册图书的上架时间由原来的 2～3 天缩短到 1～3 个小时；2020 年，上海交通大学的学者利用计算机视觉对传送带上的图书封面进行精准的识别和分拣；同样是 2020 年，广东省立中山图书馆主导建设的图书采分编智能作业系统正式安装使用，该系统可自动实现图书加工与验收、智能化分类编目、图书典藏与分拣等功能。这种智能作业系统如果能够成功推广应用，将实现图书从加工、典藏到流通全过程的自动化，会使作为传统图书馆业务核心的图书采编工作发生翻天覆地的变化。

与此同时，衔接自动分拣系统的自动传送系统也成为现实。有的欧洲图书馆已经全面采用遍布全馆的自动传送导轨，可将读者归还的图书和新书送至每个楼层指定的上架地点。

早在 21 世纪初，德国柏林洪堡大学图书馆就已经研发和应用了利用电磁标签感应引导的自动传送机器人，该机器人将自动分拣后的图书送至各个楼层的指定位置。最近几年，利用 RFID 技术和新的定位技术研发的智能传送机器人已有多款产品面世，可在图书馆各楼层自由穿行，自动避开行人和障碍物，将新书和读者归还的图书送至图书馆的各个指定位置，极大地节省了人力。

三、智慧清点排架

21 世纪以来，以 RFID 技术为基础的智能书架和智能书车已经出现，它们在国内最早应用于深圳图书馆。馆员既可以利用智能书车的自动感应提示，将推送的图书准确上架，又可以利用智能书车的扫描设备整理书架，从而减少人工失误，提高排架效率。

近年来，各种各样的自动盘点机器人纷纷涌现，被应用于图书馆的辅助排架和资产清查工作。南京大学图书馆的智能盘点机器人实现了激光导航定位、逐排逐层逐本定位图书、突破盘点时间限制等功能，取得了比较好的实践效果。与传统图书盘点方式相比，机器人盘点在成本、效率、准确率、盘点工作的常态化以及创新服务等方面都具有一定的优势。

美国宾夕法尼亚州立大学介绍了一种利用深度学习和文字识别技术来识别书架照片上每本图书，再与馆藏信息进行比对，从而为馆员提示错误排架图书的方法，在试验中取得了较好的效果。

四、智能书库

随着 RFID 技术的普遍应用和工业机器人技术的逐步成熟，近十来年，自动存取系统（automated storage and retrieval system，ASRS）成为智能图书馆中发展最成熟的应用之一。

智能书库采用堆垛式书库设计，利用 RFID、自动堆垛机、智能穿梭车、全自动分拣机和传送系统等完成图书的出库和入库，并通过与图书馆自动化集成系统及自助终端的对接，实现图书的自助存取。

2011 年，芝加哥大学图书馆新馆（Joe and Rika Mansueto Library）落成开放，其地下高密度自动存贮书库、自动检索系统和自动传送机器人起重机（robotic cranes）的成功应用，开启了智能书库的新时代。其后，类似的智能书库开始在美国的多个新建图书馆中得到应用。

2019 年，苏州第二图书馆开馆。它启用了国内首个大型智能书库，通过智能机械手臂、全自动运送轨道等技术实现了文献存取的自动化。

五、无人值守图书馆

无人值守是智慧图书馆的一个重要特征，其中最为显著的应用是自助图书馆，它是改变 21 世纪中国图书馆进程的十大创新之一。24 小时自助图书馆（24 h self-service library）主要是利用 RFID 自助借还系统、电子办证系统、出入门禁系统和电子监控系统，在图书馆主楼外附属建筑或者其他场所设立 24 小时开放的独立空间，供用户自助借还图书。在国内，这种无人值守的 24 小时自助图书馆始于 2005 年东莞图书馆新馆落成开放之际，迄今已有十多年的历史。其后，各地图书馆在此基础上建立了多种形式的无人值守 24 小时自助图书馆。

城市街区 24 小时自助图书馆（24 h self-service library station）是一种新型图书馆发展模式，由深圳图书馆创造发明。深圳图书馆新馆落成开放时已经全面采用 RFID 自助借还系统和定位排架系统，并研发了智能书车等产品。在此基础上，深圳图书馆于 2008 年研发了类似 ATM 的集数字化、人性化、智能化为一体，具备自助借书、自助还书、申办新证、预借服务、查询服务等功能的城市街区 24 小时自助图书馆。每套城市街区 24 小时自助图书馆设备占地均不足 10 平方米，可容纳约 2000 本图书，辅之以物流配送系统，可根据需要布置在室内或室外、商场、地铁站、社区、景区等各类场所，成为构建覆盖城乡公共图书馆服务体系和服务网点的中国公共图书馆的重大创新。这一模式被国内许多大中城市采用，成为中国公共图书馆建设中一道亮丽的风景线。如今，城市街区 24 小时自助图书馆已经发展到了第三代，更具智慧的第四代产品亦在酝酿之中。

总而言之，从智慧自助借还、智慧自动传送和分拣、智慧清点排架，到智能书库、无人值守图书馆，图书馆的整个图书流通过程都已经实现了不同程度的智能化。从电子磁条、RFID，到 OCR、人脸识别，每一项新技术的应用都在不断推进图书馆的智能化进程。这是一个由点到面、从小到大的生长过程。因此，智慧图书馆是计算机技术、网络技术、数字技术、人工智能技术等现代技术在图书馆应用上自然而然、水到渠成的结果。

智慧图书馆是图书馆的一个发展阶段。虽然现在已有多个智慧元素存在，但是智慧图书馆将来究竟会发展到什么程度，人们仍然处于探索之中。对此，FOLIO、超星智慧

信息检索与信息素养

图书馆、维普智图等产品均描绘了各自的蓝图，中国国家图书馆也制定了相关发展规划。从目前可以利用的技术和可以预见的未来来看，智慧图书馆应该是图书馆的一个生态体系，一个由智慧平台、智慧空间和智慧服务三部分有机结合而成的智能化图书馆生态体系。

思考与训练

1. 智慧图书馆有哪些特色？
2. 请使用超星学习通 APP 检索你所在学校的作者发表了多少篇期刊论文。
3. 从目前可以利用的技术和可以预见的未来来看，智慧图书馆应该是怎样的生态体系？
4. 如何提高智慧图书馆的服务效果？

[第九章]

新媒体与信息素养教育

第一节 新媒体及其发展应用

新媒体是指20世纪后期在世界科学技术发生巨大进步的背景下,在社会信息传播领域出现的,建立在数字技术基础上,能使信息传播速度大幅加快、信息传播内容大幅扩展、信息传播方式大为丰富,与传统媒体迥然相异的新型媒体。它是依托数字技术、信息技术、互联网技术和移动通信技术等新技术,向受众提供信息服务的新兴媒体。相对于报纸、杂志、广播、电视等传统媒体而言,以现代信息技术为基础的新兴媒体形态越来越成为媒体发展的重要力量。由于新媒体自带的特性,它的运用非常广泛,发展空间也非常大。

一、新媒体的概念与特点

1. 新媒体的概念

新媒体是利用数字技术,通过计算机网络、无线通信网络、卫星等渠道,以及电脑、手机、数字电视机等终端,向用户提供信息和服务的传播形态。从空间上来看,新媒体特指与当下传统媒体相对应的,以数字压缩和无线网络技术为支撑,利用其大容量、实时性和交互性特性,跨越地理界线,最终实现全球化的媒体。

新媒体具有个性化突出、受众选择性增多、表现形式多样、信息发布实时等新特点,具有交互性、全息化、数字化、网络化等优势。

2. 新媒体的特点

(1) 数字化。新媒体最为显著的特点即数字化的传播方式。数字技术使新媒体中的信息实现了数字化存储、加工、传播与呈现。科学技术的不断进步,必然带来数字化传播方式的变革。尼葛洛庞帝在《数字化生存》一书中提出，现代信息技术的突飞猛进必然将改变人类的工作、学习和娱乐方式，即人类的生存方式，无数产业扪心自问"我在数字化世界中前途将如何"，事实上，它们的前途如何归根结底要看它们的产品或者服务能不能转化为数字形式。而新媒体就是通过全方位的数字化过程，将所有的文本缩减成二进制编码，并且采用二进制编码形式进行生产、分配与储存。

（2）融合化。融合化是新媒体的本质特征之一，这种融合体现为媒介形态、媒介渠道、媒介手段等的多重融合。一方面，报纸、电视、广播等传统媒体与互联网、手机等新兴媒体传播通道有效结合，衍生不同形态的信息产品，通过不同的平台传播给受众。另一方面，微信、微博、QQ等新媒体也都呈融合形态传播，可同时传输图、文、音频、视频，甚至VR（虚拟现实）、AR（增强现实）等多种形态的信息，使受众能同时接收视觉、听觉等多重信息。

（3）个性化。新媒体实现了信息传播与获取的个性化。它以网络环境为基础，基于用户的信息使用习惯、偏好和特点，向用户提供满足其各种个性化需求的服务。这种新媒体提供的个性化信息服务，使信息的传播者能针对不同的受众提供个性化服务。

（4）互动性。新媒体中的信息传播是双向的，甚至多向的，这种交流特性被称为互动性。传统媒体的受众反馈机制是被动而微弱的，而新媒体中的受众反馈是主动而有效的，而且这种交互是即时性的，这意味着新媒体中传受双方具有平等性。以传播者为中心的传播生态发生了去中心化的变革，使社会呈现传播个性化与社群化的趋势，同时实现了网络信息资源共享，用户之间可以无障碍地沟通交流。在这种情况下，受众不仅是信息的接受者，而且是信息的传播者。交互性使传播者和接受者极易进行角色转换，这种双重身份使受众可以畅所欲言，及时反馈。

二、新媒体的分类

新媒体按照基本功能可以分为三种：一是以微信、腾讯QQ、易信等为代表的社交媒体；二是以微博、各种新闻类APP为主的信息资讯媒体；三是以知乎、豆瓣为主的功能性媒体。

1. 微信

现在微信不仅是一个社交软件，而且成为一个人的身份ID。人们利用微信进行即时交流、获取信息和满足一些日常的服务需求（例如微信支付、滴滴打车），微信朋友圈成为人们向外展示自己的第二名片。很多时候，人们会通过查看某人的朋友圈，获取对此人的第一印象，甚至由此催生了一系列朋友圈印象管理潮流。

2. 腾讯QQ

腾讯QQ是一款基于互联网的即时通信软件，它支持在线聊天、视频通话、点对点断点续传文件、共享文件、网络硬盘、自定义面板、QQ邮箱等多种功能，并可与多种通讯终端相连。

3. 易信

易信是由网易和中国电信联合开发的一款可以免费聊天的软件，其独特的免费电话、语音、海量贴图和表情，以及免费短信及电话留言等功能，让人们的沟通更加有趣。易信支持跨通信运营商、跨手机操作系统平台，可以通过手机通讯录向联系人免费拨打电话以及发送免费短信，向手机或固定电话发送电话留言，也可以向好友发送语音、视频、图片和文字。

4. 微博

微博是一种基于用户关系信息分享、传播以及获取的，通过关注机制分享简短和实时信息的广播式的社交媒体、网络平台。微博允许用户通过 Web、Mail、APP、IM、SMS，以及 PC、手机等多种移动终端接入，以文字、图片、视频等多媒体形式实现信息的即时分享、传播互动。

5. 知乎

知乎是中文互联网高质量的问答社区和创作者聚集的原创内容平台，它于 2011 年 1 月正式上线，以"让人们更好地分享知识、经验和见解，找到自己的解答"为品牌使命。知乎凭借认真、专业、友善的社区氛围，独特的产品机制以及结构化和易获得的优质内容，聚集了中文互联网科技、商业、影视、时尚、文化领域最具创造力的人群，已成为综合性、全品类、在诸多领域具有关键影响力的知识分享社区，实现了以内容为中心的增长和可持续的商业模式。

6. 豆瓣

豆瓣是一个提供关于书籍、电影、音乐等作品的信息，无论描述还是评论都由用户提供的社区网站。网站还提供书籍、电影、音乐推荐，线下同城活动，小组话题交流等多种服务功能，它更像一个集品味系统（书籍、电影、音乐）、表达系统（我读、我看、我听）和交流系统（同城、小组、友邻）于一体的创新网络服务，致力于帮助都市人群发现生活中有用有趣的事物。

互联网的迅猛发展给信息传播乃至人们的实际生活都带来新的变革，更将传媒行业带入一个崭新的时代。在迅速发展的同时，互联网的健康发展也日益成为社会的焦点问题。目前，我国网络新媒体发展现状集中表现为两点。第一，网络新媒体已经相当普及。网络新媒体所传播内容的丰富性和传播信息的海量性已远远超过传统媒体。数据显示，传统媒体每日传播的信息量不到网络新媒体的四分之一。网络新媒体的市场已经达到了一定规模，且呈逐年扩大的趋势。第二，网络新媒体的技术支撑比较成熟。我国网络新媒体传播的硬件技术较为成熟，尤其是在通讯领域，可以与国外发达国家相媲美。

第二节 微信检索及使用技巧

微信（WeChat）由深圳腾讯控股有限公司于2010年10月筹划启动，由腾讯广州研发中心产品团队打造。该团队经理张小龙所带领的团队曾成功开发过Foxmail、QQ邮箱等互联网项目。腾讯公司总裁马化腾在产品策划的邮件中确定了这款产品的名称叫作"微信"。2011年1月21日，微信正式上线。它是一款为智能终端提供即时通信服务的免费应用程序，支持用户跨通信运营商、跨操作系统平台，通过网络快速发送免费（需消耗少量网络流量）语音短信、视频、图片和文字，同时，用户还可以使用通过共享流媒体内容的资料和基于位置的社交插件，如"摇一摇""朋友圈"等。

一、通过微信的搜索入口检索

打开微信首页聊天窗口，点击顶部的搜索标志（见图9-1），可检索朋友圈、文章、公众号、小程序、音乐、表情、服务等指定内容（见图9-2）。这是微信最全面的搜索入口。

图 9-1　微信检索入口

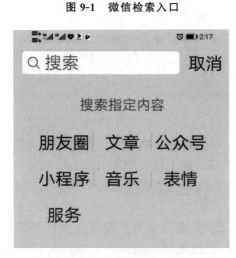

图 9-2　微信检索界面

二、通过"搜一搜"检索

自2011年上线至今，微信"搜一搜"功能不断优化。目前用户可通过主动搜索关键词获得公众号、小程序、游戏、百科、文章、直播等十多种信息服务内容。微信"搜一搜"还整合了公众号文章，接入ZAKER、知乎、豆瓣等平台内容资源。用户还能通过微信会话窗口进行文字以及语音等搜索操作。此外，用户在浏览公众号文章遇到困惑时，也可长按文字进行检索。

1. 搜新闻

当用户在微信的搜索框中输入当下比较热门的词后，搜索框下方就会出现一系列与搜索词相关的新闻，帮助用户快速了解热点新闻（见图9-3）。

图9-3　微信搜索新闻示例

2. 找翻译

用户在搜索框中输入自己想要翻译的词语，然后在后面加"翻译"二字，就可以看到翻译结果了。这无需其他翻译软件，操作起来非常方便（见图9-4）。

3. 搜表情包

用户可以直接在微信上搜索表情图片或表情包。微信不仅提供高清搜索结果，而且不带水印（见图9-5）。

4. 搜音乐

当用户直接在微信搜索框中输入自己想要找的歌曲或者歌手名字，搜索结果中会显示很多同名歌曲或者该歌手的歌曲（见图9-6）。

5. 搜小说

当下，网络阅读已成为人们进行"充电"的重要方式。当用户想看小说时，只需要直接在微信搜索"小说"，便可以直接跳转到"微信读书"，其中有海量作品供用户选择（见图9-7）。

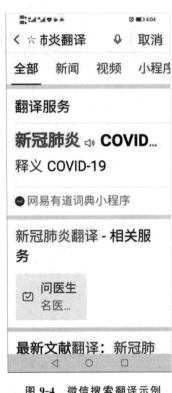

图 9-4 微信搜索翻译示例

图 9-5 微信搜索表情示例

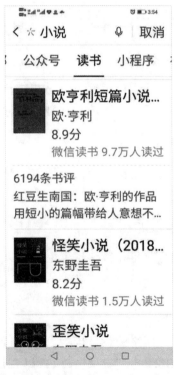

图 9-6 微信搜索音乐示例

图 9-7 微信搜索小说示例

第三节　百度检索及使用技巧

2000年1月创立于北京中关村的百度，是全球最大的中文搜索引擎。创立之初，百度就将自己的目标定位于打造中国人自己的中文搜索引擎。百度一直孜孜不倦地追求技术创新，依托博大精深的中文智慧，为用户提供简单、可依赖的互联网搜索服务。百度一直致力于倾听、挖掘与满足中国网民的需求，秉承"用户体验至上"的理念，除网页搜索外，百度还提供MP3、文档、地图、舆情、影视等多样化的搜索服务，率先创造了以贴吧、知道、百科、空间为代表的搜索社区，将无数网民头脑中的智慧融入搜索。百度学术、百度翻译更为人们查找学术信息、提高外语水平提供了便捷的途径。

一、简单的百度搜索技巧

1. 输入多个词语搜索

用户输入多个词语搜索（不同字词之间用空格隔开），可以获得精确的搜索结果。用户在百度查询时，不需要使用布尔逻辑运算符"AND"或"＋"，百度会在多个以空格隔开的词语之间自动添加"＋"。百度提供符合用户全部查询条件的资料，并将其按相关性进行排序，把最相关的网页显示在前面。

2. 删除无关资料

百度支持"－"功能，用于有目的地删除某些无关网页，但减号之前必须留一空格，且使用英文状态下的符号。例如，要搜寻关于"图书馆"，但不含"公共图书馆"的资料，可在搜索栏输入"图书馆-公共图书馆"。

3. 并行搜索

并行搜索又称管道搜索，使用了管道符号"｜"，其相当于布尔逻辑运算符的"OR"。使用"A｜B"可搜索或者包含词语A，或者包含词语B的网页，用于扩大检索范围。例如，要查询"高校图书馆"或"公共图书馆"的相关资料，无须分两次查询，只要在搜索栏中输入"高校图书馆｜公共图书馆"即可。百度能够提供和"｜"前后任何字词相关的资料，并把最相关的网页排在最前面。

二、较复杂的百度搜索技巧

1. 双引号——精确检索

当用户输入的查询词很长时，百度经过分析后，所给出的搜索结果中的查询词，主要是采用了切分词检索技术，即将检索词拆分为更小的词组或汉字。用户可以为查询词加上双引号，以达到使百度不拆分查询词的目的。例如，如果用户想搜索含有"河北省清苑县冉庄地道战"字样的网页，只要将上述 11 字加上双引号，搜索结果就是精确含有"河北省清苑县冉庄地道战"这 11 个连续字串的网页。

2. 书名号——精确匹配

当用户输入的查询词很长时，百度在经过分析后，所提供的搜索结果中的查询词可能是拆分的。如果用户将查询词加上书名号，查询词将作为一个整体进行检索，不用担心检索词被拆分。

书名号是百度独有的一个特殊查询语法。比如，在搜索栏输入"手机"，如果不加书名号，很多情况下搜索结果中显示的是通信工具——手机，而加上书名号后，搜索结果中就是关于电影《手机》的内容了。

3. 在指定网站内搜索

在一个网址前加"site："，可以限制只搜索某个具体网站、网站频道或某域名内的网页。例如，"出国留学 site：www.zju.edu.cn"表示在 www.zju.edu.cn 网站内搜索关于出国留学的资料。需要注意，"site："后面是站点域名，不要带"http：//"或"/"符号；另外，在"site："和站点名之间不要加空格。

4. 在标题中搜索

在一个或几个关键词前加"intitle："，可以限制只搜索网页标题中含有这些关键词的网页。例如，"intitle：南瓜饼"表示搜索标题中含有关键词"南瓜饼"的网页。

5. 专业文档搜索

百度支持对 Office 文档（包括 Word、Excel、Powerpoint）、Adobe PDF 文档、RTF 文档进行全文搜索。要搜索这类文档，可以在普通的查询词后面加"filetype："。在"filetype："后可以添加以下文件格式：DOC、XLS、PPT、PDF、RTF 和 ALL。其中，"ALL"表示搜索所有的文件类型。例如，要查找关于数字图书馆的文章，可在搜索栏输入"数字图书馆 filetype：DOC"，也可以通过百度文档搜索界面（http：//file.baidu.com），直接使用专业文档搜索功能，通过将文件类型限定为 PDF 格式，即"filetype：PDF"，可以检索并浏览百度提供的免费 PDF 格式的文献。

6. inurl——限定在 URL 链接中搜索

url（uniform resource locator）指的是统一资源定位器，用于确定所需文档在网络上的位置。url 由三部分组成：网络传输协议、主机号（即域名）以及文档在主机上的路径和文件名。网页 url 中的某些信息常常有某种特定的含义，用户可通过对搜索结果的 url 做某种限定来获得想要的效果。使用的方式是用"inurl："，后跟需要在 url 中出现的关键词。例如，想找到 photoshop 的使用技巧，检索式为"photoshop inurl：jiqiao"，这个查询串中的"photoshop"，可以出现在网页的任何位置，而"jiqiao"则必须出现在网页 url 中。需要注意的是，"inurl："和后面的关键词之间不能有空格。

三、百度的特色功能

1. 百度快照

每个被收录的网页，在百度上都存有一个纯文本的备份，称为百度快照。如果百度某个搜索结果无法打开，或者打开速度特别慢，用户可以通过百度快照快速浏览页面内容。不过，百度快照只保留文本内容。对于图片、音乐等非文本信息，百度快照需要直接从原网页调用，所以如果无法连接原网页，那么百度快照上的图片、音乐等非文本内容会无法显示。

2. 图片搜索

图片搜索指的是用户可通过点击搜索框右侧的小相机图标，把图片拖拽到指定位置或通过本地上传，获得相应的搜索结果（见图9-8）。在搜索图片时，还可基于文本进行图片检索。

图 9-8　百度图片搜索入口

3. 拼音提示

如果用户只知道某个词的发音，却不知道怎么写，只要输入查询词的汉语拼音，搜索结果中就会显示最符合要求的对应的汉字。它事实上是一个无比强大的拼音输入法。拼音提示显示在搜索结果上方。例如，输入"jisuanji"，搜索结果上方会提示"已显示'计算机'的搜索结果"。

4. 错别字纠正

由于汉字输入法的局限性，用户在搜索时经常会输入一些错别字，导致搜索结果不佳。百度具有自动纠错功能，会给出错别字纠正提示。错别字提示显示在搜索结果上方。例如，输入"唐醋排骨"，检索结果最上方会提示："以下包含'糖醋排骨'的搜索结果"。

5. 计算器和度量衡转换

Windows 系统自带的计算器功能很简单，无法处理复杂的计算式。而百度网页搜索内嵌的计算器功能，则能快速高效地满足用户的计算需求。用户只需简单地在搜索框内输入计算式，再按回车键即可。如果用户要搜索的是含有数学计算式的网页，而不是做数学运算，点击搜索结果上方的表达式链接，就可以得到想要的搜索结果。在百度的搜索框中，用户也可以进行度量衡转换。其格式是"换算数量换算前单位=？换算后单位"。例如，在搜索栏输入检索式"－5摄氏度=？华氏度"，按回车键后即可得到结果："－5摄氏度=23华氏度"。

6. 开始连接、正在连接——用于搜索免费电影信息

此功能可以帮助用户搜索到电影的下载地址。现在最流行的下载工具是 Flashget 和迅雷。Flashget 下载开始就是"正在连接"，迅雷则是"开始连接"。所以，用户可以输入想查找的电影名字，加上"开始连接"或者"正在连接"，来寻找免费电影。例如，输入"让子弹飞　正在连接"或者"让子弹飞　开始连接"，即可找到电影《让子弹飞》。

7. 直角引号（『』）用于查找博客或论坛版块

"『』"是直角引号，在查找博客或论坛版块时，可以使用直角引号，如在搜索栏输入"『计算机』"，即可得到关于计算机的博客或论坛信息。那么，怎样输入这个直角引号呢？调出中文输入法，选择"软键盘"—"标点符号"，就能找到它了。

8. allintitle——在题目中搜索多个关键词

例如，输入检索式"allintitle：刘备 张飞"，搜索结果中会出现搜索到的文档的题目，既包含"刘备"，也包含"张飞"。

第四节　淘宝网检索及使用技巧

淘宝网由阿里巴巴集团 2003 年 5 月创立，是在中国深受欢迎的网购零售平台，也是亚太地区较大的网络零售商圈。随着淘宝网规模的扩大和用户数量的增加，淘宝从单一的 C2C 网络集市变成了包括 C2C、团购、分销、拍卖等多种电子商务模式在内的综合性零售商圈。目前淘宝网已经成为世界范围的电子商务交易平台之一。

一、使用多个关键词筛选

用户在检索时多用几个关键词组合起来搜索，检索出来的商品数量就会少很多，能更准确地找到所需要的商品。如果用户想找一双 2022 年新款帆布女鞋，可用的关键词为"女鞋""2022""帆布"。输入的时候可以先输入基本词，如"女鞋"，接着输入空格，再

加一个关键词，搜索栏中会自动联想很多标题，用户可看看有没有自己喜欢的，或者在联想出的标题中选一个，重新搜索（见图 9-9）。

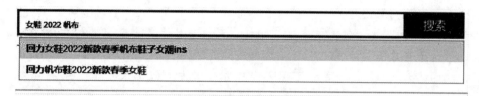

图 9-9　淘宝关键词检索示例

二、使用"或"命令

"或"命令也叫"OR"命令，它能帮用户实现多重选择的功能。比如用户想搜索李宁或安踏外套，只需要在两个搜索关键词之间加入一个大写英文单词"OR"就可以了，即"李宁外套 OR 安踏外套"。

三、使用"非"命令

"非"命令也叫"否"命令，它可以帮助用户在搜索时排除他们不需要的结果，即剔除无关概念。假设用户需要找一件运动外套，但不希望出现耐克或者阿迪达斯的产品，这时候就可使用"非"这个命令了，即输入"外套－耐克－阿迪"，通过"非"指令，可以直接在淘宝搜索结果中剔除含有以上两个品牌的商品，需要注意的是，不要将"－"这个符号输入错了，它是数学运算符号中的减号，而不是汉字"一"。

第五节　百 度 翻 译

在百度翻译（https://fanyi.baidu.com/），用户可通过输入文字、网址，粘贴图片，拖动文档来使用翻译功能。百度翻译能够实现 200 多种语言的互译。通用领域有生物医药、电子科技、网络文学和水利机械。百度翻译界面如图 9-10 所示。

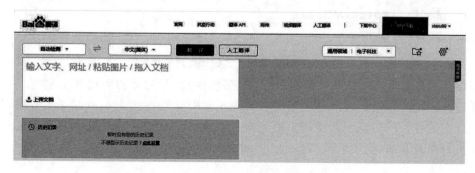

图 9-10　百度翻译界面

下面以区块链的定义为例，进行翻译示例。

区块链是一个信息技术领域的术语。从本质上讲，它是一个共享数据库，存储于其中的数据或信息，具有"不可伪造""全程留痕""可以追溯""公开透明""集体维护"等特征。基于这些特征，区块链技术奠定了坚实的"信任"基础，创造了可靠的"合作"机制，具有广阔的运用前景。

2019年1月10日，国家互联网信息办公室发布《区块链信息服务管理规定》。2019年10月24日，在中央政治局第十八次集体学习时，习近平总书记强调，"把区块链作为核心技术自主创新的重要突破口""加快推动区块链技术和产业创新发展"。"区块链"已走进大众视野，成为社会的关注焦点。

2019年12月2日，该词入选《咬文嚼字》2019年十大流行语。

现将上面这段话复制并粘贴到百度的文本翻译框，将其设置为中文（简体），翻译为英语（见图9-11）。

图 9-11　区块链定义的中译英界面

翻译界面的下方提供了一些重点词汇，如图9-12所示。

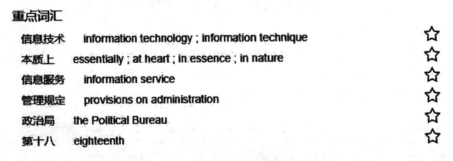

图 9-12　翻译界面下方的重点词汇展示

需要注意的是，百度采用的是机器自动翻译，因而其翻译的质量和水平与一篇地道的英文段落相比，肯定是有不足之处的，其不足主要体现在进行字面翻译时，机器很少能像翻译家那样采用转译、意译等手段，来达到信、达、雅的翻译标准，这就需要用户对译文进行修改和润色。

第六节　新媒体信息素养教育

我们现在所说的新媒体环境是技术意义上的，而不是制度意义上的，这已经成为不争的事实。作为一种客观存在的新兴事物，这种拟态环境已经以一种不以人们意志为转移的态势嵌入我们的生活中——不仅作为一种手段、一种工具，更作为一种环境、一种生态。每个人（如果他不拒绝现代文明的话）都被卷入汹涌澎湃的网络信息大潮中。新媒体是基于数字技术支撑体系的媒体形态，它包括数字杂志、数字报纸、数字广播、手机短信、移动电视、网络、桌面视窗、数字电视、数字电影、触摸媒体等。新媒体环境是由数字技术构建的与传统媒体相对的新的大众传播环境。在新媒体环境中，传播者与受众的界限逐渐模糊。具备编辑与发送功能的媒介终端，使得每一个传统意义上的受众都具备了传播者的能力，也就是说，受众在接受信息的同时，具备了传递、改编甚至再造信息的能力，传授的双重身份附着在单一的个体身上。这种全新的形态打破了常规的线性传播模式，构建起立体的、全方位辐射型的传播空间。当前，随着我国网络建设和新媒体应用日趋广泛和完善，大学生的信息获取和接受越来越依赖新媒体。基于信息内容、网络媒介、大学生用户群体三个基本要素之间的相互联系与相互作用而形成的信息传播的新媒体环境，使大学生成长与发展的教育环境得以重构。优化新媒体环境、加强新媒体信息素养教育已成为现代教育迫切需要探索的重要课题，也成为现代大学图书馆的根本任务之一。

新媒体为人们即时交流、接受和传播信息提供了很大的便利性，从很多方面改变了人类社会的物质和文化生活。同时，新媒体本身也在重塑人们的生活方式。人们在使用新媒体的过程中改变了新媒体的形态，同时也被新媒体改变着。在新媒体中，人际传播、群体传播、大众传播三种传播类型呈现融合趋势和一体多功能的态势，这在互联网中表现得最为突出。由于媒体的融合，新媒体的信息传播具有高速、高质、超量、多样化、范围广的特征。信息的传播者与受众的身份不再有明显的差别，每个人都可能既是信息的制造者，又是信息的传播者，同时充当信息的接受者。新媒体点对点的传播，取消了信息之间的逻辑关系，换句话来说，它取消了问题，直接追求结果。这种从点到点、聚焦于目的的知识形态造成的结果就是知识的碎片化。

新媒体快速传播鲜活信息的能力，在缺乏深厚的文化积淀和严密的思想逻辑的背景下，容易产生情绪化的问题。碎片化和情绪化并无逻辑性，由于进入新媒体的门槛低，信息保留的时间短，所产生的影响转瞬即逝，信息的意义和价值自然会受到损害。缺乏长远的考量，形成一种只为眼前和当下着想的习惯，受到道德、规范约束的机会小，恶的、个人性的习性滋长并抱团——这些因素都容易形成当今社会文化向低端游走的倾向。在新媒体对于人类大脑认知和记忆结构的改变的相关研究中，复旦大学严锋教授认为，新媒体阅读已非传统阅读，而更像是一种"扫描与搜索"，人们读的不再是文本，而是一个个关键词，这导致人们的思维扁平化、单面化，人们倾向于在意气相投的同类中寻找呼应，文化和思想同质性高，从而难以理解和容纳异类思维，最终造成新媒体时代知识和思想生产的"麦当劳化"。

一、新媒体信息素养的要求

1. 信息搜索能力

当今时代，信息越来越多，对用户来说，快速查找到自己需要的信息十分重要。人们进行信息搜索时，不能仅仅依靠百度等搜索引擎，还要通过一些专业网站、数据库查找自己需要的信息。在信息爆炸时代，信息的生产速度远远超出了人们吸收信息的速度，这时候，人们就需要熟练掌握信息搜索能力。那么，如何提高信息搜索能力呢？这需要我们学习有关信息检索的基础知识和基本技能。进行信息搜索时，需要确定搜索的关键词，还要考虑搜索词的同义词、近义词、缩写等，通过布尔逻辑运算符"AND""OR"等进行连接，构建检索表达式，再进行检索。检索时，可以关键词为核心，不断优化关键词，优化自己的搜索提问，以达到完善信息的目的，必要时可使用一些高级语法和高级搜索功能，这能大幅提高人们的信息搜索能力。

2. 信息识别能力

网络信息资源规模宏大，同时对信息来源和信息质量缺乏必要的审核机制，因此，对于网络信息不能全部无条件相信，要根据信息生产者、信息类型等多方面指标进行评估，然后再做出选择，要有能力区分谣言、虚假新闻和错误信息，做到对网络信息去粗取精、去伪存真。尤其是社会关系网络比较复杂和广泛的人，要有怀疑一切的精神，对于从朋友和媒体资源获取的信息，要经历精确性、权威性、关联性、客观性和适用范围的检验过程。怀疑一切的精神能帮助我们淘汰过时、有偏见、不完整、观点错误的信息。

3. 网络安全和隐私保护意识

网络隐私泄露指的是我们可能在各种各样的网站上填写个人信息，这些个人信息被泄露，所以我们会经常收到各种各样的垃圾信息，严重的甚至会威胁自己的资金安全。新媒体的网络信息保护至关重要。为了保护自己的隐私，首先要对隐私进行分级。像家庭住址等隐私就比年龄更重要，对于特别重要的隐私信息，我们需要谨慎填写。对于不必要获取个人信息的网站，我们可以不填写个人信息，同时为各个应用设置不同的密码，提高安全意识。

4. 媒介伦理与道德意识

网络是公众场所。在这个公共空间里，公众需要遵守相关法律法规，媒介伦理与道德意识是当代文明社会高素质公民必须具备的基本素质。作为公共空间的一员，任何人都不能造谣、传谣，不能发表含有民族歧视、亵渎宗教等的言论。网络空间和现实的公共空间一样，都受到法律约束，人们需要尊重别人，只有尊重别人才会被人尊重。人们在转发相关信息时，需要首先思考和审查信息的真实性，不被他人煽动而做出违法的事。人们通过互联网相互关联，通过创造或传递精确、经过深思熟虑的信息

第九章　新媒体与信息素养教育

来获得信任、提升价值。在互联网时代，每个人都能够成为信息生产者和传播者，这时候，谁能够提供更可信、更透明的信息，谁就更受他人欢迎。社会终将会惩罚那些使用虚假信息、歪曲事实、抄近路、压榨人际关系和隐瞒信息来源的人们。

二、新媒体信息素养教育

新媒体信息素养是指人们面对不同新媒体时所表现出的信息选择能力、质疑能力、理解能力、评估能力、创造和生产能力以及思辨的反应能力。由于新媒体的主体发生了重大变化，新媒体的内容也随之发生了革命性变化，同时新媒体的传播环境也日新月异，这些因素都使得新媒体信息呈现出信息场域多元分化、传播效果差异化、网络舆情群体极化等特征，因此必须加强新媒体信息素养教育。新媒体信息素养教育的内容包括如下要点。

1. 提升新媒体信息获取能力

一是高效阅读，同时避免信息过载；二是先看信息来源，看新闻资讯是否有明确的发布机构和作者，多阅读来自专业媒体的报道和专业公众号发布的内容；三是有信息交叉证实意识，比如通过阅读来自不同媒体渠道的信息对某事件进行互证，同时搜索是否已被辟谣等。

2. 提升新媒体信息分析能力

一是判断新媒体信息是否符合事实，与常识是否冲突；二是看事件因果关系、相关性是否符合逻辑；三是看作者立场、意图和观点，有些文章不排除是观点先行或者公关行为；四是要关注作者使用的数据、证据或材料的来源可靠性。

3. 提升新媒体信息评价能力

信息评价能力指的是对信息内容的质疑和批判能力，看到新信息时，可以多问几个为什么，避免被信息控制。

4. 提升新媒体信息传播能力

一是对来历不明的消息，不轻易采信、传播；二是对无法证实的存疑消息，不转发；三是不泄露事件当事人的隐私信息，慎用"人肉"；四是对疑似虚假信息进行求证和提醒。

三、新媒体信息素养评价

突如其来的新冠肺炎疫情，使全国中小学和高校紧急启动线上教学模式，我国由此进入有史以来最大规模的线上教育探索与实践。网课中大量信息化教学工具和手段的使用，对师生和家长等相关参与者的新媒体信息素养提出了更高的要求。有关人员调研发现，线上教学参与者在新媒体信息意识、信息知识、信息能力、信息道德方面均有不同程度的欠缺。如何有针对性地提升其新媒体信息素养，有效推进信息化教育改革，是新冠肺炎疫情常态化防控形势下高校教学改革的当务之急。作为信息化教育改革的重要内容，新媒体信息素养评价已引起广大研究人员的重视。

1. 新媒体信息素养评价方法

当前，国内外对新媒体信息素养的评价研究主要使用的是定性评价和定量评价两种方法。无法是定性评价，还是定量评价，都沿袭了早先人们关于信息素养的评价方法。其中，定量评价中使用的新媒体信息素养参照了联合国教科文组织发布的媒介与信息素养（Media and Information Literacy，MIL）概念中的部分内容，同时结合了新媒体环境的特点。由定量评价方法提出的新媒体信息素养的评价指标，确定了新媒体用户在信息的获取、评估以及创新三个方面的能力。有研究者从信息生态四个基本要素出发，以信息人作为评价主体，在信息、信息环境和信息技术三个维度下，以原有信息素养评价指标为基础，结合新媒体时代发展的特点以及对信息人提升信息素养的要求，遵循目的性、系统性、可操作性的指标构建原则，基于相关文献，构建了信息生态视角下新媒体信息素养的评价指标。

2. 新媒体信息素养评价指标

（1）基于 MIL 的新媒体信息素养评价指标。这个指标体系围绕新媒体信息获取、新媒体信息评估、新媒体信息创建三个要素，构建了包括 9 个一级指标、24 个二级指标的评价体系，如表 9-1 所示。

表 9-1　新媒体信息素养评价指标体系

MIL 要素	一级指标	二级指标	指标描述
新媒体信息获取	新媒体信息需求	需求明确性	对新媒体信息有着明确的需求
		需求表述能力	需求表达清晰明确
		需求转化能力	将需求转换为行动的能力
	新媒体信息定位	信息查找策略	制定查找策略以更好地获得信息的能力
		搜索工具	通过多种新媒体工具查找信息的能力
		信息区分	区分新媒体信息来源的能力
	新媒体信息访问	访问策略	制定访问策略、高效访问资源的能力
		访问道德	遵循访问信息的基本法律法规和政策
		访问工具	使用恰当的工具访问资源信息内容
新媒体信息评估	新媒体信息理解	对新媒体信息提供者的理解	理解新媒体信息提供者的角色和功能
		对新媒体信息影响的理解	明确新媒体信息对社会产生的影响
		对新媒体信息伦理道德的理解	理解与新媒体相关的伦理道德

续表

MIL 要素	一级指标	二级指标	指标描述
新媒体信息评估	新媒体信息评价	新媒体信息评估标准	是否建立自己的新媒体信息评估标准
		新媒体信息的内容评估	解析、关联和评价新媒体信息内容
		新媒体信息的质量评估	识别广告信息，验证信息源的可靠性
	新媒体信息组织	新媒体信息的记录和储存	总结、记录并存储相关新媒体信息的能力
		新媒体信息的修正和重塑	修正并重塑所记录的新媒体信息的能力
新媒体信息创建	新媒体信息创新	新媒体信息的创新	将收集到的信息以创新方式组织的能力
		新媒体信息的传播	通过多种工具传播新媒体信息的能力
	新媒体信息交流伦理道德	新媒体信息交流道德	以符合道德规范、合法的方式交流新媒体信息
		抵制不良信息	对不良信息、违法信息予以抵制、举报
		维护信息安全	当自身与他人信息安全受到侵害时，通过多种方式维护合法权益
	新媒体信息监控	新媒体信息监控必要性	了解监控所交流的新媒体信息影响的必要性
		监控新媒体影响	了解如何监控新媒体信息的影响并改造

（2）基于信息生态视角的新媒体信息素养评价指标。这个指标体系包括8个一级指标，即新媒体信息意识、新媒体信息知识、新媒体信息能力、新媒体信息伦理与道德、新媒体信息搜索技术、新媒体信息处理技术、新媒体硬件环境和新媒体虚拟环境，以及25个二级指标，如表9-2所示。

表9-2 基于信息生态视角的新媒体信息素养评价指标体系

维度	一级指标	二级指标	指标描述
信息	C1 新媒体信息意识	P1 新媒体信息敏感性	及时发现并捕捉新媒体信息，察觉重要信息
		P2 新媒体信息应用意识	有意识地使用信息解决实际问题
		P3 新媒体信息判断意识	对形式多样的信息做出合理的判断和选择
		P4 新媒体信息价值意识	认识到新媒体信息对于自身的价值和作用

续表

维度	一级指标	二级指标	指标描述
信息	C2 新媒体信息知识	P5 新媒体信息检索知识	掌握信息术语、检索符号、检索方式等
		P6 新媒体信息工具知识	了解检索工具种类、检索范围、使用方法等
		P7 新媒体信息法律知识	了解知识产权、版权及信息使用方面的法律等
	C3 新媒体信息能力	P8 新媒体信息获取能力	通过检索获得信息,如用新媒体应用获取资料
		P9 新媒体信息处理能力	对信息进行整合和存储,如找出信息间的联系
		P10 新媒体信息应用能力	运用所获得的信息解决实际问题
		P11 新媒体信息评价能力	评价信息质量,如检索信息的质量高低等
		P12 新媒体信息传播能力	交流与传播新媒体信息,如分享学习资料等
		P13 新媒体信息创新能力	根据已有信息进行信息创新,如论文创作
	C4 新媒体信息伦理与道德	P14 合理获取信息	通过合理的途径获得信息,如不盗用信息等
		P15 抵制不良信息	自觉抵制不良信息,如拒绝传播违法信息等
		P16 维护信息安全	保护他人和自身信息安全,如知识产权受到侵害时积极维权等
信息技术	C5 新媒体信息搜索技术	P17 垂直搜索	能对某个行业进行专业搜索,如使用大众点评查找美食、用百度地图查询位置等
		P18 社会化搜索	能通过有共同爱好的人际圈子搜索信息,如使用微博、知乎、豆瓣等
		P19 跨媒体搜索	能搜索除文本之外的音频、视频等信息
	C6 新媒体信息处理技术	P20 云存储	使用软件存储信息,如百度云盘、金山快盘等
		P21 数据分析	使用数据处理软件,如 SPSS、EXCEL 等

续表

维度	一级指标	二级指标	指标描述
信息环境	C7 新媒体硬件环境	P22 电子设备	了解及使用电子设备,如电脑、传真机等
		P23 公共信息设备	了解及使用公共信息设备,如图书馆自助借阅机等
	C8 新媒体虚拟环境	P24 移动互联网	了解移动互联网环境下各种应用软件及智能终端的使用
		P25 网络社区	适应新的信息环境,如学习社区、兴趣部落等

思考与训练

1. 试论述什么是新媒体。
2. 试论述新媒体的特点。
3. 简述新媒体有哪些类型。
4. 简述怎样利用百度进行精确查找。
5. 试论述新媒体的信息素养有哪些要求。

特种文献信息资源检索

特种文献指有特定内容、特定用途、特定读者范围、特定出版发行方式的文献。它介于图书和期刊之间,是一种似书非书、似刊非刊的文献类型。它包括学位论文、研究报告、专利、标准、产品样本、会议录、档案和政府出版物等。本章主要介绍会议文献、标准文献、专利文献、科技报告、学位论文的信息及检索方法。

第一节 会议文献信息及其检索

一、会议文献的含义及类型

所谓会议文献,主要指会前、会中、会后围绕某会议出现的文献。从文献类型说来,它包括征文启事、会议通告、会议日程、论文会前摘要、开幕词、会上讲话、报告、讨论记录、会议决议、闭幕词、会议录、论文集、讨论会报告、会议专刊、会议纪要等。这些都是科技信息的重要来源。检索会议文献时,应了解几个关于会议的常用术语,如 conference(会议)、congress(代表大会)、convention(大会)、symposium(专业讨论会)、colloquium(学术讨论会)、seminar(研究讨论会)、workshop(专题讨论会),等等。一般按会议的规模,可将会议分为国际性会议、全国性会议和地区性会议。

二、会议文献的检索工具

《世界会议》《会议论文索引》《科技会议录索引》是典型的国际会议文献的报道工具。《中国学术会议文献通报》是我国国内会议文献重要检索刊物。此外还有多种相关的会议文献的网络数据库。

1. 《世界会议》

《世界会议》(*World Meeting*)由美国 Macmillan Publishing Company 编辑出版,发

行季刊。它预报两年内即将召开的重要的国际性会议，所预报的会议数目多达数千个。它只报道会议有关信息，不包括会议论文。每期有四个分册，分别是：《世界会议：美国和加拿大》（World Meeting：United States and Canada），创刊于1963年；《世界会议：美国和加拿大以外地区》（World Meeting：Outside United States and Canada），创刊于1968年；《世界会议：医学》（World Meeting：Medicine），创刊于1978年；《世界会议：社会与行为科学、人类服务与管理》（World Meeting：Social & Behavioral Science, Human Services & Management），创刊于1971年。

2．《会议论文索引》

《会议论文索引》（Conference Paper Index，CPI）由美国《剑桥科学文摘》（Cambridge Scientific Abstracts，CSA）出版社出版，创刊于1933年，从1978年起使用现刊名，发行双月刊，也出版年度累积索引。它是一种常用的检索工具，报道世界科技、工程和医学、生物学科等方面的会议文献，年报道文献量约8万篇。除印刷型版本外，也有电子版本，在Dialog联机检索系统中为77号文档。

3．《科技会议录索引》

《科技会议录索引》（Index to Scientific & Technical Proceedings，ISTP）由美国科学情报研究所（ISI）编辑出版，创刊于1978年，发行月刊，也出版年度索引。作为当前报道国际重要会议论文的权威性刊物，它不仅是一种经典的检索工具，而且是当前世界上衡量、鉴定科学技术人员学术成果的重要评价工具。

《科技会议录索引》报告的学科包括生命科学、物理、化学、农业、生物和环境科学、临床医学、工程技术和应用科学等领域。它每年报道的内容囊括了世界出版领域重要会议录中的大部分文献。

目前出版的《科技会议录索引》有光盘版和网络版。光盘版的检索方法与科学引文索引（SCI）光盘版相同。网络版Web of Science Proceeding（ISTP & ISSHP）的检索方法与SCI网络版相同。

三、网上会议文献信息资源

台湾淡江大学宋雪芳女士整理了如下几个知名度较高的学会的网上会议文献数据库。

1．美国航空航天学会会议论文引文数据库（AIAA Meeting Papers Searchable Citation Database）

其网址为http：//www.aiaa.org/publications/mp-search.html，它收录了自1992年起的会议文献。主要内容包括在AIAA会议上发表，且尚未被AIAA的出版物所收录的航空航天研究成果。用户可依作者（author）、篇名（title）或篇名关键词（title keywords）、论文编码（AIAA paper number）及会议名称或日期（conference name/date）等信息查寻。用户通过AIAA Dispatch在线文件传递服务订购论文，50页以内的文献传送费为每份11.5美元；超过50页，每页加收0.25美元，彩色印刷每页另外加收费用,传送速度有一般性(1~2天)、快件(6个工作小时内)、急件(3个工作小时内),最快可在1个工作小时内送达。其更新频率是每季更新。

2. 美国微生物学会的会后信息(American Society for Microbiology, Post-Meeting and Post-Conference Information)

它主要提供会后问卷调查表(overall conference evaluation)、会议摘要(abstracts)、会议程序(program)等数据。销售方式有纸质本式及光盘。

3. 美国化学工程学会的会议档案(AIChE,Meeting Archive Calendar)

其网址为 http://www.aiche.org/conferences/,收录了自1995年起的会议数据。用户可依会议时间(day and time)、学科领域或主题(group/area)、研讨会编号(session number)检索,查到会议编号、所属主题、类别、召开的时间和地点、研讨主题、讨论论文及主讲者、主办单位负责人及服务处联系方式。此外,它还设有公告栏(bulletin board)供与会人士抒发感想、表达意见,并作为未参与会议者上网检索后提交建议的互动渠道。

4. 美国机械工程师学会(American Society of Mechanical Engineers,ASME)官网中的 Conference & Events

其网址为 http://www.asme.org/conf/choices.htm。在 Conference & Events 板块,它除了提供一般会议信息检索外,还有专为会员服务的会议计划指南(the update guideline manual)、笔记(congress planning notebook)、会议指南(meeting guidelines)。用户可通过 Acrobat Reader 阅读完整的会议程序(final program)或技术部分程序(technical program)等。

5. 美国电气电子工程师学会的会议数据库(IEEE Conference Database)以及 TAG(IEEE Technical Activities Guide)

其网址为 http://www.ieee.org/conferences/tag/tag.html。其提供完整的会议信息,分为即将召开的会议(Section 1—Future or Upcoming)、已召开的会议(Section 2—Past Year)及主题检索(Section 3—Topical Interest)三部分。通过 TAG,用户可以对 IEEE 的38个分会进行检索(TAG by Society)。TAG 具有分区检索功能(TAG Conferences by Region),目前已开始提供自2006年起的会议信息。

四、我国国内的会议文献数据库

1. 万方数据资源系统中的中国学术会议文献数据库

该数据库是国内的学术会议文献全文数据库,会议资源包括中文会议和外文会议,中文会议收录始于1982年,外文会议主要来源于 NSTL 外文文献数据库,收录了1985年以来世界各主要学协会、出版机构出版的学术会议论文。数据范围覆盖自然科学总论、工程技术、农业科学等领域,是了解学术动态必不可少的帮手。

2. 中国医学学术会议论文数据库

中国医学学术会议（China Medical Academic Conference，CMAC）论文数据库，是解放军医学图书馆开发的中文医学会议论文文献书目数据库。CMAC 光盘数据库主要面向医院、医学院校、医学研究所、医药工业、医药信息机构、医学出版和编辑部等单位，收录了 700 余本会议论文的文献题录和文摘，累计文献 15 万余篇，它们是由 1994 年以来中华医学会所属专业学会、各地区分会和全军等单位组织召开的医学学术会议产生的。数据库中涉及的主要学科领域有基础医学、临床医学、预防医学、药学、医学生物学、中医学、医院管理及医学情报等。收录文献项目包括会议名称、主办单位、会议日期、题名、全部作者、第一作者地址、摘要、关键词、文献类型、参考文献数、资助项目等 16 项内容。

3. 中国重要会议论文全文数据库

中国重要会议论文全文数据库（CPCD）是中国知识基础设施工程（CNKI）建成并通过网络发布的会议论文全文数据库，它收录了我国国家一级学会、协会和其他学术机构或团体自 2000 年以来在国内召开的国际性和全国性学术会议的会议论文，每年增加 1500 本论文集，约 10 万篇论文及相关资源，网上数据每日更新。

第二节 标准文献信息及其检索

一、标准文献的含义及其类型

标准文献是一种特殊的文献，它以科学、技术和实践经验的综合成果为基础，致力于在一定范围内获得最佳秩序，为活动或其结果规定共同的和可重复使用的规则、导则或特性的文件，它一般由主管部门批准，以特殊形式发布，并作为人们共同遵守的准则和依据，是标准化工作的产物。广义的标准文献是指由技术标准、生产组织标准、管理标准及其他标准性质的类似文件所组成的文献体系，包括标准化的书刊、目录和手册，以及与标准化工作有关的文献等。狭义的标准文献是指标准、规范、技术要求等。

依据不同的分类方法，标准文献可分为不同的类型。

1. 按标准文献的使用范围分类

这是层次分类法，即按照标准文献发生作用的有效范围，划分不同的层次。这种层次关系通常又被称为标准的级别。从世界范围来看，标准分为六类：① 国际标准，如国际标准化组织（ISO）标准等；② 区域性标准，如欧洲标准（EN）等；③ 国家标准，如中国国家标准（GB）、美国国家标准（ANSI）等；④ 行业标准，如我国轻工业行业标准（QB）、美国石油学会标准（API）等；⑤ 地方标准，如上海市的标准、沪 Q/SG4-25-82 等；⑥ 企业标准，如美国波音飞机公司企业标准（BAC 标准）、营口市电火花机床厂标准 Q/YD1001 等。

我国的《标准化法》的制定是为了加强标准化工作，提升产品和服务质量，促进科学技术进步，保障人身健康和生命财产安全，维护国家安全、生态环境安全，提高经济社会发展水平。标准包括国家标准、行业标准、地方标准和团体标准、企业标准。国家标准分为强制性标准、推荐性标准，行业标准、地方标准是推荐性标准。强制性标准必须执行。国家鼓励采用推荐性标准。

2. 按标准文献的内容分类

按标准文献不同的内容，通常可把标准文献分为以下多种类型：① 基础标准，指在一定范围内作为其他标准的基础并普遍使用，具有广泛指导意义的标准，如有关名词、术语、符号、代码、标志等方面的标准；② 制品标准，指为确保制品实用、安全，对制品必须达到的某些或全部要求所制定的标准，如品种、技术要求、试验方法、检验规则、包装、储存等；③ 方法标准，指对检查、分析、抽样、统计等做统一要求而制定的标准；④ 安全标准，指为保护人和物的安全为目的而制定的标准；⑤ 卫生标准，指为保证人的健康，对食品、医药及其他方面的卫生要求而制定的标准；⑥ 环境保护标准，指为保护环境和有利于生态平衡而制定的标准，等等。

3. 按标准的约束性分类

按标准的约束性分类，可分为以下两类。

第一类是强制性标准，指具有法律属性，在一定范围内通过法律、行政法规等手段强制执行的标准。我国国家标准（GB）就是强制性国家标准。根据我国《国家标准管理办法》和《行业标准管理办法》的相关规定，下列标准属于强制性标准：药品、食品卫生、兽药、农药和劳动卫生标准；产品生产、储运和使用中的安全及劳动安全标准；工程建设的质量、安全、卫生等标准；环境保护和环境质量方面的标准；有关国计民生方面的重要产品的标准等。

第二类是推荐性标准，又称非强制性标准或自愿性标准，指在生产、交换、使用等方面，通过经济手段或市场调节而自愿采用的一种标准，如我国国家标准 GB/T。这类标准不具有强制性，任何单位均有权决定是否采用；违反这类标准，不构成经济或法律方面的责任。但推荐性标准一经采用，或各方商定同意将其纳入经济合同中，就成为各方必须共同遵守的技术依据，具有法律约束性。

此外，还可以按标准化对象等其他方法来划分标准文献的类型。

二、标准的分类体系和代号

1. 分类体系

各国都有适合国情的标准分类体系。概括说来，主要有以下三种形式。

（1）字母分类法，即以字母为标记的分类法。依据这种方法将标准分成若干类，每类用一个字母表示。采用这种分类法的有澳大利亚、加拿大、墨西哥等国。

(2) 数字分类法，即以数字作为标记的分类法。依据这种方法将标准分成若干类，有的还分为几级类目，每类用一组数字表示。采用这种分类法的有丹麦、印度、葡萄牙、意大利、西班牙、比利时、阿根廷、德国、荷兰、瑞士等国。

(3) 字母数字混合分类法，即采用字母和数字相结合的分类法。依据这种方法把标准分类后，每一类用字母加数字表示。采用这种分类法的有中国、美国、日本、芬兰、法国、罗马尼亚、波兰等国。

2. 标准代号

各国的标准都有各自的代号。了解这些代号，对于查找各国标准很有用处。一些主要国家的标准代号如表 10-1 所示。

表 10-1　一些主要国家的标准代号

国家名称	标准代号
美国	ANSI
英国	BS
法国	FN
意大利	UNI
德国	DIN
加拿大	CSA
澳大利亚	AS
瑞士	VSM
俄罗斯	OCT
日本	JIS
瑞典	SIS
荷兰	NEN
挪威	NS
比利时	NBN
丹麦	DS
罗马尼亚	STAS

无论是国际标准，还是各国标准，在编号方式上均遵循各自规定的固定格式，通常为"标准代号＋流水号＋年代号"。这种编号方式上的固定化使得标准编号成为检索标准文献的途径之一。

三、主要的国际标准组织

1. 国际标准化组织

国际标准化组织（ISO）的网址为 http：//www.iso.ch。它正式成立于1947年2月23日，是世界上最主要的非政府间国际标准化机构。其宗旨是在世界范围内促进标准化及有关工作的发展，以利于国际物资交流和服务，并发展在知识、科学、技术和经济活动中的合作。

ISO的主要活动有：制定和出版ISO国际标准，并采取措施在世界范围内实施；协调世界范围内的标准化工作；组织各成员和各技术委员会进行信息交流；与其他国际组织进行合作，共同研究有关标准化的问题。

随着国际贸易的发展，各国对国际标准的要求和重视程度日益提高，国际标准化组织的作用也日益增强。

2. 国际电工委员会

国际电工委员会（IEC）的网址为 http：//www.iec.ch。它是世界上成立最早的非政府间国际标准化机构。目前国际电工委员会成员国包括绝大多数的工业发达国家及一部分发展中国家。这些国家拥有世界上80%的人口，其生产和消耗的电能占全世界的95%，制造和使用的电气、电子产品占全世界产量的90%。国际电工委员会的宗旨是，在电学和电子学领域中的标准化及有关事物方面（如认证）促进国际合作，增进国际间的相互了解，并且通过出版国际标准等出版物来实现这一宗旨。

3. 国际电信联盟

国际电信联盟（ITU）的网址为 http：//www.itu.int/。它是联合国的一个专门机构，也是联合国机构中历史最长的一个国际组织，简称"国际电联"或"电联"。这个国际组织成立于1865年5月17日，是由法、德、俄等20个国家在巴黎会议上为了顺利实现国际电报通信而成立的国际组织，定名国际电报联盟。1932年，70个国家的代表在西班牙马德里召开会议，决议将国际电报联盟更名为国际电信联盟，这个名称一直沿用至今。1947年，经联合国同意，国际电信联盟成为联合国的一个专门机构。总部由瑞士伯尔尼迁至日内瓦。另外，还成立了国际频率登记委员会（IFRB）。

国际电信联盟的实质性工作由三大部门承担，它们分别是国际电信联盟标准化部门、国际电信联盟无线电通信部门和国际电信联盟电信发展部门。其中，国际电信联盟标准化部门由原来的国际电报电话咨询委员会（CCITT）和国际无线电咨询委员会（CCIR）的标准化工作部门合并而成，主要职责是完成国际电信联盟有关电信标准化的目标，使全世界的电信标准化。国际电信联盟目前已制定了2024项国际标准。

国际电信联盟现有来自150多个国家和地区的会员、准会员，使用中、法、英、西、俄五种正式语言，用这五种文字出版电联正式文件。工作语言为英、法、西三种语言。

国际电信联盟的目的和任务是维持和发展国际合作，改进和合理利用电信，促进技术设施的发展及其有效运用，提高电信业务的效率，扩大技术设施的用途，并尽可能使之得到广泛应用，以协调各国的活动。

4. 美国国家标准学会

美国国家标准学会（American National Standards Institute，ANSI）网址为 http：//web.ansi.org/。它是非营利性质的民间标准化团体。1918年10月19日，五个民间组织——美国材料试验协会、美国机械工程师协会、美国矿业与冶金工程师协会、美国土木工程师协会、美国电气工程师协会，在美国商务部、陆军部和海军部三个政府机构的参与下，共同发起成立了美国工程标准委员会（AESC）。1928年，AESC改组为美国标准协会（ASA），1966年8月又改组为美利坚合众国标准学会（USASI），1969年10月改为现名。

美国国家标准学会经联邦政府授权，是自愿性标准体系的协调中心，其主要职能是协调国内各机构、团体的标准化活动，审核并批准美国国家标准，代表美国参加国际标准化活动，提供标准信息咨询服务，以及与政府机构进行合作。

5. 英国标准学会

英国标准学会（British Standards Institution，BSI）的网址为 http：//www.bsi.org.uk。它是世界上最早的全国性超标准化机构，不受政府控制，但得到了政府的大力支持。英国标准学会制定和修订英国标准，并促进其贯彻执行。

英国标准学会的宗旨是：促进生产，努力协调生产者和用户之间的关系，达到标准化（包括简化）目标；制定和修订英国标准，并促进其贯彻执行；以英国标准学会的名义，对各种标志进行登记，并颁发许可证；必要时采取各种行动，保护英国标准的利益。

6. 德国标准化学会

德国标准化学会（Deutsches Institute fur Normung，DIN）的网址为 http：//www2.din.de。它是德国的标准化主管机关，作为全国性标准化机构参加国际和区域的非政府性标准化机构的活动。

德国标准化学会是一个经注册的私立协会，大约有6000个工业公司和组织为其会员。目前设有123个标准委员会和3655个工作委员会。

德国标准化学会于1951年加入国际标准化组织。由德国标准化学会和德国电气工程师协会（VDE）联合组成的德国电气电工委员会（DKE）代表德国加入国际电工委员会。德国标准化学会还是欧洲标准化委员会、欧洲电工标准化委员会（CENELEC）和国际标准实践联合会（IFAN）的积极参与者。

7. 法国标准化协会

法国标准化协会（Association Francaise de Normalisation，AFNOR）的网址为 http：//www.afnor.fr/。它成立于1926年，总部设在法国首都巴黎，是一个公益性的

民间团体,也是一个由政府承认和资助的全国性标准化机构。1941年5月24日,法国政府颁布的一项法令确认法国标准化协会为全国标准化主管机构,并在政府标准化管理机构——标准化专署领导下,按政府批示组织和协调全国标准化工作,代表法国参加国际和区域性标准化机构的活动。

根据标准化法,法国标准化协会的主要任务有如下几项:在标准化专员的指导监督下,集中和协调全国性的标准化活动;向全国各专业标准化局传达、落实政府指令,协助它们拟定标准草案,审查草案,承担标准的审批工作;协调各标准组织的活动,并担任它们与政府间的联络人;代表法国参加国际标准化组织活动和出席会议,在没有标准化管辖的领域,组织技术委员会,进行标准草案的制定工作。

目前,法国共有31个标准化局(最多时达39个),它们承担了法国标准化协会50%的标准制定和修订工作,其他工作则由法国标准化协会直接管理的技术委员会来完成。法国标准化协会现有1300多个技术委员会,近35000名专家参与工作。法国每3年编制一次标准制订修订计划,每年进行一次调整。

8. 日本工业标准调查会

日本工业标准调查会(Japanese Industrial Standards Committee,JISC)的网址为http://www.jisc.go.jp/。它成立于1946年2月,隶属于通产省工业技术院。它由总会、标准会议、部会和专门委员会组成。

标准会议下设29个部会,负责审查部会的设置与废除,协调部会间的工作,负责管理并调查部会的全部业务和制订综合计划。各部会负责最后审查在专门委员会会议上通过的日本工业标准(JIS)草案。专门委员会负责审查JIS的实质内容。

日本工业标准调查会的主要任务是:组织制定和审议JIS,包括调查和审议JIS标志指定产品和技术项目;就促进工业标准化问题答复有关大臣的询问,对有关大臣提出的建议进行反馈。经日本工业标准调查会审议的JIS内容和JIS标志由主管大臣代表国家批准公布。

9. 美国机械工程师协会

美国机械工程师协会(American Society of Mechanical Engineers,ASME)的网址为http://www.asme.org。它成立于1881年12月24日,会员约69.3万人。美国机械工程师协会主要从事发展机械工程及其有关领域的科学技术,鼓励基础研究,促进学术交流,发展与其他工程学、协会的合作,共同开展标准化活动,制定机械规范和标准。

美国机械工程师协会是美国国家标准学会的五个发起单位之一。美国国家标准学会的机械类标准主要由美国机械工程师协会协助提出,并代表美国国家标准委员会技术顾问小组参加国际标准化组织的活动。

10. 美国电气电子工程师学会

美国电气电子工程师学会(Institute of Electrical and Electronics Engineers,IEEE)的网址为http://www.ieee.org/。1963年,美国电气电子工程师学会由美国电气工程

师学会（AIEE）和美国无线电工程师学会（IRE）合并而成，成为美国规模最大的专业学会。它由大约17万名从事电气工程、电子和有关领域工作的专业人员组成，分设10个地区和206个地方分会，设有31个技术委员会。

美国电气电子工程师学会主要为电报与电子设备、试验方法、元器件、符号、定义，以及测试方法等制定标准。

四、中国标准组织及其文献检索

1. 概况

1978年5月国家标准总局的成立和1979年7月《中华人民共和国标准化管理条例》的颁布，标志着我国标准化工作进入了一个新的发展时期。1979年以来，我国已成立了200个专业标准技术委员会、327个分标准化技术委员会。1978年9月，我国以中国标准化协会（CAS）的名义，加入了国际标准化组织（ISO），并参加了其中103个技术委员会。据统计，截至1992年年底，我国国家标准已有1.8万多个，专业（部）标准已有3万个，企业（地方）标准已有15万个。其中，国家标准种40%采用国际标准和国外先进标准。

我国标准的分类是采用字母数字混合分类法。字母标志大类，数字代表小类，由A—Z共分24个大类。我国标准号结构形式为：标准代号＋标准编号＋发布年份。如GB 13668—92。

2. 主要的中国标准化组织

（1）国家标准化管理委员会。它是国务院授权履行行政管理职能，统一管理全国标准化工作的主管机构。在其网站（http://www.sac.gov.cn/）上，可查看国家标准化管理委员会的最新国家标准公告、中国行业标准公告，还可以用网站主页上的"中国国家标准目录"提供的检索工具对标准进行检索。

（2）中国标准服务网。其网址为http://www.cssn.net.cn/。它由中国标准研究中心标准馆主办，是世界标准服务网在中国的网站，有着丰富的信息资源。其开放的数据库中有中国国家标准、行业标准以及发达国家的标准数据库等。

（3）中国标准化协会。其网址为http://www.china-cas.org/。该协会是主要从事标准化学术研究、标准修订、培训、技术交流、编辑出版、咨询服务、国际交流与合作的综合性社会团体。

（4）中国质量网。其网址为http://www.chinatt315.org.cn/。它在1997年由原国家质量技术监督局，现在的国家质量监督检验检疫总局批准正式成立，是质检总局覆盖全国的质量技术监督信息系统和管理系统，也是向社会开放的质量服务平台。

（5）中国质量标准出版传媒有限公司网站。其网址为http://www.bzcbs.com.cn/。中国质量标准出版传媒有限公司是我国法定的以出版国家标准、行业标准、标准类图书和相关科技图书为主的中央级出版单位。通过该网站，可查阅以上相关信息。

3. 中国标准文献的检索工具

查找我国各类标准的检索工具主要有以下几种。

(1)《中国标准化年鉴》。它由国家标准局编辑，1985 年创刊，每年出版一本。内容包括三个部分：我国标准化事业的现状、国家标准分类目录和标准序号索引。

(2)《中华人民共和国国家标准目录》。它由国家标准化管理委员会编辑，不定期出版，内容除包括现行国家标准外，还包括行业标准，其内容按照标准序号索引和分类目录两部分进行编排。

(3)《中国国家标准汇编》。它是一部大型、综合的国家标准全集。自 1983 年起，由中国标准出版社以精装本、平装本两种形式陆续分册汇编出版，收集了我国正式发布的全部现行国家标准，依标准顺序号编排，凡顺序号空缺，除特殊注明外，均为作废标准号或空号。该汇编是查阅国家标准（原件）的重要检索工具，它在一定程度上反映了新中国成立以来我国标准化事业发展的基本情况和主要成就。

(4)《台湾地区标准目录》。它由厦门市标准化质量管理协会翻印，1983 年出版，收录了中国台湾地区 1983 年前批准的 10136 个标准。

(5)《世界标准信息》。这是月刊，由国家质量监督检验检疫总局主管、中国标准化研究院主办。该刊以题录形式介绍最新国家标准、行业标准、中国台湾地区标准、国际和国外先进标准，以及国内外标准化动态。

除上述印刷型检索工具外，中国标准情报中心也建立了中西混合检索标准数据库。该数据库除包含国家标准（GB）外，还包含中国台湾地区标准以及 ISO、IEC、日本、美国等国际标准组织和西方各国的标准。该数据库提供了标准的发布、修改、作废信息。数据库可以软盘或光盘形式向广大用户提供数据。

第三节　专利文献及其检索

一、专利的含义、类型及特点

1. 专利的含义

专利（patent）是知识产权的一种。专利文献是一种重要的信息源，它是专利申请人向政府递交的说明新发明创造的书面文件。此文件经政府审查、试验、批准后，成为具有法律效力的文件，由政府印刷发行。专利文献不仅具有实用性，而且反映了世界技术与发展动向。

在我国，直到 19 世纪末 20 世纪初，才开始有涉及专利的活动。1950 年，政务院颁布了《保障发明权与专利权暂行条例》。1980 年 1 月，国务院批准成立中华人民共和国专利局，专利局着手拟定我国的专利法和专利制度。1980 年 6 月，我国正式加入了世界知识产权组织。1984 年 3 月 12 日，我国正式通过了《中华人民共和国专利法》并于

1985年4月1日起施行。我国专利制度的实行，有利于新技术的普及和推广应用，有利于国际技术交流和新技术的引进。

"专利"一词包含三层含义：一是专利法保护的发明；二是专利权；三是专利说明书等文献。其核心是受专利法保护的发明，而专利权和专利文献是专利的具体体现。从广义上讲，专利文献包括专利说明书、专利公报、专利检索工具、专利分类表、和专利有关的法律文件及诉讼资料等。从狭义上说，专利文献就是专利说明书，它是专利申请人向专利局递交的说明发明创造内容及指明专利权利要求的书面文件，既是技术文献，也是法律性文件。

2. 专利的类型

由于各国的专利法不同，专利种类的划分也不尽相同，例如，美国将专利分为发明专利、外观设计专利和植物专利，而我国、日本和德国等国将专利分为发明专利、实用新型专利和外观设计专利。

(1) 发明专利。发明专利针对的是国际上公认的，具有新颖性、先进性和实用性的新产品或新方法的发明。

(2) 实用新型专利。实用新型专利针对的是对机器、设备、装置、器具等产品的形状构造或其结合所提出的实用技术方案。其审查手续简单，保护期限较短。

(3) 外观设计专利。外观设计专利针对的是为产品的外形、图案、色彩或其结合做出的富有美感而又适用于工业应用的新设计。

实用新型专利和外观设计专利都涉及产品的形状，两者的区别在于：实用新型专利主要涉及产品的功能，外观设计专利只涉及产品的外表。如果一件产品的新形状与功能和外表均有关系，申请人可以申请其中一项专利，也可分别申请专利。

3. 专利的特点

(1) 独占性。专利为专利所有人独自占有，任何个人和单位未经许可，不得私自使用专利所有人的技术发明，否则就构成侵权行为。

(2) 区域性。专利权具有严格的区域范围，它只在取得专利权的国家（地区）受到保护，而在其他国家（地区）没有任何约束力。如果有人想使其某项新发明技术获得多国（地区）专利保护，就必须就其发明创造向多个国家（地区）申请专利。同一项发明创造在多个国家（地区）申请专利而产生的一组内容相同或基本相同的文件出版物，被称为一个专利族。

(3) 时效性。任何专利都有保护期，也就是说，专利权人对其发明创造所拥有的专利权只在各国法律规定的时间内有效，保护期满后，该项发明创造就成为社会的共同财富，任何单位和个人都可无偿使用。我国《专利法》规定，发明专利权的期限为二十年，实用新型专利权的期限为十年，外观设计专利权的期限为十五年，均自申请日起计算。

二、专利文献的含义、类型及特点

1. 专利文献的含义

狭义上讲,专利文献就是专利说明书。该说明书的内容包括发明人对发明内容的详细说明和对要求保护的范围的详细描述。广义上讲,专利文献就是记载和说明专利内容的文件资料及相关出版物的总称。它包括专利说明书、专利分类表,以及专门用于检索专利文献的各种检索工具书,如专利公报、专利索引、专利文摘、专利题录等。

2. 专利文献的类型

根据专利文献的不同功能,可以将专利文献分为以下三大类型。

(1) 一次专利文献。它指的是详细描述发明创造内容和权利保护范围的各种类型的专利说明书,是专利文献的主体,主要有两个功能:一是详细地公布专利技术内容;二是严格地限定专利权的保护范围。专利说明书是最重要的专利文献形式。

(2) 二次专利文献。它主要指各种专利文献的专用检索工具,如各种专利文摘、专利索引、专利公报等。我国的专利公报主要有三种:《发明专利公报》《实用新型专利公报》《外观设计专利公报》。它们是用户查找中国专利文献、检索中国最新专利信息和了解中国专利局专利审查活动的主要工具书。

(3) 三次专利文献。它指的是按发明创造的技术主题编辑出版的专利文献工具书,主要包括专利分类表、分类定义、分类表索引等。

3. 专利文献的特点

专利文献在内容上和形式上有五个明显的特点。

(1) 内容详尽,技术高、精、尖。

《专利合作条约》(PCT)对撰写专利说明书有明确的规定:专利申请说明书所公开的发明内容应当完全清楚,以内行人能实施为标准。我国《专利法》也规定:说明书应当对发明或者实用新型做出清楚、完整的说明,以所属技术领域的技术人员能够实现为准;必要的时候,应当有附图;摘要应当简要说明发明或者实用新型的技术要点。

和其他科技文献相比,专利文献在技术内容的表述上更为详细、具体。由于申请专利要花费大量的精力和财力,大多数申请人都会选取自己最有价值的发明创造成果去申请专利,这使得专利文献的技术含量较高。

(2) 数量庞大,内容广泛。

全世界每年公布的专利说明书约 150 万件,占每年科技出版物数量的 1/4。并且内容极为广泛,从简单的日常生活用品到世界尖端科技,几乎涉及人类生产活动的所有技术领域。

(3) 出版和报道速度快。

世界上大部分国家实行的都是先申请制、早期公开和延迟审查制度。对于内容相同的发明,专利权授予最先提出申请的人,这使得发明人总是尽一切可能尽早提出自己的专利申请,以取得主动权。另外,由于实行了早期公开和延迟审查制度,自专利申请日起的 18 个月内,专利局就公开出版专利申请说明书,使得专利文献成为最快报道新技术的信息源。

(4) 格式统一。

各国对于专利说明书的著录格式的要求大体相同,著录项目统一使用国际标准识别代码,并采用统一的专利分类体系,即国际专利分类法;各国的专利申请说明书和权利要求书的撰写要求也大致相同。这些要求极大地方便了人们对全球各国专利说明书的阅读和使用。

(5) 重复报道量大。

专利文献的重复报道量非常大,这主要有两个原因:一是同族专利的存在使得一件专利如果在多个国家申请,就会在多个国家重复进行出版、公布;二是在实行早期公开、延迟审查专利审批制度的国家,在一件专利的申请、审批过程中,相关部门要多次公开内容相同的专利说明书。

三、国际专利分类法简介

1. 国际专利分类法概述

国际专利分类法(International Patent Classification,IPC),是根据 1971 年《关于国际专利分类的斯特拉斯堡协定》编制的,是一个在世界范围内由政府间组织执行的专利体系。自 1968 年第一版开始使用到现在,基本上每 5~6 年修订一次,目前使用的是第 8 版。

国际专利分类法是使各国专利文献获得统一分类,并为此提供检索的一种工具。作为一种有效的检索工具,它的基本目的是为各国专利局以及其他使用者围绕确定专利申请的新颖性、创造性或对有关专利做出评价而提供专利文献检索。目前,世界上有 50 多个国家及 2 个国际组织采用国际专利分类法对专利文献进行分类。

2. 国际专利分类法的服务功能

国际专利分类法具有以下四个服务功能:① 利用分类表编排专利文献;② 为专利情报使用者提供进行选择性报道的基础;③ 作为对某一个技术领域进行现有技术水平调研的基础;④ 作为进行工业产权统计工作的基础。以此为依据,可对各个领域的技术发展状况做出评价。

3. 国际专利分类表

用国际专利分类法对专利文献进行分类,得到的分类号被称为国际专利分类号(IPC 号)。IPC 号按顺序由以下五级组成:部(section)、大类(class)、小类(subclass)、大组(group)、小组(subgroup)。其中,部由大写字母表示(共有 A—H 8 个部);大类由数字表示;小类由字母表示(大小写均可);大组和小组均由数字表示,两者之间用斜线"/"隔开。

《国际专利分类表》(印刷型)共分 8 个部,每个部是一个分册,加上使用指南分册,共有 9 个分册。

A 分册:A 部——人类生活必需(农、轻、医);
B 分册:B 部——作业、运输;
C 分册:C 部——化学、冶金;
D 分册:D 部——纺织、造纸;
E 分册:E 部——固定建筑物(建筑、采矿);
F 分册:F 部——机械工程;
G 分册:G 部——物理;
H 分册:H 部——电学;
第九分册:使用指南(包括大类、小类及大组的索引)。

使用指南分册是使用国际专利分类表的指导性文件,它对国际专利分类表的编排、分类原则、分类方法和分类规则等做了详细的解释和说明,可帮助使用者正确使用《国际专利分类表》。

以上 8 个部又分为 118 个大类、620 个小类、5000 多个大组和小组。任何一个完整的国际专利分类号都是由部、大类、小类、大组、小组 5 级组成,各级有不同的编号方式。

例如,水果蔬菜保鲜剂的国际专利分类号为 A23B7/153,第一位 A 指的是部(人类生活必需),"23"表示大类,B 表示小类,"7"表示大组,"153"表示小组。

四、专利文献检索的类型及途径

1. 专利文献检索的类型

(1) 新颖性检索。通过检索专利文献,可以判断发明创造是否具有专利法规定的新颖性,对于专利审查人员来说,可以判断专利申请是否合格;对于科研人员、技术创造、发明人而言,则可判断专利申请的成功率,了解相关课题的研究状况,减少不必要的损失。

(2) 侵权检索。通过检索专利文献,可判断侵权行为或避免侵权行为。

(3) 专利时效性检索。通过检索专利文献,可以判断相关专利的时效性。

(4) 同族专利检索。

(5) 信息性检索。通过检索专利文献,可获取一定量的科技情报信息。

2. 专利文献的检索途径

(1) 分类途径。

分类途径指的是根据专利所属主题范围,利用特定的专利分类体系进行查找的一种途径。通过分类途径检索的一般步骤是:首先依检索目的确定合适的主题范围,根据工具书的特点找出合适的分类号,然后利用工具书的分类索引查找相关的信息,最后利用专利公报中的摘要和附图等信息进行鉴别,找到合适的结果并索取专利说明书。

各国专利文献一般都提供分类途径,绝大多数国家使用的分类体系都是国际专利分类表。

(2) 名称途径。

这里的名称主要是指专利发明人、专利申请人、专利权人或者专利受让人的名称。按照名称途径检索的前提条件是有相关专利所属的自然人和法人的名称,然后根据专利工具书提供情报的名称索引进行查找。《中国专利索引》就提供了"申请人、专利权人索引",用户可以此作为检索入口进行查找。

(3) 号码途径。

号码途径是指通过专利申请号、专利号、公开号等相关的专利号码,利用相应的索引进行检索。利用号码检索,还可以根据获得的其他信息进行扩检。

(4) 优先项途径。

优先项是指同族专利中基本专利的申请日期、申请号和申请国别。由于同族专利中的所有专利都具有相同的优先申请日期、优先申请号和优先国别,只要专利说明书上的优先项相同,就可以确定相关专利为同族专利。

(5) 其他途径。

除了以上检索途径,还可以通过其他途径获得相关的专利线索,包括从商品或产品样本上寻找线索,从报刊中获取专利信息,或者从其他科技文献检索工具中查找专利文献等。

五、国内外专利文献检索工具

1. 国内专利文献检索工具

(1)《中国专利索引》。

《中国专利索引》是年度索引,它对每年公开、公告、授权的三种专利以著录数据的形式进行报道,是检索中国专利文献,尤其是通过专利公报检索专利的十分有效的工具。

(2)《中国专利公报》。

《中国专利公报》是查找专利文献,检索中国最新专利信息,了解中国专利行政机关业务活动的主要工具书。

①《中国专利公报》的种类及出版状况。

《中国专利公报》根据专利的类型,分为《发明专利公报》《实用新型专利公报》《外观设计专利公报》三种,其出版周期也随着我国专利事业的发展经历了一个从无到有、由慢到快的过程。从1990年开始,三种公报都改为周刊,每年分别出版52期。

②《中国专利公报》的编排体例。

《中国专利公报》大体可以分为三部分:第一部分公布专利文献和授权决定;第二部分公布专利事务;第三部分是索引。

第一部分以摘要形式对发明专利公开公告和对实用新型专利申请进行公布。从1993年开始,《实用新型专利公报》的第一部分改为以摘要的形式公布授权的实用新型专利使用授权公告号;《外观设计专利公报》第一部分公布的是公告授权的外观设计专利的全文；《发明专利公报》第一部分除了以摘要的形式公布专利申请，还以著录项目的形式公布发明专利权的授予情况。

第二部分是专利事务部分，记载专利申请的审查以及专利的法律状态等有关事项，包括专利申请的驳回、专利权的撤销及无效宣告、强制许可、专利权的恢复等内容。

第三部分是索引。这一部分对当期公报所公布的申请和授权的专利做出索引，以便检索。随着《专利法》的修改而产生的专利审查、授权程序的变化，使《中国专利公报》的索引也有所变化：自1993年起，《发明专利公报》取消了审定公告索引，目前还有申请公开索引和授权公告两种。这两种索引分别按照IPC（国际专利分类表）分类号、申请号和申请人的顺序编排了3个子索引。每部分索引还列有公开号/申请号对照表和授权公告号/专利号对照表。

《实用新型专利公报》和《外观设计专利公报》的索引部分，取消了1993年以前的申请公告索引，保留了授权公告索引；从1993年起，《实用新型专利公报》和《外观设计专利公报》以授权公告号/专利号对照表取代了原来的公告号/申请号对照表。

（3）缩微型专利文献和CD-ROM光盘版专利文献。

我国缩微型专利文献的出版开始于1987年，分胶卷和平片两种。我国从1993年开始出版中国专利文献CD-ROM出版物；从1996年起，我国不再出版印刷型专利说明书，专利说明书全部以CD-ROM光盘的形式出版。

（4）《专利文献通报》。

《专利文献通报》是一种中文专利检索工具，它以文摘和题录的形式报道中国、美国、英国、日本、德国等国家，以及欧洲专利公约等组织的专利文献。该刊根据国际专利分类表中的118个大类，分编成45个分册，按照国际专利分类号编排，并有年度分类索引。

2．国外专利文献检索工具——德温特专利工具简介

英国德温特出版公司（Derwent Publication Ltd.）成立于1951年，专门从事世界专利文摘和索引工作。它最初主要出版药物方面的专利文献，1970年开始扩大到全部化学化工及材料专业，共出版12种文摘，称为《中心专利索引》（*Central Patents Index*，简称CPI）。1974年，它进一步把报道范围扩大到整个工业技术领域，形成了完整报道世界性专利文献的检索刊物，也就是《世界专利索引》（*World Patents Index*，简称WPI）。德温特专利文献的特点是全面、快速和方便，是查找国际专利文献的重要工具。

（1）德温特检索工具体系。

德温特检索工具是一个非常复杂的体系，主要由以下三大部分组成。

① 题录周报。又叫《世界专利索引快报》，是报道各国专利说明书的题录周报，共有4个分册，每个分册后附有专利权人索引、国际专利分类号索引、德温特入藏号索引和专利号索引。

② 文摘周报。有分类文摘周报和分国文摘周报两套编排方法。其中分类文摘周报主要有3个系列：《世界专利文摘》《电气专利索引》《中心专利索引》。

③ 累积索引。《世界专利索引》共有 4 种累积索引：专利所有权人索引、国际专利分类号索引、相同专利对照表和专利号索引。

(2) 德温特专利工具的检索。

通过《世界专利索引快报》(WPIG) 可以查找专利的题录；《世界专利文摘杂志》(WPAJ)、《电气专利索引》(EPI) 和《中心专利索引》(CPI) 可以用来查找专利的文摘；也可以由 WPIG 查到题录的专利号，再到 WPAJ、EPI、CPI 中查看专利的文摘。

六、国内外检索专利文献的相关网站

1. 国内检索专利文献的相关网站

(1) 国家知识产权局网站 (https：//www.cnipa.gov.cn/)。

该网站由国家知识产权局和中国专利信息中心主办，可获得中国专利说明书全文。它支持主题词查询和分类号两种检索方式。

(2) 中国知识产权网 (http：//www.cnipr.com)。

该网站由中华人民共和国国家知识产权局知识产权出版社主办。其中，中国专利文献网上检索系统收录了 1985 年至今在中国公开的全部专利，并提供全文说明书。

(3) 中国专利信息中心网站 (https：//www.cnpat.com.cn/)。

中国专利信息中心成立于 1989 年，是国家知识产权局直属事业单位，也是国家级大型专利信息服务机构，拥有国家知识产权局赋予的专利数据库管理权、使用权。该网站收录了我国自 1985 年实施专利制度以来的全部发明专利和实用新型专利信息，有完整的题录和文摘，具有专利检索、专利知识和专利法律法规介绍、项目推广、高技术传播等功能。

2. 国外检索专利文献的相关网站

(1) 美国专利商标局 (USPTO) 专利数据库 (http：//www.uspto.gov/)。

美国专利商标局已有 200 多年的历史，收录了 1790 年至 1975 年颁布的专利说明书，以及 1976 年后授权的专利文摘及说明书。2001 年 3 月，该数据库开始收录美国申请专利说明书的文本及影像文件。该数据库有快速、高级布尔及专利号三种检索方式。

(2) 欧洲专利局数据库 (https：//worldwide.espacenet.com/)。

该数据库由欧洲专利局 (European Patent Office，EPO) 及其成员国的专利局提供，可用于检索欧洲及欧洲各国的专利。

第四节　科技报告及其检索

一、科技报告的含义及类型

1. 科技报告的含义

科技报告最早出现于 20 世纪初，是各国政府部门或科研、生产机构关于某个研究项目和开发调查工作的成果总结报告，或者是研究过程中每个阶段的进展报告，其中大多数涉及国家扶持的高新技术项目，内容丰富，信息量大，对问题研究的论述系统完整，是科研活动的第一手资料。据估计，全球每年产生的科技报告在 100 万件以上。

2. 科技报告的类型

科技报告是有关科研工作记录或成果的报告。按照不同的分类标准，它可以分为不同的类型：按研究进展，可分为初步报告、进展报告、中间报告和终结报告；按不同的密级，可分为绝密、秘密、非密级限制发行、解密、非密公开等各种密级的科技报告；从技术角度，可分为技术报告、技术札记、技术备忘录、技术论文、技术译文、合同户报告、特殊出版物、中间报告、最后报告、年度报告、进展报告等。

二、中国科技报告及其检索工具

我国科研成果的统一登记和报道工作是从 1963 年正式开始的。凡是有科研成果的单位，都要按照规定程序上报、登记。我国科学技术部根据调查情况发表科技成果公报和出版《科学技术研究成果公报》（以下简称《公报》）。我国出版的这套研究成果报告内容相当广泛，实际上是一种较为正规的、代表我国科技水平的科技报告，它分内部、秘密和绝密三个级别。《公报》可用于检索我国科技报告。

《公报》于 1963 年创刊，1966 年停刊，1981 年复刊。由我国科学技术部主办，双月刊，有年度分类索引，是检索中国科技报告的主要检索工具。在我国，由国务院有关部门推荐影响力较大的科研成果，并以摘要形式在《公报》上公布。每期文摘款目按分类编排，共分下列四大类：农业、林业；工业、交通及环境科学；医药、卫生；基础科学。每大类按中国图书馆分类法的分类号顺序排列，每期最后有"科技成果授奖项目通报"，每年第 12 期有全年"分类索引"。相应的数据库已投入使用，1999 年停止出版印刷版。

三、国外的科技报告及其检索工具

科技报告主要是在第二次世界大战期间和战后迅速发展起来的，大多数发达国家都有自己的科技报告。美国政府的四大报告（PB、AD、NASA、DOE），一直位居世界前列，令世界所有科技人员瞩目。

第十章 特种文献信息资源检索

1. 美国政府四大报告

(1) PB报告。

第二次世界大战结束时,美国派遣了许多科技人员去当时的战败国德、日、意、奥等国进行所谓的"调查",掠夺了无数秘密科技资料,其中有工厂实验室的战时技术档案、战败国的专利文献、标准与技术刊物、科技报告、期刊论文、工程图纸等。为了系统整理并利用这些资料,1945年6月,美国在商务部下成立了出版局(United States Department of Commerce Office of Publication Board,PB),来负责收集、整理、报道和使用这批资料。每件资料都依次被编上序号,在号码前统一冠以"PB"字样,故被称为PB报告。后来,PB报告出版单位几经变化,从1970年9月起,才由美国国家技术信息服务部(National Technical Information Service,NTIS)负责,并继续使用PB报告号。

PB报告的编号原采用PB编码加上流水号,1980年开始使用新的编号系统,即"PB-年代-报告顺序号",而且报告的体系有了新的变化,如PB10万号系统为一般能够收藏的单篇报告,PB80万号系统为专题检索目录,PB90万号系统为连续出版物和刊物。

PB报告收录范围也几经变化。20世纪40年代的PB报告(10万号以前)主要是来自战败国的科技资料,内容包括科技报告、专利、标准技术刊物、图纸以及对这些战败国科技专家的审讯记录等。随着时间的推移,这些资料逐渐由美国本国的资料取代。20世纪50年代(10万号以后),PB报告主要报道美国政府系统的解密、公开的科技报告及有关单位发表的科技文献。60年代后,内容逐步从军事科学转向民用工程技术,并侧重于土建、城市规划、环境污染等方面,而电子技术、航空、原子能方面的资料较少,占比只有百分之几。

就文献类型而言,PB报告包括专题研究报告、学术论文、会议文献、专利说明书、标准资料、手册、专题文献目录等。PB报告均为公开资料,无密级。

(2) AD报告。

AD报告原是由美国武装部队技术情报局(Armed Services Technical Information Agency,ASTIA)收集、整理、出版的科技报告,产生于1951年,由ASTIA统一编号,称ASTIA Documents,简称AD报告。凡美国国防部所属研究所及其合同户的技术报告,均编入AD报告,在国防部规定的范围内发行。当时有一部分无须保密的报告,交给有关部门再编一个PB报告号公布,因此,这部分PB报告与AD报告的内容是重复的。1961年7月起,这部分报告直接编AD号公布,不再加编PB号。1963年,ASTIA改组为国防科学技术情报文献中心(Defense Documentation Center for Scientific and Technical Information,DDC),1979年又更名为国防技术情报中心(Defense Technical Information Center,DTIC),仍继续使用AD报告名称,但AD的含义可理解为"入藏文献"(accssions document)。

AD报告主要来源于美国陆海空三军的科研单位、公司、企业、大专院校、外国研究机构及国际组织等10000多个单位,其中主要来源单位有2000多个。另外,还有一些美国军事部门译自苏联、东欧国家和中国的文献。AD报告的内容不仅包括军事方面,而且涉及许多民用技术领域。AD 报告的文献类型有科技报告（占 68%）、期刊文献（占 29%）以及会议录（占 3%）。

DDC（或 DTIC）收藏和公布的 AD 报告，密级分为机密（secret）、秘密（confidential）、非密限制发行（restricted or limited）、非密公开发行（unclassified）四种。公开报告约占其总数的 45%，由 NTIS 公开发行，每年约公开发行 1.8 万份报告；每年编目公布的报告有 4 万余份。由于密级不同，其编号较为繁杂，1975 年以后，AD 报告编号可归纳为"AD-密级-流水号"。AD 报告的密级与编号如表 10-2 所示。

表 10-2　AD 报告的密级与编号

AD 编号范围	报告密级
AD-A00001-	A 表示公开报告
AD-B00001-	B 表示非密限制报告
AD-C00001-	C 表示秘密报告
AD-D00001-	D 表示美军专利文献
AD-E00001-	E 表示临时实验号
AD-L00001-	L 表示内部限制使用

就其内容而言，AD 报告比 PB、NASA 和 DOE 报告重要，因此被控制得更严格。

（3）NASA 报告。

NASA 报告是由美国国家航空航天局（National Aeronautics and Space Administration，NASA）收集、整理、报道和提供使用的一种公开的科技报告。NASA 的前身是成立于 1915 年的美国国家航空咨询委员会（National Advisory Committee for Aeronautics，NACA），它是美国最主要的航空科学研究机构。1957 年，苏联成功地发射了第一颗人造地球卫星，使美国政府大为震惊。为了挽救美国在火箭技术方面落后于苏联的局面，美国国会决定改组 NACA，于 1958 年 10 月正式成立 NASA，负责协调和指导美国航空和空间的科学研究机构。在工作过程中，它所属机构或合同户产生了大量的科技报告，都冠以 NASA（NACA）字样，故称 NASA（或 NACA）报告。NASA 专设科技技术处从事科技报告的收集、出版工作。

该报告内容侧重于航空、空间科学技术领域，同时涉及众多基础学科。它主要报道空气动力学、发动机及飞行器结构材料、实验设备、飞行器的制导及测量仪器等，是航空及航天科研工作的重要参考文献。航空本身就是一门综合性的科学，与机械、化工、冶金、电子、气象、天体物理、生物等学科都有密切的联系，该报告含 NASA 的专利文献、学位论文和专著，也有外国的文献、译文，因此，NASA 报告实际上也是一种综合性的科技报告。

该报告采用"NASA-报告出版类型-顺序号"编号，报告出版类型多数用简称，少数用全称。

（4）DOE 报告。

DOE 报告名称来源于美国能源部（Department of Energy，DOE）的首字母缩写。

这套报告在较长时间内一直使用 AEC 报告名称，它原是美国原子能委员会（Atomic Energy Commission，AEC）出版的科技报告，累积数量较大。AEC 成立于 1946 年 8 月，1974 年 10 月撤销，建立能源研究与发展署（Energy Research and Development Administration，ERDA）。该署除继续执行前原子能委员会有关职能外，还广泛开展能源的开发研究活动，AEC 报告的报道工作也于 1976 年 6 月宣告结束，被 ERDA 所取代。1977 年 10 月，ERDA 又改组扩大为美国能源部，但原有能源研究报告编码体系保持不变，仍称 ERDA 报告。直到 1978 年 7 月，才较多地出现了具有 DOE 字码编号的能源研究报告。其文献主要来自能源部所属的技术中心、实验室、管理处及信息中心，其中主要是能源部所属的八大管理所、五大能源技术中心和 18 个大型实验室所产生的科技报告，另外也有一些国外能源部门的资料。AEC 报告的内容虽然主要是原子能及其开发应用方面，但也涉及其他学科，其范围已由核能扩大到整个能源方面。

DOE 报告没有统一编号，比较混乱，不像 AD、PB、NASA 报告那样，全部冠以报告名统一编号。除能源部及其出版的合同报告冠以 DOE 字样，如 DOE/TIC 表示能源部技术信息中心，其他 DOE 报告号一般采用来源单位名称的首字母缩写加顺序号形式，有的还采用编写报告的年份或报告的类型简称等形式。

2. 美国四大报告的主要检索工具

（1）美国《政府报告通报及索引》。

美国《政府报告通报及索引》（*Governments Reports Announcements & Index*，GRA&I）是美国商务部国家技术情报服务局（National Technical Information Services，NTIS）主办的系统报道美国政府科技报告的主要出版物，也是检索四大报告的主要检索工具。

NTIS 是美国联邦政府科技文献资料的出版发行中心，它统管美国政府资助的所有科研项目的科技成果文献资料的报道。NTIS 的收藏量超过 250 万件，主要来源于政府下属的 350 多研究机构及其合同单位，包括学术研究部门、大专院校以及公司企业，其中 40 多万件是来自美国以外的国家，报告来源于 3 万多个单位。

《政府报告通报及索引》创刊于 1946 年，主要以摘要形式报道美国政府机构及其合同户提供的研究报告，同时报道美国政府主管机构出版的科技译文和一些其他国家的科技文献。它报道全部 PB 报告，所有公开或解密的 AD 报告，部分 NASA 报告、DOE 报告和其他类型的报告，以及部分会议文献和美国专利申请说明书摘要。目前该刊的年报道量约 7.8 万件，其中 5.5 万件为技术报告，其余为会议录、专利、学位论文、指南、手册、机读数据文档、数据库、软件及技术资料。国外报告主要来自加拿大、英、德、日本和东欧各国，约占报告总数的 2%。

（2）《宇宙航行科技报告》。

《宇宙航行科技报告》（*Scientific and Technical Aerospace Report*，STAR），是航空和航天方面的综合性文摘刊物，也是查找 NASA 报告的主要检索工具。该刊于 1963 年创刊，为月刊，由美国国家航空和宇航局科技情报处出版。它收录了 NASA 及其合同户编写的科技报告，美国及其他政府机构、美国及外国的研究机构、大学及私营公司发表的科技报告,以及报告的译文。除此之外,还收录了 NASA 所拥有的专利、学位论文和专著等,并转载 PB、AD、DOE 报告中有关航空和宇航方面的文献,是检索美国政府四大报告的辅助工具。它一般采用 "N-年份-顺序号" 方式编号,年报道量 2.4 万多条。

(3)《能源研究文摘》。

该文摘简称 ERA,是目前检索 DOE 报告的主要工具,由美国能源部技术情报中心(Technical Information Center,TIC)编辑出版,为半月刊。1976 年创刊时的刊名为《美国能源研究与发展署能源研究文摘》(*Energy Research Abstracts*,ERA),从 1979 年第 4 卷开始改用现名。

ERA 收录的文献以美国能源部及其所属单位编写的科技报告、期刊论文、会议论文、和会议录、图书、专利、学位论文及专著为主,也有其他单位(包括美国以外的单位)编写的与能源有关的文献,年报道量 5.5 万条。

3. 美国科技报告的其他检索工具

(1)《美国政府出版物每月目录》。

《美国政府出版物每月目录》(*Monthly Catalog of United States Government Publications*)创刊于 1895 年,由美国政府出版局出版,其内容重点为社会科学,如政府法令、国会记录、方针政策、政府决策及调查资料等。

(2)《核子科学文摘》。

《核子科学文摘》(*Nuclear Science Abstract*,NSA),是美国能源委员会(AEC)技术信息中心于 1948 年创办的刊物,它是检索非保密的或公开解密的 AEC 报告的主要检索工具。

4. 美国四大报告的网络查询

美国商务部国家技术情报服务局近年推出网站(http://www.ntis.gov),提供按学科分类(农业、商业、能源、卫生、军事等)的综合导航服务。NTIS 数据库有 200 万篇全文供检索,内容为 1964 年至今美国政府机构所资助的研究报告,其数据每半月更新一次,其主页如图 10-1 所示。用户可以直接在网络上向 NTIS 服务处订购检索结果,需支付美金,具体价格因文献而异,也可直接从北京文献服务处获取。

目前该网络的检索方法为:在主页上的 "Search" 框中键入检索词,单击检索按钮进行检索,可用关键词、报告号等不同的检索方式。

(1)关键词检索。允许两个以上的检索词进行布尔逻辑组配(AND、OR、NOT)。如键入 Medicine OR Biology,那么检索结果为所有含有 Medicine 或 Biology 的文献。

(2)词组检索。该方法是词组必须加引号,如上例检索词应为 "Medicine Biology"。这样检索的结果是文献中必须有 Medicine Biology 词组,且两个词既不能拆开,也不颠倒词序。若要检索的词组中有空格、连字符、逗号等其他一般不能用来检索的禁用词或符号,在加上引号后仍然可以检索,如 "21/2ton trucks"。

第十章 特种文献信息资源检索

图 10-1　NTIS 网站主页

（3）报告号检索。如果已知 AD、PB 等报告号，可直接用报告号来检索原文，但要注意，有连字符的必须加引号，报告号后面的字母要去掉。如报告号为 PB-97-133987NE，在检索时要加上引号，成为"PB-97-133987NE"，才能键入进行检索。如不加引号，则必须将上面这个报告号去掉连字符和字母，直接写成 PB97133987 进行检索。

（4）模糊检索。也可以用加"♯"的方法进行模糊检索，如用 Environm♯进行检索，可以找到含有 environment、environmental、environments 等词的所有文献。

（5）精确检索。如果一次检索到的文献量过多，可以单击 Advanced Search 按钮进一步做高级检索，使检索结果更精确。高级检索允许用三个检索词进行布尔逻辑组配来限定检索范围。

（6）可以限定报告时间范围和检索结果显示顺序。如选择 Most Relevant First，可以检索最新收录的文献。

5. 科技报告的其他网络查询方式

（1）Networked Computer Science Technical Reference Library，NCSTRL。

其收集了世界上许多大学以及研究实验室有关计算机学科的科技报告，允许浏览或检索，用户可以免费检索全文。

（2）The Congressional Research Service Report（CRS Reports）。

这是美国国家环境保护局（Committee for the National Institute for the Environment）的站点，它提供了许多环境方面的报告全文。

（3）DOE Information Bridge。

用户在这里能够检索并获得美国能源部提供的研究与发展报告全文，内容涉及物理、化学、材料、生物、环境和能源等领域。

（4）NBER Working Paper。

这是美国国家经济研究局（National Bureau of Economic Research，NBER）的研究报告文摘。进入主页后，在最下方有一个检索按钮，单击后进入检索界面。NBER 有 4

个检索数据库,其中之一是科技报告(Working Paper)。检索时只要输入检索词即可得到检索结果。

(5) Economics WPA。

这是由华盛顿大学经济系提供的经济学科的报告网页,其中包括许多大学的研究成果,按照内容分为22类,多数可以免费得到全文。其检索方法非常简单,只要根据需要选择单类目就可完成。

(6) Working Papers in Economics(WoPEc)。

这是由华盛顿大学收集整理的网络上的经济类报告,可以下载全文。

第五节　学位论文的检索

一、学位论文的含义及种类

学位论文是高等院校和科研所的本科生、研究生为获得学位而撰写的学术性较强的研究论文,是学生在学习和研究中参考了大量文献资料、进行科学研究的基础上完成的。

根据学生的学历层次,学位论文可分为学士论文、硕士论文和博士论文;根据学生所学的学科和专业,可分为人文社会科学学位论文、自然科学学位论文及工科学位论文等,并可层层往下展开,分为政治学、经济学、文学、史学、数学、化学、工程学、计算机科学等学科的学位论文;按国别或语种分,可分为国内的和国外的学位论文,或中文学位论文、日语学位论文、英语学位论文等。

学位论文的特点是理论性、系统性较强,内容专一,阐述详细,具有很强的独创性,是一种重要的文献信息源。

学位论文除在本单位被收藏外,一般还在国家指定单位专门进行收藏。如国内收藏硕士、博士学位论文的指定单位是中国科学技术信息研究所和中国国家图书馆。检索国内学位论文,可以利用中国学位论文全文数据库(万方);检索国外学位论文,可利用Dialog国际联机系统或国际大学缩微胶卷公司(UniversityMicrofilms International)编辑出版的《国际学位论文文摘》《美国博士学位论文》以及《学位论文综合索引》等检索工具,也可在网络上进行查询。

二、国内学位论文的重要检索工具

学位论文作为一种重要信息资源逐渐被大众认识,随后出现了一些学位论文检索工具,但总体上还不够完善。

1.《中国博士学位论文提要》

《中国博士学位论文提要》由国家图书馆编,自1992年开始出版。它是目前检索中国博士学位论文的最全面的工具书。

2.《中国学位论文通报》

《中国学位论文通报》由中国科技情报所于 1984 年创刊,为双月刊。该刊以题录形式报道全国理工科博士和硕士学位论文,曾是国内检索我国学位论文的重要检索工具,但由于种种原因,该刊于 1993 年停刊。它与中国学位论文数据库在内容方面是一致的。

三、学位论文的网上查询

1. 中国学位论文全文数据库(CDDB)

中国科技信息研究所是国家法定的学位论文收藏机构,万方数据库中也有学位论文全文数据库。中国学位论文全文数据库设有多个检索入口,如图 10-2 所示,用户可通过论文题名、论文作者、分类号、导师姓名、关键词、作者专业、授予学位、授予学位单位、出版时间等进行检索。

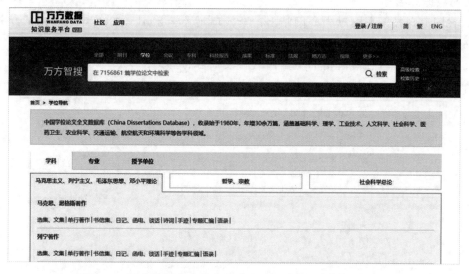

图 10-2　万方数据库中的中国学位论文全文数据库检索界面

在该数据库中,可检索到各高等院校、研究生院及研究所向中国科技信息研究所送交的我国自然科学和社会科学领域的硕士、博士和博士后的论文。

2. 国际学位论文文摘数据库

国际学位论文文摘数据库(ProQuest Digital Dissertations,PQDD)是美国 ProQuest Information and Learning 公司出版的博硕士论文题录及文摘数据库,是 DAO(Dissertation Abstracts Ondisc)的网络版,它收录了欧美 1000 余所大学的 160 多万篇学位论文,是目前世界上最大的使用最广泛的学位论文数据库。其内容涵盖理工和人文社科等广泛的领域。PQDD 具有收录年代长(从 1861 年开始)、更新快、内容详尽(1997 年以后的部分论文不但可以看到文摘索引信息,而且可以看到 24 页的论文原文)等特点。

该数据库具有检索和浏览两种查询功能：单击 Search 可进行检索，单击 Browse 可按学科浏览论文。

思考与训练

1. 进入国家科技图书文献中心（http://www.nstl.gov.cn），查找儿科学方面的会议文献。

2. 进入中国标准服务网（http://www.cssn.net.cn/cssn/index）（需免费注册）查询：① 有关文后参考文献著录规则的国家标准及发布会时间；② 有关饮用水质量标准的详细信息。

3. 利用 PQDD 查找美国耶鲁大学和麻省理工学院 1979 年至 2006 年期间博士论文的篇数。

4. 请查出南开大学刘连朋的博士论文《在佛学与哲学之间》的参考文献数量，并注明所用的数据库名称。

5. 在国家科技图书文献中心网站上，查找广州大学 2001—2006 年申请中国专利的数量，并查出专利"自行车（飞翼式）"发明人的姓名。

6. 思考如何获取已经解密的美国四大科技报告的全文。

人文社科文献信息检索

　　人文社科是人文科学和社会科学的总称，包括语言、艺术、历史、政治、法律、经济、教育、体育、军事等学科。人文科学关注人的精神、文化、价值、观念。社会科学研究社会现象。相对自然科学文献而言，人文社科文献具有明显的时代性、一定的政治倾向性和长久的社会效用等特点。传统的人文社科文献的主要载体是印刷文字和图片。在当今网络环境下，人文社科文献信息可以图、文、声、色并茂的方式传播，从而使信息内容更加直观，更加形象生动。人文社科文献信息检索工具也是如此。方便快捷的电子图书、报刊或数据库及其检索系统大有取代传统纸质工具书之势。中国知网（CNKI）等数据服务平台在论文检索方面，超星数字图书馆平台、读秀知识库等在图书检索方面，谷歌、百度等搜索引擎在网络数字信息查找方面，均发挥着极其重要的作用。用户也越来越多地使用网络版的《中国大百科全书》、《不列颠百科全书》（*Encyclopedia Britannica Online*）等工具书。

　　本章主要介绍政治、经管、语言艺术和史地学科门类文献信息的检索。

第一节　政治文献信息检索

　　政治是公共权力的运作，以及人们围绕公共权力展开的各种活动和结成的各种关系。政治文献就是记录这些活动和关系的载体。《尚书》将我国上古时期的尧舜一直到春秋时期秦穆公年代的各种重要文献资料汇集在一起，可以说是我国第一部政治文献汇编。本部分主要介绍我国政治文献信息的查找方式。

一、古代政治文献信息检索

　　在我国古代，政治离不开德治、礼治和法治这些国家治理方式。"为政以德""道之以德，齐之以礼""德主刑辅""德礼为政教之本，刑罚为政教之用"等政治思想成为古代社会的主流价值观。我国古代政治文献主要包括记录上述政治思想以及依据这些思想制定的典章制度（如礼制、官制和法律）和实践活动等方面的典籍。

儒家经典"四书五经"蕴含着丰富的儒家政治思想。道家"无为而治"等诸子百家的思想对我国古代政治也有一定的影响。这些思想以及这些思想指导下的政治实践，不仅记录在各自的专著当中，如《论语》《老子》《庄子》《墨子》等，而且在我国古代通史和断代史文献中留下了大量的政治文献信息，如《史记》《汉书》《资治通鉴》等。这方面的工具书也很多，如《四库全书》《四库全书总目提要》《二十四史》《二十四史人名索引》等。

　　《礼记》是"五经"之一，与《周礼》《仪礼》合称三礼，集中记录了我国先秦时期主要的礼制、官制等典章制度，对后代封建王朝产生了重要的影响。其中，《周礼》为三礼之首，记录了周王朝及各诸侯国官制及制度，以儒家的政治理想加以增减取舍汇编而成。《仪礼》主要介绍春秋战国时期冠、昏、丧、祭、朝、聘、燕享等典礼的详细仪式。《礼记》主要记载和论述先秦的礼制、礼意，解释《仪礼》，记录孔子和弟子等的问答，记述修身做人的准则。这方面的工具书有《三礼辞典》《三礼文化辞典》《十三经注疏》及《十三经索引》等。

　　政书是我国古代专门记载典章制度沿革变化的图书，一般分为通史式和断代式两大类。记述历代典章制度的通史式政书，书名往往有"通"字，如《通典》《通志》《文献通考》等；记述某一朝代典章制度的断代式政书，一般称为会典、会要，如《唐会要》《大明会典》等。其中，《通典》《通志》《文献通考》《续通典》《续通志》《续文献通考》《清朝通典》《清朝通志》《清朝文献通考》《清朝续文献通考》十部通史式政书合称"十通"。《通典》是第一部专门介绍我国历代典章制度沿革变迁的政书，从黄帝到唐代，分九类介绍，以食货居首，次以选举、职官、礼、乐、兵、刑、州郡、边防，每类又各分子目。政书方面的工具书有《十通索引》《十通分类索引》《唐会要人名索引》《历代职官表》等。此外，很多政书有电子版检索工具，如"《十通》全文检索系统"等。

　　法律是规范行为、调整社会关系的重要典章制度。我国最早的法律文献是战国初期魏国人李悝编修的《法经》。《秦律》残简是我国现存最早的法典。中国古代法律文献形式多样，有律、令、格、式、敕、诏、科、典、例等文体；以朝代分，又有秦律、汉律、唐律、宋律、元律、明律和清律等。《唐律疏议》是唐朝刑律及其疏注的合编，是我国现存最早的刑法典。清代沈家本的《历代刑法考》从立法、司法、律文和例文的字义、音韵、古义、今义角度，对我国古代法律源流等进行了较为系统的考证和评述。杨一凡和刘笃才编的《中国古代地方法律文献》把搜集到的古代地方法律文献编为四十卷本，分为甲、乙、丙三编出版。张冠梓编的《中国少数民族传统法律文献汇编》收集整理了中国历史上曾经存在或近现代仍然存在的少数民族的各种法律文献。

二、现代政治文献信息检索

　　本书所讲的现代政治文献，特指现当代我国党和国家机关制定并颁发的各种文件，如公报、决议、政策、法规、条约、报告、工作条例、通知等。这些文献指导国家的大政方针，规范党政机关、人民团体、企事业单位和个人在政治、经济、文化和社会生活等方面的活动和关系。常见的有《中华人民共和国全国人民代表大会常务委员会公报》

《中华人民共和国国务院公报》《中国共产党历次重要会议集》《中华人民共和国法律汇编》等。这类文献出版速度快，权威性、时效性都较强，部分政治文献还具有一定的保密性。

在现代政治文献信息检索中，首先，要注意文献来源的权威性。就纸质文献而言，要高度重视文件制定者、颁发者和文献出版者的权威性，必须从权威机关或权威机关授权者发布的文献中获取可靠信息。就数字文献而言，更要注意文献来源的权威性，应该从权威的网站或专业渠道获取可靠的信息，如从党和政府的官方网站获取官方信息，而不是在网络上道听途说。其次，要注意文献的时效性，尤其是法律文件，具有很强的时效性。旧法为新法所废止，过渡性文件为正式文件所代替，征求意见稿与正式文件可能有一定差别。最后，要注意文献的保密性。对保密文件的处理，必须依保密规定进行。有的现代政治文献可以从公开渠道获取，有的政治文献必须从非公开渠道获取。保密文件的检索和利用必须符合《保密法》和《国家安全法》等法律的规定。

现代政治文献信息检索工具，常用的有辞典、汇编、索引、目录、年鉴等。有的以图书的形式出版，如《中华人民共和国法律法规全书》《中华人民共和国现行法律文献分类汇编》《国际关系史资料选编》《中国法律期刊文献索引》《中文法律期刊文献索引》《中国法律图书总目》等。有的以连续出版物形式（年刊、季刊、月刊、旬刊等）出版，如《中华人民共和国全国人民代表大会常务委员会公报》《中华人民共和国国务院公报》《中华人民共和国年鉴》《中国法律年鉴》等。还有的以数字文献的形式公开，供公众自主检索，如司法部的法律法规数据库、全国人大常委会的国家法律法规数据库、最高人民法院的中国裁判文书网和中国司法案例网等。

在现代政治文献中，影响力较大的工具书有以下几种。

（1）《政治学辞典》，王邦佐等编写，上海辞书出版社2009年出版，选收政治学科相关的名词术语、著作文件、重要人物及思想等词条2300余条。按类编排，分为七大类：政治学总论、政治主体、政治活动、政治思想和学说、政治制度、国际政治、行政学。大类下再分为相应的小类。书末附有词目汉语拼音索引。

（2）《当代西方政治学新词典》，潘小娟、张辰龙主编，吉林人民出版社2001年出版。该词典收入当代西方政治学理论词目466条，涉及当代政治学的重要流派、思想、人物、著作、概念等。

（3）《英汉·汉英 政治学词汇手册》，扶松茂、杨小燕编，上海外语教育出版社2013年出版。该手册收词18000余条，英汉部分和汉英部分各9000余条，涉及政治理论、政治事件、政治组织、公共管理实践等。

（4）《法律辞典》，中国社会科学院法学研究所法律辞典编委会编，法律出版社2003年出版。该辞典所收条目有7300余条，全书共约300万字。辞目按汉语拼音音序排列，对同音字按汉语部首笔画排序。

（5）《法学大辞典》，曾庆敏主编，上海辞书出版社1998年出版。该辞典共收词目10837条，内容包括法理、宪法、行政法、刑法、民商法、婚姻法、经济法、劳动法、诉讼法、国际公法、国际私法、国际经济法、海商法、犯罪侦查学、侦查语言学、法医学、司法精神病学、公证和律师、中国法律史、外国法律史、罗马法、司法组织等学科中的术语、学说、学派、思想、人物、著作、机构等。辞典按词目笔画编排，书末附"中华人民共和国法律、法规索引""词目首字汉语拼音索引"。

（6）《中文法学工具书辞典》，杜学亮编著，知识产权出版社 2006 年出版。该书是一部专门收录法学工具书的大型辞书，共选编法学工具书 1715 种，不仅包括辞典、词典、辞源、百科全书、年鉴、手册、年谱、全书等传统的工具书种类，而且选编了部分具有检索价值却常被忽视的词语解释、法律之最、大事记等。该书采用一书一词条方式分类编排。书后编有"词目汉语拼音索引"和"词目笔画索引"。

第二节　经管文献信息检索

一、经济文献信息检索

经济文献包括记录经济思想、经济政策、经济制度、经济活动和经济研究等方面的文献。文献形式很多，包括图书、报刊、图表、报告、论文等，还有商标、专利、标准等特殊文献。传统的经济文献大多是纸质的。在网络时代，经济文献大多首先以数字形式公开。

1. 我国古代经济文献信息检索

我国古代史书、类书和政书中有大量的经济信息记录。

（1）古代史书中的经济信息。

我国第一部纪传体通史《史记》有《货殖列传》《平准书》等经济专篇。食货志是中国纪传体史书中记述经济思想、政策和制度的专篇。《汉书》开创了食货志先河，之后各史食货志篇章渐多，如《宋史》《明史》食货志有 20 余种子目。食货志记录了田制、户口、赋役、漕运、仓库、钱法、盐法、杂税、矿冶、市籴、会计等制度，比较系统地记载了我国古代封建王朝的经济思想、经济政策、经济制度和经济状况。《历代食货志注释》将我国古代史书中的食货志汇编成册并加以注释。

（2）古代类书中的经济信息。

古代类书，如《艺文类聚》《太平御览》《古今图书集成》等，均有与经济史料有关的类目设置。《太平御览》辑录我国五代以前的经济史料居多，主要集中在珍宝部、布帛部、资产部、百谷部、饮食部等。《太平御览引得》包括类目索引和引书索引。《古今图书集成》"经济汇编"中摘录经济资料的主要有食货典、考工典等。《古今图书集成索引》是检索《古今图书集成》部分内容的工具书。

（3）古代政书中的经济信息。

"十通"作为专门记载古代典章制度的政书系列，其食货门或食货部主要收录我国古代经济方面的典章制度。如《通典》《通志》的食货门下有田制、赋税、钱币、平准等子目；《文献通考》有田赋考、钱币考、户口考、职役考、征榷考、市籴考、土贡考、国用考等经济类目。政书方面的工具书有《十通索引》等。

2. 新时代的经济文献信息检索

新时代的经济文献，从信息内容上看，包括经济学、经济政策、经济制度、经济活动等方面的文献。从信息形式上看，包括纸质图书、报刊和数字文献等多种形式。从编撰方式上看，可分专著、编著、百科全书、手册、论文、报告、通知、法律、法规等多种形式。

常用的经济文献信息检索工具有以下几种。

（1）《经济学工具书指南》，中国社会科学院经济研究所图书馆编，经济科学出版社1989年出版。

（2）《政治经济学大辞典》，中国社会科学院经济研究所编，经济科学出版社1998年出版。这是一部内容比较丰富的大型经济学工具书。该书选收近700个词条，分为"基本概念""社会主义经济体制改革""理论与流派"和"人物"四个部分。

（3）《新帕尔格雷夫经济学大辞典》（*The New Palgrave Dictionary of Economics and the Law*），由史蒂文·N. 杜尔劳夫（Steven N. Durlauf）、劳伦斯·E. 布卢姆（Lawrence E. Blume）主编。该书收录了3000多篇经济学论文，是新一代经济学家的权威学术参考工具书。经济科学出版社1996年出版中文第1版（4卷本），2016年出版中文第2版（8卷本），2018年Macmillan Publishers Ltd推出英文第3版。

（4）《现代经济辞典》，中国社会科学院经济研究所编，凤凰出版社2005年出版。该书涉及20多个经济学专题，共收词条6000多个。其中，1000多个词条为改革开放后我国经济生活中新出现的词条。该书有汉语拼音索引、笔画索引和专题索引等。

（5）《中国经济百科全书》，陈岱孙主编，中国经济出版社1991年出版。该书收词近6000条，按部门经济学科顺序分为国民经济计划、工业、农业、物资、国际贸易、旅游、财政、金融、价格、工商、审计、教育等22篇。各篇词条按其学科结构排列。分上、下两册出版，约500万字。

（6）《中国经济年鉴》，1981年创刊，国务院发展研究中心主管主办，全面记载一年一度中国经济和社会发展状况，综合反映国民经济各个行业、各部门、各地区的运行态势，汇集中央政府重要经济文献、经济理论研究主要成果和年度经济与社会大事记等。

（7）《对外经济贸易实用大全》（修订本）全面概述了外贸的基本知识和操作规范；《国际经济贸易专业知识》介绍了世界经济发展预测及其有关经济法规、经济统计数字等各方面的知识。

（8）很多纸质文献都有电子版或数字版，如《中国统计年鉴》。由于数字版文献方便快捷，数据库已成为最常用的经济信息检索工具之一。数据库收录的经济文献类型非常多，既有电子图书、电子期刊，也有论文、报告、新闻报道等。从建设主体来看，既有政府部门建设的权威性经济数据库，也有民办商业机构建设的综合性或专题性数据库。常用的经济信息数据库有国务院发展研究中心信息网（以下简称国研网）、中国经济信息网（以下简称中经网）、中国宏观经济信息网（以下简称中宏网）等。其中，国研网依托国务院发展研究中心丰富的信息资源，提供专业、权威、前瞻的国内外经济金融领域的经济信息和深度研究成果；中经网是由国家信息中心联合部委信息中心和各省、区、市信息中心共同建设的全国性经济信息网络,是互联网上描述和研究中国经济的专业信息资源库和媒体平台;中宏网由国家发展改革委主管,宏观经济管理编辑部主办,具有国家互联网新闻信息服务许可一类资质的中央级新闻网站,是国家发展改革委新闻信息以及重要方针政策的新媒体发布平台。

(9) 搜索引擎也是常用的检索工具。最新的经济信息往往首先在网站和网络媒体上发布,如发布在政府机关网站、事业单位网站、企业网站上,或发布在众多的常规媒体网站和新媒体(微信、微博、QQ等)上。这些网络媒体每时每刻都在发布新的经济信息。查找网络经济信息的常用工具是搜索引擎,如百度、谷歌等。

3. 商标、专利、标准等特殊文献信息检索

商标、专利、标准等特殊文献信息更新频繁,时效性强,一般都是以电子版形式,通过商标、专利、标准数据库或权威网站进行检索。下面以商标信息为例进行介绍。

商标信息检索可用分类检索,从商品分类表的有关商品或服务类目中查找某行业商标,如各国的商标分类表、国际统一的商品分类表等;也可用关键词检索,利用商标申请的相关信息的关键词进行检索,如商品名、注册号、企业名称等;还可以通过图像检索商标信息,如美国专利商标局(United States Patent and Trademark Office,USPTO)的商标图像捕捉与检索系统等。常用商标信息的来源渠道有商标注册机构,如我国国家知识产权局商标局、美国专利商标局、国际商标协会等,及其注册系统,如 USPTO 的商标电子检索系统(Trademark Electronic Search System,TESS)等;也有商业性商标数据库和企业的商标数据库,如 Dialog 的系列数据库;还有商标搜索引擎,如瑞典的 Markify.com 网站(http://www.markify.com)等。

二、管理学文献信息检索

1. 辞典、词典

(1)《管理科学技术名词》,管理科学技术名词审定委员会编,科学出版社 2016 年出版。该书是全国科学技术名词审定委员会审定公布的管理科学技术名词,内容包括一般管理理论、运筹与管理、信息管理与知识管理、组织行为与人力资源管理、生产运作管理与工业工程、会计、金融工程、市场营销、项目管理与工程管理、科技管理与技术创新、公共管理 11 部分,共 8641 条。该书对每个名词都给出了定义或注释。这些名词是全国各科研、教学、生产、经营以及新闻出版等部门应遵照使用的管理科学技术名词。

(2)《管理学大辞典》,陆雄文主编,上海辞书出版社 2013 年出版,共收词 6840 余条,共 180 余万字。该书汇集了 21 世纪以来国际管理学的最新发展成果和最新资料,以及我国改革开放以来国家行政和企业的管理方面特别是国有企业改革、国家行政部门优化等方面的经验和成果。全书按分类编排,词目内容包括与管理学有关的名词术语、学派、组织团体、会议事件、人物、著作、期刊等。卷前有分类词目表,书后附有词目笔画索引和外文索引。另附有"外国管理学大事年表"和"中国管理学大事年表"。

(3)《管理大辞典》,中国管理科学学会组织国家相关部委(局)、教育科研院(所)专家和学者共同编写,中央文献出版社 2008 年出版,是我国管理类综合性的大型工具辞书。全书收集 1.5 万个词条,约 600 万字,是管理科学思想和方法的知识宝库。

2. 百科全书

与管理学相关的常用的百科全书有《企业管理百科全书》《中国企业管理百科全书》《中国乡镇企业管理百科全书》《美国管理百科全书选编》《国际化企业管理百科全书》等。

3. 年鉴

与管理学相关的较有影响力的年鉴有《中国企业管理年鉴》《中国工商行政管理年鉴》《中国食品药品监督管理年鉴》《中国国有资产监督管理年鉴》等。

第三节 语言艺术文献信息检索

语言是人类表达感情、交流信息的工具,艺术是人类为表达思想和情绪而创造的特殊语言。人类文化依靠语言艺术文献传承和发展。

一、语言文献信息检索

语言类检索工具主要有字典、辞典等。因篇幅有限,本书只介绍汉语和英语两种语言的常用检索工具。

1. 汉语

(1)《尔雅》,我国最早的一部解释词义的专著,也是第一部按照词义系统和事物分类来编纂的词典,在训诂学、音韵学、词源学、方言学、古文字学方面都有着重要影响。全书 19 篇,收释语词 4300 多个。

(2)《说文解字》,东汉许慎编著,这是我国第一部说解文字原始形体结构及考究字源的语文辞书。全书 15 卷,收字 9353 个,其中异体字 1163 个,均按 540 个部首排列。

(3)《康熙字典》,清代张玉书等编纂,是我国第一部被称为"字典"的工具书,也是具有解释单字,注明读音、字义和用法的工具书,共收录汉字 47035 个。在很长一个时期内,它都是我国收录字数最多的一部字典,为汉字研究的主要参考文献之一。

(4)《中华大字典》,陆费逵、欧阳溥存主编,1915 年中华书局出版,收字 4.8 万多个,其中包括方言字和翻译的新字,较《康熙字典》多出 1000 多字,是 20 世纪 80 年代以前中国字典中收字最多的字典。

(5)《辞源》,它是一部语文性辞典,收录内容一般止于 1840 年以前的古代汉语、一般词语、常用词语、成语、典故等,兼收各种术语、人名、地名、书名、文物、典章制度。商务印书馆 2017 年出版的《辞源（第三版·线装本）》，共 3 函 19 册，收字头 14210 个，复词 92646 个，插图 1000 余幅，约有 1200 万字。该书有电子版。

（6）《汉语大字典》，汉语大字典编辑委员会编纂，四川辞书出版社和崇文书局共同出版，共收楷书单字 60370 个，是新中国成立以来形、音、义收录最完备、规模最大的一部汉语字典。该书以解释汉字的形、音、义为主要任务，注重形、音、义的密切配合，力求历史地、正确地反映汉字形音义的发展变化。该书第 2 版缩印本于 2018 年出版。

（7）《现代汉语词典》是新中国第一部规范性的语文词典，其以规范性、科学性和实用性为主要特点，由中国社会科学院语言研究所编纂，商务印书馆出版，2016 年出版第 7 版，2019 年出版珍藏版。

（8）《辞海》是一部以字带词，集字典、语文词典和百科词典的主要功能于一体，以百科知识为主的大型综合性词典。2019 年推出第 7 版。《辞海》（第 7 版）彩图本总字数约 2400 万字，总条目近 13 万条，图片约 18000 幅。其语词条目约占全书的三分之一，百科条目约占全书的三分之二。2021 年 5 月推出网络版。

（9）《大辞海》，特大型综合性辞典。它既收录单字和普通词语，又收录各类专科词语，兼具语文辞典和专科辞典的功能。《大辞海》的编纂以《辞海》为基础，继承《辞海》的优点并加以拓展，以增收《辞海》尚未涉及的新领域和各学科的新词新义为重点。《大辞海》按学科分类编纂分卷出版。全书总计 38 卷 42 册，总条目数约 28.5 万条，总字数为 5000 多万。

（10）韵书是把汉字按照字音分韵编排的一种工具书，主要为分辨、规定文字的正确读音而作，同时它有字义的解释和字体的记载，也能起辞书、字典的作用。

（11）《广韵》，全名为《大宋重修广韵》，是在宋真宗大中祥符元年（1008 年）陈彭年等人奉诏根据前代韵书修订成的一部韵书，是中国古代第一部官修的韵书，是汉魏以来集大成的韵书，对研究汉语古音有重要的作用。该书共 5 卷 206 韵，收字 26194 个，注 191692 个字。

（12）《佩文诗韵》是清代科举用的官方韵书，士子进考场作试帖诗，必须遵守这部标准韵书的规定。《佩文诗韵》分平上去入四声，共 106 韵 10235 字。

（13）《中国语言学要籍解题》，钱曾怡、刘聿鑫编，齐鲁书社 1991 年出版。它选择介绍了从先秦到新中国成立前的语言学专著 186 种（含少量在语言学研究史上有影响的论文），分为音韵、训诂、语法修辞、方言、文字五类，共计 170 余篇。各篇的介绍包括作者、内容、体例、方法、成就及其在语言学史上的地位、缺失、后人研究情况、版本等。其中以内容介绍为主、评价为辅。

2. 英语

（1）《牛津英语词典》（*The Oxford English Dictionary*，OED），牛津大学出版社出版，被认为是当代最全面和最权威的英语词典。1989 年出版第二版，共二十卷 21728 页，收录了 301100 个主词汇，词汇数目达 3.5 亿个。牛津大学出版社在此基础上陆续出版了一系列英文工具书，如《牛津英语大词典（简编本）》（*Shorter Oxford English Dictionary*）、《新牛津英语词典》（*New Oxford Dictionary of English*）、《牛津简明英语词典》（*Concise*

Oxford English Dictionary）和《牛津高阶英语词典》（*Oxford Advanced Learner's Dictionary*）等。我国上海外语教育出版社等引进出版。该词典有网络版（https：//www.oed.com）。

（2）"韦氏大词典"是美国梅里亚姆·韦伯斯特公司出版的冠有韦氏字样的一批英语词典的统称。《韦氏第三版新国际英语词典》（*Webster's Third New International Dictionary*）收词 45 万条。《韦氏大学英语词典》（*Merriam-Webster's Collegiate Dictionary*）是一部汇集美式英语词汇的权威工具书。中国大百科全书出版社于 2014 年出版该书第 11 版影印版。全书共收录词条 165000 余个。该书有网络版（http：//www.merriam-webstercollegiate.com）。

（3）《英汉大词典》，陆谷孙主编，上海译文出版社出版，是我国第一部由英语专业人员自行规划设计、自订编辑方针编纂而成的大型综合性英汉词典。全书收词 20 万条，总字数约 1500 万。2007 年出版第 2 版，增补约 2 万条新词新义，收词达 22 万条。

（4）《汉英大词典》（第 3 版），吴光华主编，上海译文出版社 2010 年出版，是一部融文、理、工、农、医、经、法、商等学科于一体，兼有普通汉英词典和科技汉英词典双重功能的大型综合性汉英词典。该书列主词条 40 万条，广泛收集了常用词语和科技术语，并特别注重收集 21 世纪以来社会科学和自然科学各领域中的新词新义。

（5）《最新高级英汉大词典》，商务印书馆国际有限公司 2014 年出版，收词 20 万余条，其中一般词汇有 15 万余条，百科词汇有 5 万余条，涵盖教育、法律、经济、历史、地理、科技、文化、环保、医药、计算机等诸多领域。

二、艺术文献信息检索

现代艺术包括语言艺术（文学、播音等）、造型艺术（绘画、雕塑、书法等）、表演艺术（音乐、舞蹈、相声等）、综合艺术（戏剧、电影、电视等）等。狭义的艺术一般指美术、书法、电影、戏剧、戏曲、曲艺、音乐、舞蹈等。艺术文献就是记录艺术各门类知识的一切载体，包括作品、论著、资料等。艺术文献的记录形式和载体形式丰富多样，除了文字，还可以是符号、图像，或以声、光、电等多种形式记录下来的声频、视频等录音、录像制品等。因此，艺术文献除了纸质图书、报刊外，还有各种非书资料，如磁带、唱片、幻灯片、光盘等。艺术文献检索工具既有纸质的，也有其他文献类型的检索工具，如美术作品数据库、音乐作品数据库、电影数据库、电视剧数据库、戏曲数据库等，依艺术门类而定。

1. 综合性艺术类工具书

对艺术名词、术语、流派等基本知识的检索，可以通过《辞海》《中国大百科全书》等综合性的辞典或百科全书来查找，也可以通过艺术类综合性辞典或百科全书来检索。

（1）《艺术百科全书》，中国大百科全书出版社 1994 年出版，是在《中国大百科全书》有关艺术类各学科卷的基础上编辑而成的。其内容涵盖文学、美术、音乐、舞蹈、电影、戏剧、戏曲、曲艺等，是一部查检方便、释疑解惑的百科工具书。该书将艺术门类中六个学科（美术、戏剧、戏曲曲艺、音乐、舞蹈、电影）辑成一卷出版，文学另成一卷。

(2)《中国艺术百科辞典》，冯其庸主编，商务印书馆2004年出版。该辞典收词约25000条，收录图片1400余幅，共约500万字。分绘画卷、书法卷等16卷，并按照分卷内容编排。各卷内容分名词术语、作品、著述、人物四个部分介绍。该书不仅具有正文细目（即分类词目）、笔画索引，而且有汉语拼音索引。

(3)《西方现代艺术词典》，邹贤敏主编，四川文艺出版社1989年出版，选目范围涉及西方现代艺术的各个门类，包括美学、文论、小说、诗歌、戏剧、音乐、舞蹈、绘画（含雕塑）、摄影等。各类又分列思潮流派、人物作品、名词术语。该书收辞目1700条，近百万字。

(4)《中国解放区文艺大辞典》，钱丹辉主编，安徽文艺出版社1992年出版，是中国第一部系统、全面、科学地介绍解放区文艺的专业性大辞典。该书收录了自土地革命战争至中华人民共和国成立前，在中国共产党领导下各革命根据地的文艺运动、文艺创作和文艺人物等有关词目4700条，共150万余字。

2. 艺术各门类工具书

因艺术门类众多，下面仅以美术、音乐和戏曲舞蹈为例进行简要介绍。

(1) 美术类工具书。

①《中国美术大辞典》，邵洛羊总主编，上海辞书出版社2002年出版。该书是在原《中国美术辞典》基础上修订、增补和重新编纂的。内容涵盖中国美术领域的各个方面，分通用名词术语、书法、篆刻、绘画、版画、少数民族美术、工艺美术、建筑艺术、陶瓷艺术、青铜艺术、雕塑等11个大门类，共收词目7130条。

②《中国美术家人名辞典》，俞剑华编，上海人民美术出版社1981年出版，后多次印刷并发行。该书内容包括历代画家、书法家、篆刻家、建筑家、雕塑家以及各种工艺美术家。该书有关资料由全国各重要省市文化局、博物馆、文管局提供文献。该书有字号异名索引。凡是所收美术家的字、号、别号、谥号、封爵、改姓、更名、原姓、原名（以字行者）、乳名，以及和尚的俗名道号、道士的封号等一律编入，按笔画统一排列。

③《中国美术家人名补遗辞典》是一部对《中国美术家人名辞典》补遗、纠错、增补的大型工具书。该书由陕西旅游出版社2004年出版，收录了《中国美术家人名辞典》未收录的书画家资料，共11691人。

④《中国现代美术家人名大辞典》，雷正民主编，陕西人民美术出版社1989年出版，该辞典收录中国现代美术家人名词条23533条，是收录中国现代（1919年以来）美术家人名较多的一部美术家人名辞书。

⑤《中国美术全集》，上海人民美术出版社1989年出版，2015年推出普及版。该书是一部汇集中华五千年艺术珍品的大型图集，分绘画、雕塑、工艺美术、建筑艺术、书法篆刻五大编60卷，共辑入彩色图版15000余幅、论文及图版说明400余万字，全面展现了中国从原始社会至清代各时期各门类艺术的发展和成就，是一部权威、全面、经典的中华艺术综合性大典。

(2) 音乐类工具书。

①《音乐百科全书》，中央音乐学院《音乐百科全书》编辑委员会编，中国大百科全书出版社 2014 年出版。该书是融知识性、专业性、学术性于一体的两卷本大型音乐百科全书。该书按中国音乐、外国音乐、音乐学科理论·技术理论、音乐作品·著述及文献、音乐机构·场所、乐器、音乐家 7 个主题大类编排，在每个主题类项下按汉语拼音字母排序并辅以汉字笔画顺序排列词目。

②《中国音乐词典（增订版）》，中国艺术研究院音乐研究所编，人民音乐出版社 2016 年出版。该词典是在《中国音乐词典》（1984 年出版）与《中国音乐词典·续编》（1992 年出版）的基础上增订而成。该书共收词 6221 条，内容包括中国音乐的乐律学、创作表演术语，历代的乐种、制度、职官、机构、书刊、人物、作品，以及歌曲、歌舞音乐、曲艺音乐、戏曲音乐、器乐等有关名词术语，约 200 万字。

③《中国音乐家辞典》，黄胜泉主编，人民出版社 1998 年出版。该书收录辞目 3700 余条，以中国音乐家协会会员为主体，兼及海内外的知名音乐家，较全面地记叙了这些音乐家的艺术简历和艺术成就。

(3) 戏曲舞蹈类工具书。

①《中国戏曲曲艺词典》，上海艺术研究所、中国戏剧家协会上海分会编，上海辞书出版社 1981 年出版。该词典是一部浅易的中型戏曲、曲艺专科词典。该书共收词目 5636 条，分为戏曲名词术语、曲艺名词术语等 9 个门类。词目按门类分类排列。该书前面刊有按正文排列的"分类词目表"，书末附"词目笔画索引"。

②《戏曲舞蹈术语词典》，金浩编著，上海音乐出版社 2020 年出版。该书整理了戏曲舞蹈术语共 200 个词条，涉及手势、脚姿、站姿、步伐、舞台调度、武打套路，以及各种毯子功、把子功、程式化表演等，并配有示范图片和英文名词翻译。

③《中国舞蹈大辞典》，王克芬等主编，文化艺术出版社 2010 年出版，是在《中国舞蹈词典》的基础上增补修订并更名而来，是我国第一部舞蹈专业大型辞书。该书所收词条涵盖上古时代至 2003 年的中国舞蹈词语，包括舞类、舞名、术语、历制、人物、作品、书刊、活动等，设立古代舞蹈、近现代舞蹈、当代舞蹈、汉族民间舞蹈、少数民族民间舞蹈、戏曲舞蹈、外国舞蹈七个分支，共 5200 余条，200 余万字，并附各时期舞蹈活动大事记。所收词条按汉语拼音音序排列。

④《中外舞蹈知识百科辞典》，陈冲主编，人民音乐出版社 2018 年编辑出版。该辞典为我国国内第一部综合介绍中外舞蹈知识的百科辞典。该书精选中外舞蹈文化中经典而具有代表性的舞蹈或舞种 1400 余条。全书分中国、外国两部分。中国部分约占 70% 的篇幅，主要收录了中国舞蹈理论概念，历代乐舞种类，舞蹈文物图录，各类民间舞蹈，宗教、祭祀舞蹈，戏曲舞蹈，现当代经典作品，舞蹈家等；外国部分约占 30% 的篇幅，主要收录了芭蕾舞、现代舞的各流派、名作及名人，交谊舞、音乐剧舞蹈，外国传统及民族舞蹈种类、名人等。

⑤《中国古典舞术语词典》，金浩编著，上海音乐出版社 2014 年出版。该书为"北京舞蹈学院纪念建校 60 周年系列丛书"之一。该书主要内容包括中国古典舞发展述略、中国古典舞术语凡例、中国古典舞基本术语等。

⑥《中国京剧百科全书》是中国大百科全书出版社 2011 年出版的百科全书,是一部全面介绍京剧产生、发展、成熟及现状的大型专业百科全书。全书主要设立十大板块,即京剧史、京剧文学、京剧音乐、京剧表演、京剧舞台美术、京剧导演、京剧演出团体、京剧演出剧场、京剧教育和京剧研究。每一板块下又各分设若干门类。全书分上、下两卷,约 240 万字,约 4000 幅图片资料。

第四节 史地文献信息检索

历史和地理紧密相连。无论是历史人物,还是历史事件,都是在一定的地理环境下产生的。历史研究必须结合地理环境的变迁,而地理环境的变迁也会在历史文献中留下痕迹。因此,至少在我国古代,很多文献既有历史记录,又有地理记录。例如,我国的方志既是历史书,也是地理书。史地文献信息既可以分开查检,也可以结合起来检索。

一、历史文献信息检索

历史文献是记录历史人物生平、言论、著作,历史事件,典章制度等发展过程的载体,其中也有对于历史学研究成果的记录。我国作为世界四大文明古国之一,历史文献非常丰富。《尚书》将我国上古尧舜时期一直到春秋时期秦穆公年代的各种重要文献资料汇集在一起,可以说是我国最早的历史文献。《春秋》记录周朝时期鲁国从鲁隐公到鲁哀公年间的历史,是我国第一部编年体史书。《左传》,又名《春秋左氏传》,是以《春秋》为本,通过记述春秋时期的具体史实来说明《春秋》的纲目,是我国古代一部叙事完备的编年体史书,是继《尚书》与《春秋》之后,开《史记》《汉书》之先河的重要作品。《史记》记载了上至黄帝时代,下至汉武帝年代共 3000 多年的历史,是我国第一部纪传体通史。《汉书》是我国第一部纪传体断代史,开创了"包举一代"的断代史体例,并为我国后来历朝历代所沿袭。学界将《史记》《汉书》等我国古代各朝撰写的 24 部史书合称为"二十四史"。加上《清史稿》,又有"二十五史"之说。

历史研究中常用的检索工具书有以下几种。

(1)《中国历史大辞典》,上海辞书出版社出版。收词上起远古时代,下迄 1911 年辛亥革命,共收词目 67154 条。该辞典原分先秦史卷、秦汉史卷、魏晋南北朝史卷、隋唐五代史卷、宋史卷、辽夏金元史卷、明史卷、清史卷(上)、清史卷(下)、民族史卷、历史地理卷、思想史卷、史学史卷、科技史卷 14 个分卷出版,后汇编成上、下两卷。2007 年,按汉语拼音音序排列成上、中、下三卷出版。

(2)《点校本二十四史》,顾颉刚等点校,中华书局出版,按照各史所记朝代的先后排列,分别为《史记》《汉书》《后汉书》《三国志》《晋书》《宋书》《南齐书》《梁书》《陈书》《魏书》《北齐书》《周书》《隋书》《南史》《北史》《旧唐书》《新唐书》《旧五代史》《新五代史》《宋史》《辽史》《金史》《元史》《明史》。记述的范围自黄帝到明末,涵盖我国古代政治、经济、军事、思想、文化、天文、地理等各方面的内容。于 2019 年出版精装版,共 241 册,3217 卷,约 4700 万字。中华书局还将《史记》等 24 部史书的人名索引汇编成《二十四史人名索引》,分上、下两册出版。

(3)《二十五史》,上海古籍出版社、上海书店编,上海古籍出版社出版,收录《二十四史》和《清史稿》,共 3749 卷,记载了我国自黄帝到清末几千年的历史。该书采用影印方法对《二十四史》和《清史稿》拼缩,分装成 12 册。另编《二十五史纪传人名索引》以便查检。

(4)《伯克希尔世界历史百科全书》(Berkshire Encyclopedia of World History),威廉·H. 麦克尼尔(William H. McNeil)等编,伯克希尔出版集团(Berkshire Publishing Group)2005 年出版。该书将世界历史分为三个时代:觅食时代、农业时代和现代,并高度概括了它们的重要特点。该百科全书共分 5 卷,有 2500 页,收录 538 个词条。每个词条的字数从 500 到 4000 不等。词条按照英文首写字母顺序排列。编者把所有词条分成 34 个论题(也按首写字母排列)。

(5)《欧洲历史大辞典》,王觉非主编,上海辞书出版社 2007 年出版,是一部关于欧洲从远古至 21 世纪初历史的大型专业性工具书,共收词 12650 条,释文约 453 万字,分为上、下两卷。

二、地理文献信息检索

1. 我国古代地理文献检索工具

"仰以观于天文,俯以察于地理","上知天文,下知地理",我国古代人民很早就开始对地球表面的地理环境、自然现象和人文现象以及它们之间的相互关系进行探索,留下了很多文献记录。我国古代最早的地理书籍有《尚书·禹贡》《山海经》等。北魏郦道元的《水经注》是古代中国地理名著。我国古代史书、方志、类书,如《史记》等,都有大量的地理信息记录,因此,查找我国古代地理文献信息,除了专门的地理学著作,还可以从史书、地方志、类书等古籍中查找。现代地理信息可以从百科全书、辞典、地图集、数据库中查找或通过现代地图定位系统等查找。

(1)《中国地方志联合目录》,中国科学院北京天文台编,中华书局 1985 年出版。该书是在 1962 年朱士嘉修订《中国地方志综录》的基础上编辑出版的,共著录全国 30 个省、市、自治区的 190 个公共科研、大专院校图书馆、博物馆、文史馆、档案馆等收藏的我国 1949 年以前历代各种方志书 8200 余种,可以从中检索到任何我国地方志遗产中的有关方志及其所藏单位,是我国方志目录的集大成者。

(2)《中国地方志综录(增订本)》,朱士嘉编,商务印书馆 1958 年出版。该书经多次修订和增订而成,共著录全国各图书馆现存方志 7423 种,209243 卷,成为当时现存方志及贮藏地目录的总结性著作。

(3)《中国地方志集成》,江苏古籍出版社、上海书店、巴蜀书社编辑出版,是一套国内外选收方志最完整、覆盖面广、实用性强的大型方志丛书。该书影印出版 1949 年以前各类旧志,从 9000 种旧志中优选 3000 余种,47000 余卷,摄影缩印为 700 余册,保存原貌。其中有通志、府志、州志、厅志、县志、乡镇志、山水志、寺庙志、园林志等。

另外，还编制了书名索引及全书总目，以便检索。

（4）《历代舆地图》，杨守敬主编。该书绘制了自我国春秋至明代的历代疆域政区，并辅以山川形势，历代正史地理志中的县级以上地名基本全收，并绘制了一级政区的界线，是我国古代历史地图中最详尽的一种。该书以刊行于 1863 年的《大清一统舆图》为底图，基本把从春秋战国至明代见于《左传》《战国策》等先秦时期经典典籍及正史地理志的可考地名纳入地图。

（5）《中国历史地图集》，谭其骧主编，中国地图出版社 1982 年出版，该书按历史时期分为 8 册，是一本以中国历代疆域政区为主的地图集。全书自原始社会至清末，按历史时期分为 8 册 20 个图组，共 304 幅地图（插图未计在内），地图全部采用古今对照，是研究我国历代行政区划不可多得的宝贵资料。

（6）《中国古今地名大辞典》，臧励龢等编，商务印书馆出版，1931 年初版，1933 年再版，上海书店出版社 2015 年依原版重印。该书按地名首字笔画排列，收录我国古今地名，旁及铁路商港、名胜古迹、寺观亭园等，约 40000 余条。上起远古，下迄 1930 年前后。各条均列出地理位置、所属郡县，详述历史沿革。

（7）《中国历史地名大辞典 增订本》，史为乐主编，中国社会科学出版社 2017 年出版。该书由中国社会科学院历史研究所史地研究室主持编纂，收词条 60000 余，内容包括古国、都邑、各级政区、山川、泽薮、津梁、关隘、城镇、堡寨、交通道路、水利工程及与重大历史事件和人物有关的地名。全书引征有据，尽可能使用最早出处，并注明版本、卷次。该书还大量增加了有关边疆和中外交通的地名。

2. 现代地理文献信息检索

随着现代地理学的发展，地理文献信息检索工具越来越多元化和现代化，从传统纸质辞典、词典、百科全书、地图集，到电子版、网络版的数据库（如地图数据库），再到地理信息人机实时交互的全球定位系统（高精度无线电导航的定位系统），如谷歌地图、百度地图、高德地图等，为人们实时查找地理信息提供了便利。

（1）《地理学大辞典》，杨展等主编，安徽人民出版社 1992 年出版，共收选词目 9000 余条，计 200 余万字，是我国收词数量多、字数总容量大、涉及地理学科分支属类及相关学科广的地理学大型辞书。该辞典较系统地介绍了地理学及其分支学科的基本内容，以基础地理学为中轴，兼容很多相关边缘学科，如宇宙、地质、生物、气象、水文、土壤、能源、环境、化学、医疗、遥感等。自然地理、人文地理和应用地理学科并重，力求反映地理学中的新概念、新理论和新方法，并力求释文简明扼要、图文并茂。该辞典编有分科辞目索引（其中含分科外文辞目索引）和汉字笔画辞目索引。

（2）《环球国家地理百科全书》，王越主编，北京联合出版公司 2016 年出版，分为 10 卷，对世界七大洲 200 多个国家与地区进行了介绍。全书以行政区划和地理位置为纲，将各大洲以地理分布划分为若干国家单元，各单元中均以国家或地区为单位，为读者详细地介绍了世界各地精彩纷呈的地理知识。

（3）《中国国家地理百科全书》，张妙弟主编，北京联合出版公司 2016 年出版，是一部图文并茂的中国地理普及读物。全书以中国行政区划为经，以每一省、区、市的行政区划、民族人口、历史文化、地貌、水系、自然资源、经济和旅游地理为纬，内容涵盖中国地理知识的诸多方面。全书共分10册，选取了5000多个知识点，插配了2000多张与内容相关的精美图片。

（4）《中国地图集》，中国地图出版社出版，常年更新。该图集集中国地图出版社多年之大成，涉及面广、信息量大、地图内容权威准确，是一本具有较高实用价值的地图参考工具书。其图集由序图、分省图、城市图以及地名索引四部分组成。该书集专题图、普通地理地图、城市图和地名索引于一体。

（5）《新编世界地图集》，成都地图出版社2012年出版，该书由世界总图、各洲概况、分国地图、重要城市平面图等几部分组成。世界总图由世界政区、经济、人口等多种专题组成。各洲概况由各洲政区、各洲地形专题、各洲介绍、大比例尺分国政区地图、世界重要城市图、各国的国家概况等组成，详细介绍各个国家和地区的人口、面积、语言、货币等内容。

（6）百度地图，2005年上线，是我国国内互联网地图服务商。百度地图具备全球化地理信息服务能力，包括智能定位、POI（point of interest）检索、路线规划、导航、显示路况等。

思考与训练

2021年8月20日，全国人民代表大会常务委员会通过了《中华人民共和国个人信息保护法》。如果有人想找其纸质版全文，请问有哪些检索工具可供查找？如果要获取电子版全文，又可从哪些渠道查找？如果我国法院依该法审判有关案子，请问可从哪里检索到相关审判案例？

科学技术文献信息检索

科学技术文献是记录科学技术方面的事实、数据、理论、定义、方法、科学构思和假设知识的载体，如图书、期刊、报告、专刊等。当今世界各国实力的差距，归根到底是科学技术的差距。掌握科学技术很重要的一个方面就是懂得如何获取科学技术文献信息。对于一个科技工作者来说，从事科研课题之初必须进行文献调研，这种文献调研就包括对科技文献的检索和存储。本章主要介绍利用工具书及网络工具进行生物医药、环境科学、机械制造、信息工程方面文献的检索。

第一节 生物医药文献信息检索

一、生物医药文献中文检索工具

在《中文核心期刊要目总览》（2020年版）中，生物科学（除植物学、动物学/人类学）方面的核心期刊仅有21种，医药、卫生方面的核心期刊共有258种。掌握印刷版和电子版的期刊论文检索工具，能使人们更有效地利用这些期刊论文资料。

1. 《中国药学文摘》及其文献数据库（https：//www.cpi.ac.cn/）

《中国药学文摘》是由国家食品药品监督管理局主管，国家食品药品监督管理局信息中心主办，国内外公开发行的医药专业检索期刊，是国内药学期刊中唯一的综合性文摘类刊物。《中国药学文摘》创刊于1983年，30多年来累计收载医药文献约46万条，并以每年增加30 000多条数据的速度递增；收载国内外公开发行的700余种药学、医学、植物学、动物学、生物学、化学及其他与药学相关的学科期刊中的精粹文献；以文摘、简介、题录等形式及时、准确、全面地报道药学领域的新知识、新技术、新进展；在国内医药界发行量较大，具有极高的权威性和广泛的覆盖面，并多次获得国家重点期刊和科技检索期刊奖项。

《中国药学文摘》数据库（即中国医药信息网）内容包括1982年至今国内外公开发行的700余种医药学及相关学科期刊中的药学文献，以文摘、简介等形式报道，内容涵盖药学各个领域。目前该数据库有电子版和网络版两种形式。该数据库目前是我国唯一的中西药学文献大型检索和查询系统。

2.《中国医学文摘》

《中国医学文摘》原是由中华人民共和国卫生部医学情报管理委员会主管的医学系列文摘刊物，摘录国内国家级、省级公开发行的医药卫生期刊、医学院校学报、科研单位编辑出版的定期刊物，分18个分册，每个分册由国内不同单位负责出版发行，各分册出版频率不尽相同。该系列刊物比较全面地收集了国内医学方面的相关文献，反映了国内最新的医学研究成果。各分册均分为正文和索引两部分，年终编写"医学主题词索引"和"作者索引"。

随着社会的进步、网络的发展、各种数据库的广泛应用，该刊物的发展受到了很大的影响，刊物已从2006年开始陆续转变为现刊（一次文献）。

3.《中国生物学文摘》

《中国生物学文摘》于1987年创刊，为月刊，由中国科学院文献情报中心、中国科学院上海情报中心和中国科学院文献情报网主办，收录国内（含香港、台湾）公开发行的生物学方面的期刊论文、专著、会议录和我国科技人员（含香港、台湾学者）在国外出版物上发表的论文。其学科范围主要是普通生物学、细胞学、遗传学、生理学、生物化学、生物物理学、分子生物学、生态学、古生物学、病毒学、微生物学、免疫学、植物学、动物学、昆虫学、人类学、生物工程、药理学，以及与生物学交叉、相关的技术领域。

《中国生物学文摘》采用中国图书资料分类法分类。每年报道文献9000条左右，并有期主题索引和年度著者、主题索引。除纸质版外，也发行《中国生物学文献数据库》（CBA）光盘版。

4.《中文科技资料目录》的医药卫生及中草药分册

《中文科技资料目录（医药卫生）》是由中国医学科学院医学信息研究所编的国家级综合性医药卫生类学术刊物，1963年创刊，1978年起作为全国统一协调的中文科技文献检索系列刊《中文科技资料目录》的一个分册。2007年5月起正式更名为《中国现代医生》，每月出版3期。该刊为旬刊，在国内外公开发行。其主要登载国内外广大医疗、教学、科研和管理工作者在医药科研领域中所取得的新理论、新成果、新经验、新技术、新方法，主要栏目设有专家述评、论著、基础医学、临床研究、预防医学、药物与临床、技术方法、经验交流、个案报道等。

《中文科技资料目录（中草药）》于1978年创刊，是全国科技信息检索体系期刊之一。原由湖南医药工业研究所负责编辑，现改由天津药物研究院、中国药学会主办。该刊为双月刊，收录国内公开和内部的医药期刊，包括部分医学院、中医学院的学报以及国内的医药会议文献、医药汇编资料的题录。其内容有：中医基础理论，中医临床，中西医结合；中药药材学，中草药学，方论，方歌；药材志，药剂学，药理学；药品，各系统疾病用药的临床研究等。该刊每年单独出版年度累积主题索引。

5.《医学论文累积索引》

《医学论文累积索引》由南京医学院图书馆编，于1984年开始出版。这是检索新中国成立后30年间国内医学期刊论文的大型工具书，内容涉及1949—1979年底国内公开及内部出版的医学期刊（包括英文版）、有连续刊号的医学资料及自然科学期刊中有关医药卫生的重要医学文献，包括党和政府的方针、政策，医学论著综述，临床病例报告，书评，经验介绍等。但它不收录译文、文摘、消息、动态、医学通讯、科普、卫生宣传等材料。

该索引有卫生学、基础医学、诊断学、护理学、中医学、内科学、外科学、妇产科学、肿瘤学、皮肤科学、五官科学、药学等分册以及总索引。各分册仅以主题途径提供检索，在总索引中增加分类辅助索引，每一条题录按文献内容标引一个或几个主题词，标引用词选自《汉语主题词表》。

6.《国外科技资料目录（医药卫生分册）》

《国外科技资料目录（医药卫生分册）》现已更名为《医学信息学杂志》。它是月刊，由中国医学科学院主办、编辑、出版并发行，是《国外科技资料目录》刊物39个分册中的一个分册；是我国出版的用中文查找国外医学文献的主要题录性检索工具，收录用英、法、德、俄、日五种语言出版的中医学期刊及特种出版物614种，其中有200种世界卫生组织推荐的核心期刊。该刊收编文献类型齐全，学科覆盖面广。其内容涉及生物医学、药学及相关交叉学科。其内容按《中国图书资料分类法》R类（医药卫生）分类编排。2000年，该刊光盘版已开发出版。该刊被美国《化学文摘》（*Chemical Abstracts*，CA）、JST日本科学技术振兴机构数据库收录。

此外，还可利用《全国报刊索引》等综合性工具查找医学、生物学方面的文献。

二、生物医药外文检索工具

1. 生物医药外文数据库

（1）Kluwer Online Journals（http：//www.springerlink.com/home/main.mpx）。

荷兰Kluwer Academic Publisher是享有国际性声誉的学术出版商，它出版的图书、期刊一向品质较高，备受专家和学者的信赖和赞誉。Kluwer Online是Kluwer期刊的网络版，专门基于互联网提供Kluwer电子期刊的查询、阅览服务。2005年，Kluwer被Springer公司合并，用户可通过Springer国际网站查阅Kluwer的所有电子期刊。Kluwer电子期刊现有800多种期刊，覆盖24个学科。各站点是在国内建立的镜像站点，提供期刊全文服务，用户可以按刊名或学科浏览，也可以进行简单检索或复杂检索。网站主题包括自然科学、社会科学各学科，各刊涉及的时间范围不一，最早为1987年。

(2) John Wiley 电子期刊数据库（https：//onlinelibrary.wiley.com/）。

John Wiley & Sons Inc. 是一个拥有 200 多年历史的国际知名专业出版机构，其出版的化学、生命科学、医学以及工程技术等领域的学术文献颇具权威性。该出版社期刊的学术质量很高，拥有众多国际权威学会会刊和推荐出版物，是相关学科的核心资料，其中被 SCI 收录的核心刊有 250 种以上。Wiley Online Library 是综合性的网络出版及服务平台，该平台提供全文电子期刊、电子图书和电子参考工具书的服务。它在 1997 年就将期刊电子化，通过 Wiley Online Library 这个平台提供全文在线期刊的访问服务，目前 John Wiley 共有 784 种电子期刊。它主要提供覆盖化学化工、生命科学、医学、高分子及材料学、工程学、数学及统计学、物理及天文学、地球及环境科学、计算机科学、工商管理、法律、教育学、心理学、社会学 14 个学科领域的学术出版物。

(3) 荷兰《医学文摘》及 EMBASE。

《医学文摘》（*Excerpta Medica*，EM）创刊于 1947 年，原由国际性非营利机构医学文摘基金会（Excerpta Medica Foundation）编辑出版，1972 年后，改由荷兰的爱尔泽维科学（Elsevier Science）出版社编辑出版。《医学文摘》是一套大型文摘型医学检索刊物，包括文摘杂志（EM Abstract Journals）和文献索引（EM Literature Indexes）。它是当前世界上较权威的医学文献检索工具之一。

《医学文摘》按医学专科划分为分册单独出版，每个分册有一个数字代号和分册名，如 Section 16 Cancer 等。EM 的文摘摘自全世界 110 多个国家和地区的生物医学和医学相关的 5400 余种期刊，涉及临床医学、药物和制药科学、基础生物医学以及卫生学等方面的内容。对文摘的重点内容，如原理、数据、方法、结论等均做了摘录，特别适合临床医生和教学科研人员使用。其年摘录量约为 40 万条。

早在 1947 年，《医学文摘》就进入了计算机检索系统，如 Dialog，并被称为 EMBASE（EM 数据库），可通过国际联机终端进行检索。由于利用电子计算机编制文摘大大缩短了出版周期，现平均周期为半年左右。近年来，《医学文摘》又出版了 17 个学科的光盘版本（Excerpta Medica CD-ROM Series）。

(4) 美国《生物学文摘》及 BIOSIS Previews。

《生物学文摘》（*Biological Abstracts*，BA）创刊于 1926 年，由美国生物科学情报服务社（BioScience Information Service，BIOSIS）编辑出版。它收录了世界 110 多个国家和地区用 20 多种文字出版的 9000 余种期刊的论文，以及少量的专题论文、学位论文、科技报告和专著等，其重点放在生命体鉴别、内部过程与环境的相互作用及其应用等方面。《生物学文摘》除了涉及动物学、植物学和微生物学等领域外，还包括生物医学工程及仪器等一些边缘学科和相关领域。医学方面侧重于基础研究，是目前世界上生命科学领域的大型文摘检索工具。

《生物学文摘》除有印刷版外，还有光盘版（BA、CD）和网络版数据库（BIOSIS Previews，BP）（www.embase.com）。

(5) 美国《化学文摘》及 CA on CD。

《化学文摘》（CA）创刊于 1907 年，由美国化学学会化学文摘服务社（Chemical Abstracts Service，简称 CAS）编辑出版。

信息检索与信息素养

《化学文摘》是一部涉及学科领域最广、收集文献类型最全、提供检索途径最多、部卷最庞大的著名的世界性检索工具，被称为"打开世界化学化工文献的钥匙"。它收录了世界上150多个国家用56种语言出版的16000种科技期刊、科技报告、会议论文、学位论文、资料汇编、技术报告、新书及视听资料，还收录了30个国家和2个国际组织的专利文献。其收录的文献占世界化学化工文献总量的98%，学科范围包括化学化工、生物、医学、药学、轻工、冶金、天体、物理等。

生命科学领域的内容是《化学文摘》收录的重点。其收录的生物医学文献占每期总文献量的1/3以上；摘录的1000种核心期刊中，医药卫生相关期刊占1/3；世界卫生组织推荐的198种核心期刊中，《化学文摘》占了其中的187种；在7000余个主题词中，生物医学的主题词有2000余个。

《化学文摘》的光盘版又称CA on CD（https：//www.cas.org/），1996年由美国化学学会化学文摘服务社编辑出版，内容对应于印刷版《化学文摘》。利用先进的计算机检索技术，研究人员可以方便、快速地从数百万条专利、期刊信息中获得所需的信息。

（6）美国《医学索引》及MedlinePlus。

《医学索引》（*Index Medicus*，IM），创刊于1879年，由美国国立医学图书馆（The National Library of Medicine，NLM）编辑出版，是当前世界上最常用的综合性题录型生物医学文献检索工具。它具有收录范围广、内容全面、质量高、报道速度快、编制简单、查找方便等特点，是我国生物医学研究人员非常熟悉的国外检索工具。

MedlinePlus（http：//medlineplus.gov/）是《医学索引》的联机检索光盘版，其数据来自《医学索引》以及美国出版的《牙科文献索引》（*Index to Dental Literature*）和《国际护理学索引》（*International Nursing Index*），还增加了一些其他专门数据库（如 Health STAR）中收录的文献，内容涉及临床医学、基础医学、护理学、牙科学、兽医学、药理学、环境和公共卫生、营养卫生学、毒理学等专业。

MedlinePlus是规模大、权威性高的生物医学文献数据库，收录了1966年至今的1500万条记录，每月平均入库记录近40 000条。MedlinePlus收录的期刊已超过5000种，90%的原文为英文，78%的记录有文摘。MedlinePlus网站上的数据每周更新，光盘数据每月更新。

（7）美国《科学引文索引》。

《科学引文索引》（*Science Citation Index*，SCI）是一种反映文献间引证关系的大型综合性检索工具。它包括生命学科、医学、农业、生物、化学等内容，其中，医学是重要的报道内容。医学期刊占所有期刊总数的40%，侧重于医学基础学科的病理学和分子生物学。

2. 生物医药专业数据库

（1）中文生物医学期刊数据库。

中文生物医学期刊文献数据库（CMCC）（http：//www.cmcc.org.cn/）收录中文期刊1660余种，外文期刊2150余种。目前该数据库的数据范围是1994年起至今，数据库更新速度快，使用简单。该数据库由解放军医学图书馆数据库研究与开发部研发，该

第十二章 科学技术文献信息检索

部除研发了 CMCC 外，还研发了中国医学学术会议论文数据库（CMAC）、中国生物医学期刊引文数据库（CMCI）等。

（2）中国生物医学文献光盘数据库。

中国生物医学文献光盘数据库（CBMdisc）（http://www.imicams.ac.cn/cbm/）是中国医学科学院医学信息研究所开发的综合性医学文献数据库。该数据库收录了 1978 年至今超过 1600 多种的中国期刊，以及汇编、会议论文的文献题录，总计 370 万条。此外，研究所还开发了北京协和医学院博硕学位论文库（PUMCD）以及《中文医学主题词表》。

中国生物医学文献光盘数据库的收录范围涉及基础医学、临床医学、预防医学、药学、中医学及中药学等生物医学的各个领域。

（3）美国国家生物技术信息中心。

美国国立医学图书馆（National Library of Medicine，NLM）于 1988 年 11 月 4 日建立国家生物技术信息中心（National Center for Biotechnology Information，NCBI）（http://www.ncbi.nlm.nih.gov），目的是储存和分析分子生物学、生物化学、遗传学知识创建自动化系统；从事研究基于计算机信息处理过程的高级方法，用于分析生物学上重要的分子和化合物的结构与功能；促进生物学研究人员和医护人员应用数据库和软件；努力协作以获取世界范围内的生物技术信息。

（4）Bio-Medical Technology & Service Network。

Bio-Medical Technology & Service Network，简称 iBioMedNet，其主页（https://ibiomednet.com/）如图 12-1 所示。它是世界上著名的医学、生命科学数据库。

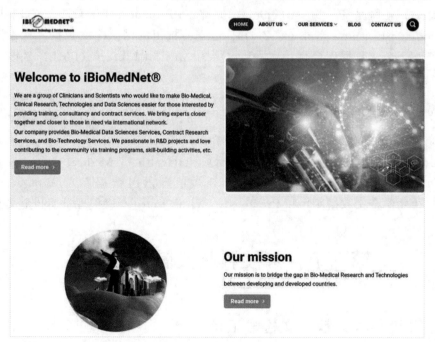

图 12-1　Bio-Medical Technology & Service Network 主页

(5) Free Medical Journals。

该网站（www.freemedicaljournals.com）的数据库服务商是 Flying Publisher，由德国内科医生 Bernd Sebastian Kamps 于 2000 年创建，主要提供网上免费医学期刊目录，现已收集 430 余种免费医学期刊，包括英文、法文、德文、西班牙文等多语种，同一语种下按刊名字母顺序排列。另外，Flying Publisher 还同时提供网上免费的医学图书目录，同样是由 Bernd Sebastian Kamps 于 2004 年创建；收集了 650 余种图书。

(6) High Wire Press。

High Wire Press（https：//www.highwirepress.com/）是全球最大的提供免费自然科学文献全文的网站之一，由斯坦福大学图书馆 1995 年建立。最初仅出版著名的周刊 *Journal of Biological Chemistry*，目前已收录电子期刊超过 1100 种，文章总数超过 430 万篇，其中超过 170 万篇文章可免费获得全文，这些数据仍在不断增加。其收录的期刊覆盖生命科学、医学、物理学、社会科学等学科。

High Wire Press 提供三种免费方式：Free Issues、Free Site 及 Free Trial。其中，Free Issues 表示在某个时间之前的所有文献全文均为免费的，目前用户可用这种方式对 200 多种期刊进行检索；Free Site 表示该出版物的所有文献均完全免费提供全文，目前用户可用这种方式对 40 多种期刊进行检索；Free Trial 表示在限定的时间内，所有文献可免费试用，用户目前可用这种方式对 13 种期刊进行检索。通过 High Wire Press，用户还可以检索 Medline 收录的 4500 种期刊中的 1200 多万篇文章，可看到这些文章的文摘或题录。

(7) ProQuest Medical Library 全文数据库。

ProQuest 全称是 ProQuest Online，原名为 ProQuest Direst，是美国 ProQuest Information and Learning 公司（原名 UMI 公司）推出的网上全文数据库检索系统，目前有将近 30 个全文数据库提供检索。ProQuest Medical Library（PML）是该公司提供的与医学相关的全文数据库之一。

该数据库以 Medline 作为索引，收录了 700 多种带有完整全文图像的期刊，文献全文以 PDF 格式或文本加图像格式存储，收录了包括护理学、儿科学、神经学、药理学、心脏病学、物理治疗、保健及其他方面的期刊。

其他 ProQuest 医学相关数据库有：ProQuest Health & Medical Complete（健康与医学大全）、Pharmaceutical News Index（药学信息索引数据库）、ProQuest Biology Journals（生物学全文数据库）和 ProQuest Nursing Journals（护理学期刊全文资料库）。

第二节　环境科学文献信息检索

一、环境科学文献中文检索工具

在《中文核心期刊要目总览》（2020 年版）中，环境科学、安全科学方面的核心期刊有 34 种。

第十二章 科学技术文献信息检索

《环境工程技术学报》前身是《环境科学文摘》。《环境科学文摘》于 1982 年正式创刊,是由中华人民共和国生态环境部主管、中国环境科学研究院主办,面向国内外公开发行的环境工程技术领域综合性科技期刊,也是北大中文核心期刊和中国科技核心期刊。《环境工程技术学报》被日本科学技术振兴机构数据库(JST)、俄罗斯《文摘杂志》(AJ)、美国《乌利希期刊指南(网络版)》(Ulrichs web)、英国《农业与生物科学研究中心文摘》(CAB Abstracts)收录,同时还被中国核心期刊遴选数据库、万方数据知识服务平台、中国学术期刊网络出版总库、维普资讯中文科技期刊数据库、超星期刊数据库全文收录。官方网站网址为 www.hjgcjsxb.org.cn。

《环境工程技术学报》收录了用中、英、德、法、日、俄 6 种文字出版的国内外数百种期刊中有关环境科学技术的最新文献资料。它以文摘和题录形式向广大读者提供环境信息服务,内容具有科学性、技术性、动态性、实用性、准确性和系统性。该刊读者对象为各级环保部门的领导干部、管理人员,科研、设计、生产企业及大专院校等广大环保工作者。

《环境工程技术学报》主要涉及水污染控制技术与资源化利用、大气污染控制技术与清洁能源的利用、土壤污染防治与农村环境综合整治技术、固体废物污染防治与资源化技术、生物生态工程与恢复技术、基于循环经济的污染综合防治技术、辐射与振动污染防治技术、其他环境系统工程与管理技术(包括环境信息集成技术、监测与监控技术、区域环境整治及城市污染综合治理示范性工程技术等)方面的研究新成果的论文;此外,还有环境工程新技术推广应用案例、环保产业政策与管理、行业动态、热点论坛、研究简报、学术活动等。

二、环境科学文献外文检索工具

1. 外文期刊

(1) 美国《环境文摘》。

《环境文摘》(*Environment Abstracts*,EA)创刊于 1971 年,为月刊,每年一卷,原由美国环境情报中心(Environment Information Center,EIC)编辑出版,1994 年起,改由美国国会情报服务公司(Congressional Information Service,Inc.,CIS)编辑出版。

《环境文摘》收录文献的主题内容包括环境政策、法规、教育、食品、药物、各种自然资源和人类生存环境中所涉及的污染和环境保护等,是世界环境科学界著名的文献检索刊物。20 世纪 90 年代,《环境文摘》在收录范围、索引的设置等方面进行了较大幅度的调整:① 1994 年起增设了题名索引(Title Index);② 1994 年起每期的正文与索引单独出版;③ 主题词经修订、汇编而成主题词表;④ 原地理索引和工业索引并入主题索引;⑤ 将《能源情报文摘》并入《环境文摘》。

(2) 美国《污染文摘》。

《污染文摘》(*Pollution Abstracts*,PA)创刊于 1970 年,为月刊(1994 年前为双月刊),每年一卷,由美国剑桥科学文摘社(Cambridge Scientific Abstracts,CSA)编辑

出版,年报道文献 10 000 余条。

《污染文摘》收录世界上用 50 多种语言出版的 2500 余种出版物,包括期刊、政府报告、图书、会议录、专利文献、学位论文等。《污染文摘》收录内容涉及环境污染问题的各个方面,还包括环境测试与监测技术、统计处理及控制、回收利用等方面的内容。

(3)《AMBIO：人类环境杂志》。

《AMBIO：人类环境杂志》（AMBIO：A Journal of the Hunman Environment）创刊于 1972 年的第一次世界环境大会之后,由瑞典皇家科学院出版,是非营利性质的国际环境生态科学杂志,可以从 100 多个国家和地区的 40 多个国际数据库中检索到。《AMBIO：人类环境杂志》涉及的主题有生态、环境经济学、地质学、地球化学、地球物理、古生物、水文、水资源、海洋、地球科学、气象、自然地理。1994 年,为进一步扩大《AMBIO：人类环境杂志》在中国的影响,在瑞典皇家科学院的资助下,中国科学院地理科学与资源研究所开始出版该杂志中文版,并在国内外公开发行。

2. 其他外文参考读物

千年生态系统评估（MA）(https：//www.millenniumassessment.org/zh/About.html) 由联合国前秘书长科菲·安南于 2000 年呼吁成立,2001 年正式启动。该项目的目标是评估生态系统变化对人类福祉所造成的后果,为采取行动来改善生态系统的保护和可持续性利用,从而促进人类福祉奠定科学基础。全世界 1360 多名专家参与了千年生态系统评估的工作。评估结果包含在 5 分技术报告和 6 份综合报告中,对全世界生态系统及其提供的服务功能（如洁净水、食物、林产品、洪水控制和自然资源）的状况与趋势进行了最新的科学评估,并提出了恢复、保护或改善生态系统可持续利用状况的各种对策。

千年生态系统评估共出版 6 份综合报告,分别为《生态系统与人类福祉：综合报告》《生态系统与人类福祉：生物多样性综合报告》《生态系统与人类福祉：荒漠化综合报告》《生态系统与人类福祉：工商业面临的机遇与挑战》《生态系统与人类福祉：湿地与水综合报告》和《生态系统与人类福祉：健康综合报告》。

三、环境科学文献专业网站及搜索引擎

1. 环境科学专业网站

(1) 中国环境出版集团官网（http：//www.cesp.com.cn/）。

中国环境出版集团现主体业务为图书、期刊出版和水利水电、环保工程施工。已出版环境保护基础理论、学术著作、应用技术、环境文化、环境教材、环境科普等各类图书 8000 余种；旗下还有《环境保护》《环境教育》《中国环境监察》三种杂志。

(2) NAP 免费电子图书。

The National Academies Press（NAP）(http：//www.nap.edu/) 是美国国家科学院下属的学术出版机构,主要出版美国国家科学院、国家工程院、医学研究所和国家研究委员会的报告。从 1992 年开始,该机构将印刷本图书逐渐转化成电子图书。

第十二章 科学技术文献信息检索

目前通过其主站点可以免费在线浏览 3700 多种电子图书，图书内容覆盖环境科学、生物学、医学、计算机科学、地球科学、数学和统计学、物理学、化学、教育学等诸多领域。电子图书采用 PDF 文档格式，保留了书的原貌，并提供网上免费浏览，还可以进行全文检索、打印。

2．环境科学专业门户网站

（1）国家地球系统科学数据中心。

国家地球系统科学数据中心（http：//loess.geodata.cn/index.html）主页如图 12-2 所示。

图 12-2　国家地球系统科学数据中心主页

地球科学数据信息导航系统是国家地球系统科学数据中心，围绕地球系统科学与全球变化领域科技创新、国家重大需求与区域可持续发展，依托中国科学院地理科学与资源研究所共享共建 20 余年，率先开展国家科技计划项目数据交流，形成国内规模最大的地球系统科学综合数据库群。

原地球科学数据信息导航系统是 2002 年 9 月由中国科学院批准的中国科学院知识创新工程重要方向项目。该项目的建设目的是为集成揭示国内外主要地球科学数据资源提供深入的导航服务，宣传和推介地球科学数据资源，积极有效地提高和促进用户对地球科学基础性数据的利用和共享。导航系统包括国内地球科学数据和国外地球科学数据。其中，国内地球科学数据来源有中国生物信息系统、中国国家生物信息交换所、国家遥感中心、世界数据中心中国中心等；国外地球科学数据来源有美国橡树岭实验室、地球观测系统数据门户、美国国家地球物理数据中心、美国国家海洋大气管理局空间环境中心等。

（2）Environment Web Directory 网站。

Environment Web Directory（www.webdirectory.com），是全球最大的环境信息目

录检索工具，包含了农业、动物、土地保护、污染、回收、野生动物等数十个内容导航。

(3) 美国化学学会出版物官网。

美国化学学会出版物（ACS Publications）官网网址为 http://pubs.acs.org/，它致力于为全球化学研究机构、企业及个人提供高品质的文献资讯及服务。学会出版的期刊，内容涵盖了24个主要的化学研究领域，曾被ISI出版的《期刊引用报告》（*Journal Citation Reports*，JCR）评为"化学领域中被引用次数最多的期刊"。官网主界面如图12-3所示。

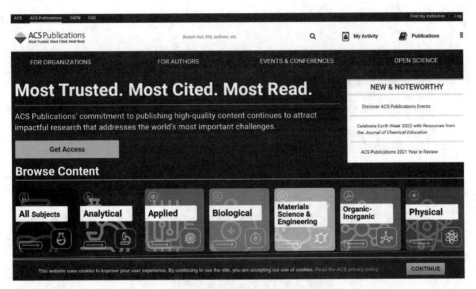

图12-3 美国化学学会出版物官网主页

3. 环境科学专业数据库

(1) 全球变化科学研究数据出版系统。

其主页（http://www.geodoi.ac.cn/WebCn/DataSearch.aspx）如图12-4所示。全球变化科学研究数据出版系统是中国科学院地理科学与资源研究所创建的，收录了全球变化研究方面的中文文献共计50000余条。文献类型包括期刊论文、会议文献及科技成果。用户可以通过标题、DOI、作者、关键词、关联期刊等进行检索。

(2) 国会研究服务报告。

其主页（http://www.ncseonline.org/NLE/）如图12-5所示。NCSE创建于1990年，是一个非营利性机构，多年来一直致力于促进环境科学的发展、改善环境决策中涉及的科学原则。该网站提供与环境科学相关主题的查询，包括该协会的会议讨论记录等。其中，国会研究服务报告（Congressional Research Service Reports，CRS报告）将NCSE历年来的研究计划做成一个完善的检索系统，将所有的会议资料分为农业、空气、气候变化等几十个与环境有关的浏览项目，供读者检索。使用者可通过简易查询和高级查询的方式进行检索，只需输入资料名称、编号或者类别等即可进行查询。另外，该网站还可以搜寻NCSE、NLE和NCSSF等方面的相关资料，还可链接至Science on Sustainable Forestry、PopPlanet、Texas Briefing Book等网站进行检索。

第十二章　科学技术文献信息检索

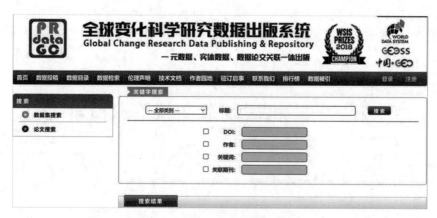

图 12-4　全球变化科学研究数据出版系统主页

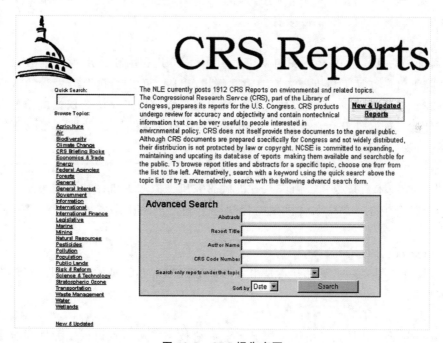

图 12-5　CRS 报告主页

(3) 世界数据中心。

1955 年，国际科学联合会理事会（现为国际科学联合会理事会，ICSU）建立世界数据中心（WDC），服务于国际地球物理年（IGY，1957—1958 年），并为每个 IGY 科学学科制定了数据管理计划。世界数据中心的主要业务活动是数据的收集、交换和服务。其数据涵盖的学科领域为地球科学、地球环境和空间科学。为了防止数据丢失，以及方便数据提供者和使用者，该中心成立了多个地区数据中心，至今在全世界共有 5 个地区数据中心，每个地区数据中心又在 12 个国家成立 52 个学科分中心。由美国国家科学院提供资助建立的数据中心，命名为 WDC-A，苏联科学院组建了 WDC-B，几个欧洲国家及日本和澳大利亚也相继建立了分学科中心。

中国在 1988 年加入世界数据中心，成立了世界数据中心中国中心，命名为 WDC-D。目前共有海洋、气象、地震、地质、地球物理、空间、天文、冰川冻土、可再生资源与环境九个学科中心。

第三节　机械制造文献信息检索

一、机械制造文献中文检索工具

1. 中文期刊论文检索刊物

在《中文核心期刊要目总览》（2020 年版）中，机械、仪表工业类的核心期刊有 30 种，相关专业的核心期刊有 100 余种。

(1)《机械工程文摘》。

《工程机械文摘》创刊于 1983 年，是由中华人民共和国新闻出版署批准，天津工程机械研究院主管主办，工程机械文摘编辑部编辑/出版，面向全国公开发行的工程机械行业权威性综合技术刊物。《工程机械文摘》是中国工程机械工业协会挖掘机械分会、铲土运输机械分会、配套件分会，全国土方机械标准化技术委员会、工程机械液压件检测中心等协会组织的指定会刊。

(2)《机电工程技术》。

《机电工程技术》是月刊，由广东省机械研究所、广东省机械技术情报站、广东省机械工程学会联合主办，是广东省机械工程学会会刊，也是广东省机电行业唯一的综合性技术刊物。

(3)《机械设计与研究》。

《机械设计与研究》是双月刊，是由上海交通大学主办的机械类期刊，有较大的影响力和权威性。

(4)《机械与电子》。

《机械与电子》是月刊，由国家机械工业局科技委与贵州省机械工业厅联合主办，是全国性宣传报道机电一体化技术、工业控制、工业自动化的专业技术性科技期刊。

(5)《中国机械工程》。

《中国机械工程》是半月刊，由中国机械工程学会主办，是中国机械工程学会会刊，反映中国机械工程领域的重大学术进展，报道中国机械工程学会系统的最新学术信息，跟踪世界机械工程最新动向。

(6)《机械工程学报》。

《机械工程学报》目前是半月刊（2010 年之前为月刊），由中国机械工程学会主办，主要刊登机械工程方面的基础理论、科研设计和制造工艺等方面的学术论文，在国内外机械科技领域享有很高的声誉。

(7)《机械设计与制造》。

《机械设计与制造》是月刊,1963 年创刊,由辽宁省机械研究院主办,是我国机械行业最有影响力的专业刊物之一。

(8)《机械制造》。

《机械制造》是月刊,1950 年创刊,由上海市机械工程学会主办的机械、仪表行业期刊。入选《中文核心期刊要目总览》1992 年版、1996 年版、2000 年版。

(9)《机械设计》。

《机械设计》是月刊,由中国机械工程学会、天津市机械工程学会、机电工业信息所主办。该刊是中国机械工程学会以及机械设计学会会刊。

(10)《工程设计学报》。

《工程设计学报》是德国著名的 Springer 出版社出版的著名刊物 Konstruktion 的中文版姊妹刊,为双月刊,是中国政府批准的技术产品设计领域第一家国际合作的刊物,由教育部主管,浙江大学、中国机械工程学会主办。

2. 中文参考工具书

常用的机械制造专业参考工具书有以下几种:①《世界各国标准代号名称词汇》,李泰森等编著,甘肃人民出版社 1989 年出版;②《英汉机械工程技术词汇:缩印本》,朱景梓编订,科学出版社 1987 年出版;③《英汉机械制造词典》,金锡如主编,四川人民出版社 1986 年出版;④《英汉金属材料及热处理词汇》,科学出版社 1980 年出版;⑤《机械技术手册》,日本机械学会编,机械工业出版社 1984 年出版;⑥《机械工程材料手册·非金属材料》第 6 版,曾正明主编,机械工业出版社 2004 年出版。

二、机械制造文献外文检索刊物

(1)《机械工程学报(英文版)》。

《机械工程学报(英文版)》是季刊,由中国机械工程学会主办。该刊主要刊登机械工程方面的基础理论、科研设计和制造工艺等学术论文,着重收录具有综合性、基础性、开发性和边缘性的科技成果和先进经验,其内容与《机械工程学报》中文版不重复,由国内邮局发行,在北美由美国机械工程师学会代理发行。该刊在历次科技期刊评比中均获得较好的成绩,已被包括美国《工程索引》在内的多种国内外文献刊物和数据库收录。

(2)美国《工程索引》。

美国《工程索引》(*The Engineering Index*,EI)创刊于 1884 年,由美国工程情报公司(Engineering Information Co.)出版发行,报道工程技术各学科的期刊、会议论文、科技报告等文献,是工程技术领域内的综合性检索工具。

《工程索引》现有光盘版是双月刊,网络版是季度更新,光盘版(带文摘)(SCICDE)是周更新。其中网络版包括光盘版和 EI Pageone 两部分。

其网络版数据库是目前全球最全面的工程检索二次文献数据库,该数据库文献选自 5000 多种工程类期刊、会议论文集和技术报告,涉及应用物理、电子和通信、控制工程、土木工程、机械工程、材料工程、石油、宇航、汽车工程领域，以及这些领域的子学科。

《工程索引》自1992年开始收录中国期刊。1998年在清华大学图书馆建立了EI中国镜像站，其网址为http://www.ei.org.cn/。

(3) 英国《科学文摘》。

英国《科学文摘》(Science Abstracts，SA) 创刊于1898年，当时刊名为《科学文摘：物理与电气工程》(Science Abstracts: Physics and Electrical Engineering)，是一种物理学、电气电子学、计算机与控制领域综合性科技检索刊物，1969年起由国际物理与工程情报服务部（INSPEC）编辑出版。

《科学文摘》分三辑，分别是：A辑 (Series A)，即《物理文摘》(Physics Abstracts，PA)，为半月刊；B辑 (Series B)，即《电气与电子学文摘》(Electrical and Electronics Abstracts，EEA)，为月刊；C辑 (Series C)，即《计算机与控制文摘》(Computer & Control Abstracts，CCA)，为月刊。

《科学文摘》电子版涵盖全球相关学科领域的4200种期刊（其中1/5为全摘），超过2000种会议录、报告、图书等，文献来自80多个国家和地区，涉及29种语言，收录年代自1969年开始，目前数据量已达660万条记录。目前，《科学文摘》每年收录的文献量约为30万篇，其中A辑约15万篇，B辑约8万篇，C辑约7万篇。三辑收录的文献有部分重复。

清华大学、北京大学与美国OVID信息公司合作，分别在清华大学图书馆和北京大学图书馆设立了镜像服务器，提供基于Web方式的科学文摘数据库（INSPEC）的检索服务。中国科学院国家科学数字图书馆项目管理中心于2003年10月底为中国科学院全院用户订购了包括INSPEC在内的5个网络数据库的使用权，已正式在全院范围内开通使用，用户可直接通过本单位网络进入ISI网站（http://isiknowledge.com）或通过国家科学数字图书馆中心门户（http://www.csdl.ac.cn/）使用这些数据库。

(4)《应用力学评论》。

《应用力学评论》(Applied Mechanics Review，AMR) 创刊于1948年，由美国机械工程师协会（ASME）编辑出版。该刊为月刊，每年出一本年度索引。月刊本主要包括评述性文献、图书评论、期刊文献评论和著者索引几个部分，正文内容按分类编排。年度索引则包括主题索引和著者索引。其中主题索引实际上是一个分类索引。此外，还包括评述性文献年度目录、书评著者索引、核心期刊目录、主题分类详表以及关键词索引。

《应用力学评论》报道世界上有关工程基础学科方面的期刊文献、图书、会议论文、科技报告，并对此进行评论。该刊收录世界上重要的专业出版物1400多种，内容包括连续介质力学、动力学、固体力学、流体力学、振动、结构、地质力学、生物力学等力学领域，还包括力学的应用领域及其相关学科，如计算技术、系统控制技术、制造技术、工程设计、能源和环境等。该刊相应的网络版目前收录由1989年至今的选自世界上475种期刊的相关文摘数据。

三、机械制造专业网站及搜索引擎

1. 机械制造专业网站

国内外有很多可以获取机械制造文献信息的专业机构，如国内华中科技大学的机械科学与工程学院、清华大学的机械工程学院、上海交通大学机械与动力工程学院等院校；国外的美国机械工程师学会、美国制造工程师学会、美国材料和试验学会、英国机械工程师学会、国际铸造技术协会国际委员会、国际测量师联合会等机构。此外，还有不少专业性较强的网站，如中国制造网（https：//cn.made-in-china.com/）、中国数控机床网（http：//c-cnc.com/）、中国工控网（http：//www.gongkong.com/）、先进制造业知识服务平台（http：//www.gmachineinfo.com/）。

机械制造对标准的要求十分严格，所以，获得标准文献对机械制造及操控者来说是很重要的。我们可以通过相关标准化机构的站点来获取相关信息，如国际标准化组织和中国标准服务网。

2. 机械制造专业搜索引擎及数据库

（1）机械网。

其主页（http：//www.jx.cn/）如图12-6所示。它有300万条数据，近5000个设计、计算工具，免费向公众开放。

图 12-6　机械网主页

（2）《机械制造及自动化》数据库。

《机械制造及自动化》数据库收集机械学、机械制造、流体传动及控制、机电控制及自动化、工程图学和工业工程六个学科方向的相关文献信息。其内容侧重1980年以来国内外出版的图书、期刊、会议录、科技报告、专利产品等文献中有关机械制造及自动化方面的文献资料、科技成果和产品信息。该数据库由四个专题数据库组成，即机械制造及自动化文献数据库、机械制造及自动化专利文献数据库、机械制造及自动化产品数据库和机械制造及自动化机构数据库。其中，机械制造及自动化文献数据库又分为若干个子库，如虚拟设计文献、智能制造文献、机器人文献、快速成型文献、传感器文献等。该数据库内容丰富，信息量大。通过查询该数据库，用户可以及时了解当今世界机械制造及自动化学科发展状况和技术发展方向，能够浏览机械学科的最新成果和先进技术。《机械制造及自动化》数据库是CALIS中心自建库项目之一，用户可通过不同途径检索到所需要的文献资料和产品信息。

第四节　信息工程文献信息检索

一、信息工程文献中文检索工具

1. 中文期刊检索

在《中文核心期刊要目总览》（2020年版）中，无线电电子学、电信技术类核心期刊有41种，自动化技术、计算机技术类核心期刊有30种。

（1）《电子科技文摘》。

《电子科技文摘》是由信息产业部主管、电子科技情报研究所主办，国内外公开发行的电子类文献检索刊物，是广大读者查找信息产业部电子科技情报研究所馆藏的多种国内外著名研究机构、协会组织的最新会议文献、论文汇编、技术报告、科技图书及中文科技期刊的指示性刊物。

《电子科技文摘》广泛收集国内外电子领域有影响的科技文献，以最快的速度出版。多年来以其报道内容全，专业覆盖面广，信息报道量大，查找途径多，实物检索方便、快捷等特点，赢得了国内外电子科技领域学者的重视和欢迎。

（2）《中国无线电电子学文摘》。

《中国无线电电子学文摘》是由中国科学院主管，中国科学院电子学研究所、中国科学院文献情报中心主办的电子技术刊物。它主要报道我国（包括港台地区）的科技工作者在国内发表的有关无线电电子学方面的论文和专著、电磁场理论与微波技术、信息科学与信息论、集成电路与微电子学、真空电子技术及电子管、绝缘科学分支最新动向等。

（3）《计算机应用文摘》。

《计算机应用文摘》是由科学技术部主管，科技部西南信息中心主办的计算机刊物。它主要报道国内外计算机在事务和管理数据处理以及工程技术各个领域的应用方面的文献资料，收录国内外期刊论文、汇编论文、会议论文、专著、科技报告以及学位论文等文献。

(4)《计算机研究与发展》。

《计算机研究与发展》是中国科学院计算技术研究所和中国计算机学会联合主办的学术性期刊,由科学出版社出版,在国内外公开发行。《计算机研究与发展》创刊于我国计算机事业的初创时期(1958年),是我国最早的计算机刊物,它是随着中国计算机事业的发展而成长起来的。该刊刊登了大量国内最新科研成果和国家重点支持的研究项目的论文,目前它是中国计算机类最有影响力的学术期刊之一。

2. 中文参考工具书

(1)《信息知识词典》,潘洪亮、王正德主编,军事谊文出版社2002年出版。该词典立足信息时代的现实,着眼于我国信息化建设的未来和要求,在广泛收词的基础上,精选信息知识方面的概念、术语、理论、学说、学派、人物、著作、刊物、组织、事件、会议等方面的词目,共计3000余条,100余万字。在收选词目的过程中,始终坚持科学性、权威性和全面性的原则,力求做到所定主词条科学、准确,引用材料权威、可信,转述观点客观、清楚,表述内容简洁、规范,综合创新合理、全面,选择词目恰当、典型。所选词条力求充分体现和全面反映信息领域,特别是信息时代的全貌和本质,全方位、多角度、立体式地展现有关信息方面的已有成果和时代风貌。

(2)《传感器及其应用手册》,孙宝元、杨宝清主编,机械工业出版社2004年出版。该手册从实际应用的角度出发,将传统传感器技术与当前新型传感器研究成果有机结合,全面、系统地介绍了力学量、热学量、流体量、光学量、电学量、磁学量、声学量、化学量、生物与医学、仿生与机器人,以及生态环境等传感器的基础理论与应用知识,是一本工程、科学技术领域中不可缺少的实用工具书。

(3)《英汉网络词汇》,天津大学电子信息工程学院组编,国防工业出版社2003年出版。该书收集了20000余条网络方面的词条,内容涉及计算机与计算机网络、通信与通信网络、广播与广播网络、有线电视与有线电视网络等领域的最新信息。

(4)《英日汉传感技术辞典》,张福学编著,机械工业出版社2004年出版。该辞典收集了传感技术及相关词条共4345条,其内容涉及敏感元件与材料、测量技术、磁学、声学、医疗电子学、生物电子学、光电子学、微电子技术与集成电路、固定电子学、信号处理、通信、雷达、导航、遥测、遥控和遥感、计算机等。其所收词条不仅涵盖传感技术的各个领域,而且力求反映当代传感器技术的最新成果和水平。词条的释文视具体情况分为长、中、短三类,简明扼要,准确规范。

二、信息工程文献外文检索期刊工具

1. 《电子与通信文摘》

《电子与通信文摘》(*Electronics and Communications Abstracts*,*ECA*)由 Cambridge Scientific Abstracts 创刊。它收录电子研究和通信设备方面的各类文献。该文摘数据库主要内容涉及电路(网络分析及合成、电子滤波器)、电子元件与设备、电磁波、电子与热电材料(半导体材料)、电路(放大器、振荡器、模拟器、混频器、脉冲发生器等)、半导体原件与积分器光电通信、电话与其他有线通信、计算机电路逻辑元件、控制工程、电子设备（雷达、无线电、电视）、光学及光学器件、激光器、声学器件、设备及系统等。该数据库收录文献为英文，收录了自 1981 年至今的数据，并且每月更新。检索结果为文摘。

2. 《计算机和信息系统文摘》

《计算机和信息系统文摘》（Computer and Information Systems Abstracts）由 Cambridge Scientific Abstracts 创建，文献类型包括期刊、会议文献，是以计算机技术为主，兼及生物工程、化学工程、工程物理、数学、光学等学科的网络版文摘数据库。该数据库共有 20 个学科专业的文献可供检索，具体包括人工智能、自动化、计算机电路与逻辑、文件、计算机硬件、图像系统、逻辑性与开关理论、生物工程、化工、国内工程/运输、控制工程、机器人技术、工程物理、环境工程、仪表与测量、数学、机械工程学、冶金工程、采掘、石油工程与燃料技术、光学与声学技术等。该数据库收录期刊 805 种，包括从 1981 年至今的文献，且每月更新。该数据库相对应的印刷本为 Computer and Information Systems Abstracts。

3. 《电子科学学刊（英文版）》

《电子科学学刊（英文版）》创刊于 1984 年，是我国最早向国外发行的电子科学英文刊物。该刊主要刊登有关电子科学方面的具有创新性的高水平论文和快报，及时向国内外介绍电子科学的最新研究成果。该刊现为双月刊。

4. SpringerLink 全文电子期刊

Springer 即斯普林格，是世界著名的科技期刊、图书出版公司，1842 年在德国柏林创立。它是全球第一大科技图书出版公司和第二大科技期刊出版公司，每年出版 6500 余种科技图书和 2000 余种科技期刊。2002 年 7 月开始，Springer 公司在中国开通了 SpringerLink 服务。SpringerLink 所有资源可划分为 12 个学科：建筑学、设计和艺术；行为科学；生物医学和生命科学；商业和经济；化学和材料科学；计算机科学；地球和环境科学；工程学；人文、社科和法律；数学和统计学；医学；物理和天文学。

5. WorldSciNet（WSN）全文电子期刊

世界科学出版社（World Scientific Publishing House）成立于 1981 年，总部设在新加坡，是亚洲少数专门出版理工专业书籍的出版集团。该出版社每年出版约 400 种不同主题的丛书，90 多种专业期刊。1995 年，该出版社与伦敦皇家学院共同成立皇家学院出版社（Imperial College Press），该出版社以工程、医学、信息科技、环境科技和管理科学类书籍见长，其检索系统称为 WorldSciNet（WSN）。其中部分期刊是被 SCI、EI 收录的核心期刊，是科研人员的重要信息源。

6. John Wiley 全文电子期刊

John Wiley Publisher 是世界著名的学术出版商，其通过 Wiley Interscience 提供 360

余种电子期刊的检索、浏览及全文下载服务。该出版社出版的期刊学术质量很高，是相关学科的核心资料，其中被 SCI 收录的核心期刊近 200 种。其学科范围以科学、技术与医学为主，具体学科涉及生命科学与医学、数学统计学、物理、化学、地球科学、计算机科学、工程学、商业管理金融学、教育学、法律、心理学。

7. IEEE/IEE Electronic Library 数据库

IEEE/IEE Electronic Library（IEL）数据库提供美国电气电子工程师学会（IEEE）和英国电气工程师学会（IEE）出版的 219 种期刊、7151 种会议录、1590 种标准的全文信息，用户可以浏览 IEEE 学会下属的 13 个技术学会的 18 种出版物全文，且数据回溯的年限也比较长。部分期刊还提供预印本（accepted for future publication）全文。

8. Elsevier 全文电子期刊

Elsevier 出版集团出版的期刊是世界上公认的高品位学术期刊。ScienceDirect 系统是 Elsevier 公司的核心产品，自 1999 年开始向读者提供电子出版物全文的在线服务，包括 Elsevier 出版集团所属的 2200 多种同行评议期刊和 2000 多种系列丛书、手册及参考书等，涉及四大学科领域——物理学与工程、生命科学、健康科学、社会科学与人文科学。数据库收录全文文章总数已超过 783 万篇。

9. 美国机械工程协会电子期刊

美国机械工程师协会（The American Society of Mechanical Engineers，ASME）创立于 1880 年。它是一个非营利性的教育和技术国际组织，服务于来自世界各地的 12.5 万名会员。其拥有的出版机构是世界上最大的专业性出版机构之一，每年主办 30 余场技术会议和 200 余场专业进展讲座，并制定了多个工业和制造业标准。

三、信息工程专业网站及搜索引擎

1. 信息工程专业网站

（1）中国通信学会。

中国通信学会（China Institute of Communications，CIC）（https：//www.china-cic.cn/）是在民政部注册登记、具有社团法人资格的国家一级学会，隶属于工业和信息化部，业务主管单位为中国科学技术协会学会。中国通信学会坚持为科技工作者服务、为创新驱动发展服务、为提高全民科学素质服务、为党和政府科学决策服务的职责定位，经过 40 年的发展，已成为党和政府联系信息通信科技工作者的重要桥梁和纽带。

（2）自动化网。

自动化网（http：//zdh.cnelc.com/）为自动化行业门户网站，发布自动化领域信息，包括 PLC、DOS、RTU、组态软件、fiX/IFIX/INTOUCH、工控机、变频器、现场总线、电子电器、传感器、变送器等。

(3) 国际无线电科学联盟。

国际无线电科学联盟（International Union of Radio Science，URSI）（www.ursi.org）网站主页设有在线数据库、电子读物、网上论坛、站点导航、专题信息等栏目。

(4) TechTarget 中文网站。

TechTarget 中文网站（http：//www.TechTarget.com.cn）是天极网与美国 TechTarget 公司合作开设的 TechTarget 系列网站的中文版。按不同的 IT 技术，TechTarget 中文网站分别设立独立的子站，提供技术新闻、信息、技巧、方案，为具有相同技术应用背景的人群提供网络互动技术咨询服务。

(5) 中国科学院自动化研究所。

中国科学院自动化研究所（http：//www.ia.ac.cn/）以智能信息处理、复杂系统与智能控制为主要研究方向。

(6) 中国科学院软件研究所计算机科学实验室。

中国科学院软件研究所计算机科学实验室（http：//www.ios.ac.cn）是一个以计算机科学理论和应用研究为基础，以计算机软件高新技术的研究开发和产业建设为主导的综合性实验室。

此外，还有中国自动化学会（http：//caa.org.cn/）、中国科学院计算技术研究所（http：//www.ict.ac.cn/）、中国工信产业网（http：//www.cnii.com.cn）。

2. 信息工程专业数据库

(1) 北方工业大学图书馆学科导航：自动化类相关信息。

北方工业大学图书馆网站（http：//bfgydxrgjy7.zhixinst.com/）信息较为详细，分馆内设置资源、机构组织、专业站点等栏目。

(2) 北京工业大学图书馆学科导航：计算机科学与技术。

北京工业大学图书馆（https：//lib.bjut.edu.cn/）所编的关于计算机科学与技术的导航站点，包括期刊、论文、专利、会议、标准、数据库等各种资源。

(3) 南京邮电大学图书馆通信资源导航。

该网站（http：//lib.njupt.edu.cn/1386/list.htm）是由南京邮电大学图书馆自建的。

(4) 东南大学图书馆通信与电子系统学科虚拟导航。

该网站（http：//lib.seu.edu.cn）包括学科介绍、研究机构、学会组织、会议通报、电子期刊、专业站点、专家指南、博士点、专利标准、市场一览等。

3. 信息工程专业搜索引擎

最常用的信息工程专业搜索引擎是 Safari 数据库。该搜索引擎在检索时具有以下功能：可以方便地检索主题；显示检中图书篇目及其封面图标、按与检索词相关性排列检中的图书及书中术语；显示相应检索词所在图书的相关章节；显示检中图书上下文中的关键字。为方便用户按页浏览，该数据库为系统中的每一本图书提供完整的目次页和索引信息，提供与原印刷版图书一样的完整图像、图表及其他图像信息，允许对浏览的内容做笔记或做书签,允许对编码段落等信息进行剪辑和粘贴以节省时间、减少输入错误,提供含有相关信息的权威网站链接。

此外,还有新版一把刀实用查询(www.18dao.cn)等。

思考与训练

1. 利用生物医药专业搜索引擎找到有关癌症的最新研究成果。
2. 最近10年内,全球环境严重恶化,请列举三个环境恶化的例证,并说明其严重程度。
3.《科学文摘》三辑的侧重点分别是什么?
4. 使用本章中介绍过的专业搜索引擎,查找你感兴趣的内容,并写出检索步骤。

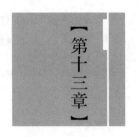

学术论文写作

在大学学习的各个时段，论文写作都是必修课。本科毕业生要提交学士学位论文，硕士、博士毕业生要提交硕士论文、博士论文。如果论文评分不通过，学生就无法获得相应学位，这是硬性规定。平时，一些学生会主动选题进行研究，发表论文，以提高自己的学术水平。毕业后，很多人也会做一些项目研究，或撰写总结报告。所以，在学生阶段不断培养自己的科研能力和学术论文的写作能力至关重要。

第一节 定向与选题

一、确定专业方向和主攻目标

科学研究活动是一项复杂的脑力劳动，学科之间交叉渗透，错综复杂。没有明确的目标，或者误入歧途，就会徒费精力和时间，终无所获。因而，要进行科学研究活动，确定专业方向和主攻目标是第一个重要环节。

1. 确定专业方向

相关数据显示，目前可供研究的学科有6000多个，小到粒子、中子，大至宇宙、地球结构、外空星系，都需要人们去研究；文史哲、数理化、天地生、农工商均是人们可以研究的领域。但是，人们的才能、精力、时间是有限的，想要全线出击，在各方面都大显身手，一般是办不到的。所以，我们应该在广阔的学术大地上，选择一块属于自己的土地，用心耕耘，必有收获。

但是，并不是所有的人都解决了专业方向的问题。不少人对于业余爱好兴趣很浓，对自己的专业却非常厌烦，"身在曹营心在汉"，"这山望着那山高"，结果是"歧路亡羊"，一事无成。因此，每一个希望自己事业有成的人，首先都要"定向"，即明确自己的专业方向。研究者要在自己所从事的专业学科范围内,根据自己的业务基础、科研能力和兴趣,确定一生或某一时期内进行科学研究的方向。

2. 确定主攻目标

每一个专业、每一个学科,其内容都是极复杂广泛的,比如经济学,有宏观经济学、微观经济学、国民经济、国际经济、产业经济、商业经济、政治经济、各流派经济、国内外经济史、各国经济等。一个人只抓住其中的一个方面就够了,不断深入,思想逐步达到前人没有达到的水平,其就成了某方面的专家。譬如,进行图书馆学研究,不能全面出击,如果既研究图书馆基础理论、信息管理理论,又研究分类编目、文献检索、读者研究、参考服务、目录学、中外图书事业史等,往往会一无所成。一个人应该努力成为某一方面的专家,也就是说,他得有自己的主攻目标。

3. 如何确定方向和目标

学者和科学家选择和确定专业目标的依据各不相同,但总的看来,不外乎对于主观和客观条件的考虑,如社会需要、学科发展趋势、个人才能和兴趣、名师指点等。

(1) 社会需要。

很多人上大学时进入了某一专业领域,从此与这个专业结下不解之缘。社会为他提供某一就业机会,让他能在自己的专业上做出贡献。这就是社会分工,就是社会需要。也有不少人学的是一个专业,但后来阴差阳错进入另一个专业岗位工作并在其中发挥骨干作用,这也是一种需要,也需要他充分发挥才干。著名物理学家钱伟长中学时数理化考试不及格,文史极好。后来经努力,他考取五所大学,最终选择了清华大学物理系,他的初衷是发展我国科学技术,富国强兵,抵御帝国主义的侵略。鲁迅和郭沫若最初都学医,但他们认为中国要独立自强,必须先唤醒民众,故他们最终选择了文学。在我国图书馆学信息管理学领域,这种例子也很多。王重民先生在大学学习文史,后来却成了目录学家;刘国钧先生学习哲学,后来却是图书馆学理论专家;陈树年先生学习火箭专业,却成了当代图书分类学家。

(2) 学科发展趋势。

当一个人确定了专业方向后,如何选定主攻目标,也是应该认真思考的事情。当然,社会需要是一个重要因素,但社会需要并不会告诉人们更为具体的目标。这需要我们自己去分析把握科学发展的趋势。比较成熟的学科,将来会有新的突破,这是一种趋势;现在还处于潜科学状态的边缘学科和交叉学科,将来有可能成为一个很有发展前途的新兴学科,这也是一种趋势。这里需要的是远见卓识。王梓坤同志说过:"识,一般指思想和科学预见的能力,它对一个科研人员正确选择主攻方向,决定这场仗该不该打,这件事该不该做,这个问题值不值得研究,以及怎样做最为有利,具有重要的意义。人们所说的'远见卓识'就是这个意思。"

在我国图书情报领域,陈光祚先生原先做文学目录学研究。20世纪70年代,他认识到,科学和技术的发展必然需要科技文献的检索,科技文献检索有可能成为一个相当重要的研究领域。因此陈光祚毅然选择科技文献检索作为自己的主攻方向,经过努力,他撰写了我国第一部科技文献检索教材,在全国产生了极大的影响。数年后,科技文献检索课不仅成了图书情报学的核心课程,也成了各个学科的必修课。20世纪60年代初,美国国会图书馆的艾芙拉姆夫人等着手研究计算机编目,几经挫折,于1969年研制成功MARCⅡ,并开始出售磁带目录,彻底改变了手工编目传统,在当时被称为"图书馆工作划时代的革命",一时轰动世界。今天,机读目录已被应用于世界各大中小型图书馆,把千千万万图书馆员从繁重重复的劳动中解放出来,其贡献确实很大。目前,很多人着手经济信息、企业信息、竞争情报、数字图书馆、网络出版和网络信息管理方面的研究,应该说其目标是正确的。

(3) 个人才能和兴趣。

个人才能和兴趣往往与本人所学的专业、从事的工作有紧密联系,当然也有不一致的情况。俄罗斯犹太裔美国科普作家阿西莫夫,学的是化学专业,但他发现自己不善于做化学实验,写科普文章却得心应手。1958年,他告别大学讲台,专门从事科普创作,写出了200多部科普作品。我国科普作家叶永烈的经历与阿西莫夫极为相似。登上动物行为科学高峰的学者古多尔,从小就对动物感兴趣。她18岁时辞去了新闻电影制片厂的工作,去非洲考察黑猩猩,一生与黑猩猩为伍,在这一领域做出了特殊的贡献。

美国费城著名信息学家加菲尔德的从业经历也很有趣。他学的是化学专业,但对此没有兴趣。他当过兵,退伍后当了一名图书管理员。他的爱好是书刊封面、目次。凭着自身兴趣,经过反复研究,他发现了论文与论文之间借鉴引用的规律,创立了一种新型的索引——科学引文索引,办起了科技信息研究所,出版了《科学引文索引》杂志,修建了一座信息大厦。这使他成为在全世界都很有影响力的信息学家。

(4) 名师指点。

一个人对自己的才能应该是清楚的,但也不尽然,特别是一个刚刚步入科学殿堂,或者尚在门外徜徉的青年,往往缺少"自知"之明。他们在众多学科和研究方向面前,或举棋不定,或不知所措,或不知自己所长在何处。这时,他们确实需要名师的指点。"听君一席话,胜读十年书"中就有这样一层意思。1945年,杨振宁去美国学习实验物理。物理学家费米把他介绍到阿贡实验室。但杨振宁不善于做实验工作,对理论物理却有一种难以说清楚的"高趋能力",写出了两篇理论物理方面的文章。美国著名物理学家泰勒发现了他的才能,亲自找到他,劝他改学理论物理。杨振宁当时还感到非常失望。在经过两天的考虑之后,他做出了改行的抉择,并请泰勒做他的导师。仅仅两个月后,杨振宁就取得了博士学位。

二、选择研究课题

研究课题是研究工作的逻辑起点。整个研究工作都从课题出发,围绕课题展开,直到取得课题研究成果,研究工作才算结束。所以,从事任何研究活动,必须首先确定课题。

但是,科研课题是科学领域内尚未得到认识和解决的问题。这些问题有些已经被人们发现并有所了解,有些仍处于潜伏状态,只有通过深入的分析、探讨,或在进行其他研究的过程中才能发现。所以,要选定一个理想的科研课题非常困难。

课题的选择除了受客观因素限制外，还与研究人员的业务素质和认识能力有很大关系。一个有经验、有远见的科学家能够在别人看来已经没有新的研究价值的地方，或者在看似不存在问题的地方提出新的课题，开辟新的研究领域，或在纷繁复杂的课题中，找到有科学价值的课题。如果我们能够找到真正有价值的课题，这就说明我们的学术水平达到了一定的高度，对科学的发展有了一定程度的了解。爱因斯坦曾经说过，提出一个问题往往比解决一个问题更重要，因为解决一个问题也许仅是一个数学上的或实验上的技能而已，而提出新的问题、新的可能性，从新的角度去看旧的问题，却需要有创造性的想象力，这标志着科学的真正进步。科学家贝尔纳也说过，课题的形成和选择，无论是作为外部的经济技术的要求，还是作为科学本身的要求，都是科研工作中最复杂的一个阶段。一般来说，提出课题比解决课题更困难。

我们常说，确定了研究课题，研究工作就完成了一半。这句话其实是在强调选题的重要性。如果课题选得准、选得好，研究工作能顺利开展，研究结果就有重大意义，就能获得事半功倍之效。反之，就有可能遇到很多困难，浪费人力、物力、财力，半途而废，或者最后得到的研究成果没有太大的社会意义。所以，我们首先要把好选题关。

科研课题的选择应坚持以下几个基本原则。

1. 社会需要原则

马克思曾经说过，有幸从事科学研究的人们，应该尽可能通过自己的事业为人类服务。世界上许多科学家都是出于对人类的爱，为了社会的进步而选择科研课题进行研究的。

周恩来在1959年召开的第二届全国人民代表大会第一次会议上所做的《政府工作报告》中也曾指出，直接为生产建设服务的任务，应该放在首要的地位；在生产建设的各个战线上，存在着千千万万的技术课题，科学技术工作者应当分工协作，为解决这些课题而努力。

所以，各个学科领域的研究者在选择科研课题时，应首先考虑现实社会的迫切需要，应该把社会的需要作为选择选题的一个基本原则。但是，我们也不应该忽视基础理论问题研究，这是各个学科自身发展的需要。因为基础理论问题的解决对现实问题的研究有重要的指导意义。周恩来也在强调把为生产服务的研究放在首位之后，紧接着指出，基础理论的研究，对于科学技术的发展具有深远的影响，必须给予足够的重视。

2. 科学性原则

科学性原则是指我们选择科研课题必须有事实根据和理论根据，保证科研活动沿着正确的方向和路线前进，而不要把荒诞迷信、违反科学原理的内容作为课题。但是，在实际科研活动中，科学和反科学有时是难以分清的，人们对某些科研活动的认识甚至是截然不同的，譬如前几年出现的引发了很大争议的人体特异功能、生物场（幻象）研究热等。也有一些人选择了科学性不强、价值不大的课题，最终结果是白白浪费时间、精力。还有些人把早已过时的问题再挑出来进行研究，既无新思想、新观点，又于实际工作无补，这样的研究课题没有多少科学价值。

3. 可行性原则

科学研究是一项认识活动，它必然受客观环境条件和时代的认识条件的限制。恩格斯提到，人们只能在他们所处时代的条件下进行认识，而且这些条件达到什么程度，人们就只能认识到什么程度。

所谓可行性，包括以下几方面内容。其一，人们不可能超越现实所提供的认识问题的基础。科学预测是以当代人们的认识为基础的，离开了现实的认识，预测也就成了幻想。其二，要具备一定的社会环境条件，即社会能为研究者提供必要的经费、设备、认识工具等。即使一个选题是科学的，但如果不具备相关的客观条件，研究也无法进行。其三，个人的科学知识、科研能力、研究方法等要能适应这一科研课题。不少人喜欢做超前研究，喜欢议论那些依据我国国情不大可能实现的课题，也有些人高估自己的能力，对大课题大包大揽，力不从心，结果不了了之。科学需要钻研精神，来不得半点虚伪和骄傲，因此我们在确定选题时一定要注重可行性。

4. 唯一性原则

唯一性原则要求我们进行研究课题选择时，尽可能不和别人的课题雷同。如果所选定的课题别人已经在研究，甚至已经有了成果，那么再重复研究一遍，就没有太多社会意义了。为了避免重复，我们要对国内外研究动向有全面的了解，这需要我们平时多积累，或者通过专业领域内书目、索引、文摘、综述或网络检索工具等了解相关研究信息。

事实上，要完全杜绝重复是困难的。达尔文研究生物进化理论时，另一位科学家华莱士也在研究这一课题，而在达尔文的著作尚未完成时，这位科学家已经将自己的研究成果寄给了达尔文，这使得达尔文非常为难，最后两位科学家决定同时发表研究成果。据称，在我国学者已经完成的研究项目中，有30%的人是在重复他人的劳动。我们经常会看到重复的例子。许多人不调查、不分析，在不知道别人正在研究或研究过什么课题的情况下就开始了自己的研究，以至于出现重复。也有些人是自己找不到合适的课题，有意地"抄袭"别人的课题，这实际上并不能算是科学研究。

三、课题论证

课题的选择过程，也就是不断分析、比较、论证的过程。慎重起见，一些重要的科研课题在正式开始研究之前，必须组织课题论证。

所谓课题论证，就是运用选题原则对课题可行性进行全面分析和评价，其目的是广泛听取经验丰富的专家和同行的意见，使课题选择方案更加完善合理，为课题决策提供科学依据。

有些个人开展的小项目，不需要经费资助，其开展和结束影响都不大，所以没有必要组织专门论证。但这些研究者往往在选定课题之时，与许多同行朋友交谈，这其实也是课题论证的一种形式。

一些硕士、博士研究生的学位论文，甚至包括专科生、本科生的学位论文，也要求学生在和教师一起商定研究课题之后，写出开题报告，召开院系或教研室专家会议，对选题的现实意义、理论意义、范围大小、难易程度、能否按时完成等进行讨论，这其实是小型的选题论证会。许多学生的选题经过论证后，或修改，或压缩，或改变方向。课题论证对他们今后所从事的研究工作有不可估量的意义。

依据课题的不同规模，论证的方法和过程也不同，可以酌情处理，不必过分拘泥于形式。但比较重要的课题，特别是投资多、影响大的课题，要严格按照一定程序进行论证。

科学研究活动必须有严密的计划。没有计划，研究就无法进行。我们无法将计划的制定与课题论证分开。实际上，课题论证过程也是研究计划的制定、修改和确定的过程。一般重大的、复杂的研究课题，在课题论证之后，还要制订详细的工作计划，包括课题各部分研究的先后顺序、人员的分工、时间的配合、经费的使用、技术要求及其他细节。

第二节　研究与思考

一、充分占有材料

"巧妇难为无米之炊"，没有材料，研究工作就无法进行。材料一般包括文献资料和事实。文献资料是前人或他人研究成果的记录，包括公开的和内部的一切文献中的材料，如书籍、报刊、汇编、简报、图表、图纸和其他一切非纸质载体文献中的材料等。事实是指客观事件、现象和过程以及对它们的描述。事实包括客观事实、经验事实和理论事实。经验事实又有直接经验事实和间接经验事实之分。

文献资料和事实，在方法科学中常常被称作数据。数据的形式可以是数字、图表、符号等，也可以是文字表述。

除了直接经验事实可以通过身体力行和实验观察得到外，其他材料大部分都可以通过查阅文献来获得。

文献资料和事实对于研究者来说意义重大。巴甫洛夫提到，没有事实，研究者所从事的工作就是枉费心机；我们每一个研究者都应该用勤劳的工夫去搜求材料，用最精细的工夫去研究材料，用最严谨的方法去批评审查材料。恩格斯也说过，只说空话是无济于事的，只有靠大量的、批评性地审查过的、充分地掌握了的历史资料，才能完成科研任务。充分占有研究材料涉及资料搜集、文献阅读与记录这两项工作。

1. 资料搜集

学过文献检索课的人，在资料搜集方面应该不成问题。但在真正从事一项研究时，有的人却不知如何找到自己所需要的资料。所以，平时有必要进行一些专业资料查找的训练。

（1）资料搜集的原则。

资料搜集工作不能胡乱开展，有的人漫无目的地找资料，这样不但不可能全面得到所需资料，而且所得到的资料会有很多是无用的。所以，在搜集资料时，必须做到心中有数,也就是遵循一定的原则。第一,由近及远,即先查找最近几年的资料,再追溯发表时间较早的资料。因为有关方法、技术、理论性的资料,发表时间越近,越有参考价值。第二,逐渐扩散,即先查有关专业或课题的核心资料,包括核心著作、期刊等,再逐渐扩大搜集资料的范围,查找相关资料。第三,兼收并录,即不仅搜集正面资料,而且搜集反面资料;不仅搜集与自己的假设一致的资料,而且搜集与自己假设不同的甚至矛盾的资料。第四,注意搜集原始资料,应尽可能不用二手资料或经过多次转手的资料,因为个人对转手资料的背景及前因后果不清楚,难以准确地使用它。而且有些资料经转手之后,错误百出,用起来对整个研究有百害而无一利。所以应尽可能查阅原始资料。当然,所谓原始资料也是相对的,可依照发表时间先后做出选择。

(2) 掌握信息源。

首先是著作。著作包括教科书、专著、资料性和参考性工具书。教科书和专著是有区别的,但两者并没有严格的界限。对于科学研究来说,专著比教科书更有参考价值。但不管是教科书还是专著,都是比较成熟、稳定的研究成果,很难反映最新的研究进展和当前的学科研究动态。所以,从事新课题研究的人员,主要阅读的是报刊论文。

其次是报刊论文。报刊论文是我们在从事新课题研究时的主要阅读对象。论文一般都是最新研究成果,发表速度快,内容新颖,观点鲜明,又为第一手资料,所以科技人员包括从事现代信息技术研究的人员,从书籍中得到的信息只占总信息资料的15%~20%,而从论文中得到的信息却占65%~75%。

再次是学术会议文献。目前,由于各学术团体越来越多,国内外的学术会议也越来越多。据统计,全世界每年召开4000多场学术会议。这些会议的论文、报告、纪要等及时地反映了研究成果和动态,代表着该学科的研究水平,预示着未来的发展趋势。所以会议资料对研究人员来说,是十分重要的参考资料。

最后是学位论文。我国从1978年恢复招收本科生、硕士研究生以来,高等教育发展很快,每年都有大批本科、硕士、博士毕业,产出几百万篇学位论文。学位论文都是毕业生在导师指导下,经过教研室讨论确定课题,经过一年多的时间完成的。学位论文的选题一般都能反映学科前沿,内容深入,有一定的独创性,是很重要的参考文献。

除以上几种文献资料外,还有科研报告、内部出版物、专利、技术标准、产品样本、图纸等。

(3) 查找文献线索。

当前各个专业的出版物越来越多,单个研究者或单个图书馆很难全面收藏这些出版物。另外,学科之间的交叉渗透,使文献越来越分散。据统计分析,许多学科的文献只有三分之一发表在本专业报刊上,其他三分之二发表在相关专业的报刊或完全不相关的报刊上。例如,目前在经济学的文献中,仅专业刊物就有数百种,其他文献如各大学的学报、综合性学术刊物、其他专业性刊物和普及性刊物等也发表了不少经济学领域的论文。所以要想准确、及时地找到这些论文资料,必须利用检索工具。这些检索工具就是本书所提及的各种检索工具。

2. 文献阅读与记录

每个人习惯不同,文献阅读的方法也不尽相同。概括来讲,大致有以下几种方法。

其一，浏览。书籍、报刊太多，不可能也没有必要一一细读。如果一本书与自己的课题关系不大，可以一目十行，很快浏览完毕；遇到个别对研究有启发意义的章节，再精读也无妨。到书店、图书馆阅览室看报刊时，一般浏览多于精读，对于有的刊物，通过前面的目录就能知其大概，可以直接翻阅感兴趣的文章细读。这是博览群书、掌握学科动态的一种有效方法。

其二，选读。在浏览、泛读、速读的基础上，选择好的篇、章、论文，或论文中的片段仔细阅读，认真分析领会，并做好记录。

其三，精读。这要求将那些与课题有关的论著、文章及其他参考资料读通、读透，真正理解消化，评价得失，吸取其精华，摒弃其糟粕。特别是对于在自己的课题或论文中要继承或批判的内容，一定要精读。冯友兰先生就主张把要读的书分为三类，第一类是要精读的，第二类是可泛读的，第三类是只供翻阅的。

读书笔记无固定格式，各人可以根据习惯和爱好进行。但"不动笔墨不读书"，一定要做笔记，这对于我们之后查阅会有很大帮助。比较常用的读书笔记做法有：摘抄；做题录或提要；写读书札记；做批语或符号。有时可以几种方法同时使用，在摘抄旁边加注批语。在阅读过程中，我们偶尔想到什么，要立即记录下来，因为这偶尔想到的，是个人独到的见解，是理性思维的火花，对于研究工作非常有用。

科学研究所需要的，除了文献资料外，还有实际材料，这就要求我们进行调查、试验和观察。

二、反复思考

1. 分析和思考

搜集资料的过程也是分析和思考的过程。随着搜集的资料不断丰富，调查、观察到的事实越来越多，我们对问题的了解就越全面，认识也越深刻。不过，在研究过程的前期还是以资料调研为主，在中后期才以分析和思考为主。

分析和思考的过程就是运用经验材料、事实和文献资料进行比较与分类、归纳与演绎、分析与综合等，对具体的感性事物进行科学抽象处理，由表及里、由浅入深，获得对事物的本质的认识，然后从一般到个别，从抽象到具体，获得对事物更加全面深刻的认识，建立起科学的理论体系。

在科学研究中，理性思考过程也是非常艰苦的研究过程。对此，每一个真正从事科学研究的人都有深刻的体会。如果不能很好地掌握理性思维的科学方法，缺乏理性思维的能力，不愿意下苦功夫，就难以得到新的有创造性的认识，也不可能取得有重要科学价值的科研成果。

2. 论证

在科学研究活动中，为了说明一种思想（一个判断）是否正确，必须列举一些事实和原理进行逻辑推论。这种方法就叫论证。论证由论题、论据和论证方式组成。

论题是有待证明是否正确的思想（判断）。它可能是科学上已被认为是正确的，或尚未确认为正确的判断。对于前者，论证侧重于表述；对于后者，论证侧重于寻求理论和事实根据。

论据是确认论题真实性的根据。论据的真实性是论题真实性的根据，所以论证者在论证时，首先必须确定论据的真实性，错误的论据是无法论证论题的真实性的。为了论证一个论题，往往要有很多论据，而其中的一些论据是从另一些论据中推导出来的，所以论据又可分为基本论据和推论论据。

论证方式就是进行论证时所使用的逻辑推理形式。一个论题可以有多种论证方式，一般采取最简单的论证方式。根据论据与论题之间的关系，论证方式可分为演绎论证和归纳论证。演绎论证是论据与论题之间有必然关系的论证，其特点是：论据是一般原理，论题往往是特殊的场合。归纳论证则相反，论据与论题之间有必然关系，其特点是：论据是某些特殊的场合，而论题是一般性原理。

3. 反驳

反驳是用已知的正确的判断驳斥另一个判断虚假性的逻辑方法。反驳方法一般有直接列举事实法、归谬法和证明法三种。"事实胜于雄辩"，用有力的大量的事实证明对方论题的虚假性，有极强的说服力。归谬法是根据对方的论题和逻辑进行推理，得出错误的，甚至是荒谬的结论，由此推得其论题也必然是不能成立的。证明法是独立地证明一个和对方论题相矛盾的命题是真实的，从而证明对方的命题是虚假的。

反驳可以从以下几个方面进行：对论据的反驳；对论证过程的反驳；对论题的反驳。如果我们证明了对方使用的论据不能成立，也就证明了其论证的虚假性。如果我们证明了对方的论证过程不合逻辑，论据和论题之间缺少内在联系，也可以证明对方结论的虚假性。同样，如果我们用大量事实说明了其论题的虚假性，其整个论证也就不攻自破了。

论证与反驳既有明显区别，又有密切联系。其区别在于：论证是用自己认为正确的结论证明另一结论的真实性；反驳是用自己认为正确的结论证明另一结论的虚假性。二者的目的不同，逻辑方法也不同。但是二者又互相联系、交替互用。也就是说，在反驳中有论证，在论证中有反驳，或者是先反驳后论证，论证之中夹杂着反驳，其目的都是说明事物的本质和规律。所以，论证与反驳是两种相辅相成的论述方法。这两种方法在我们的许多论著中，特别是在那些存在争议的待商榷的文章中经常出现。

三、形成科学理论

科学研究的目的是揭示事物的规律，建立相关理论，并用这些理论指导实践，改造客观世界。所谓理论，就是正确阐述事物之间的内部联系和规律的客观真理。在科学研究中，经过调查、试验、观察，对各种资料进行分析研究，归纳总结，反复论证，最后就会形成理论。因为研究课题有大有小，所以得到的理论范围也有所不同，有的理论反映了整个事物各部分之间的内在联系，有的理论只反映了某一部分、某一环节中各因素、各部分之间的内在联系，但只要该理论是经过论证并经实践检验是真实的，就可以称为科学理论。

第十三章 学术论文写作

1. 科学理论的特征

(1) 真理性。

科学理论应该是客观事实的本质和规律的反映。根据大量的真实的事实材料建立的理论（假定性规定）应该能够经得起实践的检验和证明。科学理论的真理性不在于人们的主观信仰或社会的公认。宗教和迷信，即使随从者众多，也不是真理。但是真理也是相对的，是不断发展的。随着事物的发展变化和认识的不断深入，已有的理论有时候不能对现实做出完美的解释，人们就会在不断深入研究的基础上构建新的理论体系。这是由人们认识的局限性所决定的。对科学理论的"证伪"并不能否认科学的真理性，除非把原理论体系赖以存在的科学事实全部推翻。

(2) 全面性。

理论对客观事物的反映应该是较为全面的。理论的概括不能只"抓住一点，不及其余"，"只见树木，不见森林"，只反映事物的某些特征，而忽视了其他方面。科学理论是研究客体的各种现象的全面总结，因而也能用于解释有关事物的全部现象。但是，科学理论又在科学发展的历史长河中不断完善着，逐步达到全面性的要求。正如列宁所指出的，要真正地认识事物，就必须全面把握、研究清楚它的一切方面、一切联系，我们永远也不会完全做到这一点，但是，全面性这一要求可以使我们避免错误和思维僵化。

(3) 系统性。

科学理论所反映的是客观事物的内在本质和规律。而事物各个部分是一个有机的统一体，其本质和规律是各个部分互相作用的结果。所以科学理论不是各种概念和原理的拼凑和堆砌，也不是互不相关的论点、论据的机械组合，而是按照事物内在的联系构成的一个知识体系。理论的系统性，不仅表现为概念、论点的合理联系，而且表现为学科内理论知识的层次结构的合理性，以及不同学科之间的有机联系。我们常感觉一些研究成果或理论著作整体是上混乱的，其原因也就在于其缺乏系统性。

(4) 逻辑性。

科学理论的表达必须有一个完整、清晰、合理的形式，让人们理解、认识和接受，这就是说，科学理论的表达必须是一个系统的逻辑体系，必须有明确的概念、恰当的判断、正确的推理和严密的逻辑证明。因为客观事物本身的结构是符合逻辑的，所以理论体系只有符合逻辑，才是真实的，才会令人信服，从而表现出较强的逻辑性。

(5) 多元性和开放性。

客观事物本身是复杂的，人们往往从不同角度、不同侧面去研究同一事物，深入到不同的层次、深度，就会得出不同的理论表述，从而形成不同的理论学派。真理不可能只限于一家一派，往往存在于各种学说之中，因而科学理论不可能一元化，不能认为只有一种理论是正确的，其他理论都是错误的。同时，决不能认为科学理论已经非常完善，就故步自封、不求进步。科学理论应该不断吸收新的材料，研究新问题、不断改进和修正科学理论中不合理的部分，增加新的内容，使理论体系更加符合变化了的客观实际。任何理论都应该是开放的，而不应该是封闭的。

2. 科学理论的逻辑结构

科学理论的逻辑结构包括三个重要因素：科学概念、科学原理和科学推论。

(1) 科学概念。

科学概念是构成科学理论的细胞和基元，科学概念决定着科学理论的基本内容。各门学科都有自己的专门概念，如信息管理学中的信息、信息资源、信息交流、信息熵、信息控制、信息系统等。越是成熟的学科，其概念越丰富、越稳定。

(2) 科学原理。

科学原理是科学研究的基本规律和关系的反映，是构成科学理论的最基本、最普通的定律，是科学理论赖以建立的基础，如牛顿力学中的三个运动定律和万有引力定律，狭义相对论中的相对性原则和光速不变原理等。

一门系统的、较为成熟的科学的理论应该有公认的定律、规则。在图书馆学中，人们把阮冈纳赞的五项原则视为五定律。在对文献的长期研究中，逐步形成和完善起来的文献分散定律、文献老化定律、文献增长定律等被纳入情报学理论体系，大大丰富了情报学（即今日的信息管理学）的内容。同时，这些定律的真理性也大幅提高了情报学的可信度及其学科地位。

(3) 科学推论。

基本原理是科学体系赖以建立的基础，但是理论体系是一个内容丰富的结构体系。研究者首先提出理论结构的基本假设，而后用演绎方法从基本假设（基本原理）推导出各种推论（派生的概念和判断），从而构成科学理论体系。这些派生的概念和判断也是得到逻辑证明的理论中的各种具体概念和具体定理、推论，它们具备理论解释和预见的功能。

任何一个学科的科学理论都有基本概念和基本原理，同时有许多研究分支和分支学科，后者大多是经逻辑演绎推论出来的具体的概念和判断，它们构成一种科学理论体系。

第三节 论文写作

在运用各种研究方法，经过一系列研究活动得出科学结论之后，还必须将研究成果用文字表述出来，使人们了解和利用，让社会承认，这样才能体现科研成果的价值。研究成果的文字表述方式有专著、学术论文、研究报告、专利说明书等。其中最主要的是学术论文。论文写作是每位大学生必须具备的基本能力。

一、明确论文的性质

顾名思义，学术论文就是讨论学术问题、科学问题的文章，它绝不同于小说、散文、新闻稿、应用文或记叙文。正如《科学技术报告、学位论文和学术论文的编写格式》（中国国家标准 GB 7713—87）所定义的，学术论文是某一学术课题在实验性、理论性或观测性上具有新的科研成果或创新见解和知识的科学记录，用以在学术会议上宣读、交流或讨论，或在学术刊物上发表，或作其他用途的书面文件；学术论文应提供新的科技信息，其内容应有所发现、有所发明、有所创造、有所前进，而不是重复、模仿、抄袭前人的工作。

从这个定义可知，学术论文一定要在科学上有见解、有创新，是新知识的记录，是新进展的总结。有人用花俏的词语藻饰毫无学术意义的琐事，无实事求是之心，有哗众取宠之嫌，混淆了散文随笔与学术论文的界限，是不足取的。

1. 学术论文的特点

一般来说，学术论文有以下四个特点。

（1）学术性。

学术性是学术论文的根本特征，也是学术论文与其他文章的根本区别。学术论文是研究课题的总结，是研究成果的表述，是科研成果学术创新的载体，学术见解是其核心内容。一般议论文往往是作者有感而发，突出个人意见和感受，有较强的思想性、政治性，不追求系统性、完整性。而学术论文突出学术成果，讲求论点明确，论据有力，论述全面系统，不能用思想性代替学术性，混淆学术问题和思想政治问题的界限。

（2）专业性。

学术论文的内容与学科专业领域联系在一起，是某学科专业领域的研究人员在长期学习专业知识，对某一领域、某一课题长期钻研、分析、思考的结果。学术论文对解决某专业学科领域的疑难，揭示某一专业领域主要矛盾和发展变化规律，推动学科的发展上有一定的学术意义。我们经常看到一些内容空洞、离题万里、无明确专业主线、无专业功底的文章。这些文章缺少扎实的专业学习、长期的学术积累和深入的专业研究，是"急就章"或"应景之作"，甚至是拼凑抄袭而成的，毫无学术价值。在这方面，一些学术大师们的著作应该成为我们学习的范例。

（3）逻辑性。

学术论文是学术研究成果的表述和公示。这一成果能否为人们接受和信服，相当重要的一点就是它能否准确清晰地说明课题当前的进展、疑难点、使用的研究方法、研究过程和研究成果。研究者需要在学术论文中明确提出结论，说明论点，然后用充分的论据论证论点的科学性。论文整个层次和结构是一个严密的逻辑体系。不能突出一点，不及其余，更不能漏洞百出、自相矛盾。

（4）原创性。

学术论文的原创性是由科学研究的本质决定的。科学研究整个活动的目的就是发现新的规律，解决新的问题，提出新的理论和新的思想认识；或者发现前人从未发现的现象；提供新的资料，创造新的研究方法；取得新的进展，发明新的技术。总之，就是为人们提供新的具有原创性的知识。所以作为科研成果记录和总结的学术论文，其内容当然应该具有原创性。原创性是学术论文的生命和灵魂，当前充斥报刊的大量东拼西凑、人云亦云的文章，根本称不上学术论文，只是普及性的文章。

2. 学术论文的类型

学术论文可以从不同的角度来划分类型：根据写作者目的，可以分为一般学术论文和学位论文（毕业论文），前者的目的是在学术会议和学术刊物上发表，后者的目的是对数年学习进行总结，对科研能力进行检验，争取获得学位；根据学习者的学历级别，学位论文又可分为学士论文、硕士论文和博士论文；根据论文内容的学科性质，可分为社会科学论文、自然科学和技术论文；根据论文研究和阐释的主题性质，也可以分为理论性论文和实践性、实用性论文。

虽然各类论文之间没有绝对界限，但论文作者还是要事先明确自己即将写作的论文的性质和特点，以达到论文写作的学术目的。当前专业刊物上的一些文章既有理论，又有方法，还联系实际，乍看全面得很，但仔细看来，不透入、不透彻、模棱两可，毫无学术价值可言。

3. 主题的提炼与升华

发表在报刊上的不少论主题不明确、不深入，研究不深入、不透彻，甚至有的论文根本没有主题，不知所云，使人读起来味同嚼蜡。这是因为论文作者对自己的研究成果和主题缺少认真的总结和提炼。

其实，研究是一个过程，总结是另一个过程。研究是为了发现和解决问题，获得新的认识，而总结是为了使认识理论化，使问题更加明确和清晰。研究是对未知和盲区的探索，但仍然带有很大的盲目性，而总结是一个逐步明晰、拨云见日的过程。

人们的认识过程是曲折的，不可能有捷径。问题也不可能是单一的，可能许多问题并存，也可能主次问题交叉在一起。总结的过程就是要对研究过程进行简要明确的概括，并用清晰的文字语言表达出来，以便让读者了解和接受。

提炼和升华主题主要有以下三个要点。

首先，筛选出中心主题。也就是说，研究者要明白自己在这篇学术论文中想说明什么，讨论什么，其他不相关的问题要留待以后另文讨论，不能在该文出现，或仅在该文作为论证中心主题的论据。同时，要分清主要问题和次要问题，不要让次要问题"喧宾夺主"。次要主题在学术论文中仅是论据，研究者不能在其中太费笔墨，大做文章，以免降低中心主题的突出地位。

其次，彰显中心主题的高度和深度。论文的学术水平是由深度决定的，而论文的深度又取决于中心主题揭示研究对象的深度和广度。许多研究者虽然看到了甚至解决了问题，但对于该主题揭示事物的深度、对于现实问题的解决及其对后来影响的巨大意义并不是很清楚。在这种情况下写出的论文就不可能很有高度。研究者、论文作者必须全面深入分析该主题对研究对象揭示的深度和对社会现实问题与未来的重要意义，使研究成果得到升华，这样的学术论文才有一定高度，主题对事物的揭示才有一定的深度，论文的学术价值才会提高。

最后，理清主题、论点和论据。主题由论点来说明，论点由论据来支持。论点说明主题，就要鲜明，有见地，语言简明深刻。论据支持论点，说明主题，就要有事实、数据及其他资料，言之有物，令人信服。但是，在刊物上，我们不难看到这样两种文章。一种是满篇都在说道理，都是观点，好像都是研究者自己想出来的，这叫向壁虚构。其实这种文章是综合许多文章的论点拼凑起来的，毫无原创性，更谈不上创新、突破。如果论文通篇看不到材料,根本没有论据,自然空洞无物,毫无分量,用"人云亦云"来评价它是最恰当不过的。这样的文章为数不少。另一种文章是满纸统计数字,引用大量的事实或别人的观点作为材料,但缺乏高度的概括总结,没有研究者自己的观点。一些调查类、工作总结类文章之所以不被期刊采用,大都因为犯有这种错误。

凡此种种,都是论文作者在写作之前缺乏充分的思考和准备造成的。

4. 论文题目的斟酌和确定

论文标题像人的眼睛一样重要,学术论文的题目虽不像文学作品题目那样"故弄玄虚"、夺人耳目,但好的题目也能准确传递论文主题信息,增强论文的吸引力,引起读者的关注。所以,研究者在动手写作之前,对题目要反复斟酌、推敲、修改,直到满意为止。

学术论文的题目忌拖泥带水、含混不清,应努力做到简洁明了、准确清晰。

专业学术论文的题目一般带有专业用语,这是必要的,也是大多数论文的惯常做法,不论是物理、化学、数学、技术学科,还是法学、经济学,通常都是如此。

为了使题目更能传达论文的内容、方法、功能,在主题词的前后加上前缀或后缀,也是必要的。例如,为了表明写作目的和方式,可在题目后加"探讨""试探""论""议""考""谈""商榷";为了表明论文涉及范围、时代,可在主题词前冠以"中国""广东""美国""英国""欧洲"等地理名词,或"当代""现代""古代""××年代""××世纪"等时间名词;为了提高论述的专指度,常常加上"×类企业""×类机构""×类公司""×类出版社"等。目前,在我们的专业杂志中,有时会出现几个艺术性的标题,颇为新鲜,能激发读者的阅读兴趣。这样的题目出现在"从业述怀"这样的栏目中是很妥当的,因为"述怀"之类多为有感而发,属散文杂谈。然而,学术论文还是少用这类题目为好。如果要用,最好加上副标题,以便准确传递论文的主题和写作意图。学术论文的题目要避免词不达意、前后矛盾、语义重复、文理不通等。

5. 材料的甄别

我们在研究过程中,要广泛搜集材料。但是在论文写作时,有些材料未必用得上,或者根本没必要去使用。那么,对于使用哪些材料以及在论文的什么地方使用什么材料,就要求研究者在撰写学术论文之前,对材料进行鉴别和选择。哪些材料说明问题准确有力,用起来恰如其分,在什么地方用,怎样用,研究者都要做到心中有数,不可一边写,一边去找材料。我们的经验是,把需要的、有用的材料标注在大纲中,这样写起来才会得心应手。

二、谋篇构思

谋篇构思就是在论文写作之前对文章的整篇布局、结构框架、细节安排做全面的思考、筹划,以使论文结构严谨、层次清楚、论述全面完整,具有较强的逻辑性。

1. 准确表达思想

文无定式，以全面准确表达思想为最佳境界。

文有体裁，不同文体在历史发展演变过程中，逐步形成了约定俗成的、为人们广泛接受的基本形式。

且不说碑铭之类，即使章、奏、议、论，也各有不同。如果把小说、散文的写法运用于学术论文，那就大谬不然了。诗、词、歌、赋，以及散文、杂感，是以情感人，而学术论文是以理服人。过多的感情渗入，往往导致读者以词害意，模糊了真理，达不到论文讨论学术的目的。梁启超创立了"笔端常带感情"的新闻体，鲁迅把杂文打造成匕首和投枪，都是为政治而战斗，与学术论文终归不是一途。

但是，为了准确表达思想，在散文中偶尔借用学术论文的写法，在学术论文中偶尔采用散文的一些笔法，非但不是不可行，而且会使散文更见功力，使论文更具可读性。

总之，形式是为内容服务的。谋篇构思的最终目的，是准确表达作者的思想。

2. 论文的整体结构

文无定式，但要讲究章法。

一些学校对学士、硕士、博士论文的写作格式有明确的规定，有关部门也制定了学术论文书写格式规范。总的来说，学术论文的整体结构大体可归纳为两种：并列结构和递进结构。

（1）并列结构。

分析的方法就是把一个复杂的事物分成几个部分（方面、要素），对这几部分的质和量进行分析，然后把分析结果按事物本来的面貌综合，得出关于事物的全面的认识。把这一分析方法和分析过程用文字表达出来，写成论文，就是明显的并列结构。

并列结构学术论文的各个部分从不同的侧面说明主题，各个部分既反映了事物的特点，也揭示了共同的本质。并列结构学术论文中的各个部分虽然有主次之分（人们习惯于将主要内容放在前面，将次要内容放在后面），但其在整个逻辑体系中的地位是相等的，不可把不同级别的逻辑概念作为并列的部分出现在论文之中。

并列结构学术论文中各个部分的内容尽可能不要交叉重复，各部分所论述的观点越鲜明、越有个性，论文就越显得思路清晰、层次清楚，否则就使读者感到混乱、不知所云。

并列结构学术论文各个部分的标题，应尽可能做到用语和格式统一，文字数量和叙述的深度尽可能均衡。

（2）递进结构。

论文的递进结构是以课题研究的阶段性为基础的。我们知道，有些科研课题不宜分成几个部分（方面、要素），而要像剥洋葱一样，先认识事物的表层，然后在此基础上层层递进，最后接触到核心问题。或者先解决第一步、第一阶段的问题，第二步、第二阶段的研究和探讨是以第一步、第一阶段的结论为基础的，以此类推，最终解决问题，得出结论。按照这种认识问题的程序形成文字，所写成的学术论文的结构即为递进结构。

递进结构学术论文的各个部分是一种等级关系。第一部分内容是整个课题认识的初步，是基础。第二部分的观点是对第一部分认识的深化、提升，正像上台阶一步一步上去，直到解决问题、得出结论。

学术论文是否还存在着混合结构、多维结构？就论文的一级结构而言，应该是不存在的。混合结构必然造成结构的混乱。多维结构对以线性排列的文字表述来说，也是一种并列结构。但是论文的二级，也就是学术论文的各个部分，当然可以采用不同的结构形式。也就是说，第一部分可以采用并列结构，第二部分可以采用递进结构或混合结构，因其论证的内容而定。但从论文的总体结构来看，仍未改变并列或递进的结构模式。

3. 草拟提纲

一些专科生、本科生写毕业论文，不大会写提纲，甚至不写提纲。一些硕士生写论文也不会写提纲。所以，写提纲也是需要不断学习和训练的基本功。

一首短诗或一篇小品文可以即兴而发，不要提纲。但学术论文需要的是透彻的理论分析、严密的逻辑论辩，没有提纲是不行的。

提纲的撰写不是在课题研究结束时，而应该在课题研究开始时，即一项研究刚开始时，研究者就应该根据已有知识和现有材料草拟一个提纲。这个提纲尽管很粗略，但它是研究者对研究课题的认识，是对该课题各种思想的梳理，同时是开展研究的指南，下一步的研究工作会沿着这一思路进行下去。

随着研究工作的不断深入，研究者获得的材料越来越多，对问题的认识也在不断深化，或者发生根本变化，研究者应该根据研究工作的进展随时修改提纲。在不断进行调查、阅读、思考、研究的过程中，原先草拟的提纲可能被全部推翻，研究者会重新撰写提纲，或者对原有提纲进行部分修改，直到自己满意为止。但有时研究者也可能保留原先草拟的提纲，以此为基础不断深化。

提纲的细化是在研究过程中不断进行的，即随着研究者认识的不断深入，内容和资料的不断丰富，提纲的每一部分都可以展开，由粗略简陋逐步丰满起来。

对于每一小段文字的展开，研究者也应先想好布局，对于先写什么，后写什么，要心中有数，这样才能使论文条理清楚、有层次、结构完整。如果临时构思，难免文字混乱，缺乏准确性。

研究者对于提纲细目的文字表述和句型应该反复推敲。各级标题的文字要准确、简练、明了，用词要具有专业性，有学术品位，有一定艺术技巧，同一级标题，特别是主要标题，句型应基本一致。任何时候都要以表达论文思想意识来用词造句，避免运用无关语句。

4. 材料标记

研究课题的开展要参考大量的资料。这些资料分布在许多专著、期刊论文、非正式出版物、调查总结材料、复印资料、各种数据库及网上的各种网页、网站中，查找起来并不容易。其中有些资料仅需参考，而有些是要在论文中引用的。一般来说，同一个资料在论文中只能出现一次。那么，在论文写作中，对于准备引用哪些资料，在什么地方引用什么资料,研究者事先都应认真地思考,并把其标记到提纲上。这样在论文写作时,就可以信手拈来,无须浪费时间查找资料了。

三、初稿写作

1. 大胆落笔

当研究基本结束,论文提纲经过反复修改,所有有用的资料已经准备就绪时,研究者就可以开始写作了。

研究和写作准备工作要细心、认真,可以慢一些,但是初稿的写作应该加快速度。也就是说,当做好写作的准备工作之后,研究者应该把个人的状态调整到最佳,全身心地投入,一气呵成,争取在短时间内完成论文写作。

一气呵成写出的论文,其优点是语气连贯,气韵生动,情感充沛,具有较强的可读性。但其中也往往会存在一些缺点,如:措辞偏激,常有不妥之处;遗漏材料,论证不够全面、完整。这些缺点需要在修改阶段进行改正。

当然,并不是所有的论文写作都能做到一气呵成。在学术论文写作中"卡壳",写不下去的情况也是常有的。遇到这种情况怎么办?一是不能气馁,二是要分析写不下去的原因。一般情况下,论文写不下去的地方,相关的研究工作都没有做好,或缺乏细致深入的探讨,或研究没有明确的结果,或论文构思未成熟,或提纲撰写不周全。遇到这种情况,可以停下笔来,进一步搜集资料,进一步研究和思考,调整写作提纲和文字布局,再接着写下去。但有时为了不影响论文写作的进度,不使写作停顿而影响写作情绪,暂时把写不下去的这一部分"丢"在一旁,跳到下一部分继续撰写,等到最后再补写这一部分也是可以的。

总之,在论文写作中,不必胆怯、犹豫,要大胆落笔,力争一气呵成。待全篇论文完成后,再细心收拾,反复修改。

2. 语言流畅

语言是指文字语言、书面语言。书面语言与口语是有很大差别的。口语,即平时谈话,往往省略主语、宾语,甚至谓语,因为是面对面交谈,双方都心知肚明。同时谈话中,为了强调某一方面,突出某一事物,或激起对方的情绪,往往"添油加醋"。但这样的交谈听起来并不显得啰唆,有时反而使人听得津津有味。

书面语言则不同,它必须严谨、准确、有层次,才能把道理讲清楚,把事物说明白,让人看得懂,既不可过分省略,也不能重复或啰唆。

书面语言的表达能力,即我们常说的文字水平,是一项基本功。如果一个人的文字水平高,即使研究能力差点儿,尚可补拙。但如果一个学者文字水平差,那么通常情况下,即使他研究能力很强,也难以写出好的学术论文。所以我们要求一个研究者首先要过文字关。语言是一种艺术。文字修养好的人可以灵活运用语汇和语法,说理状物,使写出来的文章简明、生动、沉稳、厚重,令读者回味无穷。文字功底不足的人写出来的文章或词不达意,不知所云;或花言巧语,读之索然无味,皆可用一"浅"字概括。

不同文体有不同的语言特点，我们不能把小说散文的语言过多地用于学术论文，否则容易使论述流于表面。学术论文要做到语言流畅，必须思路清晰，层次清楚，主题鲜明，论证有力，内容充实，决不生造词语，决不靠重复有意拉长篇幅。

不同的人有不同的语言特点。研究者不可执意模仿，千人同腔，但也不可为了张扬个性而矫揉造作。

3. 虚实结合

笔者从教几十年，读过不少本科生的学士论文、硕士生的硕士论文，也阅读过不少待修改的论文文稿。这其中好文章固然不少，但空洞不实的文章也不在少数。有的文章满纸空话，满纸的大道理，满纸都是东拼西凑的"观点"，就是没有论据，没有事实。笔者读过以后，根本回忆不起来其中的内容。这些文章就是学生们臆想出来的，不是研究出来的。也有的文章相反，通篇都是事实和统计数据，以及实际工作过程，就是没有总结，没有思想认识，没有观点。笔者读过之后，不知道作者在说明什么问题。但总的来看，还是过空、过虚的文章居多。初学写论文的研究者，一定要改掉这个毛病，努力做到虚实结合，有论有据。

（1）自己做实际调查。

如果不想把论文写得太空洞，研究者最好自己做些实际调查。大型的调查，可以是一个省、一个市、一个类型的企事业或信息部门的统计性调查。小型的调查，可以是一个单位、一起事件、一个问题、一个人物的调查。把调查的数字、人物、文件、数据、事实写进论文，内容就充实了。

（2）借用他人的调查数据。

我们在阅读他人的著作和论文时，会看到大量的统计数字、事实、情况，把它记录下来注明出处，用于论文，这样可使论文的内容更丰富，论述更有力。

（3）引用国家统计部门的统计资料。

我国目前统计报道系统还是比较健全的，国家和各省、市、自治区都在进行统计，并且出版正规的统计年鉴，如《中国统计年鉴》《广东统计年鉴》《广州统计年鉴》，还有各部门、各系统的统计年鉴和手册中的统计资料，都是最宝贵的数据资料，可以在撰写论文时直接引用。

（4）尽可能引用事件、人物以及专有名词。

论文写作时，为了使内容更实在、具体，可以将事件的过程、人物的生平事迹写进论文，也可以将人名、书名、地名等专有名词写进论文。

（5）直接引语和间接引语。

研究者常常为了作为旁证支持自己的观点，或为了作为反证对别人的认识进行批驳，将权威人士或批评对象的观点、话语引用到论文中来，作为引语。如果原语不长，又非要原话不可，常常将原话一字不变地引用进来，加上引号。如果原话太长，可以准确概括其观点，用到论文中来，不加引号。但不管是直接引语，还是间接引语，都必须注明出处，即标明原文的作者、题目、出版社、出版时间等信息，以备他人查找核对。引语是论证的需要，能使论文表述更实在、具体、准确。

4. 前后呼应

呼应是指论文前后在思想内容、文字表述上前后照应，使文章前后成为一个整体。

论文的开头往往有一段引语，以说明题目的缘起、写作的目的，故引语也叫破题。接下去才是论证。论证结构是散发式的，涉及内容可能非常广泛，但有时候尽管作者自己心里明白，读者却未必清楚，可能会觉得离题太远，不知所云。所以，论证最后要做总结，与引语呼应，说明完成了论证的任务，达到了写作的目的。这叫结题，又叫结论。

5. 细心收拾

收拾，即修改。细心收拾，就是要十分认真、一丝不苟地去修改论文。我们不可能像曹雪芹那样"披阅十载"，但是"三易其稿""五易其稿"还是有必要的。我们提倡大胆落笔、细心收拾，是希望研究者完成论文的初稿后，不要匆忙投稿，要将论文进行反复阅读。这时候，研究者已经从激情澎湃的写作状态冷静下来了，会发现许多不恰当，甚至错误的内容。因此，对论文进行认真的推敲、琢磨、修改，使之趋于完善，是非常有必要的。

论文修改包括以下四个方面的内容。

（1）思想内容的修改。

研究者在写作初稿时，在激动情绪的驱使下，难免有主题思想表达不清晰、不准确、不突出，甚至脱离主题、表述错误的地方。在修改时，研究者应细心揣摩，使主题思想的表述沉稳有力，主题突出，思想清晰。

（2）结构布局的修改。

初稿的结构常有失当处，如逻辑结构不畅，前后顺序颠倒，材料布局不均衡，头重脚轻或尾大不掉等。修改时，可将某段前移，某段后移，或删或增，使布局合理，结构严谨，层次清楚，具有较强的逻辑性。

（3）语言文字的修改。

研究者在写作初稿时，在语言文字方面常出现的问题是或平淡无奇、毫无生气，或言辞过于激烈，或文字啰唆、废话连篇，或存在文字差错、词不达意，或一时笔误、用了错别字，或误用标点符号等。这些问题都是应该认真修改和纠正的。

（4）材料的修改。

在初稿写作中，研究者有时会发现拟使用的材料不准确、不匹配，对于论文主题论证无益，此时就要查明材料出处，或另外寻找其他材料，以使论据更为有力，论点更为鲜明。

总之，研究者要不厌其烦，认真推敲，反复修改，使论文臻于完美。

思考与训练

1. 如何确定自己研究的方向?
2. 怎样发现和选择研究课题?
3. 如何广泛收集材料、合理利用材料?
4. 学术论文与我们所学的说明文、应用文及议论文等文体有何不同?
5. 请运用本章所学的方法,写一篇小论文。

参考文献

1. 艾·爱因斯坦，利·英费尔德. 物理学的进化［M］. 周肇威，译. 长沙：湖南教育出版社，2007.
2. 巴甫洛夫. 巴甫洛夫选集［M］. 北京：科学出版社，1955.
3. 彼得·萨伯. 开放存取简编［M］. 李武，译. 北京：海洋出版社，2015.
4. 陈虹. 疫情下基于网课的高校师生新媒体信息素养探析——以浙江省高校为例［J］. 宁波教育学院学报，2020，22（5）：6-9.
5. 初景利. 网络用户与网络信息服务［M］. 北京：海洋出版社，2018.
6. 董民辉. 信息资源检索实用教程［M］. 北京：海洋出版社，2017.
7. 恩格斯. 自然辩证法［M］. 中共中央马克思恩格斯列宁斯大林著作编译局，译. 北京：人民出版社，1971.
8. 樊瑜. 现代信息检索与利用［M］. 武汉：华中科技大学出版社，2018.
9. 冯友兰. 我的读书经验［J］. 书林，1983（1）：37-39.
10. 高俊宽. 信息检索［M］. 北京：世界图书出版公司，2017.
11. 葛懋春，李兴芝. 胡适哲学思想资料选（上）［M］. 上海：华东师范大学出版社，1981.
12. 顾璟，范苏. 新媒体环境下高校学生信息素养的培育［J］. 南通大学学报（社会科学版），2013，29（2）：135-140.
13. 韩志伟. 信息素养与信息检索［M］. 北京：中国轻工业出版社，2013.
14. 何立芳，郑碧敏，彭丽文. 青年学者学术信息素养［M］. 杭州：浙江大学出版社，2015.
15. 开放存取-开放获取（Open Access，OA）［EB/OL］. ［2021-05-15］. https：//baike.so.com/doc/3319304-3496095.html.
16. 柯平. 信息素养与信息检索概论［M］. 天津：南开大学出版社，2005.
17. 李贵成，张金刚. 信息素养与信息检索教程［M］. 武汉：华中科技大学出版社，2016.
18. 李耀俊. 中、美大学生信息素养能力标准管窥［J］. 高校图书馆工作，2011（1）：69-71.
19. 李长宁，李杰. 新媒体健康传播［M］. 北京：中国协和医科大学出版社，2019.

20. 列宁．列宁选集 第四卷［M］．中共中央马克思恩格斯列宁斯大林著作编译局，编译．北京：人民出版社，1960．

21. 罗源．大学生信息素养教程［M］．北京：光明日报出版社，2019．

22. 马克思．政治经济学批判［M］．中共中央马克思恩格斯列宁斯大林著作编译局，译．北京：人民出版社，1979．

23. 潘妙辉，刘毅．中文工具书基础［M］．广州：华南理工大学出版社，1993．

24. 庞慧萍，罗惠．信息检索与利用［M］．北京：北京理工大学出版社，2019．

25. 乔好勤，冯建福，张材鸿．文献信息检索与利用［M］．武汉：华中科技大学出版社，2008．

26. 邱璇，丁韧．高校学生信息素养评价指标体系构建及启示［J］．图书情报知识，2009（11）：75-80．

27. 饶宗政．现代文献检索与利用［M］．北京：机械工业出版社，2020．

28. 盛铨．基于 MIL 的新媒体信息素养评价指标体系的构建［J］．新媒体研究，2019，5（16）：10-12＋23．

29. 孙萌．以 PLoS 为例看开放存取期刊的运作模式［J］．传播力研究，2018（29）：95．

30. 汤林芬，苏丽．文献检索［M］．长春：吉林大学出版社，2008．

31. 王鸣盛．十七史商榷（全二册）［M］．北京：商务印书馆，1937．

32. 王梓坤．科学发现纵横谈［M］．北京：北京师范大学出版社，2009．

33. 网络新媒体特点及其现状分析［EB/OL］．［2021-06-08］．http：//media.people.com.cn/n/2014/1205/c391183-26155814.html．

34. 我的"新媒体素养"行动报告［EB/OL］．［2021-06-08］．https：//www.douban.com/note/681056321/？from＝tag．

35. 吴岱明．科学研究方法学［M］．长沙：湖南人民出版社，1987．

36. 吴校连，夏旭，黄开颜．生物医学搜索引擎与网络信息资源建设［M］．上海：第二军医大学出版社，2002．

37. 夏旭，贺维平．中外信息素质教育研究（上）［J］．高校图书馆工作，2003（3）：17-23＋10．

38. 熊伟．按需印刷的内涵、意义与发展方向［J］．科技与出版，2005（6）：68-69．

39. 徐军玲，洪江龙．科技文献检索［M］．2版．上海：复旦大学出版社，2007．

40. 杨立力，周源．培养大学生信息素养的意义与策略［J］．南京工业职业技术学院学报，2011（3）：90-91．

41. 于双成．医学信息检索［M］．3版．北京：高等教育出版社，2017．

42. 张丹．美国大学图书馆的元素养教育的进展及其启示［J］．大学图书馆学报，2016（2）：103-110．

43. 张怀涛，岳修志，刘巧英．信息检索简编［M］．武汉：武汉大学出版社，2016．

44. 张永忠．信息检索与利用［M］．2版．上海：复旦大学出版社，2016．

45. 张长亮,王晰巍,贾若男,等.信息生态视角下新媒体信息素养评价指标及评价方法研究[J].情报资料工作,2017(4):23-29.

46. 中国社会科学院情报研究所.科学学译文集[M].北京:科学出版社,1980.

47. 钟志贤.面向终身学习:信息素养的内涵、演进与标准[J].中国远程教育,2013(8):21-29+95.

48. PLOS:开放存取(Open access,OA)的先行者[EB/OL].[2021-06-20]. http://www.dxy.cn/bbs/topic/37101632?keywords=pubmed.